Felix Jaitner
RUSSLAND: Ende einer Weltmacht

Felix Jaitner, geb. 1986 in Köln, Politikwissenschaftler, promovierte zu Entwicklungskonflikten des russischen Machtblocks.

Felix Jaitner

RUSSLAND: Ende einer Weltmacht

Vom autoritär-bürokratischen Staatssozialismus mit Ressourcenextraktivismus und Kriegswirtschaft in die Zukunft?

Eine Veröffentlichung der Rosa-Luxemburg-Stiftung

VSA: Verlag Hamburg

www.vsa-verlag.de
www.rosalux.de

Druck und Buchbindearbeiten: CPI books GmbH, Leck
ISBN 978-3-96488-190-8

Inhalt

1. Ein peripheres Imperium

Das Jahr 2022 markiert das vorläufige Ende der knapp über 30 Jahre währenden Annäherung zwischen Russland und dem Westen. Zwei Ereignisse stechen dabei besonders hervor: zuvorderst der russische Angriff auf die Ukraine, aber auch der Tod Michail Gorbatschows. Während der Krieg eine neue Phase der Konkurrenz zwischen Russland und dem Westen einleitet, steht Gorbatschows Tod symbolisch für den Abgang einer Generation von Politiker*innen, die durch ihre Schritte zur Beendigung des Ost-West-Konfliktes Hoffnungen auf eine lang anhaltende Ära des Friedens erst möglich machten. Der Bau eines gemeinsamen Hauses Europa beinhaltete nicht nur das wirtschaftliche Zusammenwachsen zweier vormals konkurrierender Blöcke, sondern auch ein alle Staaten des Kontinents einschließendes System kollektiver Sicherheit mit Abrüstungsinitiativen und Sicherheitsgarantien. Doch in der Rückschau erscheint diese Phase lediglich als ein kurzes Interregnum ungebrochener imperialer Staatenkonkurrenz. Die jugoslawischen Zerfallskriege Anfang der 1990er-Jahre und die bis heute andauernde instabile Lage auf dem Balkan waren ein erster deutlicher, aber weitgehend ignorierter Hinweis darauf, dass nach dem Ende des Kalten Krieges die Chance für ein friedliches, integrierendes Europa verpasst wurde. Der Krieg in der Ukraine begräbt auf unbestimmte Zeit alle Hoffnungen auf eine Friedensära.

Der für die Mehrheit der Osteuropa-Expert*innen völlig unerwartet erfolgte russische Angriff auf die Ukraine fördert das begrenzte Instrumentarium zur Analyse des Vorgehens der russischen Regierung zutage. Der eingeschränkte Zugang zu Entscheidungsträger*innen und die intransparente Form der Entscheidungsfindung in kleinen, ausgewählten Beratungsgremien, die sich im Zuge der Corona-Epidemie noch einmal intensivierte, lässt die Russland-Expert*innen auf die bereits zu Sowjetzeiten erprobte Praxis der Kreml-Astrologie zurückfallen. Erstaunlicherweise führt dies nicht dazu, selbstkritisch die eigene Forschungspraxis zu hinterfragen, sondern bestärkt letztendlich die Fixierung auf die Person Wladimir Putin und seine überwiegend männlichen Berater und reduziert die Entwicklung Russlands auf die Launen und die psychische Konstitution eines einzelnen Mannes.

Im Westen verkörpert der russische Präsident wie kaum ein anderer die autoritäre Herrschaft im Innern und den aggressiven Expansionismus nach außen. Das Feindbild Putin rechtfertigt sogar Forderungen nach einem Regime Change in Russland (vgl. Fücks 2021; Meister/Jilge 2022). Dabei wird vernachlässigt, dass die autoritäre Entwicklung nicht erst mit Putins Amtsantritt 2000 einsetzte, sondern bereits im Jahr 1993. Zu diesem Zeitpunkt war die russische Gesellschaft stark gespalten in der Frage, wie der marktwirtschaftliche Übergang zu organisieren sei.

Während das Lager um Präsident Boris Jelzin auf eine neoliberale Schocktherapie setzte, plädierte die parlamentarische Opposition für einen graduellen Übergang und einen stärkeren sozialen Ausgleich. Mit der gewaltsamen Niederschlagung des parlamentarischen Protests und der Verabschiedung einer präsidentiellen Verfassung leitete die Jelzin-Administration einen autoritären Übergang ein, der nicht nur die Macht des Parlaments deutlich begrenzte, sondern auch die in der Perestroika entstandenen sozialen Bewegungen schwächte. Dennoch gilt Jelzin im Westen bis heute als Garant für den demokratischen Übergang in Russland.

Das undifferenzierte Russland-Bild speist sich jedoch nicht nur aus der Personalisierung der russischen Politik oder dem damit einhergehenden Freund-Feind-Schema. Russland gilt in der westlichen Debatte nach wie vor als das unvollkommene Andere – ein Narrativ, das seit dem Angriff auf die Ukraine wieder an Popularität gewinnt. Die Europäische Union und ihre Mitgliedsstaaten bilden mit ihrer Kombination aus repräsentativer Demokratie und liberaler Marktwirtschaft einen natürlichen Gegenpol zum autoritären anti-liberalen Staatskapitalismus in Russland. Seit der Auflösung der Sowjetunion sei es nicht gelungen, effektive Institutionen herauszubilden, die eine »normale« gesellschaftliche Reproduktion ermöglichen. Die mangelnde demokratische Kontrolle begünstige die Verselbstständigung der staatlichen Bürokratie, was in Korruption, Willkürherrschaft und Autoritarismus seinen Ausdruck finde (vgl. Beispielhaft Zhurzhenko 2016; Gel'man 2017; Heinemann-Grüder 2017). Dies führe dazu, dass konkurrierende »Clans« oder ein kleiner Machtzirkel um den Präsidenten das Land beherrschen. Soziale Konflikte und deren Auswirkungen auf die gesellschaftliche Entwicklung nehmen dagegen genauso eine untergeordnete Rolle ein wie die verheerende sozioökonomische Entwicklung seit den 1990er-Jahren und deren Bedeutung für stabile demokratische Verhältnisse (vgl. exemplarisch Fisun 2012; Stewart/Klein/Schröder 2012; Robinson 2017).

Die westliche Russland-Debatte sieht oft darüber hinweg, dass seit der Auflösung der Sowjetunion ein Angleichungsprozess zwischen Russland und dem Rest der Welt stattgefunden hat. Schwache staatliche Institutionen, klientelistische Praktiken oder die Ausrichtung auf den Rohstoffexport sind keine russischen Besonderheiten, sondern Merkmale peripherer kapitalistischer Entwicklung (vgl. Becker 2008). Nicht einmal autoritäre Herrschaftsformen sind ausschließlich eine russische Eigenheit oder sind eine ausreichende Erklärung für die wechselhaften Beziehungen zwischen Russland und dem Westen in den vergangenen 30 Jahren. In vielen der vormals staatssozialistischen Länder, darunter EU-Staaten wie Ungarn und Polen, oder dem NATO-Mitglied Türkei lassen sich vergleichbare Entwicklungen beobachten.

Das vorherrschende Russland-Bild offenbart eine weitere große Schwäche: Es wird (zumindest implizit) ein homogenes Interesse der einzelnen Fraktionen im Machtblock vorausgesetzt, wodurch die komplexen Beziehungen zwischen Staat-Kapital-Gesellschaft nur unzureichend berücksichtigt werden. Dementsprechend ist über Herrschafts- und Machtverhältnisse im zeitgenössischen Russland oder über Entscheidungsfindungsprozesse und deren Aushandlung kaum etwas bekannt. Das zeigt sich beispielhaft an den undifferenzierten Darstellungen des Konfliktes zwischen der russischen Regierung und *der* Oligarchie, wie zum Beispiel Michail Chodorkowskij, in denen letzterer oft als Kämpfer für Demokratie und Rechtsstaatlichkeit dargestellt wird (vgl. Jaitner 2014a). Der Fokus auf den russischen Präsidenten und seinen Machtzirkel offenbart auch Schwächen, die sich kontinuierlich verschärfende autoritäre Herrschaft im Land genauer zu erklären. Denn wenn autoritäre Herrschaft kein Selbstzweck ist oder nicht aus der vermeintlichen russischen Unfähigkeit zur Demokratie begründet wird, bleibt offen, warum die unterstellte totalitäre Machtfülle nicht unmittelbar für die Errichtung einer Diktatur genutzt wurde und wer die Triebkräfte dieser Entwicklung sind. Auch das Interesse des Machtblocks beziehungsweise einflussreicher Fraktionen an dem zunehmend aggressiv-expansiven außenpolitischen Kurs Russlands und der Machtzuwachs dieser Kräfte in den vergangenen zehn Jahren bleibt so im Dunkeln.

Vor diesem Hintergrund werden im Folgenden drei alternative Zugänge zum Verständnis der russischen Entwicklung vorgeschlagen. Diese prägen die gesellschaftliche Entwicklung Russlands seit der Auflösung der Sowjetunion und bilden deshalb wichtige inhaltliche Leitfäden, die im Verlauf des Buches immer wieder aufgegriffen werden. Ziel dieses Vorgehens ist es, den Blick auf das Land zu erweitern und bestehende Leerstellen zu füllen.

1) Russland ist eine verspätete kapitalistische Nation.

2) Die im Zuge des Transformationsprozesses entstandene russische Bourgeoisie hat es nicht vermocht, ein hegemoniales Projekt durchzusetzen, das die Einführung des Kapitalismus und die Etablierung der neuen Klassenherrschaft abgesichert hätte.

3) Die gesellschaftliche Entwicklung Russlands ist geprägt von einem wiederkehrenden Paradoxon: Staatliche Entwicklungsstrategien verschärfen aufgrund ihres autoritären Charakters die sozialen, ökologischen und politischen Widersprüche im Land und intensivieren bestehende Krisenphänomene.

Russland als verspätete kapitalistische Nation

Eine russische Besonderheit und Ursache vieler innerer wie äußerer Widersprüche – so auch die wachsenden Spannungen mit dem Westen – ist die nachholende kapitalistische Entwicklung. Der sowjetische Staatssozialismus brachte nicht nur ein anderes Wirtschaftssystem, die Planwirtschaft, hervor, sondern war bis in die 1960er-Jahre auch weitgehend entkoppelt vom kapitalistischen Weltmarkt. Dies änderte sich mit der ab den 1970er-Jahren einsetzenden Ausbeutung der sibirischen Öl- und Gasvorräte. Der ab diesem Zeitpunkt forcierte Rohstoffexport nach Westeuropa und Deutschland führte zu einer partiellen Eingliederung der Sowjetunion in den kapitalistischen Weltmarkt, ein innergesellschaftlicher Übergang zu kapitalistischen Produktionsverhältnissen blieb jedoch aus. In den folgenden Jahren nahm die Bedeutung des Öl- und Gasexports für die volkswirtschaftliche Entwicklung der UdSSR immer stärker zu und verschob die innersowjetischen Kräfteverhältnisse weiter zugunsten der Russischen Teilrepublik (RFSFR). Eine Folge des verstärkten Rohstoffexports nach Westeuropa war der Bedeutungsverlust der einheimischen produzierenden Industrie, der zu einer schleichenden ökonomischen Abhängigkeit der Sowjetunion von diesen Ländern führte, insbesondere im Hochtechnologiegüterbereich (vgl. Kagarlickij/Sergeew 2014: 381–384). Kennzeichnend für die sowjetische Ökonomie der 1980er-Jahre war eine wachsende Dualität zwischen dem außenorientierten Rohstoffsektor und binnenorientierten produzierenden Sektoren, was die inneren Entwicklungsunterschiede des Landes verschärfte. Dies stärkte Forderungen innerhalb der russischen Eliten, die materielle und rohstoffliche Subventionierung der sowjetischen Peripherie (Kaukasus, Zentralasien), die maßgeblich durch die russische Teilrepublik erbracht wurde, zugunsten einer verstärkten Weltmarktorientierung drastisch zu reduzieren.

Die kapitalistische Transformation in den 1990er-Jahren vollzog sich für Russland zu sehr ungünstigen Bedingungen. Ein wichtiger Grund lag in der dualen Struktur der russischen Ökonomie. Während die produzierenden Sektoren technologisch immer stärker hinter der westlichen Konkurrenz zurückfielen und dementsprechend ein großer Modernisierungsbedarf bestand, profitierten russische Rohstoffkonzerne von der hohen globalen Nachfrage oder verfügten im Falle der Öl- und Gasindustrie bereits über eine starke Präsenz in einigen Staaten Westeuropas. Die Politik der Jelzin-Administration vertiefte die Krise des produzierenden Sektors, da staatliche Steuerungsmechanismen zur Anpassung dieser Branche weitgehend aufgegeben wurden. Die produzierenden Sektoren konnten unter diesen Bedingungen nicht mit westlichen Firmen konkurrieren. Die Folge war eine partielle Deindustrialisierung und ein anhaltender wirtschaftlicher Niedergang.

Im Vergleich zum Westen oder den staatssozialistischen Ländern Ostasiens wie China vollzog sich der kapitalistische Übergang in Russland mit deutlicher Verspätung. Anders als in China verzichtete die russische Regierung zudem darauf, einheimische Firmen vor ausländischer Konkurrenz zu schützen, obwohl oftmals Institutionen und Gesetze, die für den Übergang zur Marktwirtschaft notwendig waren, nicht existierten. Nach Ansicht des Vorsitzenden des Russlandgeschäfts eines internationalen Ölkonzerns beeinflusste die nachholende kapitalistische Entwicklung Russlands den Erfolg oder Misserfolg einheimischer Sektoren in ihrer Internationalisierungsstrategie. Mit Blick auf den Öl- und Gassektor erklärte er im persönlichen Gespräch: »Russische Firmen im Ausland haben weniger als 20 Jahre Geschichte hinter sich. Viele Firmen wie Royal Dutch Shell sind in Regionen wie Afrika und dem Nahen Osten seit mehr als 50, 70 Jahren präsent. Diese Disparität lässt sie [die russischen Firmen] weniger erfolgreich erscheinen.«

Der Übergang zur Marktwirtschaft leitete nicht den von der Jelzin-Administration und westlichen Beratern prognostizierten ökonomischen Modernisierungsprozess ein. Er verschärfte die Dualität der Ökonomie und festigte die periphere Stellung Russlands in der internationalen Arbeitsteilung, was in dessen Rolle als globalem Rohstofflieferanten deutlich wurde. Im Jahr 2021 entfiel laut Angaben der russischen Statistikbehörde Goskomstat über 60% der russischen Exporte auf fossile Energieträger (Öl, Gas und Kohle) und auf andere Rohstoffe wie Metalle noch einmal knapp%. Im Folgenden wird von einem ressourcenextraktivistischen oder extraktiven Entwicklungsmodell gesprochen, denn die Ausrichtung auf die Ausbeutung und den Export von Rohstoffen prägt auch die gesellschaftlichen Machtverhältnisse und die politische Ordnung des Landes.

Damit konnte Russland zu einem viel geringeren Teil vom Ende des Ost-West-Konflikts profitieren als die westlichen Staaten. Die Auflösung der Sowjetunion und die einsetzende kapitalistische Transformation waren vielmehr gleichbedeutend mit einem anhaltenden politischen und ökonomischen Bedeutungsverlust des Landes. Auch der ideologischen Anziehungskraft des Westens hatte Russland wenig entgegenzusetzen. Die vormals staatssozialistischen Länder Europas und die sowjetischen Nachfolgestaaten verzichteten bereitwillig auf den Versuch, ein alternatives Zentrum gesellschaftlicher Entwicklung zur kapitalistischen »ersten Welt« zu entwickeln. Vielmehr galten der Westen, seine gesellschaftliche Ordnung und sein Wirtschaftsmodell plötzlich als alternativloser Entwicklungspfad. Das Diktum des »Endes der Geschichte« des US-amerikanischen Politikwissenschaftlers Francis Fukuyama symbolisierte nicht nur den Sieg des kapitalistischen Westens über den Staatssozialismus, sondern es formulierte auch den zukünftigen Entwicklungsweg dieser Länder, der in der Etablierung einer repräsentativen Demokratie und einer kapitalistischen Marktwirtschaft liegen sollte. Bereits in den frühen 1990er-Jahren wurden die Konturen einer neuen, westlich dominierten Weltordnung mit nur einer einzigen globalen Supermacht, den USA, sichtbar. Die politischen Führungen der vormals staatssozialistischen Länder strebten mit aller Macht nach einem Platz in dieser neuen Ordnung und akzeptierten bereitwillig die eigene politische, ökonomische und ideologische Unterordnung.

Der Historiker Boris Kagarlitzkij[1] beschreibt Russland daher als »peripheres Imperium« (Kagarlickij 2009). Denn trotz seiner ökonomischen Schwäche blieb das Land aufgrund seines militärischen Potenzials, der geografischen Lage und der ständigen Mitgliedschaft im UN-Sicherheitsrat ein wichtiger internationaler Akteur. Der Verlust des Weltmachtstatus und die periphere Integration in die westlich dominierte Weltordnung stärkte – ähnlich wie in Deutschland nach dem Ersten Weltkrieg – früh revanchistische Kräfte, die einen gleichberechtigten Platz in der internationalen Ordnung einforderten. So kritisierte Wladimir Putin in seiner berühmten Rede auf der

[1] Die Transliteration der russischen Namen orientiert sich am deutschen Standard, zur besseren Lesbarkeit wird im Fließtext jedoch auf die Sonderzeichen (č, š, ž) verzichtet. Bei englischsprachigen Quellen wird im Text die einheitliche deutsche Schreibweise angewandt, die Quellenangaben sind jedoch im Original.

Münchener Sicherheitskonferenz 2007 nicht nur die geopolitischen Entwicklungen zuungunsten Russlands (NATO-Osterweiterung, westliche Interventionen im Nahen Osten und ehemaligen Jugoslawien), sondern auch die Barrieren für russische Unternehmen in wirtschaftlichen Schlüsselsektoren westlicher Länder (vgl. Putin 2007). Im Angesicht des ökonomischen Niedergangs, der hohen sozialen Ungleichheit und der wachsenden regionalen Entwicklungsunterschiede im Innern verfing das Narrativ der Einkreisung Russlands durch den Westen und stärkte autoritäre, nationalkonservative Kräfte, die zur Wahrung der eigenen Interessen zunehmend auf einen konfrontativen Kurs gegenüber dem Westen setzten.

Die begrenzte Hegemoniefähigkeit der russischen Bourgeoisie

Die Integration der sowjetischen Nachfolgestaaten in den Weltmarkt verschärfte nicht nur die wirtschaftliche und technologische Abhängigkeit von Westeuropa und den USA, sondern auch die soziale und regionale Polarisierung innerhalb des postsowjetischen Raums (vgl. Kagarlitski 2009). Diese Entwicklung wurde durch das wirtschaftspolitische Programm der Jelzin-Administration, besser bekannt als Schocktherapie,[2] beschleunigt. Das Ausmaß des ökonomischen Niedergangs verdeutlichte der Ökonom Joseph Stiglitz (vgl. 2002), demzufolge die volkswirtschaftlichen Verluste Russlands gemessen am Bruttoinlandsprodukt sogar noch größer waren als während des Zweiten Weltkrieges.

Der Verarmung breiter gesellschaftlicher Schichten stand die Entstehung einer postsozialistischen russischen Bourgeoisie gegenüber. Die sogenannte Oligarchie – und hierin liegt ein spezifisches Merkmal des russischen Kapitalismus – entstand in erster Linie durch die Umwandlung von Staats- in Privateigentum, das heißt, sie profitierte von den engen Verbindungen zu Staat und Regierung. Die in den 1990er-Jahren konstatierte »Eroberung des Staates« durch die Oligarchie (Hellman/Jones/Kaufman 2000) übersieht dessen Funktion im Transformationsprozess. Die Regierung verfolgte das Ziel, nationale Unternehmer*innen in den exportorientierten Branchen zu fördern, die global konkurrenzfähig waren. Daher bemühte sie sich um die Anerkennung der Privatisierungsprozesse im (westlichen) Ausland, die Aufnahme in internationale Finanzorganisationen (IWF, Weltbank) und die Einladung zu den G-7-Konsultationen. Da die Eigentumsverhältnisse aufgrund der dubiosen Privatisierungsprozesse jedoch hochgradig umstritten waren, ist das

[2] Die sogenannte Schocktherapie orientierte sich stark an neoklassischen Inhalten und setzte auf eine umfassende Deregulierung des zuvor staatlich kontrollierten Außenhandels, die Liberalisierung des Finanzsektors, die weitgehende Abschaffung staatlich regulierter Preiskontrollen und die Privatisierung des Staatseigentums (siehe Jaitner 2014b).

Privatkapital bis heute vom Staat beziehungsweise staatlichem Schutz abhängig, wodurch die dominante Position der Staatsbürokratie langfristig erhalten blieb.[3]

Das asymmetrische Verhältnis zwischen Staat und Bourgeoisie wurde durch die bonapartistische Wende im Jahr 1993 weiter vertieft.[4] Die Auseinandersetzung zwischen dem Parlament und der Jelzin-Administration entzündete sich an der Kritik der Opposition an der Schocktherapie und der Forderung nach einem sozialen, graduellen marktwirtschaftlichen Übergang. Damit griff der Konflikt zwischen dem Parlament und der Regierung den strukturellen Widerspruch zwischen Demokratie und Kapitalismus auf. Denn Demokratie und Kapitalismus bilden nicht zwangsläufig eine Einheit. In vielen Fällen wird eine demokratische Entwicklung durch den Kapitalismus begrenzt oder sogar verhindert. Dem demokratischen Anspruch der formalen politischen Gleichheit aller Bürger*innen eines Landes stehen die soziale Ungleichheit und die damit einhergehenden ungleichen Macht- und Herrschaftsverhältnisse gegenüber. In Russland spitzte sich dieser Widerspruch zu, da stabile demokratische Verhältnisse sozialer Grundlagen bedürfen, die im Zuge der neoliberalen Schocktherapie jedoch systematisch erodierten. Das Parlament forderte nicht nur einen sozialeren marktwirtschaftlichen Übergang, sondern auch eine breite gesellschaftliche Beteiligung bei der Gestaltung wirtschaftspolitischer Fragen. Das Regierungslager begriff solcherlei Forderungen jedoch nicht als Bestandteil demokratischer Willensbildung, sondern diskreditierte sie als Ausdruck demokratischer Unreife sowjetischer Beharrungskräfte und schlug den Protest letztendlich gewaltsam nieder. Die Bereitschaft des herrschenden Blocks, die demokratische Konsolidierung zugunsten der Einführung des Kapitalismus zu opfern, verhinderte die ökonomische und politische Konsolidierung der neuen Bourgeoisie und legte den Grundstein für ein strukturelles Abhängigkeitsverhältnis zwischen Kapital und Staat.

Als Reaktion auf den gesellschaftlichen Niedergang der 1990er-Jahre war der herrschende Block jedoch zur Stärkung der staatlichen Autonomie und zu einem aktiven staatlichen Dirigismus in der Wirtschaftspolitik bereit, wenn diese dazu dienten, die Reproduktionsbedingungen des russischen Kapitalismus zu verbessern. Die unter Wladimir Putin etablierte oligarchisch-etatistische Ordnung verkörperte ein Bündnis zwischen den zentralen gesellschaftlichen Akteuren des Machtblocks – der neuen Bourgeoisie und den Staatsapparaten. Es handelte sich um ein autoritäres Projekt des Machtblocks zur Stabilisierung der aus dem Chaos

---

[3] Der Fall Chodorkowskij zeigt eindrücklich, dass der Staat die Protektion für einzelne Oligarchen auch wieder entziehen und den Besitz neu verteilen kann. Dabei handelt es sich um keinen Einzelfall.

[4] Der Begriff Bonapartismus wurde von Karl Marx in seiner Schrift »Der achtzehnte Brumaire des Louis Bonaparte« entwickelt und später von Leo Trotzkij für die Analyse der stalinistischen Sowjetunion und der Herausbildung einer neuen herrschenden Staatsbürokratie aufgegriffen. Die Anwendung des Bonapartismus-Konzeptes auf die zeitgenössischen Herrschafts- und Kräfteverhältnisse in Russland erfolgt im Detail in Kapitel 4, S. 76ff. und den folgenden Kapiteln.

des Transformationsprozesses hervorgegangenen Herrschaftsverhältnisse. Der Staat wurde zum Taktgeber der gesellschaftlichen Entwicklung, da er nicht nur die Prozesse zur Entscheidungsfindung konzentrierte, sondern auch die widersprüchlichen Interessen innerhalb des Machtblocks in eine kohärente Politik umsetzte. Doch ging die Rolle des Staats über eine bloße Vermittlungsfunktion hinaus. Durch entsprechende Politiken und lobbyierende Tätigkeit unterstützte er die Expansion russischer Kapitalfraktionen im Innern und im Ausland.

Die Maßnahmen zur Stärkung der staatlichen Autonomie festigten die prekäre Lage der russischen Bourgeoisie und ihr strukturelles Abhängigkeitsverhältnis zum Staat. Denn der wirtschaftliche Erfolg eines Unternehmens im Inland, dessen ökonomische Konsolidierung und die Erschließung ausländischer Märkte hängen in hohem Maße von den Verbindungen zu den Staatsapparaten und deren Schutz ab. Dies wurde im Zuge der ökonomischen Krise und der westlichen Sanktionen besonders deutlich. Die strukturelle Schwäche verhinderte, dass die russische Bourgeoisie eine tragfähige, stabile Hegemonie errichten konnte. Deshalb blieben die Verhältnisse instabil, wiederkehrende Krisen wurden zum Normalzustand.

Die Wiederkehr des russischen Paradoxons

Die Maßnahmen der russischen Regierung waren von einem in der russischen Geschichte immer wieder auftretenden Merkmal gekennzeichnet: Staatliche Entwicklungsstrategien verschärfen aufgrund ihres autoritären Charakters die sozialen, ökologischen und politischen Widersprüche im Land und intensivieren bestehende Krisenphänomene. Dies nenne ich das »russische Paradoxon«. Es zeigte sich auch wieder seit dem Beginn der Wirtschafts- und Finanzkrise 2008, als die Grenzen des autoritären Modernisierungsprojektes Putins deutlich wurden. Trotz der hohen Wachstumsraten in der Periode zwischen 1999 und 2008 gelang es der Regierung nicht, die duale Struktur der russischen Ökonomie zu überwinden. Im Gegenteil: Die Ausrichtung auf den Rohstoffexport wurde sogar vertieft, was Russland sehr anfällig für globale Krisen machte. »Insgesamt«, konstatierte der Ökonom Ruslan Dzarasow (2016: 29), »war die Krise in den GUS-Staaten im Vergleich zu den kapitalistischen Zentrumsstaaten heftiger«. Die im Zuge der Krise beschleunigte Deindustrialisierung der Region verringerte die Komplexität der Produktionsstrukturen und förderte die Ausrichtung auf den Rohstoffexport und einfache Weiterverarbeitungsschritte, was bedeutete, »dass die GUS-Staaten Produktionsketten mit geringer Wertschöpfung besetzen« (ebd.). Die Geografen Adrian Smith und Adam Swain (vgl. 2010) argumentierten, dass der wirtschaftliche Einbruch im postsowjetischen Raum nicht nur als ein Resultat externer Schocks verstanden werden sollte. Vielmehr hatte die Krisenanfälligkeit der gesamten Region ihre Ursache in den spezifischen Transformationsstrategien der einzelnen Länder nach dem Ende des Ost-West-Konfliktes und den damit verbundenen geopolitischen Orientierungen.

Vor dem Hintergrund des neuen Krisenzyklus 2008ff. verschärften sich die innergesellschaftlichen Auseinandersetzungen in Russland. Die Massenproteste in den Jahren 2011 bis 2013 waren Ausdruck einer umfassenden Legitimations- und Repräsentationskrise. Diese manifestierte sich aufseiten der Protestierenden in einer Ablehnung der Repräsentant*innen und Institutionen der oligarchisch-etatistischen Ordnungen und damit einhergehenden Forderungen nach eigener Repräsentation und direkter Demokratie. Die Regierung reagierte darauf mit zunehmend offen repressiven Maßnahmen und einer Öffnung nach rechts. Das Ausgreifen der Krise auf das politische System und die autoritäre Reaktion des herrschenden Blocks waren ein Wendepunkt in der jüngeren russischen Geschichte, denn konsensuale Modi der Regierungsführung, die zur Anfangszeit Putins noch bedeutsam waren, wurden zunehmend aufgegeben. Stattdessen sicherte der herrschende Block seine dominante Stellung fast ausschließlich durch repressive Maßnahmen.

Die sich überlagernden Krisenprozesse führten auch innerhalb des herrschenden Blocks zu Auseinandersetzungen um den künftigen Kurs des Landes. Das extraktive Entwicklungsmodell wurde zunehmend zum Hindernis für die Entwicklung des russischen Kapitalismus und der Bourgeoisie. Letztere war daher nicht mehr bereit, ihre semi-periphere Position im kapitalistischen Weltsystem zu akzeptieren. Dies ist ein wichtiger Faktor für die zunehmend aggressive Außenpolitik des russischen Staates. Die Abhängigkeit vom Rohstoffexport gefährdete nach Ansicht relevanter Fraktionen des herrschenden Blocks nicht nur die globale Führungsposition der Russischen Föderation, sondern mittelfristig sogar deren Existenz. »Wenn es uns nicht gelingt, Russland ökonomisch zu modernisieren, droht uns dasselbe Schicksal wie der Ukraine«, mahnte ein Teilnehmer einer Podiumsdiskussion auf dem Moscow Economic Forum, einer der wichtigsten Wirtschaftskonferenzen des Landes, an der im Jahr 2015 auch der Autor teilnahm.

In einem Artikel für die Wirtschaftszeitung Wedomosti kritisierte Präsident Putin bereits im Jahr 2012 ausführlich die periphere Weltmarktintegration des Landes und die negativen Folgen dieses Prozesses für die russische Industrie (vgl. Putin 2012). Bis zu diesem Zeitpunkt war die Peripherisierung Russlands als strukturelles Hindernis gesellschaftlicher Entwicklung vor allem in akademischen Debatten, Teilen der politischen Linken und unter Vertreter*innen der nationalkonservativen Rechten als Problem präsent. Zwar hatte die Regierung bereits in den 2000er-Jahren kritisch auf die Deindustrialisierung des Landes oder die wachsende technologische Rückständigkeit zu den Zentrumsstaaten hingewiesen, doch insgesamt wurde die Ausrichtung auf den Ressourcenextraktivismus unter Putin sogar noch vertieft.

Konsequente Veränderungen in der staatlichen Politik lassen sich erst seit dem Beginn des Krieges zwischen der ukrainischen Regierung und den separatistischen Volksrepubliken Donezk und Lugansk sowie daraufhin beschlossenen ersten westlichen Russland-Sanktionen 2014 feststellen. Als Reaktion gründete die russische Regierung eine Kommission zur Importsubstitution. Diese, wie in der liberalen Wirtschaftszeitung Kommersant kommentiert wurde, beanspruche im Hinblick auf den Firmensektor Vollmachten, die »seit 1993–1994 weder das Wirtschaftsministerium noch [...] das Industrieministerium oder andere Ministerien« (Butrin 2015) jemals hatten. Eigenen Angaben zufolge handelt es sich bei der Kommission um ein »Koordinationsorgan«, um das einheitliche Agieren der Exekutivorgane auf föderaler, nationaler und regionaler Ebene zu gewährleisten. Die Kommission verfolgt das Ziel, die Importabhängigkeit der Industriesektoren zu reduzieren und Firmen und Unternehmern konkrete Hilfestellung zu leisten (vgl. government.ru o. D.). Die Ansiedlung der Kommission beim Präsidenten der Russischen Föderation verdeutlicht die unmittelbare Bedeutung, die die Regierung der Importsubstitutionsstrategie beimisst.

Unter dem Stichwort »Lokalisierung« bemüht sich die russische Regierung zudem um eine Verlagerung von industrieller Produktion nach Russland. Dazu setzt sie einerseits auf eine Radikalisierung der kapitalistischen Standortkonkurrenz, indem Investoren Steuervorteile geboten sowie der Arbeitnehmer*innenschutz schwach und das Lohnniveau niedrig gehalten werden. Andererseits verabschiedete die Putin-Administration im Juli 2017 ein »nationales Projekt« mit dem Titel »internationale Kooperation und Export«. Demnach sollten ausgewählte Branchen wie etwa der zivile Maschinenbau, Metallverarbeitung, Chemie, Pharmazeutik, Holzverarbeitung und Landwirtschaft durch staatliche Subventionen und Kredite gefördert und weltmarktfähig gemacht werden, um der starken Konzentration auf den Rohstoffexport entgegenzusteuern. Dieses Vorhaben wurde in den sogenannten Mai-Dekreten bestätigt, welche die wirtschaftspolitische Agenda von Putins vierter Amtszeit (2018–2024) bestimmten. Insbesondere für die produktiven Sektoren und die Landwirtschaft bekräftigte die Regierung ihr Ziel, die Entwicklung exportorientierter Unternehmen zu unterstützen. Dazu waren staatliche Investitionen im Umfang von mehr als 950 Mrd. Rubel (umgerechnet 12,7 Mrd. Euro) geplant (vgl. Manuilova/Krjučkowa2019). Außerdem wurde die Entwicklung bestimmter Dienstleistungen wie des Tourismus, des Gesundheitssektors oder der IT-Branche gefördert. Zu diesem Zwecke wurden Planungskapazitäten in den entsprechenden Ministerien gestärkt oder aufgebaut sowie eigene staatliche Strukturen wie das »Russische Exportzentrum« gegründet, das durch Kredite oder Beratung den nicht-extraktiven Export unterstützte.

Im Mittelpunkt der Modernisierungsbestrebungen des extraktivistischen Entwicklungsmodells stand eine Erweiterung der Exportpalette. Durch die Erschließung neuer fossiler Lagerstätten in ökologisch sensiblen Gebieten wie der Arktis und Ostsibirien sollte Russlands Rolle als »Energiesupermacht« und damit der wirtschaftliche und geopolitische Einfluss gestärkt werden. Die intensivierte Rohstoffausbeutung ging einher mit Plänen zur Förderung der einheimischen Zuliefererbetriebe (Maschinenbau, chemische Industrie). Denn die dazu notwendigen Technologien und Maschinen sollten verstärkt in Russland entwickelt und produziert werden, darüber hinaus wurde eine stärkere Veredelung der Rohstoffe im Land angestrebt. Ein weiterer zentraler Bestandteil eines modernisierten Ressourcenextraktivismus war die Positionierung Russlands als Produzent grüner Energien, insbesondere für Europa und Asien und die Förderung weiterer extraktiver Sektoren wie dem agro-industriellen Komplex.

Die Auseinandersetzungen im Machtblock blieben beinahe ausschließlich auf die Sphäre der Wirtschaft reduziert. Eine Beteiligung breiter gesellschaftlicher Schichten an der wirtschaftspolitischen Auseinandersetzung, die soziale Ungleichheit im Land oder die ökologischen Folgen der intensivierten Rohstoffausbeutung wurden kaum erörtert. Im Gegenteil: Auf die wachsenden gesellschaftlichen Widersprüche reagierte der herrschende Block mit immer repressiveren Maßnahmen. Dies warf die Frage auf, inwiefern die Auseinandersetzungen um die Entwicklung des Landes und der expansiv-aggressive außenpolitische Kurs die bestehenden Krisen weiter intensivierten.

Im Folgenden werden die Auseinandersetzungen um das russische Entwicklungsmodell untersucht. Denn obwohl diese für das Verständnis des Landes von großer Wichtigkeit sind, finden sie im öffentlichen Diskurs hierzulande kaum Berücksichtigung. Im Mittelpunkt der Analyse stehen idealtypisch zwei konkurrierende Fraktionen: Die stärker binnenorientierte national-kapitalistische Entwicklungsstrategie, die im Zuge einer umfassenden Re-Industrialisierung auf die Förderung der produzierenden Sektoren setzt, und ein erneuerter Ressourcenextraktivismus, der durch eine Modernisierung der technologischen Basis und die partielle Integration angrenzender Industriezweige die russische Rolle als globaler Rohstofflieferant zu stärken versucht. Das Ziel der vorliegenden Analyse ist es, die Position der beiden Fraktionen im Machtblock politisch und ökonomisch zu verorten und davon ausgehend die sich verschiebenden Kräfteverhältnisse zu analysieren. Außerdem sollen auf der Grundlage der konkreten Politik die zukünftigen Konturen des russischen Kapitalismus skizziert werden.

Eine Analyse der Auseinandersetzung um die Importsubstitutionspolitik ist deshalb bedeutsam, da sie an den Grundfesten des russischen Entwicklungsmodells rüttelt, der Rohstoffwirtschaft mit dem Schwerpunkt auf fossilen Brennstoffen. Der Begriff Entwicklungsmodell geht über den Teilbereich der Ökonomie hinaus und beschreibt eine bestimmte Form der gesellschaftlichen Regulation, das heißt spezifische Macht- und Herrschaftsverhältnisse, die ein Produktionsmodell absichern. Die Übernahme wichtiger Forderungen der nationalkapitalistischen Entwicklungsstrategie durch die Regierung ist zweifellos eine bedeutende politische Veränderung im Vergleich zu den Vorkrisenjahren. Speziell die institutionelle Verankerung der Strategie im Staat durch den Aufbau von Planungsstäben oder neuen Agenturen könnte die gesellschaftlichen Kräfteverhältnisse mittel- bis langfristig verändern. Das gilt umso mehr, seitdem die westlichen Staaten als Reaktion auf den Einmarsch in die Ukraine ihre Wirtschaftsbeziehungen zu Russland immer weiter begrenzen und die Sanktionen ausweiten. Eine Analyse der Auseinandersetzung um die russische Importsubstitutionspolitik kann folglich dazu beitragen, die als verworren erscheinenden gesellschaftlichen Machtverhältnisse, aber auch die Konflikte innerhalb des Machtblocks freizulegen und damit künftige Entwicklungstendenzen des russischen Kapitalismus zu deuten.

Der historische Ansatz der Arbeit erklärt sich einerseits aus der Bedeutung des Forschungsthemas. Konflikte um das gesellschaftliche Entwicklungsmodell sind nicht neu, sondern eine Reaktion auf die (semi)periphere Lage des Landes im kapitalistischen Weltsystem. Der gewählte Zugang trägt diesem Umstand Rechnung und zeichnet auf diese Weise auch eine russische Wirtschaftsgeschichte nach. Andererseits ist die Einführung des Kapitalismus in Russland ein historisch junges Phänomen, und obwohl die Auswirkungen auf die Entwicklung des Landes nicht zu übersehen sind, werden sie in der wissenschaftlichen Forschung mehrheitlich vernachlässigt. Ergänzt wird die Analyse durch insgesamt acht Interviews mit Vertreter*innen der russischen Industrie, Unternehmensberater*innen und Wissenschaftler*innen, die der Verfasser bei verschiedenen Forschungs- und Rechercheaufenthalten in Russland durchführte. Es bleibt anzumerken, dass der Fokus auf Konflikte innerhalb des herrschenden Blocks dazu führt, dass soziale Kämpfe um alternative Projekte über die bestehenden gesellschaftlichen Verhältnisse hinaus eine geringere Beachtung finden. Dementsprechend sind etwa regionale Konflikte gegen Naturausbeutung und Sozialkürzungen kein ausführlicher Bestandteil der Arbeit.

Der Krieg in der Ukraine stellt eine Zäsur dar und beendet das dreißigjährige Interregnum, in dem vor allem in den 1990er-Jahren partnerschaftliche Beziehungen auf Augenhöhe zwischen Russland und dem Westen langfristig greifbar schienen. Russland und die Ukraine, der postsowjetische Raum, Europa und vermutlich die globale Weltordnung werden sich nach Ende des Krieges grundlegend verändert haben. Eine sozioökonomische Analyse Russlands ermöglicht ein tiefer gehendes Verständnis der sich verschärfenden geopolitischen Konfrontation, da sie die zunehmend aggressive Außenpolitik des Landes aus den inneren Widersprüchen und Konflikten heraus erklärt. Auf diese Weise soll die Arbeit auch dazu beitragen, den beliebten Reduktionismus auf das »System-Putin« zu überwinden und die Regierungspolitik im Kontext konkreter klassenspezifischer Interessen zu analysieren. Eine Analyse der aktuellen Entwicklungskonflikte innerhalb des herrschenden Blocks erlaubt zudem, die Konturen des sich im Zuge des Konfliktes stark verändernden russischen Kapitalismus herauszuarbeiten. Einige Tendenzen sind bereits deutlich erkennbar: Angesichts der westlichen Sanktionspolitik gewinnen im russischen Machtblock Fraktionen an Einfluss, die auf eine Ausweitung der Importsubstitution sowie ein Bündnis mit China und Indien setzen. Diesen wirtschafts- und außenpolitischen Kurswechsel verbinden die nationalkonservativen Kräfte mit einer repressiven innenpolitischen Agenda. Damit dürfte auf lange Sicht eine Konfrontation zwischen Russland und dem Westen festgeschrieben werden. Die Bearbeitung drängender Menschheitsaufgaben wie die Begrenzung des Klimawandels, die Bekämpfung globaler Pandemien oder sozialer Ungleichheit wird damit auf unbestimmte Zeit in die Zukunft verschoben, denn ohne Russland werden diese Herausforderungen nicht zu lösen sein.

2. Rohstoffbasierte Entwicklung im Kapitalismus – Analyse eines gesellschaftlichen Entwicklungsmodells

Ein wichtiger Schlüssel, um die Entwicklung Russlands besser nachvollziehen zu können, ist der Rohstoffreichtum des Landes. Die Ausbeutung und der Export von Rohstoffen prägen nicht nur die ökonomische Entwicklung, sie bilden auch die Grundlage für Macht und Herrschaft im zeitgenössischen Russland. Deshalb wird in diesem Buch von einem ressourcenextraktivistischen Entwicklungsmodell gesprochen. In diesem Kapitel wird die aus dem lateinamerikanischen Kontext stammende Debatte um den Ressourcenextraktivismus analysiert und die Frage erörtert, inwieweit die hierbei gewonnenen Erkenntnisse für die russische Entwicklung fruchtbar gemacht werden können.

Die Ausbeutung natürlicher Rohstoffe bildet die Grundlage menschlichen Lebens. Ob Massenware oder Hightech, ohne eine zum Teil beträchtliche Zahl an Ressourcen lässt sich kein Produkt herstellen. Doch Rohstoffreichtum garantiert nicht unbedingt gesellschaftlichen Reichtum – das zeigt ein Vergleich zwischen rohstoffreichen und Industrieländern. Die Frage, ob Rohstoffreichtum die gesellschaftliche Entwicklung eines Landes begünstigt oder eher behindert, ist daher Gegenstand kontroverser wissenschaftlicher und politischer Debatten. Bereits im Jahr 1950 argumentierten die Ökonomen Raúl Prebisch und Hans W. Singer unabhängig voneinander, dass der Export von Primärgütern (Rohstoffe, Agrarprodukte) starken Preisschwankungen unterworfen sei. Dies begünstige sowohl die Abhängigkeit ressourcenextraktiver Länder vom Weltmarkt als auch deren gesellschaftliche Instabilität. Dieser als Prebisch-Singer-Theorem bekannt gewordene Ansatz beeinflusste in den darauf folgenden 25 Jahren maßgeblich die entwicklungspolitische Debatte sowie Befreiungsbewegungen und alternative Entwicklungskonzepte des Globalen Südens.

Krankheit oder Fluch? Rohstoffreichtum und abhängige Entwicklung

Seit den 1980er-Jahren prägt der »Rohstofffluch«, auch als »holländische Krankheit« bezeichnet, die Debatte um rohstoffbasierte Entwicklung. Vertreter*innen dieses Ansatzes bezeichnen – ebenso wie Prebisch und Singer – Rohstoffreichtum als ein zentrales Hindernis für die wirtschaftliche und gesellschaftliche Entwicklung eines Landes. Als Ursache sehen sie weniger die Position eines Landes in der internationalen politischen Ökonomie als »ineffektive Investitionen« auf nationalstaatlicher Ebene. Eine volkswirtschaftliche Diversifizierung und damit eine Verringerung der Rohstoffabhängigkeit blieben damit aus (vgl. Sachs/Warner 2001). Rohstoffexport führe zu einer realen Aufwertung der Landeswährung, wodurch die internationale Konkurrenzfähigkeit der einheimischen Industrie abnehme. Die Währungsaufwertung verbilligt den Kauf von Industrieprodukten und Dienstleistungen im Ausland – mit negativen Folgen für die Wirtschaftsentwicklung, da das Land zur Finanzierung der Importe auf ausländische Devisen angewiesen sei, die es nur aus dem Rohstoffexport generieren kann (vgl. Bardt 2005; Di John 2011: 169ff.). Dadurch entstehe ein Teufelskreis, der die Konzentration auf den Rohstoffexport fördere und die Abhängigkeit vom Außenhandel erhöhe.

Hohe Ressourcenvorkommen (oder die Vorkommen eines bestimmten Rohstoffs) in einem Land hemmen nicht nur die ökonomische Entwicklung, sie haben auch politische und soziale Auswirkungen. In der Literatur wird regelmäßig auf die Möglichkeit zur Entstehung autoritärer politischer Herrschaft verwiesen (vgl. Basedau/Lacher 2006; Rosser 2006), die oft mit einer klientilistischen Sozialpolitik einhergeht: Indem Regierungen einzelne gesellschaftliche Gruppen durch finanzielle Zuwendungen privilegieren, erkaufen sie sich deren Zustimmung. Da diese Klientelpolitik gewöhnlich durch Einnahmen aus dem Rohstoffverkauf finanziert wird, sogenannten Renten, wird auch von der Herausbildung eines »Rentier-Staates« gesprochen (vgl. dazu Di John 2011: 171ff.; Rosser 2006: 10ff.).

Seit den 2000er-Jahren ist der »Rohstofffluch« theoretisch weiterentwickelt worden. Heinrich/Pleines (vgl. 2012) kritisieren die ökonomische Verengung des Ansatzes. Die Fokussierung auf den Rentier-Staat und Klientelpolitik vernachlässige die Analyse sozialer Akteure und die Bedeutung sozialer Konflikte. Trotz dieser wichtigen kritischen Einwände bleiben in der Rohstofffluch-Debatte analytische Leerstellen: Denn im Kapitalismus dient die Rohstoffausbeutung primär der Kapitalakkumulation und nicht der Berücksichtigung sozialer und/oder ökologischer Kriterien. Der Verzicht auf Rohstoffausbeutung ist aus neoklassischer Perspektive nur dann begründbar, wenn die zukünftige Gewinnerwartung weitaus höher ist als die gegenwärtige. Andere Faktoren wie Umweltzerstörung und damit einhergehende soziale Ungleichheit finden kaum Berücksichtigung. Allerdings entstehen Beziehungen zwischen Gesellschaft und Natur in spezifischen historischen und geografischen Konstellationen und stehen in einem wechselseitigen Verhältnis zu politischen und ökonomischen Strukturen und Prozessen (vgl. Neumann 2005: 6). Das bedeutet, dass Klassen- oder Geschlechterverhältnisse, soziale oder rassistisch motivierte Unterdrückung den Zugang zu oder die Kontrolle von natürlichen Ressourcen beeinflussen. Dynamiken des Weltmarktes, die sich in strukturellen Sachzwängen, wie der Erhöhung der Wettbewerbsfähigkeit, ökonomischer Effizienz und Einkommensmaximierung ausdrücken, werden ausgeklammert. So formuliert der Ökonom Alberto Acosta (2013: 80) kritisch: »Der Ressourcenfluch ist kein verhängnisvolles Schicksal, sondern eine Wahl.«

Die Antwort aus dem Globalen Süden: Der Ressourcenextraktivismus

Die Debatte um den Ressourcenextraktivismus hat ihren Ursprung in Lateinamerika und stellt in vielerlei Hinsicht eine Weiterentwicklung kritischer Ansätze zur Erklärung ungleicher Entwicklung (Dependenztheorie) um eine sozialökologische Dimension dar. Ähnlich wie in Russland spielt in Lateinamerika die ressourcenbasierte Entwicklung historisch eine prägende Rolle und wird als wesentlicher Grund für die Abhängigkeit von den ökonomisch dominierenden Staaten Westeuropas und Nordamerikas, den kapitalistischen Zentrumsstaaten, ausgemacht (vgl. Galeano 2009). Allerdings ergeben sich in jüngster Zeit neue Entwicklungstendenzen. Seit den 2000er-Jahren lässt sich eine verstärkte Konzentration auf das ressourcenextraktivistische Entwicklungsmodell feststellen – entgegen den selbst gesteckten Zielen der Links-Regierungen in Brasilien, Bolivien, Ecuador oder Venezuela, die Abhängigkeit vom Rohstoffexport zu überwinden. Diese Tendenz scheint sich im Zuge der anhaltenden ökonomischen Rezession zu verschärfen. So ist es nicht verwunderlich, dass in diesen Ländern Konflikte um die Ausbeutung neuer Rohstofflagerstätten zunehmen (vgl. Bebbington 2011; Schilling-Vacaflor 2012). Neu ist jedoch, dass die aus dem Rohstoffexport gewonnen Einnahmen der Finanzierung einer ausgeweiteten Sozialpolitik dienen. Diese Entwicklung veranlasste Eduardo Gudynas (vgl. 2010), erstmals von einem Neo-Extraktivismus zu sprechen.

Eine Annäherung an extraktivistische Entwicklung

Unter extraktiven Ökonomien wird ein Entwicklungsmodell verstanden, bei dem (unverarbeitete) Rohstoffe und Agrarland für den Export ausgebeutet werden (vgl. ders. 2011, 2012; Acosta 2013). Die Ökonomen Alberto Acosta (vgl. 2013: 62ff.) und Eduardo Gudynas (vgl. 2011: 71ff.) betonen übereinstimmend, dass die inländische Produktion von externen Forderungen bestimmt und durch diese motiviert ist. Damit verweisen sie auf einen engen Zusammenhang zwischen ressourcenbasierter Entwicklung und der spezifischen peripheren Einbindung eines Landes in den Weltmarkt. Diese hat weitreichende soziale, politische, ökonomische und ökologische Folgen. Auf globaler Ebene konstituiert sie ein Abhängigkeitsverhältnis der ressourcenextraktiven Staaten gegenüber den industrialisierten Staaten. Wesentlich für diese ungleiche Position im Weltsystem ist das ungleiche Tauschverhältnis zwischen Primär- (Rohstoffe, Agrarprodukte) und Sekundärgütern (Industriewaren). In Übereinstimmung mit der Theorie des »Ressourcenfluchs« sehen auch Acosta und Gudynas auf nationaler Ebene eine ungleiche Konzentration von Einkommen und Macht. Diese beruht in erster Linie auf der Aneignung der Renten durch eine kleine nationale Elite und transnationale Konzerne. Typisch für den Ressourcenextraktivismus sind folglich spezifische Klassenverhältnisse, die sich durch eine Verarmung breiter gesellschaftlicher Schichten, eine kleine Mittelschicht und eine herrschende Klasse, die Kompradorenbourgeoisie, auszeichnen. Letztere hat ihre Akkumulationsbasis unmittelbar im Rohstoffhandel und profitiert damit von der ungleichen internationalen Ordnung. Die große soziale Ungleichheit und die klientelistische Einbindung ausgewählter Schichten verschärfen gesellschaftliche Konfliktlinien, weshalb die Herrschenden ihre Macht oft durch autoritäre Herrschaft abzusichern versuchen.

Die argentinische Soziologin Maristella Svampa (2012: 14) weist auf einen weiteren wichtigen Aspekt hin. Sie definiert Ressourcenextraktivismus als ein Akkumulationsmodell, »das auf einer übermäßigen Ausbeutung immer knapper werdender, meist nicht erneuerbarer, natürlicher Ressourcen beruht, sowie auf der Ausdehnung dieses Prozesses auf Territorien, die bislang als ›unproduktiv‹ galten«. Svampa betont den sozialökologischen Aspekt des Ressourcenextraktivismus. Die Ausdehnung auf unproduktive Territorien beinhaltet eine Verdrängung anderer Wirtschaftsformen wie zum Beispiel von Subsistenzwirtschaft. Damit wird der Landbevölkerung ihre Existenzgrundlage (Land) entzogen, was wiederum die soziale Polarisierung und ungleiche Entwicklung verschärft. Zur Sicherung der eigenen Existenz sieht sich die lokale Bevölkerung dazu gezwungen, entweder in die Städte abzuwandern oder als billige Arbeitskräfte in den Rohstofffördergebieten zu arbeiten. Indem sie den Zwang zur Ausdehnung auf unproduktive Territorien betont, verweist Svampa auf die dem Ressourcenextraktivismus inhärenten Enteignungsprozesse.

Aus dieser Perspektive ist es möglich, das ressourcenextraktivistische Akkumulationsregime konkreter zu bestimmen. Die Ausweitung der Rohstofffördergrenze zerstört nicht nur die Umwelt, sondern oft auch die Lebensgrundlagen der ortsansässigen Bevölkerung. Nach Svampa (vgl. 2013: 80ff.) wird die Frage nach der Kontrolle über und dem Zugang zu den Ressourcen zu einer zentralen Konfliktlinie ressourcenextraktiver Gesellschaften. Dabei stehen die beteiligten Akteure jedoch in einem ungleichen Verhältnis zueinander, was eine Entwicklung hin zu nachhaltigen Wirtschaftsformen erschwert.

Im Gegensatz zu dem Ansatz des »Ressourcenfluches« nehmen die drei ausgewählten Wissenschaftler*innen nicht nur die ökonomischen Eigentums- und gesellschaftlichen Machtverhältnisse in den Blick, sie fragen auch nach den sozialen und ökologischen Folgen, die diese Wirtschaftsweise mit sich bringt. Dieser Schritt ermöglicht es, Ressourcenextraktivismus als ein *Entwicklungsmodell* zu begreifen, das alle gesellschaftlichen Verhältnisse, den Staat, die Politik und individuelle Verhaltensweisen durchzieht und strukturiert. Dies bedeutet nicht, dass Subsistenzwirtschaft oder Industrieproduktion zur Gänze verschwinden müssen. Allerdings handelt es sich bei der Ressourcenextraktion um die dominante Produktionsform.

Extraktivismus und Klimakrise

Die lateinamerikanische Diskussion um den Ressourcenextraktivsmus wird auch international stark rezipiert. Im Mittelpunkt steht jedoch weniger die Frage nach dem Neuen des zeitgenössischen Extraktivismus, vielmehr gelten die intensivierte Rohstoffausbeutung und die fortbestehenden Entwicklungsunterschiede als ein Ausdruck einer globalen »sozial-ökologischen Krise« (Brand 2011: 31ff.).

Extraktive Ökonomien sind in globale Macht- und Herrschaftsverhältnisse eingebettet. Die inneren Verhältnisse eines Landes stehen in einer wechselseitigen Beziehung zu dessen Position in der globalen politischen Ökonomie. Denn der Weltmarkt setzt Normen, die als Sachzwänge wirken wie zum Beispiel Preissetzung, Zinsen, Preise für Währungen, technologische Standards, aber auch Wohlstandsnormen, Urbanisierung, Mobilität, Lebensstile etc. (vgl. Altvater 1987). In extraktiven Ökonomien äußern sich diese Sachzwänge unter anderem über durch den Weltmarkt vermittelte Prozesse der Inwertsetzung von Natur. Mit anderen Worten: Die globale Nachfrage nach Rohstoffen in den Industriestaaten und sich industrialisierenden Ländern wie China und Indien, lässt ressourcenbasierte Entwicklungsmodelle erst attraktiv erscheinen. Denn die Ausdehnung der Rohstoffförderung auf »unproduktive Territorien« verspricht aufgrund der wachsenden globalen Nachfrage nach Ressourcen hohe Profite.[1] Trotz der polarisierenden Wirkung des Ressourcenextraktivismus auf Gesellschaften und die dramatischen Folgen der Rohstoffförderung für Klima und Umwelt stabilisiert er die kapitalistische Produktionsweise. Die Ausweitung der Rohstoffförderung garantiert nicht nur eine konstante Versorgung mit Rohstoffen und damit eine fortlaufende Kapitalakkumulation. Investitionen in neue Rohstofflagerstätten bieten überschüssigem Kapital neue, langfristige Anlageinvestitionen und binden damit Kapital über einen langfristigen Zeitraum.

Um die Position eines Landes in der globalen politischen Ökonomie näher zu bestimmen, erweisen sich die analytischen Kategorien von Zentrum, Semi-Peripherie und Peripherie als geeignet. Während Staaten des Zentrums anspruchsvolle, kapitalintensive Produktionsprozesse konzentrieren und andere Regionen ausbeuten, verfügen semi-periphere Staaten in einigen Branchen der verarbeitenden Industrie über erfolgreiche global agierende Unternehmen und zum Teil sogar

[1] Die Verallgemeinerung des Ressourcenextraktivismus als dominantes Entwicklungsmodell in Lateinamerika wird nicht vorbehaltlos geteilt, da sie, so der Vorwurf, den Blick für eine differenzierte Analyse regionaler Entwicklung versperre (vgl. Jäger/Leubolt/Schmidt 2014). Auch Schmalz (vgl. 2013) kritisiert, dass nicht von einem einheitlichen (Neo-)Extraktivismus gesprochen werden kann, sondern besondere historische und geopolitische Umstände mitbedacht werden müssen. Diese sind der Aufstieg Chinas zur globalen Wirtschaftsmacht und die damit einhergehende steigende Nachfrage nach Rohstoffen, die Einbindung Lateinamerikas in neue transnationale Wertschöpfungsketten sowie die zunehmende Verknappung von Rohstoffen (Peak Everything).

über eigene von ihnen beherrschte Regionen.[2] Die Peripherie dient vor allem als Rohstofflieferant für die Zentrumsstaaten oder teilweise für die Semi-Peripherie. Wichtig an dieser Konzeption ist, dass es sich keinesfalls um starre, unverrückbare Positionen handelt. Das Verhältnis von Zentrum und Peripherie ist dynamisch und in stetigem Wandel begriffen.

Als eine wichtige Stütze des ressourcenextraktivistischen Entwicklungsmodells erweist sich die »imperiale Lebensweise«. (Brand/Wissen 2017) Darunter verstehen die Politikwissenschaftler Ulrich Brand und Markus Wissen eine Hegemonie bestimmter ressourcenintensiver Produktions- und Konsumtionsmuster der Mittel- und Oberschicht in den westlichen Industriestaaten. Die »imperiale Lebensweise« beruht auf der exklusiven Inanspruchnahme hoher Mobilität (Autoverkehr und Billigflieger), der Nutzung vieler elektronischer Geräte im Alltag, spezifischen Ernährungsgewohnheiten (hoher Fleischkonsum) und der Verbrennung fossiler Energieträger. Die Lebensweise des globalen Nordens ist insofern »imperial«, »als sie einen prinzipiell unbegrenzten – politisch, rechtlich, und/oder gewaltförmig abgesicherten – Zugriff auf Ressourcen, Raum, Arbeitsvermögen und Senken[3] andernorts voraussetzt«[4] (Brand 2015: 10). Global gesehen ist der Energie- und Ressourcenverbrauch pro Kopf extrem ungleich verteilt (vgl. Jorgenson 2012; Rice 2007). Die dabei anfallenden ökologischen Kosten wie Müll, großflächige Verschmutzung und Emissionen werden von den Industriestaaten in großem Umfang externalisiert, etwa durch die überproportionale Inanspruchnahme globaler Senken. Die Widersprüchlichkeit dieser Produktions- und Konsumtionsmuster wird mit Blick auf die sich verändernden globalen Kräfteverhältnisse deutlich. Der Aufstieg der Schwellenländer geht mit der Entstehung einer »transnationalen Verbraucherklasse« (Wissen 2010: 34ff.) einher, die den Lebensstil des Nordens ebenfalls für sich einfordert. Diese Verallgemeinerung der »imperialen Lebensweise« verschärft einerseits die globale Konkurrenz um die vorhandenen Rohstoffreserven, insbesondere Öl und Gas. Andererseits ermöglicht die intensivierte Rohstoffausbeutung die ungebrochene Konzentration auf globales Wachstum. Insbesondere in Zeiten der globalen Wirtschaftskrise hat dies einen stabilisierenden Effekt auf die Entwicklung der kapitalistischen Produktionsweise sowie die gesellschaftlichen Kräfteverhältnisse in den Schwellenländern und den westlichen Staaten.

---

[2] Im russischen Fall lassen sich weite Teile des post-sowjetischen Raums, insbesondere der Kaukasus und Zentralasien, zur beherrschten Formation zählen.

[3] Unter Senken werden Ökosysteme verstanden, die CO_2 absorbieren können, wie z.B. Ozeane und Wälder (vor allem Regenwälder und Tundra-Wälder der Arktis und Subarktis).

[4] Derweil stößt der Begriff der imperialen Lebensweise auch auf Kritik. Eine zentrale Schwäche verortet Klaus Dörre (vgl. 2018a, b) in der Vernachlässigung des Klassenbegriffs. Der Wirtschaftswissenschaftler Andreas Novy (vgl. 2018) verweist zudem darauf, dass die »imperiale Lebensweise« nicht nur mit einem spezifischen Konsum- und Verhaltensmodell einhergeht, sondern auch auf individuellen Freiheitsrechten beruht, deren Bedeutung Brand und Wissen unterschätzen.

Kapitalistische Entwicklung ist somit geprägt durch eine ungleiche Weltressourcenordnung (vgl. Altvater 1993). Diese ist eingebettet in globale Herrschaftsverhältnisse und strukturiert diese zugleich. Die Aufrechterhaltung dieser ungleichen Ordnung erfolgt indirekt durch die wirtschaftliche Dominanz der Industriestaaten, wie sie sich zum Beispiel in der finanziellen Abhängigkeit der Entwicklungsländer von internationalen Direktinvestitionen und internationalen Finanzorganisationen (Internationaler Währungsfonds, Weltbank etc.) äußert. Ein weiterer Aspekt ist die Durchsetzung von Freihandelsabkommen, die eine Binnenorientierung und Stärkung der produktiven Sektoren in jenen Ländern erschweren und deren Importabhängigkeit weiter erhöhen. Die ungleiche Ordnung wird auch durch vielfältige Formen direkter Gewalt aufrechterhalten. Die politische und militärische Dominanz des Westens, heutzutage vor allem der USA, wird immer wieder dazu eingesetzt, die ungleiche Ressourcenordnung zu sichern. Davon zeugen sowohl koloniale Eroberungskriege als auch die vielfältigen Interventionen im Nahen Osten, in Afrika und Lateinamerika.

Vom Globalen Süden in den hohen Norden: Russlands Rohstoffwirtschaft

Ist die Debatte um den Ressourcenextraktivismus hilfreich zur Bearbeitung des russischen Falls? Auf den ersten Blick scheint die beinahe ausschließliche Berücksichtigung der lateinamerikanischen Entwicklung in der wissenschaftlichen Debatte dagegen zu sprechen. Dem steht jedoch die Tatsache gegenüber, dass ressourcenbasierte Entwicklung keinesfalls ein ausschließlich lateinamerikanisches Phänomen ist, sondern ebenfalls in Afrika, in großen Teilen Asiens und im postsowjetischen Raum beobachtet werden kann (vgl. Fraser/Larmer 2010; Breininger/Reckordt 2012; Pirani 2012; Ishkanian 2013; Gullette 2014). Mit dem Ende des Ost-West-Konfliktes und der Eingliederung der vormals staatssozialistischen Länder in den Weltmarkt erfolgte eine neue Phase der kapitalistischen Globalisierung. Die zunehmende ökonomische Bedeutung Südostasiens, die wachsenden ökonomischen und sozialen Unterschiede im postsowjetischen Raum und die seit der Eurokrise unübersehbaren Entwicklungsunterschiede in der Europäischen Union werfen die Frage auf, ob die starke Nord-Süd-Dichotomie, die in der Debatte des Ressourcenextraktivismus überwiegt, nach wie vor aufrecht zu erhalten ist.

Wenn man den Ressourcenextraktivismus als spezifische Form peripherer kapitalistischer Entwicklung versteht, so ergeben sich produktive Möglichkeiten, die gesellschaftliche Entwicklung Russlands zu analysieren. Im Kontext sich verschiebender globaler Kräfteverhältnisse erlaubt der Ansatz ein genaueres Verständnis des kapitalistischen Weltsystems und der konkreten Position eines Landes in der globalen Ordnung. Russland ist aufgrund seines Rohstoffreichtums, seines politischen Einflusses (ständiges Mitglied im UN-Sicherheitsrat) und seiner militärischen Kapazitäten ein zentraler Akteur dieser Entwicklungen. Für die Übertragung der Debatte auf Russland müssen jedoch historische und soziale Spezifika des Landes berücksichtigt werden.

Das wechselseitige und spannungsgeladene Verhältnis zwischen externer und interner Entwicklung in Russland muss vor dem Hintergrund der peripheren Weltmarktintegration des Landes in den 1990er-Jahren analysiert werden. Periphere Weltmarktintegration beschreibt einen Prozess, in dem die inländische Produktion zunehmend an externen Forderungen und Interessen ausgerichtet wird. Dies wirkt sich entscheidend auf die Entwicklung der innergesellschaftlichen Verhältnisse aus. Auf die Öffnung des Binnenmarktes folgt üblicherweise eine Schwächung, wenn nicht sogar die weitgehende Zerstörung der einheimischen Industrie, was die soziale Polarisierung im Inneren verschärft. Die eingeschränkte Handlungsfähigkeit von Staat und Politik sowie die sich verschärfenden sozialen Gegensätze führen oft zu der Herausbildung autoritärer Herrschaftsverhältnisse. Peripherisierungsprozesse beschreiben also einen krisenhaften, widersprüchlichen Vorgang mit weitreichenden Auswirkungen auf die Politik, Wirtschaft und Gesellschaft eines Landes. Diese Widersprüchlichkeit (strukturelle Heterogenität) ist ein bestimmendes Merkmal aller (semi)peripheren Gesellschaften.

Die periphere Weltmarktintegration Russlands in den 1990er-Jahren strukturiert und festigt die gesellschaftlichen Kräfteverhältnisse des Landes bis in die Gegenwart, was etwa am gesellschaftlichen Einfluss der Oligarchen deutlich wird, deren Macht wesentlich auf der Kontrolle transnationaler Rohstoffkonzerne beruht. Charakteristisch für die russische Oligarchie ist das nach Ansicht des Staatstheoretikers Nicos Poulantzas (vgl. 2001: 52ff.) typische Verhältnis von Abhängigkeit und Autonomie einer inneren Bourgeoisie. Einerseits schwächt die Dominanz des westlichen Kapitals und die periphere Einbindung in den Prozess der internationalen Arbeitsteilung die politische und ideologische Autonomie des russischen Kapitals, was im Verlust des früheren Weltmachtstatus deutlich wird. Andererseits verfügt die russische Bourgeoisie durch ihre internationale Bedeutung im Bereich Energieträger und Rüstungsgüter über eine eigene ökonomische Macht- und Akkumulationsbasis. Dies gilt sowohl in Russland als auch außerhalb in den von ihr beherrschten abhängigen Regionen (postsowjetischer Raum).

Eine weitere Besonderheit Russlands ist dessen große Bedeutung in Klima- und Umweltfragen. Als fünftgrößter Emittent von CO_2-Emissionen hat Russland einen beträchtlichen Anteil an der Verschmutzung des Planeten. Dennoch verortet James Rice das Land mit Blick auf den ungleichen ökologischen Tausch im globalen Ländervergleich in der Semi-Peripherie. Einen wichtigen Grund dafür sieht er in der Bedeutung Russlands als globaler Rohstofflieferant. Aus diesem Grund hat es unter der zunehmend ungleichen Nutzung ökologischer Systeme und der Externalisierung von Umweltschäden durch die industrialisierten Länder zu leiden, was dem Land zusätzliche exogene Umweltlasten auferlegt (vgl. Rice 2007). Die Herrschenden in Russland zeigen derweil wenig Interesse, die für ihr Land ungünstigen ökologischen Verhältnisse zu ändern, bilden sie doch einen wichtigen Eckpfeiler ihrer Macht. Der Staat ist durch seine Firmenbeteiligungen (Gazprom, Rosneft) an das ressourcenextraktivistische Entwicklungsmodell gebunden. Dies fördert Bündnisse zwischen dem Staat und den Oligarchen, die eine Überwindung des Ressourcenextraktivismus erschweren.

Wiederkehrende Krisen und prekäre Stabilisierung. Die Regulationstheorie

Mithilfe analytischer Kategorien wie der peripheren Weltmarktintegration lässt sich die Position eines Landes im kapitalistischen Weltsystem genauer verorten. Wird der Ressourcenextraktivismus aber als Entwicklungsmodell verstanden, das Politik, Wirtschaft, Staat und Gesellschaft durchzieht und strukturiert, kommt eine weitere Analyseebene hinzu: die innere Entwicklung eines Landes. Die Orientierung auf den Rohstoffexport muss auf übernationaler und nationaler Ebene in eine Form gesellschaftlicher Regulation eingebettet sein. Das liegt daran, dass nicht nur die Außenwirtschaftspolitik, sondern auch das Lohn- und Geldverhältnis, eine die Rohstoffausbeutung begünstigende Gesetzgebung und eine hegemoniale Verankerung der Rohstoffausbeutung in der Gesellschaft über den Erfolg beziehungsweise Misserfolg einer solchen Strategie entscheiden.

Aus der Perspektive der Regulationstheorie sind die Reproduktionsbedingungen des Waren- und Lohnverhältnisses im Kapitalismus äußerst prekär, was eine spezifische Form politisch-gesellschaftlicher Stabilisierung erfordert, mit anderen Worten: eine Form gesellschaftlicher *Regulation*, um sowohl eine regelhafte Reproduktion der Gesellschaft als auch eine fortwährende Kapitalakkumulation zu gewährleisten (vgl. Aglietta 1979; Lipietz 1998; Boyer 2005). Deshalb ist Regulation nicht als statischer Begriff im Sinne eines »Gleichgewichtszustands« misszuverstehen. Um die konkrete Ausprägung historischer und nationaler Entwicklungsphasen zu bestimmen, entwickelte die Regulationstheorie zwei zentrale analytische Begriffe: Akkumulationsregime und Regulationsweise.

Unter dem »Akkumulationsregime« wird die dominante Art der Produktion und Realisierung des Mehrwerts verstanden, die über einen längeren Zeitraum stabil die Reproduktion der kapitalistischen Produktionsweise gewährleisten muss. Während im Fordismus vor allem die industriell gefertigte Massenproduktion dominierte, ist dies in ressourcenextraktiven Entwicklungsmodellen (überwiegend) die Ausbeutung und der Export von Rohstoffen. Der französische Ökonom Alain Lipietz (1998: 26) beschreibt das Akkumulationsregime deshalb auch als »Wachstumsschemata«. Der Begriff umfasst jedoch nicht ausschließlich ökonomische Prozesse. Wie der Politikwissenschaftler Joachim Hirsch betont, wohnen dem Akkumulationsregime politisch-soziale Konfliktachsen inne. Das bedeutet, dass Klassenverhältnisse und damit verbundene soziale Antagonismen (z.B. Natur- und Geschlechterverhältnisse) darin zum Ausdruck kommen (vgl. Hirsch 2001: 174).

Der Begriff der »Regulationsweise« bezeichnet dagegen die dominanten Normen, Praktiken und Institutionen einer Gesellschaft, in die ein Akkumulationsregime eingebettet ist. Dabei handelt es sich oft um »institutionalisierte Kompromisse« (Lipietz 1985: 112) zwischen gesellschaftlichen Kräften (Klassen oder Klassenfraktionen), die zur Reproduktion von Machtverhältnissen beitragen. Die konkrete Gestalt der Kompromisse und der damit verbundenen Institutionen, Normengefüge etc. ist ein Resultat sozialer Konflikte und damit historisch veränderbar. Somit sind diese Kompromisse nicht als freiwillige Übereinkünfte misszuverstehen. Sie beruhen auf Machtungleichgewichten und werden durch Institutionen wie staatliche Gewaltapparate (Armee, Polizei) oder Gesetze abgesichert. Daneben können auch die hegemonialen Lohn-, Markt- und Geschlechterverhältnisse zu einer Stabilisierung gesellschaftlicher Verhältnisse beitragen.

Wenn über einen längeren Zeitraum gesellschaftliche Stabilität herrscht und damit eine stabile Akkumulation gewährleistet ist, spricht die Regulationstheorie von der Herausbildung einer Entwicklungsweise (vgl. Becker 2013). Entscheidend dafür ist nach Lipietz (1998: 159–163) die Entstehung eines »hegemonialen Blocks«. Darunter versteht er in Anlehnung an Gramsci die Konvergenz sozialer Gruppen oder Fraktionen von Gruppen um ein Projekt zum Erhalt oder zur Veränderung der bestehenden Verhältnisse. Idealerweise, so Lipietz, bildet das Akkumulationsregime die Grundlage der materiellen Existenz des Blocks an der Macht. Gleichzeitig gewährleistet er die Regulationsweise, die eine Reproduktion des Akkumulationsregimes ermöglicht. Die Herausbildung einer Entwicklungsweise ist vor allem ein Merkmal von Staaten des Zentrums, während für (Semi-)Peripherien längere Krisenphasen charakteristisch sind. Die periphere Eingliederung einer Volkswirtschaft in den Weltmarkt erschwert die Herausbildung eines kohärenten Akkumulations- und Regulationszusammenhangs auf einzelstaatlicher Ebene und fördert die strukturelle Heterogenität eines Staates.

Für eine Analyse der gesellschaftlichen Entwicklung Russlands ist ein genaues Verständnis des Staates von großer Bedeutung. Das erklärt sich zum einen aus der zentralen Funktion, die der Staat in der Herausbildung und Aufrechterhaltung eines Entwicklungsmodells einnimmt und zum anderen aus der prägenden Rolle des russischen Staates in der Konstitution gesellschaftlicher Macht- und Kräfteverhältnisse. Der Staat wird hier weder als ein neutrales Subjekt, das unabhängig und fern von gesellschaftlichen Kräfteverhältnissen existiert, noch als funktionalistisches Instrument der herrschenden Klasse verstanden, sondern als »soziale Beziehung« (Hirsch/Jessop 2001: 18). Das bedeutet, dass gesellschaftliche Kräfteverhältnisse sich im Staat »widerspiegeln«. Die Staatstheorie beschreibt also ein Herrschaftsverhältnis zwischen herrschenden und beherrschten Klassen, das sich immer in einer »spezifischen Form« (Poulantzas 2002: 159) ausdrückt. Die allgemeine politische Funktion des Staates besteht nach Ansicht von Nicos Poulantzas in der Herstellung eines Konsenses im Sinne eines Kompromisses zwischen unterschiedlichen gesellschaftlichen Kräften und deren Interessen. Dabei werden nicht einseitig die Interessen des Blocks an der Macht durchgesetzt. Vielmehr besitzt der Staat eine eigene Materialität, die die Klassenverhältnisse im Staat gebrochen, das heißt in veränderter Form, reproduziert. In diesem Zusammenhang entwickelt Poulantzas den Begriff der »relativen Autonomie«. Damit verweist er auf die Trennung des Staates von der Gesellschaft und der Politik von der Ökonomie, was den Staat durchaus in Widerspruch zu den herrschenden Klassen bringen kann.

3. Die Sowjetunion: Versuch einer nachholenden Entwicklung

Rebellion der Peripherie

Die Geschichte Russlands prägt ein bis in die Gegenwart anhaltender Dualismus aus nachholender Entwicklung und Großmachtstatus, die zueinander scheinbar im Widerspruch stehen. Ein kurzer Blick in die Geschichte der nachholenden Entwicklung Russlands trägt dazu bei, die aktuellen Auseinandersetzungen um das ressourcenextraktive Modell präziser zu verorten und dessen historische Wurzeln zum Vorschein zu bringen. Auf diese Weise werden Bearbeitungsstrategien und Muster deutlich, die zum Teil auch heutzutage dominant sind.

Seit dem Ende der Tatarenherrschaft 1480 war Russland ein unabhängiger Staat, dessen Herrschaftsgebiet expandierte, vor allem nach Osten und Südosten. Zugleich befand es sich in einer permanenten Konkurrenzsituation mit den technisch, militärisch und ökonomisch fortschrittlicheren europäischen Großmächten. Die prekäre Lage Russlands im Weltsystem bringt der Historiker Boris Kagarlitzkij (vgl. 2009, 2010) mit dem Begriff des »peripheren Imperiums« zum Ausdruck. Das zaristische Entwicklungsmodell setzte auf eine »imperiale Modernisierung« (Krasilshchikov 2014: 15ff.), in der der Staat zum wesentlichen Initiator gesellschaftlicher Entwicklungsprojekte wurde und das Hauptaugenmerk auf der Entwicklung militärischer Stärke lag.[1] Dazu wurden Ressourcen im Staat, dem Militär und der Rüstungsindustrie konzentriert. Gleichzeitig war das Zarenreich stark vom Rohstoffexport (landwirtschaftliche Produkte, Eisen, Metalle) nach Westeuropa abhängig (vgl. Wallerstein 2004: 184ff.). Ökonomisch vertiefte das imperiale Modernisierungsmodell die gesellschaftlichen Widersprüche, da es auf der Ausbeutung der Bauern basierte. Die Folge war eine Schwächung des privaten Konsums und die Vernachlässigung der sozialen Entwicklung der Masse der Bevölkerung. Dieser Dualismus schuf eine innere russische Peripherie und war die Kehrseite der militärischen Erfolge und vielfältigen kulturellen Errungenschaften des 18. und 19. Jahrhunderts.

Die Sowjetunion verkörperte in vielerlei Hinsicht einen Bruch mit den gescheiterten zaristischen Modernisierungsanstrengungen. Das Ziel der sowjetischen Führung war es, den Pfad abhängiger Entwicklung zu überwinden. Da-

[1] Das gilt insbesondere ab dem 17. Jahrhundert. Während der Regentschaft Peters des Großen (1682–1725) übernahm der russische Staat durch massive Interventionen den Versuch, die wachsenden Entwicklungsunterschiede zu den Zentrumsstaaten zu begrenzen. Auch der Übergang zum Kapitalismus im ausgehenden 19. Jahrhundert vollzog sich aufgrund der schwachen einheimischen Bourgeoisie unter der Führung des Staates.

mit verband sie die Idee einer gesellschaftlichen Revolution. Aus diesem Grund beschreibt der Ökonom Ruslan Dzarasow (2014: 43) die russische Revolution von 1917 als eine »Rebellion der Peripherie« gegen »den Kern des kapitalistischen Weltsystems«. Dies ermöglichte der Sowjetunion eine umfassende ökonomische, politische und soziale Entwicklung.

Von der Blütezeit zur Krise des sowjetischen Entwicklungsmodells

Den Westen überholen? Das goldene Zeitalter des Staatssozialismus

Der Sieg über den Faschismus ermöglichte der Sowjetunion, ihren Machtbereich deutlich nach Westen auszudehnen. Nach der Gründung der NATO im Jahr 1949 wurde die Mehrheit der staatssozialistischen Länder Osteuropas durch den Warschauer Pakt im Jahr 1955 auch offiziell eng in die sowjetischen Sicherheits- und Militärstrukturen eingebunden. Die stabile Ordnung des Ost-West-Konfliktes in Europa beruhte jedoch nicht nur auf dem Mächtegleichgewicht und der europäischen Sicherheitsarchitektur, sondern auch auf der ökonomischen Prosperitätsphase, die ab den 1950er-Jahren auf dem Kontinent einsetzte. Heutzutage ist das dominante Bild der Planwirtschaft geprägt durch ineffizienten Ressourcenverbrauch und niedrige Produktqualität, abgesichert durch einen ausufernden bürokratischen Apparat. Dies täuscht darüber hinweg, dass diese Form der Wirtschaft sich in bestimmten historischen Phasen als durchaus effizient erwies. Eine zentralisierte Koordination der Ressourcenverteilung und -nutzung erleichterte den Aufbau einer Schwerindustrie in den 1930er-Jahren, die Umstellung auf eine Kriegswirtschaft in den Jahren 1941 bis 1945 sowie den Wiederaufbau der zerstörten Gebiete nach der deutschen Invasion. Die steigenden Produktions- und Wachstumsraten bis in die Mitte der 1960er-Jahre ließen sogar Ökonomen und Politiker im Westen, so etwa den britischen Premierminister Harold Macmillan, an der Überlegenheit des Kapitalismus gegenüber der Planwirtschaft zweifeln (vgl. Hobsbawm 1997: 471). Noch in den 1950er-Jahren lag die jährliche Wachstumsrate des sowjetischen Bruttosozialproduktes bei 5,7% und im folgenden Jahrzehnt bei 5,2% (vgl. ebd.: 499). Durch den 1949 gegründeten Rat für gegenseitige Wirtschaftshilfe (RGW) konnte die Sowjetunion ihre Außenhandelsbeziehungen deutlich intensivieren. Dadurch wurden weite Teile Osteuropas und seit den 1970er-Jahren die Mongolei, Vietnam und Kuba eng an die eigene ökonomische Entwicklung angebunden. Gleichzeitig verfolgte der RGW vor allem in seiner ersten Phase von 1950 bis 1970 die Strategie, Entwicklungsasymmetrien zwischen den einzelnen Mitgliedsstaaten abzubauen, da mit Ausnahme der DDR und der Tschechoslowakei die Mehrheit der staatssozialistischen Länder schwach industrialisiert war. Aus diesem Grund leistete die UdSSR umfangreiche Entwicklungshilfe und gestattete den schwächer entwickelten Staaten des RGW, aber auch Ländern außerhalb der Organisation, Vorzugsbedingungen im

Handel (vgl. Eder 2016: 99). Darüber hinaus koordinierten die RGW-Mitglieder ihre nationalen Produktionspläne und vereinbarten Spezialisierungen einzelner Mitgliedsstaaten in bestimmten Sektoren, um parallele ökonomische Entwicklungen zu vermeiden (vgl. ebd.: 102).

Im Zuge der Systemkonkurrenz geriet der Staatssozialismus immer stärker zum »Neffen des fordistischen Kompromisses« (Lipietz 1998: 127). Die Kombination aus Taylorismus und dauerhaft garantierter Beschäftigung wurde in der Breschnew-Ära um einen »Konsumsozialismus« (Chernyshova 2013) ergänzt. Die bis in die 1960er-Jahre anhaltende Aufschwungphase erlaubte der sowjetischen Führung, die Konsummöglichkeiten für die Bevölkerung auszuweiten, wodurch sich die soziale Lage der Bevölkerung in dieser Phase deutlich verbesserte. Mit dem Bau des KamAZ-Werks für die Lkw-Produktion und des Autowerks Wolschskij Awtomobilnyj Zawod in Toljatti in Kooperation mit FIAT setzte in der Sowjetunion die Massenproduktion von Pkws ein, was die Grundlage für die Motorisierung breiter Bevölkerungsschichten bildete und neue Mobilitätskonzepte mit sich brachte (vgl. Meier 2016). Parallel zur westlichen Massen- und Konsumkultur entstand zudem eine sozialistische Unterhaltungsindustrie (vgl. Miklóssy 2016: 69ff.). Der Ausbau sozialstaatlicher Leistungen und die Entstehung einer sowjetischen Konsumgesellschaft sollten jedoch nicht nur auf eine systemerhaltende Funktion oder die Systemkonkurrenz reduziert werden, sondern sie orientierten sich auch an traditionellen Werten und Zielen der Arbeiter*innenbewegung (vgl. Boyer 2009). Die Industrialisierung des Landes, die soziale Entwicklung, der Sieg über den Faschismus sowie technologische Höchstleistungen (Weltraumtechnologie) führten dazu, dass breite Bevölkerungsschichten das sowjetische Entwicklungsprojekt durchaus unterstützten oder zumindest tolerierten. Damit einher gingen auch eine politische Liberalisierung sowie ein Machtverlust der Gewaltapparate.

Plan ohne Demokratie: Die Rückkehr der Krise

Auf den Reform- und Aufschwungzyklus der Nachkriegszeit folgte ab Ende der 1960er-Jahre international der Beginn einer neuen Krisenphase. Ein Ausdruck davon waren zunehmende internationale Krisen und Konflikte wie etwa der Vietnamkrieg. Im Westen äußerten sich die Umwälzungen zunehmend in der Krise des Fordismus (Profitklemme) und dem Beginn einer neuen internationalen Arbeitsteilung durch den Aufstieg neuer industrialisierter Länder, insbesondere in Südostasien. Auch in der Sowjetunion machten sich in dieser Zeit erste Krisentendenzen bemerkbar. Ein Wendepunkt aus Sicht der staatssozialistischen Gesellschaften war der Prager Frühling im Jahre 1968, da die Reformpolitik der tschechoslowakischen KP ein politisches und ökonomisches Alternativprogramm darstellte und damit die Vorherrschaft der UdSSR und des staatssozialistischen Entwicklungsmodells unmittelbar herausforderte. Gleichzeitig war der Prager Frühling eine Reaktion auf die zunehmenden ökonomischen Krisenerscheinungen der staatssozialistischen Gesellschaften. Diese äußerten sich im Unterschied zu den fordistisch geprägten westlich-kapitalistischen Gesellschaften nicht als eine Nachfragekrise, sondern als permanente Angebotsdefizite (vgl. Lipietz 1998: 127). Das lässt sich besonders gut an dem Ziel der Proportionalität der Ökonomie illustrieren. Die erhöhte Produktion eines bestimmten Guts (z.B. Aluminium) erfordert ebenso die Steigerung anderer Vorgüter (Energie). Die Schwierigkeit besteht folglich darin, die gesamten Auswirkungen einzukalkulieren, das heißt nicht nur die direkten allgemeinen Steigerungen des Produktionsprozesses, sondern auch die dafür notwendigen Vorleistungen (vgl. Leontief 1960: 263f.; Dobb 1970: 22–26). Dazu bedarf es eines möglichst transparenten Informationsflusses und einer gewissen Flexibilität. Der ungarische Ökonom Ivan T. Berend (1996: 197) beschreibt in seiner Analyse der staatssozialistischen Volkswirtschaften die Industrialisierungsbestrebungen in Osteuropa als einen »Anachronismus«. »Das starre Modell der Modernisierung war, obwohl effektiv in der Industrialisierung rückständiger Agrarländer [...] und mit einer beeindruckenden Wachstumsrate auf der Grundlage einer technologischen Basis aus der Jahrhundertwende, vollkommen unvorbereitet für eine technologische Neuorientierung.«

Die Priorität, die der »sowjetische Modernisierungstypus« der Steigerung der Produktion und dem Aufbau der Schwerindustrie zuwies, erschwerte die Entwicklung des Dienstleistungssektors und die Integration neuer Technologien (Computerisierung) in den Produktionsprozess und hemmte die Innovationsfähigkeit. Der bis in die 1960er-Jahre anhaltende Zustrom der Landbevölkerung in die Städte begünstigte diese Entwicklung. Da diese ein großes Reservoir mehrheitlich unqualifizierter billiger Arbeitskraft bildete, blieb die Notwendigkeit zur technologischen Innovation begrenzt (vgl. Krasilshchikov 2014: 72). Der Einführung neuer Technologien und Produkte in der Sowjetunion gingen meistens einzelne geplante Werkgründungen voraus, auch Allunionsprojekte genannt. Diese wurden üblicherweise von Moskau aus geplant und genossen im Hinblick auf Ressourcenzuteilung, Arbeitskräfte und Technologietransfer höchste Priorität. Um die Wachstumsraten auf einem hohen Niveau zu stabilisieren und gleichzeitig den gesamtgesellschaftlichen Konsum zu steigern, musste die Versorgung mit Rohstoffen, Maschinen und Ausrüstung garantiert werden. Dies wurde durch die verhältnismäßig geringen Lohnkosten und eine ständige Ausweitung der Rohstoffausbeutung sichergestellt (vgl. Jaremenko 1997).

Das Problem der Planwirtschaft bestand weniger in der Planung an sich. Schließlich sind multinationale Konzerne durch transnationale Wertschöpfungsketten ebenso auf umfangreiche und detaillierte Planung angewiesen. Auch Japans Exportorientierung nach dem Zweiter Weltkrieg sowie der Industrialisierungsprozess der südostasiatischen »Tigerstaaten« beruhte auf einer aktiven staatlichen Interventions- und Planungspolitik. Im Staatssozialismus hingegen produzierte die Tendenz zur »engen Planung« (Dobb 1970: 26) und zur bürokratisierten Überarbeitung des Plans in zwangsläufiger Regelmäßigkeit Situationen chronischen Mangels. Die auffällige Inflexibilität der Planwirtschaft hatte ihre Ursache in der extremen Zentralisierung der Ökonomie. Folglich war es der Mangel an demokratischer Partizipation auf allen Ebenen der Entscheidungsfindung, der die Entwicklung der staatssozialistischen Planwirtschaft zunehmend behinderte. Somit konnte auch die ökonomische Dimension des Stalinismus letztlich nicht überwunden werden. Dzarasow argumentiert, dass die Reformversuche unter Chruschtschow und Breschnew scheiterten, weil sie in den Strukturen der zentralen Planung verhaftet blieben (vgl. Dzarasov 2014: 60f.; für einen Überblick der ökon. Reformversuche siehe Sutela 1991: 74–167) Die hierarchische Vorgabe der Produktionsziele schränkte die Emanzipation der Fabrikarbeiter*innenschaft und die Diskussionen um gesellschaftliche Produktionsziele ein. Die Planungskompetenz des Staates »organisiert sich zumindest teilweise gegen gesellschaftliche Ansprüche der demokratischen Partizipation« (Altvater 1997: 40). Die vermeintlichen Interessenorganisationen der arbeitenden Bevölkerung, die kommunistischen Partei, die Gewerkschaften und andere gesellschaftlichen Organisationen, verzichteten nicht nur weitgehend darauf, einen demokratischen Partizipationsprozess einzufordern, sondern unterdrückten solche Forderungen sogar, nicht selten mit dem Argument, dieser gefährde die gesellschaftliche Stabilität und Entwicklung. Diese »Verdopplung des Staates« (Altvater 1997: 41ff.) blockierte das Entstehen unabhängiger Bewegungen und Initiativen. Stattdessen blieb als »entdemokratisierte Kommandowirtschaft« nur noch die Legitimation des Systems durch das Einholen und Überholen des kapitalistischen Westens, das heißt hohe Wachstumsraten, ein ständig verbessertes Versorgungsniveau und die Ausweitung der Konsummöglichkeiten (vgl. ebd.: 43). Die politische Führung reagierte auf die Innovationsschwäche und den chronischen Ressourcenmangel mit einer wachsenden Konzentration der besten Ressourcen (Rohstoffe, Arbeitskraft und Maschinen) im militärisch-industriellen Komplex und den mit ihm verbundenen Sektoren. Dies schuf eine Dualität der sowjetischen Ökonomie zwischen dem MIK und dem Rest und vergrößerte die Entwicklungsunterschiede innerhalb der Ökonomie und den Regionen. Parallel zur Entstehung des bürokratischen Marktes entstand ein sich ausbreitender informeller Sektor, ein »zweiter Verteilungsmechanismus«, der durch nachgelagerte Tauschprozesse die Defizite der primären Ressourcenverteilung auszugleichen versuchte (vgl. Bischoff 1993: 13).

Die Dienstklasse erwacht. Die Erosion der stalinistischen Klassenverhältnisse

Die Entwicklungserfolge der Sowjetunion in der Nachkriegszeit schufen die Voraussetzung zur Entstehung gesellschaftlicher Klassen, die zunehmend in Widerspruch zu der sozialen Ordnung und den gesellschaftlichen Institutionen des Landes standen. Im Staatssozialismus erfolgte die soziale Differenzierung – anders als im Kapitalismus – weniger über Privateigentum (Produktionsmittel, Einkommen, Grundbesitz) als über die Stellung im gesellschaftlichen System. Diese bestimmte maßgeblich den Zugang zu ökonomischen und sozialen Ressourcen, aber auch das Maß an politischem Einfluss, sodass es durchaus zulässig ist, von einer staatssozialistischen Klassengesellschaft zu sprechen. Die herrschende Klasse oder »Top-Nomenklatura« bestand aus den Mitgliedern des Politbüros und des Zentralkomitees der KPdSU. Sie besaß das Entscheidungsmonopol auf alle wichtigen Ressourcen des Staates und der Gesellschaft. Arbeiter*innen und Angestellte waren von den Entscheidungsprozessen ausgeschlossen und verfügten über keine autonomen Organisationsressourcen (vgl. Brie 1996: 42ff.).

Ähnlich wie in kapitalistischen Gesellschaften gab es auch im Staatssozialismus eine Mittelschicht. Die sogenannte Dienstklasse definierte sich jedoch weniger über ihre ökonomische als ihre politische Stellung als »Funktionselite« (vgl. ebd.: 42). Indem sie das Kommando über alle wesentlichen gesellschaftlichen Ressourcen ausübte, verfügte die Dienstklasse über beträchtlichen Einfluss und nahm zwischen der herrschenden Klasse und den Arbeiter*innen und Angestellten eine zentrale Vermittlungsfunktion im Machtgefüge ein, was eine gewisse Reaktionsfähigkeit des Systems für gesellschaftliche Veränderungsprozesse gewährleistete und damit einen wesentlichen Stabilitätsfaktor darstellte (vgl. Segert 2002: 139ff.). Die Entstehung der Dienstklasse und ihre spezifische gesellschaftliche Position haben ihren Ursprung in der stalinistischen Industrialisierung. Die Kollektivierung der Landwirtschaft, »die zweite Ära der Leibeigenschaft« (Krasilshchikov 2014: 68), traf unter der neu entstehenden urbanen Bevölkerung und der sich herausbildenden Dienstklasse auf Unterstützung, denn sie ermöglichte diesen Schichten sozialen Fortschritt. Unter dem Motto »Sozialismus in einem Land« setzte die stalinistische Führung in den 1930er-Jahren einen Industrialisierungsprozess in Gang, der den Bedarf nach Fachkräften (Facharbeiter*innen, Wissenschaftler*innen etc.) deutlich steigerte. Dies und die forcierte Bildungsexpansion schafften eine neue soziale Aufwärtsmobilität, die bis in die 1970er-Jahre wichtige gesellschaftliche Stabilitätsfaktoren bildeten.

Zugleich entstanden neue Formen der Abhängigkeit, diesmal nicht vom Adel, wie im Zarismus, sondern vom Staat. Das gilt sowohl in politischer Hinsicht, da der Aufstieg in der Hierarchie an die persönliche Loyalität zum Regime durch Parteizugehörigkeit, Mitgliedschaft in den Gewerkschaften sowie klientelistische Praktiken gebunden war, als auch ökonomisch, da der gesellschaftlich produzierte Mehrwert ausschließlich durch den Staat angeeignet und verteilt wurde und das Einkommen der Dienstklasse folglich nicht auf Privateigentum beruhte. Diese politische und ökonomische Abhängigkeit von Staat und Partei begründet die ambivalente und prekäre Position der Dienstklasse im sowjetischen Herrschaftssystem und verhinderte, dass sie sich zu einer neuen herrschenden Klasse entwickelte. Da ihre Legitimation auf der Existenz der UdSSR und sozialistischen Idealen beruhte, konnte sie ihre Position nur wahren, indem sie die sowjetische Gesellschaft erhielt, »was ihre bourgeoisen Ansprüche im Zaum hielt« (Dzarasov 2014: 48–50). Deshalb verzichtete die Dienstklasse lange weitgehend darauf, aus ihrer gesellschaftlichen Stellung politische Forderungen abzuleiten. Stattdessen band sie sich freiwillig an die Weisungen der Parteiführung und garantierte damit das »spezifisch staatssozialistische Legitimitätsverhältnis« (Brie 1992: 43).

Die stalinistischen Klassenverhältnisse begannen im Zusammenhang mit der ökonomischen Stagnationsphase schrittweise zu erodieren. Als Folge der staatlichen Entwicklungsanstrengungen differenzierte sich die sowjetische Gesellschaft seit den 1960er-Jahren immer weiter aus. Ein Ausdruck davon waren die fortschreitende Urbanisierung, der Anstieg der Industriearbeiterschaft bei gleichzeitigem Rückgang der Bauern und die Zunahme des Anteils der Angestellten an der gesamten Beschäftigungsstruktur von 1/6 im Jahr 1930 auf 1/3 (1980) (vgl. Dzarasov 2014: 56f.). Industriearbeiter*innen genossen – obwohl sie kaum politische Rechte besaßen – relativ ausgeprägte soziale Rechte wie Vollbeschäftigung, vergleichsweise hohe Löhne und Renten, subventionierte soziale Leistungen (Bildung, medizinische Versorgung) und Urlaub. Dies erklärt sich aus ihrer Stellung im planwirtschaftlichen Produktionsprozess. Zwar übte der Betriebsdirektor die absolute Kontrolle über das Unternehmen aus, allerdings erlangte die Arbeiter*innenschaft aufgrund des chronischen Defizits an qualifizierten Arbeitskräften und Unregelmäßigkeiten im Produktionsprozess ein verhältnismäßig hohes Maß an Autonomie. Dies begründete ein »autoritär paternalistisches Verhältnis« (Clarke 2004: 407) zwischen Betriebsleitung und Arbeiter*innen, indem erstere die Versorgung des Betriebes mit Rohstoffen und Ausrüstung garantierte und die Arbeiter*innen dafür die Erfüllung der Produktionsziele. In der Frage, wie diese Ziele erreicht wurden, gestattete die Leitung den Arbeiter*innen ein hohes Maß an Autonomie und garantierte im Gegenzug relativ gute soziale Bedingungen. Andere soziale Schichten mit höherem Bildungsniveau, zum Beispiel Angestellte, stagnierten dagegen in ihrer sozialen Entwicklung. Während 1940 die Durchschnittseinkommen im Bildungssektor circa 97% des durchschnittlichen Lohns in der Industrie entsprach, fiel dieser Wert bis 1960 auf 79% und lag 1985 bei 63%. Mitte der 1980er-Jahre verdiente ein junger Arbeiter mit zwei bis drei Jahren Berufserfahrung mehr als ein beginnender Assistenzprofessor. Diese Entwicklung erhöhte die Unzufriedenheit unter der Intelligenz und der Dienstklasse (vgl. Dzarasov 2014: 56–57).

Die Polarisierung der sowjetischen Gesellschaft äußerte sich darüber hinaus in einer wachsenden sozialen Spaltung der Arbeiter*innenschaft. Während das sozial-paternalistische Verhältnis Beschäftigten des MIK und in angrenzenden Sektoren nach wie vor hohe Löhne und umfangreiche Sozialleistungen garantierte, verschärfte sich der Druck in anderen Wirtschaftsbereichen. Im Jahr 1985 waren 40% aller Arbeiter*innen in der Sowjetunion ungelernte Arbeiter*innen. Diese konzentrierten sich überwiegend auf bestimmte Sektoren, wie das Baugewerbe (etwa 55–60%) und die Landwirtschaft (70–75%) (vgl. Krasilshchikov 2014: 72). Die Dualität der sowjetischen Ökonomie produzierte somit zunehmend soziale und politische Spaltungen. Die Nomenklatura reagierte darauf ab den späten 1970er-Jahren mit dem Versuch, den eigenen Status durch klientelistische Praktiken zu sichern. Zugleich wurde der Zugang zu prestigeträchtigen Bildungseinrichtungen und guten Jobs immer umkämpfter.

Externalisierung des Wachstums. Ökologische Krisenerscheinungen

Die tiefgreifende gesellschaftliche Krise in der Sowjetunion, die ab den 1980er-Jahren immer deutlichere Konturen annahm, hatte neben einer politischen und sozialen auch eine ökologische Dimension. Der Planwirtschaft lag eine spezifische Regulation der Natur zugrunde, die – ähnlich wie im Kapitalismus – auf der Aneignung und Nutzung vermeintlich »billiger Waren« beruhte. Der Umwelthistoriker und Geograph Jason Moore (vgl. 2015: 12ff.) spricht in diesem Zusammenhang von den »four cheaps«: Arbeitskraft, Nahrungsmittel, Energie und Rohstoffe.[2] Die Ausbeutung dieser vier billigen Waren vollzog sich im Rahmen der stalinistischen Industrialisierung überwiegend gewaltförmig. Auf seinem Höhepunkt Ende der 1940er- und 1950er-Jahre betrug der Anteil des sowjetischen Lagersystems an der gesamten Industrieproduktion circa 15–18% (vgl. Hill/Gaddy 2003: 86). Die Lagerinsass*innen bildeten ein millionenstarkes Reservoir sehr billiger und de facto rechtloser Arbeitskräfte. Der Roman des Literaturnobelpreisträgers Alexander Solschenizyn (1963) »Ein Tag im Leben des Iwan Denissowitsch« gibt Auskunft darüber, unter welch extremen Bedingungen die Häftlinge zur Arbeit gezwungen wurden. Untersuchungen der russischen Menschenrechtsorganisation Memorial kommen zu dem Ergebnis, dass zwischen 11 bis 11,5 Millionen Menschen in der UdSSR von der stalinistischen Repression betroffen waren. Der größte Teil, ungefähr 5,8 Millionen Menschen, wurde Opfer »administrativer Repression«, die sich vor allem gegen spezifische Gruppen (Kulaken, nationale Minderheiten, Anhänger religiöser Gruppen) richtete. Zwischen 4,7 bis 5 Millionen Menschen wurden aufgrund politischer Anklagen verhaftet, davon wurde ca. eine Millionen Menschen ermordet (vgl. Žemkova/Roginskij 2016).

Mit der Gründung von Arbeitslagern (GULags) verfolgte die Regierung die Strategie, periphere rohstoffreiche Regionen zu erschließen. In ihrer Analyse des sowjetischen Lagersystems stellt die Journalistin Anne Applebaum fest, dass bereits in den 1920er-Jahren im GULag auf den Solowezki-Inseln Untersuchungen zur Besiedlung ausgewählter Regionen (kasachische Steppe, Polarregion, Sachalin, Sibirien) durchgeführt wurden, denen eine hohe Bedeutung bei der Industrialisierung des Landes beigemessen wurde (vgl. Applebaum 2003: 57–78). Die

[2] Moore (vgl. 2015: 12ff.) fragt in seiner Analyse nach den Bedingungen für die Entstehung und Durchsetzung der kapitalistischen Produktionsweise. Er argumentiert, dass die Aneignung und Ausbeutung menschlicher Arbeitskraft durch das Kapital nicht die einzige Quelle der Mehrwertproduktion sei. Vielmehr müsse auch die systematische Kontrolle und Aneignung von »billiger Natur« (ebd.) als zentrale Kategorie mitberücksichtigt werden. Gesellschaftliche Machtverhältnisse, das Kapital- und Arbeitsverhältnis bewegten sich, so Moore, durch und nicht um die Natur.

Errichtung des GULag-Systems war Teil einer umfassenden Strategie zur Erschließung und Kolonisation neuer Territorien, um die innere Rohstoffgrenze auszudehnen und die Versorgung der einheimischen Industrie mit Rohstoffen und Arbeitskräften zu garantieren. Die Rohstoffausbeutung führte zu einer umfassenden Veränderung und Neuordnung des Raums. Städte entstanden praktisch aus dem Nichts und zum Teil sogar jenseits des nördlichen Polarkreises (z.B. Norilsk). Die Transformation des Raumes fand zudem in Infrastrukturprojekten bislang unbekannten Ausmaßes ihren Ausdruck, die zu einem großen Teil von GULag-Häftlingen gebaut wurden.[3] Im Zuge der Entstalinisierung verringerte sich die ökonomische Bedeutung der Zwangsarbeiter*innen. Seitdem bemühte sich die sowjetische Regierung durch höhere Löhne, verbesserte Sozialleistungen und ein früheres Renteneinstiegsalter, Arbeitskräfte aus dem industrialisierten Zentrum in die peripheren nördlichen Regionen zu locken.

Die systematische Kontrolle und Aneignung von »billiger Natur« (Moore 2015: 12) trug zur Herausbildung spezifischer staatssozialistischer Naturverhältnisse bei. Dieser Begriff beschreibt die Ausbeutung der Natur zum Zwecke eines staatlich definierten gesellschaftlichen Entwicklungsprojektes. Natur als Ressource erscheint als unbegrenzt verfügbar, da sie nicht nur als Quelle von Rohstoffen genutzt wird, sondern zugleich die mit der Industrieproduktion einhergehenden Folgekosten absorbiert. Dadurch werden die ökologischen Kosten des Wirtschaftswachstums externalisiert. Staatssozialistische Naturverhältnisse materialisieren sich jedoch nicht nur als ein Wirtschafts- oder Arbeitsprozess. Sie umfassen auch die dominanten Normen und Praktiken der sowjetischen Gesellschaft, die eine solche Form der Naturausbeutung absichern und stabilisieren. Losungen wie »Eroberung des Nordens« (Oswoenie severa), die mit der Erschließung der rohstoffreichen, aber dünn besiedelten Gebiete Sibiriens einhergingen, symbolisierten den Fortschritts- und Entwicklungsglauben der sowjetischen Gesellschaft. Die »Eroberung«, das heißt die Beherrschung unwirtlicher, aber rohstoffreicher Landesteile durch menschliche Besiedlung und die Anwendung moderner Technologie gilt als Voraussetzung für die gesellschaftliche Entwicklung.

Im gesamten postsowjetischen Raum lassen sich eine Vielzahl von Beispielen für die Externalisierung der Kosten des Wirtschaftswachstums finden. Im Jahr 1988 konstatierte der Umweltaktivist Alexej Jakowlew (1988: 310), in der UdSSR gebe es keine »bedeutende Landesregion ohne ernste ökologische Probleme«. Insbesondere die industrialisierten Ballungsgebiete im europäischen Teil der Sowjetunion, aber auch Moldawien, Sibirien, die Ukraine und Zentralasien bezeichnet Jakowlew als Regionen mit »katastrophalen ökologischen Zuständen« (ebd.). Folgen dieser verheerenden Entwicklung seien nicht nur Arten- und

[3] Einen Überblick über die sowjetische Infrastruktur- und Entwicklungspolitik geben Rosenberg/Siegelbaum (2013).

Pflanzensterben sowie weiträumige Verschmutzung von Luft, Boden und Flüssen, sondern auch ein Anstieg der Kindersterblichkeit (vgl. ebd.).[4] Die Tendenz zu einer verstärkten Rohstoffausbeutung war in den Staatsapparaten angelegt, denn Aufgaben des Umweltschutzes waren üblicherweise in denselben Ministerien angesiedelt, die mit der ökonomischen Entwicklung dieser Branchen beauftragt waren (vgl. Wilson Rowe 2013). Gleiches gilt für das staatliche Agrar-Industrie-Komitee, das sowohl dem Schutz der Böden als auch der Förderung der Landwirtschaft verpflichtet war. Das Ministerium für Forstwirtschaft betrieb die kommerzielle Nutzung der Wälder und war gleichzeitig mit deren Schutz beauftragt (vgl. Lemeschew 1988: 332). Aufgrund des Wachstumsparadigmas der Planwirtschaft und des staatlichen Entwicklungsversprechens dominierte in den Ministerien eine ökonomische Rationalität, die sich in der Steigerung der Produktionsraten als dem primären Ziel äußerte, während Fragen der Verschmutzung vernachlässigt wurden.

Reform oder Auflösung der Sowjetunion

Die Abkehr vom industriellen Entwicklungsmodell

Die Erschließung der westsibirischen Ölfelder ab den 1960er-Jahren bedeutete einen Paradigmenwechsel in der sowjetischen Wirtschaftspolitik, denn sie symbolisierte eine schrittweise erfolgende Abkehr des bisher verfolgten Entwicklungsmodells mit seinem Schwerpunkt auf der Industriepolitik. Nach Baku zu Beginn des 20. Jahrhunderts und der Wolga-Ural-Region wurde Sibirien damit zum »Kraftwerk« der sowjetischen Ölindustrie. Bereits Ende der 1980er-Jahre steuerte die Region zwei Drittel zu der gesamten sowjetischen Ölproduktion bei (vgl. Gustafson 2012: 32). Da die UdSSR nur begrenzt dazu in der Lage war, die Vorräte eigenständig auszubeuten, forcierte die Regierung Kooperationen mit westeuropäischen Staaten. Nach ersten Vereinbarungen in den 1960er-Jahren weitete die Sowjetunion in den kommenden beiden Jahrzehnten ihre Energielieferungen ständig aus, eine Entwicklung, die durch den steigenden Ölpreis beträchtliche Profite versprach. Die Ausdehnung der Öl- und Gasproduktion für den Weltmarkt führte zu einer schleichenden ökonomischen Abhängigkeit der Sowjetunion von Westeuropa. Westliche Firmen stellten das Wissen und die Ausrüstungsgegenstände zur Verfügung und finanzierten den Bau der notwendigen Infrastruktur (Lagerstätten, Pipelines) (vgl. Kagarlickij/Sergeew 2014: 381–384).

---

[4] Die Transformation des Aralsees und der an den See angrenzenden Gebiete in ein »ökologisches Katastrophengebiet« (Micklin/Williams 1996: 6) ist eines der weltweit bekanntesten Beispiele für die verheerenden sozialökologischen Kosten des sowjetischen Ressourcenextraktivismus. Weitere Beispiele wären die bis heute anhaltende verheerende Verschmutzung der Stadt Norilsk sowie die radioaktive Verschmutzung ganzer Regionen durch die Nuklearindustrie (vgl. IBRAE RAN 2006; Pučkow/Bol'škow 2016).

Abb. 1: Entkopplung von Ölproduktion und nationalem Verbrauch in der UdSSR

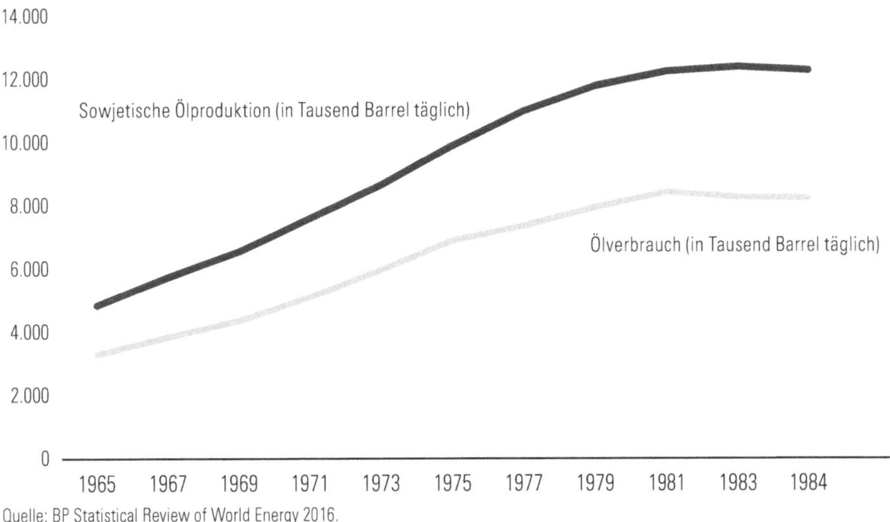

Quelle: BP Statistical Review of World Energy 2016.

Krisenverschärfend wirkten sich die immer deutlicher zutage tretenden Probleme in der Industrie aus. Die Erdölindustrie konkurrierte mit den produzierenden Sektoren um eine Verwendung der knappen Investitionsmittel, da eine Modernisierung der Industrie einem raschen Ausbau der Ölinfrastruktur Grenzen setzte. Die wachsenden Deviseneinnahmen aus dem Ölexport hatten zur Folge, dass der Zwang zur Modernisierung der zunehmend unproduktiven industriellen Sektoren abgeschwächt wurde, da die fehlenden Ausrüstungsgegenstände oder die Rückgänge in der landwirtschaftlichen Produktion durch zusätzliche Importe ausgeglichen werden konnten (vgl. Gustafson 1981/1982: 66–68). Die Aufrechterhaltung eines hohen Förderniveaus wurde somit zur zentralen politischen Zielvorgabe. Bereits Anfang der 1980er-Jahre konstatierte der Politikwissenschaftler Thane Gustafson (1981/1982: 68): »Falls die sowjetische Ölproduktion zurückgehen sollte, könnte man sich eher vorstellen, dass die sowjetischen Führer die Benzinverteilung im Inland einschränken, als dass sie ihre Energieexporte in den Westen kürzen.«

An dieser Stelle wird ein entscheidender Unterschied zwischen der Ölindustrie und anderen ressourcenextraktiven Sektoren deutlich. Im Zuge der Industrialisierung gelang es, eine Konvergenz zwischen der Industrie und den ressourcenextraktiven Sektoren herzustellen, da die Förderung (und Verarbeitung) von Rohstoffen eine zentrale Voraussetzung für die einheimische Industrieproduktion war. Die Entwicklung des produzierenden und des ressourcenextraktiven Sektors standen folglich nicht im Widerspruch zueinander, vielmehr stand hinter der konstanten Ausweitung der Produktion der Rohstoffbranche eine ständig steigende Nachfrage. Das binnenorientierte, vom Weltmarkt weitgehend entkop-

Abb. 2: Kohleproduktion und Verbrauch in der RSFSR

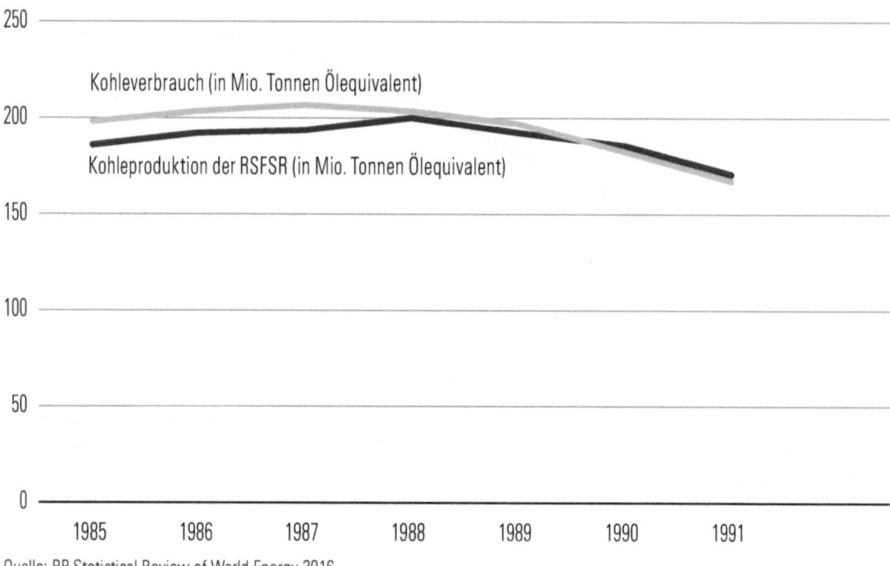

Quelle: BP Statistical Review of World Energy 2016.

pelte Entwicklungsmodell der Sowjetunion entsprach somit den Interessen beider Sektoren. Mit der Erschließung umfangreicher Erdölvorkommen in Sibirien geriet dieser Konsens unter Druck, denn der begrenzten Nachfrage nach Öl im Innern standen hohe Gewinnerwartungen im Ausland gegenüber. Folglich war die Erdölindustrie bereits in einem frühen Stadium exportorientiert und drängte auf eine rasche und umfangreiche Integration der UdSSR in den (kapitalistischen) Weltmarkt. Abbildung 1 zeigt die Entkopplung der Ölproduktion vom nationalen Verbrauch.

Bis zum Jahr 1984 führte die Untersuchung des BP Statistical Review die Ölförderung in den einzelnen Sowjetrepubliken nicht getrennt auf. Unter Berücksichtigung der Gesamtfördermenge im Jahr 1984 (12.297 Barrel täglich bzw. 612,7 Mio. Tonnen) wurde deutlich, dass auf die russische Sozialistische Sowjetrepublik der größte Anteil entfiel.

Die Inlandsversorgung basierte dagegen auf Kohle und Gas. Allerdings ließen sich auch hier deutliche Unterschiede feststellen. Der Kohleverbrauch in der RSFSR entsprach weitgehend der Inlandsproduktion und lag in den 1980er-Jahren sogar über der einheimischen Produktion (siehe Abb. 2).

Auch das einheimisch geförderte Gas war bis in die späten 1970er-Jahre weitgehend für den Inlandsverbrauch bestimmt. Demgegenüber lässt sich ab Anfang der 1980er-Jahre eine Entkopplung von Gasverbrauch und -produktion feststellen (siehe Abb. 3).

Abb. 3: Verhältnis Gasproduktion und Verbrauch in der Sowjetunion

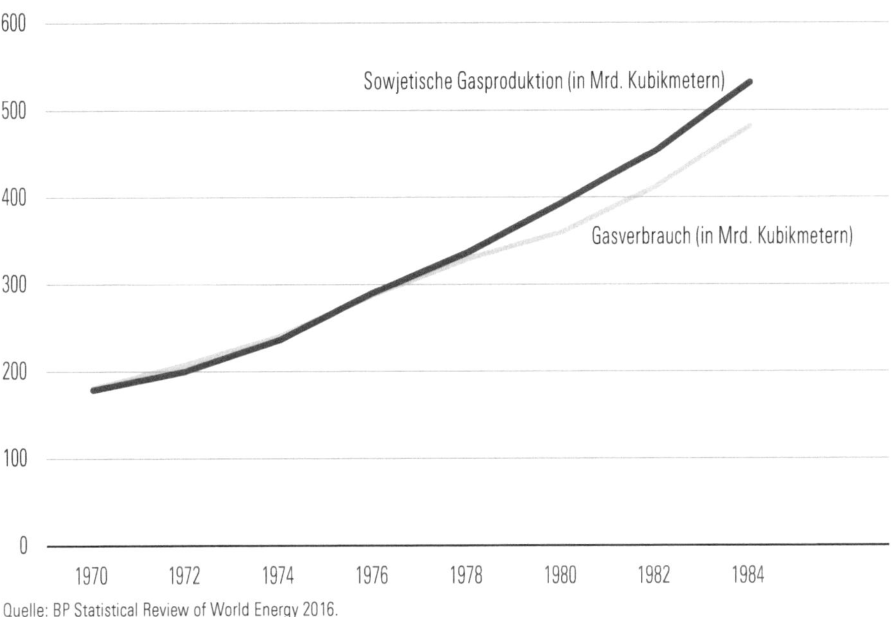

Quelle: BP Statistical Review of World Energy 2016.

In dem kurzen Zeitraum von sechs Jahren erfolgte eine massive Ausweitung der Gasproduktion in der RSFSR (von 418,1 Mrd. Kubikmetern auf 581,9 Mrd. Kubikmeter). Wie bereits bei der Ölproduktion hatte Russland den größten Anteil an der Gasproduktion in der UdSSR. Im Unterschied zur Ölbranche vollzog sich die Entkopplung von Inlandsverbrauch und Produktion jedoch deutlich langsamer, das heißt, die Internationalisierung der Gasbranche verlief zeitlich verzögert.

Die Internationalisierung der sowjetischen Ökonomie verschärfte den Konkurrenzdruck auf die Industrie. Der Versuch, den Systemwettbewerb mit dem Westen auf dem Feld der Entwicklung der Produktivkräfte auszutragen, führte zu einem unlösbaren Widerspruch, der die gesellschaftliche Entwicklung der staatssozialistischen Länder blockierte. Die zunehmende Integration der UdSSR in den Weltmarkt ließ diese Widersprüche umso mehr hervortreten. Auf das US-amerikanische Weizenexportverbot reagierte die Sowjetunion nicht mit einer Reform der eigenen landwirtschaftlichen Produktion, sondern diversifizierte ihre Lieferländer. Bis zur Katastrophe von Tschernobyl plante die Regierung sogar den Bau weiterer Atomkraftwerke, um zusätzliche Mengen Gas für den Export bereitzustellen (vgl. Gustafson 1981/1982: 67–75). Die Veränderung der sowjetischen Exportstruktur zeigt die abnehmende Bedeutung des Landes in der globalen Arbeitsteilung. Während im Jahr 1970 der Anteil von Maschinen und Ausrüstungsgegenständen am Gesamtexport 21,5% ausmachte, fiel der Wert bis zum Jahr 1987 auf 15,5%. Die Abnehmer waren hauptsächlich Mitgliedsstaaten des

RGW und Entwicklungsländer. Der Anteil von Maschinen und Ausrüstung am Import wuchs dagegen im selben Zeitraum von 35,6% auf 41,4%. Die Bedeutung von Energieträgern am Gesamtexport nahm in dieser Zeit ebenfalls zu und stieg von 15,6% (1970) auf 46,5% (1987). Diese Veränderungen gehen mit einer Neuausrichtung der sowjetischen Handelsströme einher. Der Anteil der westlichen Staaten am Außenhandel wuchs von 21,3% im Jahr 1970 auf 32,9% sechs Jahre später (vgl. Kagarlickij/Sergeew 2014: 379–381).

Als der Ölpreis Mitte der 1980er-Jahre deutlich zurückging, geriet die sowjetische Industrie in eine ernste Krise. Verschärfend wirkte sich zudem die Erschöpfung erster Vorkommen in Sibirien aus, was neue kostspielige Investitionen erforderlich machte und die Produktionskosten erhöhte (vgl. Gaddy/Ickes 2007; Gustafson 2012).

Russland stellt die Verteilungsfrage: Der Aufstieg Boris Jelzins

Die bereits bestehenden Krisentendenzen wurden in der Perestroika durch einen weiteren Faktor verschärft: Die Reformversuche untergruben die Institutionen des staatssozialistischen Entwicklungsmodells. Die Dezentralisierungspläne Gorbatschows verstärkten die Fliehkräfte auf lokaler und regionaler Ebene, da sie die staatliche Kontrolle über die einzelnen Betriebe reduzierten. Zugleich mangelte es der Bevölkerung und den Arbeiter*innen an effektiven demokratischen Kontrollmechanismen, um die Staatsbürokratie zu kontrollieren. Dies eröffnete eine Vielzahl von Bereicherungsmöglichkeiten. Ein pro-kapitalistisches Bündnis aus Fabrikdirektoren, Staatsbürokratie und Parteifunktionären bemühte sich zunehmend darum, die administrative Kontrolle über die profitablen Firmenanteile und Ressourcen zu übernehmen. Bereits internationalisierte Branchen wie die Öl- und Gasindustrie waren dabei besonders begehrt, da sie den Zugriff auf Devisen ermöglichten.[5] Dzarasov (vgl. 2014) argumentiert, dass die Kontrolle über Firmenanteile selbst in der Spätphase der Perestroika weiterhin einen inoffiziellen, informellen Charakter hatte, was den anschließenden Verlauf des Transformationsprozesses maßgeblich prägte: Da die staatliche Kontrolle in den 1990er-Jahren regelrecht kollabierte und kein entsprechendes Gesetzeswerk zur Regelung von Privatbesitz existierte, nahm der Transformationsprozess oftmals gewalttätige Formen an.

In seinem viel beachteten Aufsatz »Was the Soviet System Reformable?« widerspricht der Historiker Stephen F. Cohen (2004) der weitverbreiteten Ansicht, das Ende der Sowjetunion sei ein Resultat ihrer Reformunfähigkeit. Stattdessen fragt er, welche gesellschaftlichen Kräfte ein Interesse an einem Erhalt beziehungsweise an der Auflösung dieses Staates hatten. Dabei kommt Cohen zu dem Schluss, dass ein relevanter Teil der sowjetischen Gesellschaft und ihrer Eliten für eine reformierte und verkleinerte Union eintraten. Als Beleg dafür sieht er –

[5] Zu den Bereicherungsstrategien in der Öl- und Gasbranche siehe Gustafson (2012: 44–47).

neben dem durch die Perestroika in Gang gesetzten Demokratisierungsprozess – das erfolgreiche Referendum vom März 1991 über den Fortbestand der Union. Beide Schritte verschafften der Führung um Gorbatschow Legitimität und Rückhalt in der Bevölkerung. Die Verhandlungen von Nowo-Ogarewo zwischen der aserbaidschanischen, russischen, ukrainischen, belarussischen und den fünf zentralasiatischen Sowjetrepubliken über den neuen Unionsvertrag ermöglichten zudem die Aushandlung eines neuen Elitenkonsenses als Grundlage für den reformierten Staat (vgl. ebd.). Anknüpfend an Cohens Argument scheint ein wesentlicher Grund für die Auflösung der Sowjetunion in der veränderten Einstellung eines einflussreichen Teils der russischen und der ukrainischen herrschenden Klasse und der Dienstklasse zu einem reformierten Unionsstaat zu liegen.

Eine Besonderheit der Sowjetunion sieht der Ökonom Samir Amin (vgl. 1997) in der Form der Ressourcentransfers. Im Gegensatz zu den Kolonialimperien der westlichen Großmächte liefen in der UdSSR die ökonomischen Transfers vom russischen Zentrum in die asiatischen Peripherien. Zwar gesteht Amin ein, dass die Sowjetunion durchaus ein Völkergefängnis gewesen sein mag. Aber im Gegensatz zum britischen Empire etwa verband es die politische Herrschaft nicht mit einer ökonomischen Ausbeutungs-, sondern einer Entwicklungsstrategie.[6] Tatsächlich finanzierte die Russische Sozialistische Föderative Sowjetrepublik (RSFSR) als größte, rohstoffreichste und ökonomisch stärkste Republik maßgeblich den sowjetischen Staatshaushalt. Darüber hinaus übernahm Russland die »zentrale Rolle des dominierenden Energieanbieters« (Langhammer/Lücke 1995: 5). Die RSFSR finanzierte durch – gemessen am Weltmarktpreis – billige Energielieferungen die Industrieproduktion der anderen Unionsrepubliken. Trotz der verschiedenen Transfer- und Ausgleichszahlungen war das sowjetische Entwicklungsmodell immer weniger dazu in der Lage, die ökonomischen und sozialen Unterschiede zwischen den einzelnen Republiken anzugleichen. Im Gegenteil: Die Krise des sowjetischen Entwicklungsmodells drückte sich darin aus, dass die Entwicklungsunterschiede zwischen dem Zentrum und den peripheren Regionen wieder zunahmen. Zwischen 1980 und 1988 stiegen die realen Pro-Kopf-Haushaltseinkommen in den baltischen Staaten um bis zu 30%. In einigen zentralasiatischen und kaukasischen Republiken gingen sie dagegen teilweise zurück (vgl. ebd.).

Die Spaltungslinien des sowjetischen Entwicklungsmodells zwischen dem militärisch-industriellen Komplex und den damit verbundenen Sektoren einerseits und dem zunehmend unproduktiven Rest der Ökonomie andererseits traten somit immer stärker hervor. Hinzu kam die transnational orientierte, in den kapi-

[6] Der Politikwissenschaftler Gareth Dale (2004: 214) kommt zu einem ähnlichen Schluss. Er beschreibt die Sowjetunion als »unterentwickelte imperiale Macht«, da sie den Großteil der militärischen Ausrüstung der eigenen Alliierten stellen musste, obwohl die ökonomische Grundlage dazu relativ gering war.

talistischen Weltmarkt integrierte Öl- und Gasindustrie. Die wachsende Dualität der Ökonomie vertiefte die regionalen und sozialen Unterschiede im Land und nährte Zweifel an dem sowjetischen Entwicklungsversprechen. Zudem nutzte die UdSSR ihren Rohstoffreichtum, um ihre politischen Verbündeten an sich zu binden. Viele Mitgliedsstaaten des Warschauer Paktes erhielten Öl und Gas zu vergünstigten Konditionen, allerdings mehrten sich bereits in den 1970er-Jahren die Konflikte mit den osteuropäischen Verbündeten über subventionierte Energielieferungen (vgl. Gustafson 1981/1982: 73f.). Während die Sowjetunion in der ersten Nachkriegsdekade einen hohen ökonomischen Nutzen aus der Ausweitung ihres imperialen Einflussbereichs ziehen konnte, erwies sich die Aufrechterhaltung der sowjetischen Einflusszone im Zuge der einsetzenden wirtschaftlichen Krisenerscheinungen als zu kostspielig. Die Existenz der Sowjetunion war also eng mit der Frage verknüpft, inwiefern Russland dazu bereit war, »die Zahlmeisterrolle weiterhin uneingeschränkt zu übernehmen« (Langhammer/Lücke 1995: 3).

Die Widersprüche innerhalb des binnenorientierten, auf Industrieproduktion basierenden Entwicklungsmodells und seinen zunehmend divergierenden Sektoren wurden durch die verstärkte Einbindung der UdSSR als Rohstofflieferant weiter verschärft. Im Laufe der 1980er-Jahre stellten Langhammer und Lücke »erhebliche Verschiebungen in den internen Terms of Trade zugunsten der rohstoffreichen Republiken, insbesondere Russlands, und zulasten der Republiken mit einem hohen Anteil von Fertigwarenindustrien« (ebd.: 7) fest. Aufgrund der Rohstoffvorkommen, der Konzentration großer Industriezweige und der Größe des Landes war Russland verhältnismäßig schwach in den innersowjetischen Handel (Intra-Handel) eingebunden. Im Jahr 1988 betrug der Intra-Handel knapp 58% des russischen Gesamthandels und trug nur 12,9% zum Bruttoinlandsprodukt der RSFSR bei. Dies war der mit Abstand niedrigste Wert, sogar für die Baltischen Republiken oder die Ukraine hatte der Intra-Handel eine höhere Bedeutung für die nationale Wirtschaftsleistung (vgl. ebd.: 4). Eine Finanzierung der relativ unproduktiven Industrie wurde somit immer kostenintensiver, während eine Konzentration auf den Rohstoffexport hohe Profite versprach.

Als die Wirtschaftskrise in den späten 1980er-Jahren zu eskalieren drohte und die staatliche Kontrolle über die Betriebe abnahm, festigte sich in relevanten Teilen der Elite die Einsicht, dass ein Übergang zur Marktwirtschaft unverzüglich einzuleiten sei. Aufgrund ihrer privilegierten Position hofften Vertreter*innen der Dienstklasse, Parteifunktionäre und die Staatsbürokratie, Einfluss auf den Privatisierungsprozess auszuüben und die Kontrolle über die Betriebe zu übernehmen. In Russland bildete sich ein heterogenes Bündnis aus Dienstklasse, neoliberalen Ökonomen und großen Teilen der liberalen Dissident*innenbewegung, die eine Einführung des Kapitalismus mittels einer Schocktherapie befürwortete (vgl. Jaitner 2014b: 31–59; Kagarlitzki 1991). Politisch repräsentiert wurde dieses Bündnis von Boris Jelzin. Gegen Ende des Jahres 1990 setzte sich innerhalb dieses Lagers die Einsicht durch, dass die Institutionen der UdSSR nicht dazu in der Lage waren, die vielfältigen politischen, ökonomischen und sozialen Krisen des Landes zu lösen, weshalb es immer offener auf eine Auflösung der Union setzte.[7] Mit der Wahl Jelzins zum Präsidenten der Russischen Föderativen Sowjetrepublik im Juni 1991 stieg das Bündnis aus Partei, Dissidenz und jungen liberalen Reformer*innen zur stärksten Oppositionskraft zur Politik Gorbatschows auf.

Ähnliche Entwicklungen ließen sich in der Ukraine beobachten. Die dortige Staatsbürokratie unterstützte die Entstehung der ukrainischen Nationalbewegung, da sie davon ausging, die Verteilung des Staatseigentums in einer unabhängigen Ukraine leichter zu ihren Gunsten beeinflussen zu können als in einer reformierten Union unter Gorbatschow (vgl. Hale 1999). Einen weiteren Hinweis auf den Machtkampf zwischen den unterschiedlichen Fraktionen liefert ein Blick auf die Vertreter des August-Putsches im Jahr 1991. Die Putschisten einte – abgesehen von ihrem Festhalten an dem autoritären staatssozialistischen Modell und ihrem Misstrauen gegenüber der Perestroika – ihre große Sorge vor dem sich abzeichnenden ökonomischen Kurs und dem politischen Aufstieg der »Reformer« um Boris Jelzin. Das staatliche Komitee für den Ausnahmezustand (GKTschP) setzte sich primär aus zwei Fraktionen zusammen: Zum einen den Vertretern der sowjetischen Sicherheitsorgane, die durch den damaligen amtierenden Verteidigungsminister Dmitrij Jasow und den Vorsitzenden des KGB Wladimir Krjutschkow repräsentiert wurden, zum anderen den Kräften relevanter sowjetischer Wirtschaftssektoren, die im Falle eines beschleunigten Übergangs zum Kapitalismus negative Auswirkungen befürchteten. Diese rekrutierten sich überwiegend aus der Landwirtschaft, dem militärisch-industriellen Komplex und dem Maschinenbau. So bekräftigte Aleksandr Tisjakow, Präsident der Vereinigung der Staatsbetriebe und Staatsobjekte in der Industrie, Bauwesen, Transport und Nachrichtenwesen und Vizepräsident des Wissenschafts- und Industrieverbands der UdSSR auf der Pressekonferenz des GKTschP am 19. August 1991, die Bestrebungen der Putschisten seien vorrangig »auf die Stabilisierung der Wirtschaft gerichtet«. Marktorientierten Reformen zeige man sich »nicht abgeneigt«, jedoch sei es wichtig, »die Richtung deutlicher herauszuarbeiten und die Leitung des Prozesses besser zu organisieren« (Jasow et al. 2016: 229).

---

[7] Gennadij Burbulis, Jelzins Berater und Verhandlungsführer der RSFSR in Nowo-Ogarewo erinnert sich: »Im November 1990 konstatierten wir: Die Union hatte keine ernsthaften Möglichkeiten mehr, auf die drängenden Probleme der einzelnen Republiken und des Landes als Ganzes zeitgemäß und angemessen zu reagieren. Eine neue Rechts- und Governance-Realität musste durch bilaterale Verträge ertastet und gestaltet werden.« (Awen/Koh 2015: 66f.) Auch Pjotr Awen (ebd.: 67), stellvertretender Außenminister der RSFSR unter Jelzin, bekräftigt, dass die Regierungsmitglieder die Weisung erhielten, in keiner Weise mit der von Gorbatschow geführten Unionsregierung zu kooperieren: »Man sagte uns: Grundsätzlich unterstützen wir den Prozess von Nowo-Ogarewo politisch, aber praktisch vertreten wir selbstverständlich die Position der absoluten Souveränität Russlands.«

Die Auflösung der Sowjetunion wurde bis heute vor allem auf nationalistische Spannungen und das politische Scheitern Gorbatschows zurückgeführt. Beide Argumente waren nicht falsch. Sie standen jedoch in einem engen Zusammenhang mit den sich verschärfenden ökonomischen Widersprüchen und der Auseinandersetzung um das sowjetische Entwicklungsmodell.[8] Dieser Konflikt verlief nicht nur zwischen der Regierung Gorbatschow und dem Präsidenten der RSFSR Boris Jelzin (vgl. Jaitner 2014b: 45–59), sondern auch zwischen der sowjetischen Regierung und den Vertretern des GKTschP. Dies wurde in den Forderungen nach einem geordneten Übergang zur Marktwirtschaft, nach einer Berücksichtigung der spezifisch nationalen Besonderheiten und dem eindringlichen Appell zur Schaffung von notwendigen Strukturen für die Einführung der Marktwirtschaft deutlich (vgl. ebd.: 254).

[8] Die Sowjetunion war dabei kein Sonderfall. Vor dem Hintergrund der sich verschärfenden ökonomischen Krise in den 1980er-Jahren vollzogen sich ähnliche Entwicklungen in den föderativen Vielvölkerstaaten Jugoslawien und Tschechoslowakei. Das Aufkommen nationalistischer Kräfte und Forderungen nach Unabhängigkeit standen in einem engen Zusammenhang mit Konflikten zwischen den ökonomischen Zentren und Peripherien dieser Staaten (vgl. Rösler 2010).

4. Mit dem Kapitalismus zurück in die Peripherie (1992–1998)

Ein Labor des Neoliberalismus

Der Transformationsprozess der 1990er-Jahre ist ein Schlüssel zum Verständnis der wirtschaftlichen und politischen Entwicklung der osteuropäischen und postsowjetischen Staaten. Im Gegensatz zu anderen Weltregionen vollzog er sich nicht nur in einem deutlich kürzeren Zeitraum, sondern er bedeutete auch einen bewussten und radikalen Bruch mit dem staatssozialistischen Entwicklungsmodell und seinem Fokus auf nachholende Entwicklung. Der Historikerin Veronika Sušová-Salminen (vgl. 2018: 4–5) zufolge symbolisiert das Ende des sowjetischen Projektes das Scheitern der gesamten Region, die eigene periphere Position im Weltsystem zu überwinden und ein alternatives Zentrum gesellschaftlicher Entwicklung zur kapitalistischen »ersten Welt« zu etablieren. Die politischen Kräfte verfolgten in fast allen vormals staatssozialistischen Ländern das Ziel, sich dem Westen anzugleichen, was an der bedingungslosen Übernahme westlicher Wirtschafts- und politischer Programme deutlich wurde. Statt zu einer politischen Alternative zum realen Kapitalismus wurden Osteuropa und der postsowjetische Raum zu einem »Labor des Neoliberalismus« (Bockman/Eyal 2002).

Die Transformation in Osteuropa und dem postsowjetischen Raum beschreibt eine tief greifende Umbruchphase, die durch zwei Prozesse geprägt ist: Das Ende des Machtmonopols der kommunistischen Staatsparteien und die politisch gesteuerte Einführung des Kapitalismus. Während ein zentrales Merkmal des Staatssozialismus das Primat der Politik über die Wirtschaft war, richtete sich das politische und staatliche Handeln seit den frühen 1990er-Jahren primär an der Verbesserung der internationalen Wettbewerbsfähigkeit der nationalen Volkswirtschaften aus. Für Russland bedeutete das, dass der sowjetische Sozialvertrag (Beschäftigungsgarantie, öffentliche Bildung und Gesundheitsversorgung) weitgehend aufgegeben wurde. Die Ökonomen Aleksandr Buzgalin und Andrej Kolganow (1996: 121ff.) argumentieren, dass die radikale Wirtschaftspolitik der Regierung die Struktur- und Produktionskrise, in der die russische Wirtschaft bereits in den 1980er-Jahren steckte, derartig vertiefte, *»dass das Land das Modell der industriellen Entwicklung wechselte«*. Damit entledigte sich der russische Kapitalismus seiner gesellschaftlichen Bindungen und oktroyierte der Politik seine Bedürfnisse.

Bereits in den frühen 1990er-Jahren verwies der Soziologe Claus Offe (vgl. 1991) in einem Aufsatz auf die große Herausforderung, die die parallelen Transformationsprozesse (vom Plan zum Markt, von Einparteienherrschaft zu Demokratie und zum Nationalstaat) für die ehemaligen staatssozialistischen Gesellschaften darstellten. Dieses »Dilemma der Gleichzeitigkeit«, so Offe, könne unvorhersehbare Folgen entfalten und einen gegenteiligen Effekt erzielen. Warnende Stimmen dieser Art blieben in den 1990er-Jahren jedoch die Ausnahme. Im Gegensatz zu Offe argumentieren Vertreter*innen der »transition school«, dass eine erfolgreiche Modernisierung durch die Übernahme westlicher Institutionenmodelle sehr wohl möglich sei. Die postsozialistische Transformation sollte ein erfolgreiches Gegenbeispiel zu den gescheiterten sowjetischen Modernisierungsprojekten in den 1950/1960er-Jahren bilden und damit dependenztheoretische Entwicklungsansätze widerlegen.

Die theoretischen Annahmen der »transition school« wurden jedoch in kürzester Zeit von der realen gesellschaftlichen Entwicklung sowohl in Osteuropa als auch im postsowjetischen Raum widerlegt. In Russland entstand ein peripheres, ressourcenextraktivistisches Entwicklungsmodell. Dies hatte weitreichende Auswirkungen sowohl auf die politische als auch auf die ökonomische Entwicklung des Landes. Diese Veränderungen werden im Verlaufe dieses Kapitels analysiert. Im Mittelpunkt steht dabei die zentrale Rolle des Staates bei der Einführung des Kapitalismus und der Absicherung des neuen Entwicklungsmodells durch die Errichtung eines bonapartistischen Regimes im Jahr 1993. Der Übergang zu autoritären Herrschaftsverhältnissen schwächte den gesellschaftlichen Widerstand gegen die Wirtschaftspolitik der Regierung erheblich und ermöglichte die ökonomische und politische Konsolidierung der sich herausbildenden Bourgeoisie. Mit diesen ökonomischen Brüchen, das heißt der Aufgabe des industriebasierten, binnenorientierten Entwicklungsmodells und der Neuausrichtung des Außenhandels, vollzog Russland – so die These – eine Rückkehr zum Modell der »imperialen Modernisierung«.

Die zweite ursprüngliche Akkumulation in Russland

Mit dem Begriff der ursprünglichen Akkumulation beschrieb Karl Marx die Durchsetzung der kapitalistischen Produktionsweise in England. Dieser Prozess war geprägt durch eine Periode der Kapitalakkumulation und der Freisetzung der Arbeitskraft, die dann als doppelt freie Lohnarbeiter*innen zur Verfügung stand (vgl. Marx 1973: 741ff.). Marx betonte, dass sowohl die Kapitalakkumulation als auch die Durchsetzung der freien Lohnarbeit auf Zwang und Gewalt beruhen. Deshalb kommt dem Staat und seinen Gewaltapparaten (Justiz, Armee, Polizei) eine zentrale Rolle in diesem Prozess zu. Die Gewalt nehme jedoch ab, sobald sich kapitalistische Klassenverhältnisse herausgebildet hätten, das heißt eine Bourgeoisie entstanden war, die auf eine ausreichende Gruppe von Lohnarbeiter*innen zurückgreifen konnte.

In Russland waren vor 1991 bestimmte notwendige Bedingungen zur Durchsetzung der kapitalistischen Produktionsweise bereits gegeben: Das Land war industrialisiert und verfügte in einigen Branchen wie dem MIK über äußerst moderne Produktionsanlagen. Auch hatte die Planwirtschaft Märkte keinesfalls abgeschafft, ein Arbeits- und Konsumgütermarkt existierten im Staatssozialismus ungehindert fort. Ein wichtiges Ziel der Jelzin-Administration bestand darin, die informelle Verhandlungsmacht der Arbeiter*innenschaft, die aus dem sozialpaternalistischen Konsens mit der Betriebsleitung herrührte, und die sozialen Errungenschaften des Staatssozialismus zurückzudrängen. Aus diesem Grund stand im Mittelpunkt des russischen Transformationsprozesses »die Kapitalbildung und die mit dieser notwendig verbundenen Klassenpolarisierung« (Deppe 2013: 201). Dies sollte vor allem über die umfassende Privatisierung staatlichen Eigentums erfolgen. Da Russland jedoch bis 1917 kapitalistisch war, ist es präziser, von einer zweiten ursprünglichen Akkumulation zu sprechen.

Anfang der 1990er-Jahre existierten in Russland verschiedene Quellen als Grundlage zur Bildung von Privatkapital: akkumuliertes Kapital in der Schattenökonomie, materielle Vermögensgegenstände und Betriebsvermögen der Staatsbetriebe, Kapital aus spekulativen Tätigkeiten (z.B. Rohstoffhandel, Import-Export-Geschäfte) sowie Kredite. Anders als in China verzichtete die Jelzin-Administration weitgehend darauf, das Staatseigentum – zumindest in Schlüsselsektoren – zu erhalten und parallel dazu die Entstehung von Privatkapital zu fördern. Auf die Auflösung der Sowjetunion folgten die Aufgabe der staatlichen Preiskontrollen und die Förderung eines privaten Finanzsektors. Der stark regulierte Außenhandel wurde zugunsten einer vollständigen Integration in den Weltmarkt aufgegeben. Dies bedeutete ein Ende der sowjetischen Planwirtschaft und eine Neuausrichtung des staatlichen und politischen Handelns, das sich an den Vorgaben des »Washington Consensus«[1] orientierte (vgl. Jaitner 2014b: 60–77). Da die Regierung das Ziel verfolgte, die Reformen »unumkehrbar« (El'cin 1994: 235) zu machen, musste deren Umsetzung so schnell und radikal wie möglich erfolgen. Das Programm der Jelzin-Administration wurde deshalb als »Schocktherapie« bekannt.

Politische Maßnahmen der Deregulierung der Finanzmärkte, der Handelsliberalisierung und Privatisierung beschreibt der Geograf David Harvey (vgl. 2005) als typische Formen einer Akkumulation durch Enteignung. Ihm zufolge haben die Auflösung der Sowjetunion und die wirtschaftspolitische Öffnung Chinas eine enorme Bedeutung für die globale neoliberale Transformation, da sie »eine

[1] Unter dem »Washington Consensus« wird ein an neoklassischen Inhalten orientiertes Wirtschaftsprogramm verstanden, das seinen Schwerpunkt auf die Liberalisierung der Handelspolitik, die Deregulierung des Finanzsektors und die Privatisierung von Staatsfirmen legt sowie eine niedrige Besteuerung von Unternehmen und hohen Einkommen fordert. Er wurde in den 1980er-Jahren von der Weltbank und dem Internationalen Währungsfonds formuliert. Die Schocktherapie in Russland orientierte sich stark an den Forderungen des »Washington Consensus«.

gewaltige Freisetzung von bis dahin nicht verfügbaren Vermögenswerten in den globalen Strom der Kapitalakkumulation« (ebd.: 149) ermöglichten. Akkumulation durch Enteignung, betont Harvey, verlaufe keineswegs widerspruchsfrei, sondern müsse häufig gegen die Mehrheit oder zumindest gegen einen beträchtlichen Teil der Bevölkerung durchgesetzt werden. Im Widerspruch zu Marx argumentiert er, dass die Anwendung von Gewalt keinesfalls nur auf die Entstehungsphase des Kapitalismus zu begrenzen sei. Gewalt, so Harvey, sei vielmehr ein Mittel der Reproduktion der bürgerlich-kapitalistischen Gesellschaft bis in die Gegenwart. Auch in Russland ging die Errichtung der bürgerlich-kapitalistischen Gesellschaft mit einem massiven Anstieg von Gewalt einher: In den frühen 1990er-Jahren eskalierten die Kriminalitätsrate, Morde und gewaltsame Tode.

»Der beispiellose Anstieg der Kriminalitätsrate in den 1990er-Jahren, die schockierenden – aber ungestraften – Morde hochrangiger Politiker, Geschäftsleute und Journalisten, hinterließen Russlands Strafvollzugsbehörden in einem Zustand des moralischen Bankrotts und brachten den Staat an den Rand des Verlusts seines Gewaltmonopols.« (Popov 2007: 47)

Die zunehmende Gewalt war jedoch nicht nur Ausdruck eines staatlichen Kontrollverlusts. Vielmehr trieben Staat und Regierung ihrerseits die Brutalisierung gesellschaftlicher Auseinandersetzung aktiv voran, wie das gewaltsame Vorgehen der Regierung gegen das Parlament im Jahre 1993 und gegen Bergarbeiterstreiks in den späten 1990er-Jahren zeigt. Den vorläufigen Höhepunkt der Gewalteskalation stellte der Krieg in Tschetschenien (1994–1996) dar (vgl. Jaitner 2014b: 104–106). Trotz der Stabilisierung gesellschaftlicher Verhältnisse unter Putin bleibt das Gewaltniveau in der russischen Gesellschaft nach wie vor hoch. Davon zeugen der zweite Tschetschenien-Krieg (1999–2009), anti-terroristische Maßnahmen oder Formen der Schutzgelderpressung und gewaltsamen Aneignung von Firmen (zum letzten Punkt vgl. Volkov 2004).

Die »Entstaatlichung« der Gesellschaft

Die führenden Ökonomen der Regierungen unter Jelzin, Finanzminister Jegor Gajdar (1956–2009)[2] und Anatolij Tschubajs, Verantwortlicher des Komitees für die Leitung des Staatseigentums in den Jahren 1991 bis 1994, vertraten den Standpunkt, der Staat sei in erster Linie ein repressives, die individuelle Freiheit einschränkendes Organ. Sie erhoben die »Entstaatlichung« zur zentralen ideologischen Maxime ihrer Politik. Das bedeutete nicht nur die Privatisierung des staatlichen Eigentums, sondern einen umfassenden, möglichst vollständigen staatlichen Rückzug aus allen wirtschaftlichen Prozessen (vgl. Gajdar/Kogalovskij 1990; Gajdar 1995).

[2] Gajdar übernahm noch in der RSFSR (April 1991) das Amt des Finanzministers und übte es bis zum April 1992 aus. Parallel dazu war er unter Jelzin stellvertretender Premierminister (März–Dezember 1992 und von Dezember 1993–Januar 1994) und kommissarischer Premierminister (Juni–Dezember 1992 und September 1993–Januar 1994). Im Jahr 1994 verließ er die Jelzin-Regierung, blieb aber Abgeordneter der Duma (1993–1996 und 1999–2003).

Im Gegensatz zu Gajdars ideologischem Diktum wurde die zweite ursprüngliche Akkumulation in Russland jedoch maßgeblich durch den Staat vermittelt. Durch Veränderungen der Eigentumsverhältnisse, Handelsliberalisierungen und die Förderung eines privaten Bankensektors trug der Staat unmittelbar zur Herausbildung des russischen Kapitalismus bei. Die Entstaatlichungsdevise der russischen Reformer*innen war aus diesem Grund nicht nur ein irreführendes, wenngleich dem Zeitgeist entsprechend populäres Versprechen. Ohne systematische staatliche Interventionen war eine Einführung des Kapitalismus unmöglich.

Nach Ansicht des Staatstheoretikers Nicos Poulantzas (1973: 324) übernimmt der Staat in bestimmten Stadien und Perioden einer gesellschaftlichen Formation eine »unmittelbare ökonomische Funktion«. Darunter versteht er, dass der Staat sich »in einem solchen Fall nicht auf die Reproduktion der gesellschaftlichen Reproduktionsbedingungen beschränkt, sondern ganz entschieden in die Reproduktion des Produktionszyklus selbst eingreift«. Die »unmittelbare ökonomische Funktion« des Staates bestand im Russland der 1990er-Jahre in der privaten Kapitalbildung und der Durchsetzung der damit notwendigerweise einhergehenden Herausbildung einer kapitalistischen Klassengesellschaft. Die Neuausrichtung der staatlichen Politik entlang den inhaltlichen Vorgaben des »Washington Consensus« und die radikale Schocktherapie bedeutete also eine Verschiebung der gesellschaftlichen Macht- und Kräfteverhältnisse. Während in der Sowjetunion der produzierte Mehrwert weitgehend durch den Staat angeeignet und verteilt wurde, geschah dies im kapitalistischen Russland überwiegend durch private, mit Staat und Regierung aufs engste verbundene Kapitalgruppen. Der Anhäufung von Reichtum und der Entstehung einer neuen Bourgeoisie standen der beispiellose volkswirtschaftliche Niedergang und die Verarmung großer gesellschaftlicher Schichten gegenüber. Die Einführung des Kapitalismus schuf strukturelle Machtasymmetrien, die durch den Staat abgesichert wurden, auch gegen massive gesellschaftliche Widerstände wie zum Beispiel im Jahr 1993 gegen das Parlament (siehe Kapitel 4, S. 76ff.).

Schwacher Staat, mächtige Oligarchie?

Eine Besonderheit des russischen Kapitalismus bestand darin, dass die einheimische Bourgeoisie in erster Linie durch die Transformation von Staats- in Privateigentum entstand. Dadurch wurde der Staat »zu einem zentralen Kampffeld um ökonomische Positionen. Hieraus resultieren – zumindest zunächst – sehr enge Bindungen zwischen der neuen einheimischen Bourgeoisie und dem Staat.« (Becker 2015: 427) Das sich herausbildende Kapital brauchte einen starken Staat ausgerechnet zu dem Zeitpunkt, als es ihn eigentlich loswerden wollte. Der Staat wiederum verfolgte das Interesse, die Entstehung global konkurrenzfähiger, nationaler Kapitalfraktionen zu fördern. Daher bemühte sich die Regierung um die Anerkennung der Privatisierungsprozesse im westlichen Ausland, die Aufnahme in internationale Finanzorganisationen (IWF, Weltbank) und die Einladung zu den G-7-Konsultationen.

Die Verschränkung von politischer und ökonomischer Macht ermöglichte privaten Kapitalgruppen einen relativ direkten Zugriff auf die Staatsapparate. Dieses Phänomen, in der Literatur auch »State Capture« (Eroberung des Staates) genannt (vgl. Hellman/Jones/Kaufman 2000), beschreibt einen Staat, der durch mächtige private Kapitalgruppen (Oligarchen) oder Clans erobert wird. Die vermeintliche Schwäche des Staates wird jedoch nicht in Relation zu den gesellschaftlichen und ökonomischen Umbrüchen in Russland gesetzt. Dadurch gerät dessen zentrale ökonomische Funktion für die erfolgreiche Einführung des Kapitalismus und die Durchsetzung von Privateigentum außer Acht. So argumentiert der Politikwissenschaftler Wolfram Schaffar (vgl. 2008), dass Akkumulationsformen, die nicht auf einer industriellen Akkumulation beruhen, weder einer strikten Trennung von Staat und Wirtschaft noch einer Durchsetzung des Rechtsstaates, in dessen Rahmen ein Gewaltmonopol nötig ist, bedürfen. Tatsächlich mache erst die Form der kapitalistischen Akkumulation die Trennung von Politik und Wirtschaft notwendig. In der Peripherie hingegen sind Staaten in dem Sinne schwach, dass sie die oben genannten Kriterien nicht erfüllen. Sie haben somit keine oder nur begrenzte Regulationsmacht. Allerdings verfügen periphere Staaten sehr wohl über Akkumulationsmacht, denn sie stellen sicher, dass Eliten den Reichtum abschöpfen. Eine vergleichbare Situation ließ sich in Russland in den 1990er-Jahren beobachten. Den russischen Staat in dieser Phase charakterisierte eine spezifisch interventionistische Form, die aus der gesellschaftlichen und ökonomischen Instabilität begründet wurde. Einerseits zog sich der Staat aus zentralen ökonomischen Bereichen zurück, andererseits vermittelte er maßgeblich die Einführung des Kapitalismus und die damit einhergehende Herausbildung einer kapitalistischen Klassengesellschaft, gerade gegen gesellschaftliche Widerstände. Dies festigte ein asymmetrisches Verhältnis zwischen Staat und Bourgeoisie. Aufgrund der instabilen und hochgradig umkämpften Eigentumsverhältnisse blieb das Privatkapital vom Staat beziehungsweise von staatlichem Schutz abhängig, wodurch die dominante Position der Staatsbürokratie langfristig aufrechterhalten wurde. Dies wurde mit dem Beginn der Wirtschafts- und Finanzkrise 1998 und insbesondere seit der ersten Präsidentschaft Wladimir Putins im Jahre 2000 deutlich.

Der neoliberale Transformationsprozess schwächte jedoch auch die Handlungsfähigkeit des Staates. Unterschiedliche Interessen verschiedener konkurrierender gesellschaftlicher Klassen und Klassenfraktionen waren auch im russischen Staat präsent und verfestigten sich in der Form (informeller) Netzwerke oder widersprüchlicher Interessen. Dies begünstigte eine oftmals fehlende Kohärenz der Staatsapparate, die in Gesetzesinitiativen oder Projekten zugunsten einer bestimmten Fraktion ihren Ausdruck fand, die wiederum von anderen Gruppen massiv bekämpft wurden. Dadurch wurde das staatliche Handeln gelähmt oder erschien als ineffizient. Um direkten Einfluss auf die Privatisierung ausüben zu können, bemühen sich große Firmen und Unternehmer*innen bis heute darum, entscheidende Regierungsämter mit Vertrauensleuten zu besetzen oder diese Personen zu ihren Gunsten zu beeinflussen. Der Kampf um die zu privatisierenden Unternehmen wurde damit in den Staatsapparaten selber ausgetragen. So lobbyierte Oleg Soskowetz in seiner Zeit als Vizepremierminister (1993–1996) im Auftrag der ihm nahestehenden Stahlindustrie für niedrige Strompreise. Anatolij Djakow, der damalige Vorsitzende des staatlichen Energiekonzerns Unified Energy System of Russia (UES), setzte dagegen regelmäßige Strompreiserhöhungen durch. Diese waren durchaus im Interesse der Konzernführung, da diese im Zuge der ersten Privatisierungswelle von 1992 bis 1994 Anteile am Unternehmen erworben hatte und sich auf diese Weise zusätzliche Gewinne bescherte.[3] Die daraufhin einsetzende Auseinandersetzung um die Entlassung Djakows verlor Soskowetz, Djakow durfte bleiben (vgl. Menshikov 2007: 162). Definitionen des russischen Staates als stark, schwach oder von Oligarchen (Clans) »erobert« erweisen sich daher als unpräzise, da sie dessen ökonomische Funktion außer Acht lassen. Vielmehr vollzog sich eine doppelte Transformation: vom Plan zum Markt und von der sich auflösenden sowjetischen Gesellschaftsordnung zur Schaffung einer einheimischen Bourgeoisie. Der Staat fungierte als »unentbehrlicher Geburtshelfer der neuen Produktionsweise« (Dörre 2009: 38).

Russlands kapitalistische Transformation

Im Vergleich zu den späten 1980er-Jahren, der Hochphase der Perestroika hatte sich die internationale Lage in den Jahren 1992/1993 deutlich verändert. Die Transformation des Kapitalismus seit den späten 1970er-/frühen 1980er-Jahren hatte im Westen eine Wende vom »fordistisch-keynsianischen Nationalstaat« hin zum »konservativ-neoliberalen Staat« (Kannankulam 2008) eingeleitet. Im Zuge dieser Wende wurden die auf den Binnenmarkt orientierten Akkumulations- und Regulationszusammenhänge verstärkt zugunsten einer Internationalisierung von Akkumulationsprozessen aufgegeben. Die Folge waren eine Denationalisierung von Staat und Gesellschaft sowie die Privatisierung von Politik, das heißt eine durch die Deregulierung internationaler Märkte veranlasste Verlagerung von politischen Entscheidungen in korporative Strukturen und staatlich-private Verhandlungsräume, was die Macht privater Akteure (z.B. multinationale Unternehmen) beträchtlich erweiterte. Als Reaktion auf die vielfältigen Krisen der 1970er- und 1980er-Jahre (Wirtschaft, Umwelt etc.) wurden zudem internationale politische Regelungskomplexe etabliert, da eine Bearbeitung auf der Ebene des Nationalstaates nicht mehr ausreichte (vgl. Hirsch 2001: 117ff.). Diese neuen Regulierungsbemühungen zwangen vor allem schwache Staaten in neue Formen internationaler Kooperation. Die damit einhergehenden Veränderungen in der Wirtschafts- und Sozialpolitik sowie die Transformation des fordistischen Wohlfahrtsstaates schwächten

[3] Zur sogenannten Voucher-Privatisierung siehe Jaitner (2014b: 60–86).

die Stellung des Nationalstaates als zentralen Ort zur Aufrechterhaltung der Kapitalakkumulation (vgl. Jessop 2001: 88).

Mit der Aufgabe des staatssozialistischen Entwicklungsmodells und der forcierten Integration in den Weltmarkt war die russische Gesellschaft diesen Entwicklungen ungehindert ausgesetzt. Dies begrenzte die Möglichkeit des Staates, eigenständige und kohärente Akkumulations- und Regulationsmodi herauszubilden. Die russische Entwicklung seit den 1990er-Jahren ist von einer »peripheren Weltmarktintegration« geprägt. Darunter wird eine abhängige Form der Entwicklung verstanden, die sich entscheidend auf die inneren Klassenverhältnisse und politischen Strukturen auswirkt. Dabei wird der Peripherisierungsprozess der russischen Gesellschaft jedoch nicht ausschließlich von externen Faktoren bestimmt, sondern durch innere Bedingungen (bspw. Schocktherapie) maßgeblich beeinflusst und verschärft. Externe und interne Faktoren stehen demnach nicht im Widerspruch zueinander, wonach erstere auf den Staat von außen einwirken und letztere auf einen nationalen Raum begrenzt bleiben. Mit dem von Nicos Poulantzas (vgl. 1977) geprägten Begriff der Interiorisierung können externe und interne Faktoren als verschränkt gedacht werden, »d.h., dass äußerliche Prozesse durch innere Kräfte vermittelt werden müssen« (Ataç/Lenner/Schaffar 2008: 6).

Die Gründe für den ökonomischen Niedergang Russlands in den 1990er-Jahren sind bis heute hoch umstritten und werden je nach ökonomischer Schule unterschiedlich beurteilt. Vor allem in der neoklassischen Diskussion dominiert die Auffassung, die Jelzin-Administration habe ihre versprochene Wirtschaftspolitik nur teilweise und inkonsistent umgesetzt (vgl. Sachs 1994; Aslund 1995). Finanzminister Jegor Gajdar behauptete sogar nach seinem Rücktritt als Vize-Premierminister im Jahr 1994, in Russland habe es »nie so etwas wie eine Schocktherapie im wahrsten Sinne des Wortes gegeben« (zit. n. Schmemann 1994). In der Debatte gilt zudem das »totalitäre Erbe« des Staatssozialismus als Hindernis für eine erfolgreiche politische und ökonomische Transformation.[4] Andere Ökonomen wie Joseph Stiglitz (vgl. 1999) oder Pekka Sutela (vgl. 2012) kritisieren dagegen die neoliberale Schocktherapie und verweisen auf fehlende institutionelle Reformen als Ursache für die tief greifende Krise der 1990er-Jahre in Russland. Diese Kritik ist zweifellos berechtigt, denn die für eine kapitalistische Wirtschaft notwendigen Gesetze und Institutionen waren mit Beginn der Einführung des Kapitalismus in Russland zum Teil noch gar nicht vorhanden oder erst im Entstehen. Allerdings vernachlässigt die Debatte die strukturellen Gründe für das Ausmaß der Krise, die in der Dualität der russischen Wirtschaft zu finden sind und durch die unkontrollierte Einführung des Kapitalismus verschärft wurden.

Der Ökonom Jurij Jaremenko (vgl. 1997) sieht in der technologischen Heterogenität der sowjetischen und später der russischen Volkswirtschaft eine wesentliche Ursache für die katastrophalen Auswirkungen der Schocktherapie. Wichtige

[4] Für einen Überblick Segert (2013).

Ressourcen (Arbeitskraft, Rohstoffe, Kapital) wurden im militärisch-industriellen Komplex konzentriert. Dies hatte zur Folge, dass die Konsumgüterindustrie strukturell unterentwickelt war und überwiegend Güter von schlechter Qualität produzierte. Zusätzliches Wachstum in diesen Branchen konnte nur durch eine konstante Ausweitung der Ressourcenversorgung (extensives Wachstum) gewährleistet werden – eine Funktion, die in der Planwirtschaft Unternehmen aus den Sektoren Energie und Metallurgie sowie teilweise aus dem Bauwesen und dem Transport übernahmen. Da die Löhne in der Sowjetunion im Durchschnitt deutlich unter denen im Westen lagen, hohe Ressourcenvorräte bestanden und große Produktionsstandorte hohe Skalenerträge ermöglichten, waren die Güterpreise dieser Branchen deutlich niedriger als der Weltmarktpreis. Eine Einführung marktwirtschaftlicher Strukturen durch eine unkontrollierte Preisliberalisierung war, so Jaremenko, deshalb so problematisch, da der zivile Sektor über zu wenig ausreichende einheimische Versorger von Investitionsgütern verfügte und für den Kauf solcher Güter im Ausland das Geld fehlte. Somit musste dieser Sektor im Zuge der Schocktherapie kollabieren – was dann auch geschah.

Nach Ansicht von Michael Burawoy und Pawel Krotov (vgl. 1992) wird die Debatte um die Entwicklung vom Staatssozialismus zum Kapitalismus von einem politisierten Blick dominiert, der überwiegend auf die politischen Programme fokussiere, ohne deren konkrete gesellschaftliche Auswirkung zu berücksichtigen. Eine ähnliche Sichtweise vertritt der Soziologe Simon Clarke (vgl. 2007: 5ff.). Dieser kritisiert den vorherrschenden teleologischen Ansatz des Transitionsparadigmas, wonach die Entwicklung der vormals staatssozialistischen Gesellschaften zu einem vermeintlichen Endpunkt (Kapitalismus und liberale Demokratie) strebe. Mit Blick auf die ökonomische Transformation erweise sich diese Perspektive als ungenau, da sie vernachlässige, welche Art von Kapitalismus sich in den jeweiligen Ländern herausbilde. Vielmehr, konstatiert Clarke, wird nach der »transition school« der sich herausbildende Kapitalismus in Russland als eine Synthese aus dem anzustrebenden Ideal und dem problematischen staatssozialistischen Erbe betrachtet. Dadurch geraten die Triebkräfte gesellschaftlicher Entwicklung aus dem Blick, die auf die Dynamik des Transformationsprozesses einen großen Einfluss ausüben. Der Transformationsprozess wird somit nicht als eine eigene, sich entwickelnde historische soziale Realität wahrgenommen (vgl. ebd.: 6).

Wenn Russland, so Burawoy (vgl. 2001: 269–270), nur in Abgrenzung zum Westen verstanden wird und teleologisch einzig und allein eine repräsentative Demokratie in Kombination mit einer kapitalistischen Marktwirtschaft das Ziel sein kann, dann bleiben komplexe Prozesse und immanente Widersprüche der kapitalistischen Produktionsweise notwendigerweise unberücksichtigt. Ihm zufolge durchlief Russland in den 1990er-Jahren einen Prozess der »involutionären Degeneration« (involutionary degeneration), die auf einer Expansion der Tauschsphäre auf Kosten der Produktion beruhte. Zwar habe es durchaus eine Transformation des Marktes gegeben, allerdings ohne die erwartete ökonomische, soziale und politische Transformation, das heißt ohne die Akkumulation von Kapital, eine gesellschaftliche Entwicklung im Sinne einer Verbesserung des Lebensstandards der breiten Bevölkerung oder der Entstehung eines Entwicklungsstaates (vgl. ebd.). Zu einem ähnlichen Schluss kommt auch der US-amerikanische Ökonom David Kotz. In einem Aufsatz »Is Russia becoming capitalist?« aus dem Jahre 2001 vertritt er die These, dass sich in Russland kein Kapitalismus, sondern ein räuberisches, erpresserisches Wirtschaftsmodell herausgebildet habe. Demnach mischen sich in Russland nicht-kapitalistische Formen der Einkommensgenerierung mit Unternehmensgewinn, der auf der Ausbeutung der Ware Arbeitskraft beruht (vgl. ebd.).

Clarke, Burawoy und Kotz weisen auf viele wichtige Aspekte des Transformationsprozesses hin. Die Einführung des Kapitalismus mittels schocktherapeutischer Maßnahmen in Russland löste einen die gesamten 1990er-Jahre währenden ökonomischen Niedergang aus. Die Folgen waren eine Rückkehr der Massenarmut, eine partielle Deindustrialisierung des Landes, eine Expansion des Finanzsektors und eine höchst intransparente Privatisierung des Staatseigentums, was die Implementierung alternativer Entwicklungsstrategien, die auf eine Re-Industrialisierung setzten, bis heute erschwerte und den Demokratisierungsprozess des Landes nachhaltig schwächte. Die partielle Übernahme westlicher Institutionen, der Fokus auf ausgewählte wirtschaftliche Sektoren (Rohstoffexport und militärisch-industrieller Komplex) und die sich verschärfenden Entwicklungsgegensätze im Land läuteten eine Rückkehr zur »imperialen Modernisierungsstrategie« (Krasilshchikov 2014: 15ff.) ein. Aufgrund der Schwäche der russischen Bourgeoisie und der semi-peripheren Lage des Landes im kapitalistischen Weltsystem wurde der Staat zum zentralen Akteur gesellschaftlicher Entwicklungsprojekte und Auseinandersetzungen.

Ein Schock ohne therapeutische Wirkung: Die Wirtschaft kollabiert

Die Wirtschaftspolitik der Regierung Jelzin war kein therapeutisches Modernisierungsprogramm, sondern leitete eine Dekade des ökonomischen Niedergangs ein, der Russland bis heute spürbar prägt. Die vielfältigen aus der Sowjetunion ererbten Krisenphänomene wurden dadurch nicht nur vertieft (vgl. Buzgalin/Kolganov 1996: 121ff.). Der einsetzende Peripherisierungsprozess des Landes verschärfte die Dualität zwischen den produzierenden und ressourcenextraktiven Sektoren. Anstatt diese effektiv zu bearbeiten, wurden zusätzlich neue Widersprüche geschaffen: Sowohl die soziale Polarisierung als auch die ungleiche Entwicklung der Regionen nahmen zu. Fast über die gesamten 1990er-Jahre hinweg verzeichnete die russische Volkswirtschaft einen Rückgang des Bruttoinlandsproduktes. Eine Ausnahme bilden die Jahre 1997 und 1999, als die Regierung Primakow als Reaktion auf die Wirtschafts- und Finanzkrise im Jahr 1998 explizit die Schocktherapie kritisierte und auf eine nachfrageorientierte Wirtschaftspolitik setzte (siehe Kapitel 5, S. 91ff.).

Tabelle 1: Entwicklung des Bruttosozialproduktes in Russland (in %)

1992	1993	1994	1995	1996	1997	1998	1999
-14,5	-8,7	-12,6	-4,1	-3,6	1,4	-5,3	6,4

Quelle: World Bank o. D.

Der Niedergang der Industrie

Die Einführung marktwirtschaftlicher Strukturen in Russland hatte die Konzentration auf ein ressourcenextraktivistisches Entwicklungsmodell zur Folge. Darunter wird – wie bereits in Kapitel 2 dargelegt – eine spezifische Form peripherer kapitalistischer Entwicklung verstanden, bei dem (unverarbeitete) Rohstoffe und Agrarland für den Export ausgebeutet werden (vgl. Gudynas 2012; Acosta 2013). Damit einher geht ein rasanter Deindustrialisierungsprozess. Nimmt man das Jahr 1990 als Ausgangsjahr mit dem Indexwert 100, fiel die Industrieproduktion bis 1998 auf 45,8% (vgl. Goskomstat Rossii 2002: 19). Der Anteil der Beschäftigten in der Industrie ging um circa ein Drittel zurück (vgl. ebd.). Der Bedeutungsverlust der Industrie lässt sich auch in absoluten Zahlen belegen *(siehe Abb. 4)*. Der Anteil industriell produzierter Güter am Bruttoinlandsprodukt ging von 65,5% (1990) auf 41% (2004) zurück (vgl. Grinberg/Havlik/Havrylyshyn 2006).

Die Branchen waren dabei sehr unterschiedlich vom Arbeitsplatzabbau betroffen. Im Jahr 1990 belief sich der Beschäftigungsanteil der ressourcenextraktiven Sektoren auf 17,8% (ohne die holzverarbeitende Industrie) und stieg bis 1999 auf 27,7% (erneut ohne die holzverarbeitende Industrie), während die Beschäftigung in den Branchen Maschinenbau und Leichtindustrie stark zurückging (vgl. Goskomstat 2002: 123). Der Grund hierfür lag in dem deutlich höheren Produktionsrückgang in den Sektoren Maschinenbau (auf 32,5% des Niveaus von 1990) und Leichtindustrie (auf 11,5% des Niveaus von 1990), während die Rückgänge in den ressourcenextraktiven Sektoren (Ölproduktion 67,3%, Gasproduktion 85,2%, Buntmetallindustrie 53,7%, Eisen- und Stahlindustrie 52,2%) zum Teil deutlich moderater ausfielen, da sie ihre Produktion auf den Export umstellen konnten (vgl. Epštejn 2013: 101–127). Dementsprechend war der Druck auf die Konzernleitungen in den produzierenden Branchen höher, auf die anhaltende Krise mit Entlassungen zu reagieren. Große Produktionseinbrüche verzeichneten zudem die Landwirtschaft und die Nahrungsmittelindustrie. Im Jahr 1997 erreichte die landwirtschaftliche Produktion nur noch 63,6% des Niveaus von 1990 (vgl. Goskomstat Rossii 1998: 214). Das Produktionslevel der Nahrungsmittelindustrie lag 1999 sogar nur bei 47,2% des Niveaus von 1990 (vgl. Epštejn 2013: 101–127).

Der Bedeutungsverlust der produzierenden Sektoren für die volkswirtschaftliche Wertschöpfung vergrößerte auch den technologischen Rückstand gegenüber den westlichen Ländern. Das Durchschnittsalter für Maschinen und Ausrüstungsgegenständen stieg von 10,8 Jahren im Jahr 1990 auf 17,89 acht Jahre später, das heißt, dass russische Firmen in diesem Zeitraum kaum nennenswerte Investitionen

Abb. 4: Industrieproduktion und Beschäftigungsentwicklung in Russland

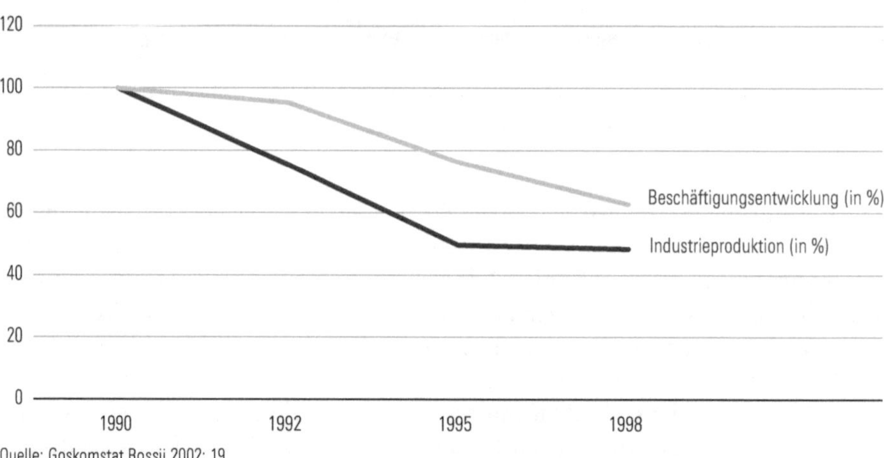

Quelle: Goskomstat Rossii 2002: 19.

in ihre Produktionsanlagen tätigten.[5] Waren im Jahr 1990 noch 29,4% aller Ausrüstungsgegenstände fünf Jahre und jünger, fiel dieser Wert bis zum Jahr 1999 auf 4,1%. Im gleichen Zeitraum stieg die Anzahl von Ausrüstungsgegenständen, die 20 Jahre und älter waren von 15% auf 34,8% (vgl. Goskomstat Rossii 2002: 110). Investitionen in Anlagevermögen erreichten im Jahr 1998 mit 17% des Niveaus von 1990 ihren Tiefstand (vgl. ebd.: 112).

Durch ihre politischen Maßnahmen zur monetären Stabilisierung und Strukturanpassung verschärfte die Jelzin-Administration die Krise der produzierenden Sektoren. Der Fokus auf Inflationsbekämpfung durch fiskale Austerität führte dazu, dass die russische Wirtschaft »demonetisiert« wurde (vgl. Clarke 1998). Zusätzliche Belastungen ergaben sich für die produzierenden Branchen aus der verhältnismäßig hohen Besteuerung, während die Regierung darauf verzichtete, den Gewinn des profitablen Dienstleistungs- und Finanzsektors angemessen abzuschöpfen und damit die staatlichen Einnahmen zu erhöhen. Indem »die Regierung nicht über genug Geld verfügte, um es in den Staatshaushalt zu pumpen, während sie jeden Versuch unternahm, Geldmittel der Unternehmen aus dem produktiven Sektor abzuschöpfen« (ebd.: 80), wurde die Industrie systematisch geschwächt. Der schwach entwickelte russische Finanzsektor und die extrem profitablen Anlagemöglichkeiten für kurzfristige Staatsanleihen, sogenannte GKOs, führten dazu, dass der (unregulierte) Markt diese destruktiven Entwicklungen nicht kompensierte, sondern zusätzlich anheizte.[6]

[5] Die Arbeit stützt sich überwiegend auf die Daten der russischen Statistikbehörde Goskomstat. Diese verfügt über die umfangreichsten und langfristigsten Datensätze, was vor dem Hintergrund des langen Untersuchungszeitraums eine bessere Vergleichbarkeit ermöglicht.

[6] Die Regierung gab zur Finanzierung des Staatshaushaltes kurzfristige Staatsanleihen, sogenannte GKOs, aus. Diese waren mit einer ungewöhnlich kurzen Laufzeit verzinst, sodass die

Die Rolle des Staates in der Transformation ging damit über die bloße ökonomische Funktion der Kapitalbildung und die Herausbildung kapitalistischer Klassenverhältnisse hinaus. Tatsächlich begünstigte die forcierte Weltmarktintegration die Herausbildung des Ressourcenextraktivismus in Russland und führte zur Kapitalvernichtung in den produktiven Sektoren. Auf diese Weise trug der Staat aktiv dazu bei, gesellschaftliche Kräfteverhältnisse und damit einhergehende Klassenbeziehungen zu strukturieren.

Kurs auf Westen: Die Entwicklung des russischen Außenhandels
Die wirtschaftliche Liberalisierung trug zu einer dynamischen Entwicklung des russischen Außenhandels in den 1990er-Jahren bei (vgl. Abb. 5). Das Außenhandelsvolumen stieg von 96,6 Mrd. US-Dollar im Jahr 1992 auf 155 Mrd. US-Dollar im Jahr 1997 an, bevor es im darauffolgenden Jahr einen krisenbedingten Rückgang auf 134,4 Mrd. US-Dollar verzeichnete (vgl. Goskomstat Rossii 1998: 368; dies. 2000: 578–584).

In diesem Bereich erreichten die ökonomischen Reformer*innen der Jelzin-Administration ihr Ziel in kurzer Zeit: Die Aufgabe unabhängiger, stark regulierter Handelsstrukturen wie die innerhalb des RGW und die Integration der russischen Volkswirtschaft in den kapitalistischen Weltmarkt. Das Handelsvolumen mit den Ländern außerhalb der GUS stieg um 50,6% von 79,4 Md. US-Dollar (1992) auf 119,6 Mrd. US-Dollar (1997). Damit einher gingen auch die Aufgabe traditioneller sowjetischer Handelsstrukturen und eine Ausrichtung auf den Westen. Der Umsatz der OECD-Staaten[7] am Außenhandel stieg von 40,6 Mrd. US-Dollar im Jahr 1993 auf 50,4 Mrd. US-Dollar fünf Jahre später. Das entspricht einem prozentualen Anstieg von 24%. Der Außenhandel mit den ehemaligen RGW-Staaten[8] war über die 1990er-Jahre hinweg vom Umsatz her deutlich geringer (1993: 10,3 Mrd. US-Dollar und 1998: 11,5 Mrd. US-Dollar) und fiel auch mit Blick auf die prozentuale Entwicklung (Anstieg um 11% im selben Zeitraum) schwächer aus (vgl. dies. 2000: 580).

Die Orientierung Russlands auf den Weltmarkt beschleunigte die realwirtschaftliche Desintegration des postsowjetischen Raums. Ende der 1980er-Jahre wickelten die Unionsrepubliken durchschnittlich fast 72% ihres Handels untereinander ab – Russland bildete mit einem Wert von knapp 58% die Ausnahme. Von 1991 bis 1993 sank das Handelsvolumen zwischen den Republiken um die Hälfte (vgl. Langhammer/Lücke 1995: 3ff.). Nach der Auflösung der Sowjetunion stieg

---

Regierung immer neue Kredite aufnehmen musste, nicht nur, um das Budgetdefizit zu decken, sondern auch um die Zinsen auf die zuvor aufgenommenen Anleihen zu bezahlen (vgl. Jaitner 2014b: 130-140).

[7] Berücksichtigt sind alle OECD-Mitgliedsstaaten bis zur Erweiterungsrunde in den 1990er-Jahren.

[8] Bulgarien, Kuba, Mongolei, Polen, Slowakei, Tschechien, Ungarn, Vietnam und Rumänien, wobei der Großteil des Handels auf die osteuropäischen Länder fiel.

Abb. 5: Entwicklung des russischen Außenhandels

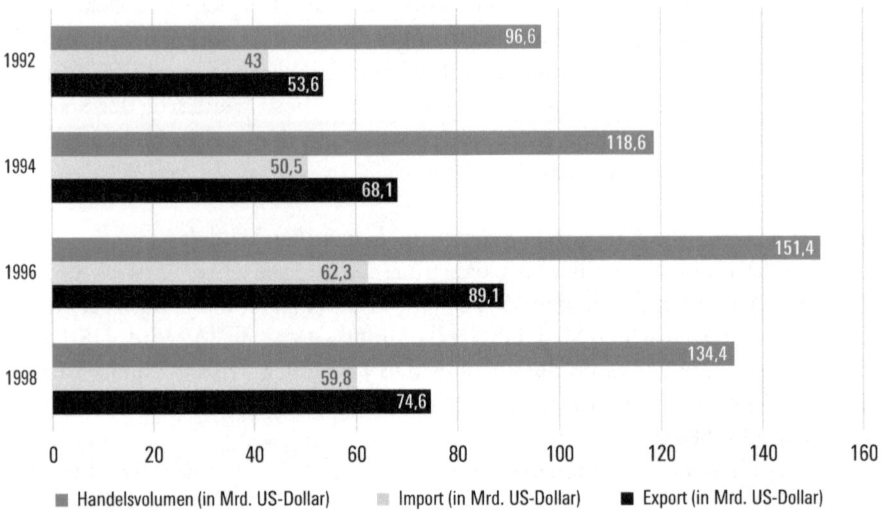

Quellen: Goskomstat Rossii 1998: 368 und Goskomstat Rossii 2000: 578–584.

der russische Handel mit den GUS-Staaten bis 1997 deutlich an (+105,81%), allerdings verharrte er auf einem niedrigeren Niveau (1997: 35,4 Mrd. US-Dollar).

Die wichtigsten Einfuhrländer im Jahr 1997 waren Deutschland (12,5%), Belarus (8,7%), USA (7,7%), Ukraine (7,5%), Kasachstan (5,2%) und Italien (5%). Die meisten russischen Exporte gingen in die Ukraine (8,4%), gefolgt von Deutschland (7,7%), USA (5,5%), Belarus (5,4%) und Holland (5,3%) (vgl. Goskomstat Rossii 1998: 381). Bei der Ukraine, Belarus und Kasachstan handelt es sich um die am stärksten industrialisierten Staaten der ehemaligen UdSSR, die bis heute die wichtigsten Wirtschaftspartner in der Region sind. Die Konzentration des russischen Außenhandels auf diese Staaten ist damit auch ein Ausdruck auf die sich verschärfende Polarisierung des postsowjetischen Raums.

Mit der Neuausrichtung des Außenhandels ging eine verstärkte Konzentration auf den Rohstoffexport einher. Seit den frühen 1990er-Jahren sind die Säulen der Wirtschaft die Rohstofferschließung und (partielle) -verarbeitung (Erdöl, Erdgas, Metallurgie, Energie), die Aluminiumindustrie sowie der Finanzsektor. Die Warenstruktur des russischen Exports wurde eindeutig durch die Rohstoffbranche dominiert. Öl, Gas und Metalle machten zwischen 65–70% der Exporte aus. Unter Berücksichtigung weiterer Waren, die zumindest partiell den ressourcenextraktiven Sektoren zugerechnet werden konnten (chemische Erzeugnisse, Nahrungsmittel und Holz), belief sich der Anteil auf über 80%. Allerdings unterschied die russische Statistikbehörde Rosstat in den drei letztgenannten Kategorien nicht zwischen unverarbeiteten Rohstoffen und veredelten Gütern, weshalb

Abb. 6: Warenstruktur des russischen Exports in den 1990er-Jahren

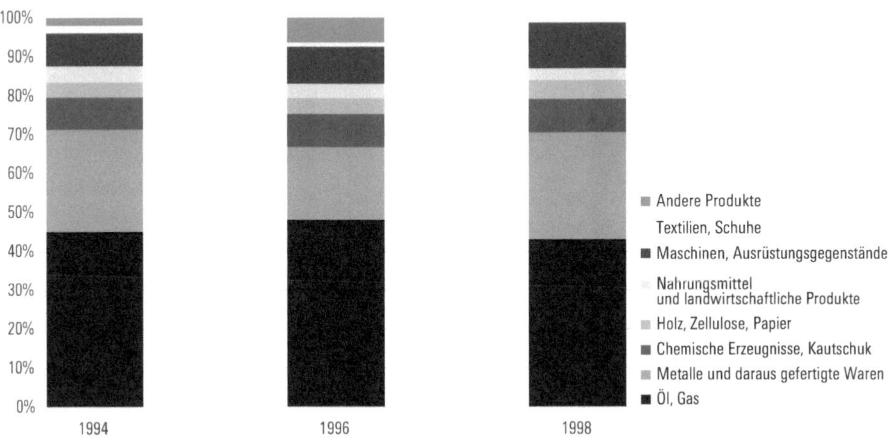

Quellen: Goskomstat Rossii 1998: 369 und Goskomstat Rossii 2000: 581–583.

diese Branchen nur bedingt den ressourcenextraktiven Sektoren zugerechnet werden konnten *(siehe Abb. 6)*.

Den Import dominierten mit einem Anteil von circa 35% Maschinen und Ausrüstungsgegenstände sowie Nahrungsmittel (ca. 25%). Auch chemische Erzeugnisse (ca. 15%) machten einen bedeutenden Teil der russischen Importe aus. Der hohe Anteil von Maschinen und chemischen Erzeugnissen erklärte sich zum einen aus den engen Handelsverflechtungen mit den postsowjetischen Staaten, zum anderen verdeutlichte er die wachsende Abhängigkeit Russlands im Hochtechnologiebereich. Der hohe Importanteil an Nahrungsmitteln unterstrich die tief greifende Krise der russischen Landwirtschaft der 1990er-Jahre *(siehe Abb. 7)*.

Abb. 7: Warenstruktur des russischen Imports in den 1990er-Jahren

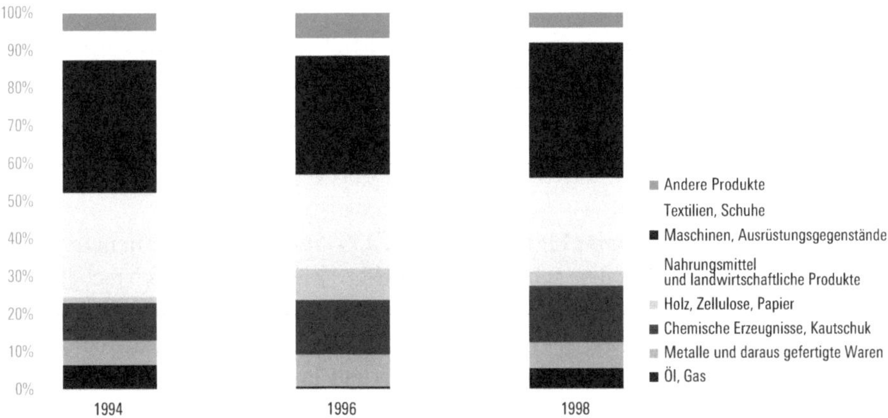

Quellen: Goskomstat Rossii 1998: 370–380 und Goskomstat Rossii 2000: 581–583.

Abb. 8: Warenstruktur der russischen Ex- und Importe in Länder außerhalb der GUS

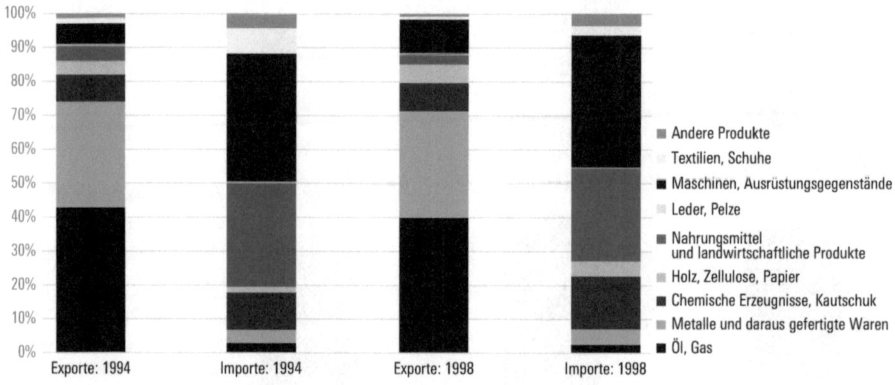

Quellen: Goskomstat Rossii 1998: 370–380 und Goskomstat Rossii 2000: 581–583.

Aus dem Vergleich von Export- und Importstruktur wurde die periphere Weltmarktintegration Russlands als globaler Rohstofflieferant deutlich: Der russische Export in Staaten außerhalb der GUS – und damit der deutlich größere Anteil des russischen Außenhandels – wurde fast ausschließlich vom Rohstoffsektor getragen. Der Anteil von Öl, Gas und Metallen lag konstant über 70%. Unter Berücksichtigung der drei zumindest partiell ressourcenextraktiven Sektoren (chemische Erzeugnisse, Nahrungsmittel und Holz), machten Rohstoffe circa 90% der Gesamtexporte aus. Der Anteil von Maschinen und Nahrungsmitteln am Import belief sich auf 65 bis 70%. Hinzu kam ein steigender Anteil chemischer Erzeugnisse von ca. 15% *(siehe Abb. 8)*.

Die Tendenz zum Rohstofflieferanten war auch im Handel mit den GUS-Staaten unverkennbar. Als ehemaliger dominierender Energieanbieter für die sowjetische Industrie (vgl. Langhammer/Lücke 1995) blieb der Anteil von Öl und Gas am Gesamtexport über die 1990er-Jahre hinweg auf einem sehr hohen Niveau (über 50% der Gesamtexporte) und erreichte gemeinsam mit Metallen (ca. 10% der Warenexporte) und anderen Rohstoffen einen Wert von 65–70%. Mit 17–19% waren jedoch auch Maschinen und Ausrüstungsgegenstände ein wichtiger Exportfaktor in die GUS und nach Öl und Gas die zweitwichtigste Warengruppe *(siehe Abb. 9)*.

Die Importstruktur beim Handel mit den GUS-Staaten war deutlich diversifizierter. Den größten Anteil machten auch hier Maschinen und landwirtschaftliche Produkte (20–25%) aus, gefolgt von Metallen und daraus gefertigten Erzeugnissen (14–18%), Öl und Gas (14–17%) und chemische Erzeugnisse (11–13%). Diese diversifiziertere Struktur erklärte sich aus dem Fortbestehen transnationaler Wertschöpfungsketten nach der Auflösung der UdSSR. Die russische Industrie war in ihrer Produktion oft auf Produkte aus anderen postsowjetischen Staaten,

Abb. 9: Warenstruktur des russischen Exports in die GUS-Staaten

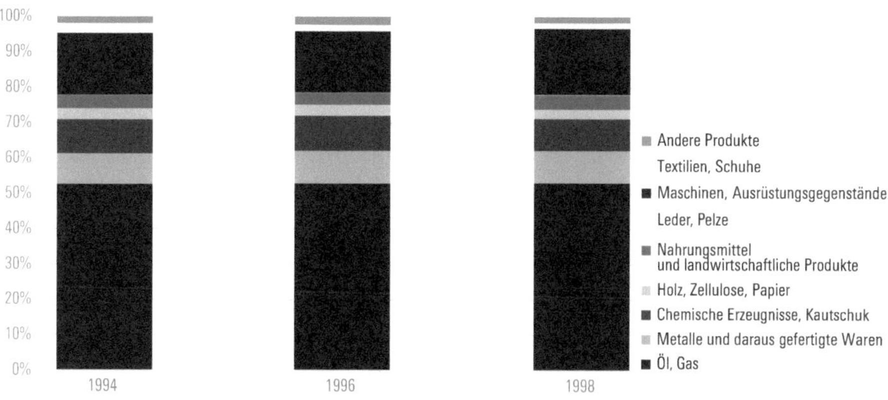

Quellen: Goskomstat Rossii 1998: 370–380 und Goskomstat Rossii 2000: 581–583.

insbesondere aus Belarus, der Ukraine und Kasachstan angewiesen. Die unkontrollierte Auflösung der Sowjetunion und die radikale Außenhandelsliberalisierung verschärfte deshalb zusätzlich die Krise der Industrie und der russischen Landwirtschaft *(siehe Abb. 10).*

Die Transformationsgewinner: Die Internationalisierung des Rohstoffsektors

Die Wirtschaftspolitik der Jelzin-Administration begünstigte insbesondere jene Brachen, die in der sowjetischen Planwirtschaft eine zentrale Versorgungsfunktion durch die Lieferung billiger Ressourcen in hoher Stückzahl einnahmen. Das galt vor allem für die Brennstoff-, Eisen- und Stahlindustrie, Buntmetallurgie sowie die Chemie- und petrochemische Industrie. Ihre internationale Konkurrenzfähigkeit beruhte speziell in den 1990er-Jahren auf der Ausbeutung der vergleichsweise günstigen Arbeitskraft und der in der Sowjetunion entwickelten

Abb. 10: Warenstruktur des russischen Imports aus den GUS-Staaten

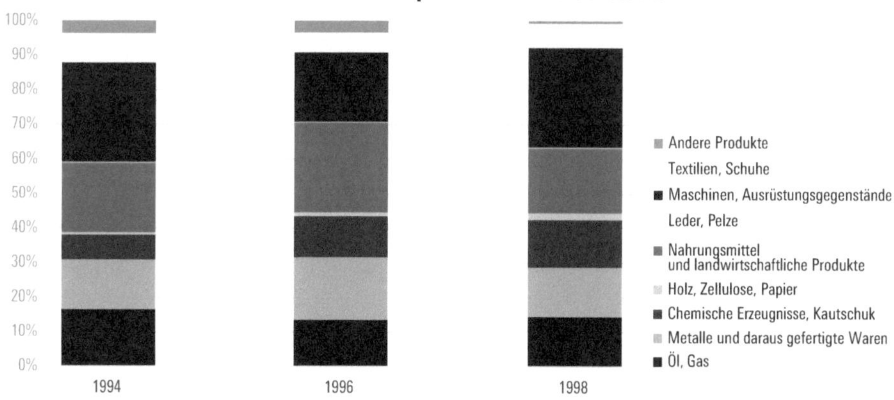

Quellen: Goskomstat Rossii 1998: 370–380 und Goskomstat Rossii 2000: 581–583.

Infrastruktur. Die großen zu privatisierenden Produktionsstätten erlaubten die Herstellung von Gütern in hoher Stückzahl. Darüber hinaus standen große Transportkapazitäten zur Verfügung. In der Aluminiumindustrie lagen die Stundenlöhne in Russland bei 1,40–2,12 US-Dollar im Vergleich zu 16 US-Dollar im Vereinigten Königreich und 29 US-Dollar in Deutschland, Japan und den USA (vgl. Fortescue 2009: 255). Auch der Bergbaukonzern Norilsk Nickel war ohne große Anpassungsverluste bis in die 2000er-Jahre hinein dazu in der Lage, eine Tonne Nickel wesentlich günstiger zu produzieren als seine westlichen Konkurrenten (vgl. Dzarasov 2014: 184–185).

Drei eindrückliche Beispiele für die wachsende Dualität der russischen Volkswirtschaft waren die Aluminium-, die Stahl- und die Ölindustrie. In der Sowjetunion entstand eine hoch entwickelte Aluminiumindustrie, die vor allem den militärisch-industriellen Komplex belieferte. Im Jahr 1991 wurden in der RSFSR 2,9 Mio. Tonnen Hüttenaluminium produziert. Davon wurden 2,39 Mio. Tonnen im Land verbraucht und 0,67 Mio. Tonnen (ca. 23%) exportiert. Mit der Auflösung der Sowjetunion vollzog die Aluminiumindustrie eine Neuausrichtung auf internationale Märkte und die Produktion für den Export. Obwohl der einheimische Verbrauch in den folgenden Jahren drastisch abnahm, konnte die Aluminiumindustrie ihren Ausstoß stabil halten. Nach einem Rückgang um 1,5% in den frühen 1990er-Jahren wurde die Produktion bis 1999 auf 3,1 Mio. Tonnen gesteigert. Seitdem liegen die Exporte konstant bei circa 80% der Produktionsleistung (vgl. Fortescue 2006: 80–82).

Die Profitabilität der Aluminiumindustrie erklärte sich sowohl aus den niedrigen Lohnkosten als auch den im Vergleich zum Weltmarkt günstigen Inlandspreisen für Energie (vgl. ebd.: 84–85; Menshikov 2007: 90). Darüber hinaus wurde die Exportorientierung durch sogenannte Tolling-Vereinbarungen staatlich gefördert.[9]

Die Entwicklung der Stahlindustrie glich der der Aluminiumindustrie. Allerdings war der Produktionsrückgang insgesamt deutlich höher – trotz der raschen Umstellung auf den Export. Während im Jahr 1980 nur 6,2% des sowjetischen Stahls exportiert wurden (überwiegend nach Osteuropa), stieg der Anteil zehn Jahre später bereits auf 17% und erreichte im Jahr 1998 bereits fast 62% (vgl. Fortescue 2009: 81, 253). Sowohl in der Aluminium- als auch der Stahlindustrie ging die Exportorientierung mit der Umstellung auf die Herstellung technologisch minderwertigerer Produkte einher (vgl. ebd.: 255). Die Heraus-

[9] »Tolling« steht für eine Geschäftspraxis von Unternehmen der Hüttenindustrie. Diese können Steuerbefreiungen in Anspruch nehmen, wenn sie Güter weiterverarbeiten und exportieren, die nur auf Grundlage von importierten Rohstoffen, z.B. Bauxit, oder Zwischenprodukten hergestellt werden. Die Tolling-Vereinbarungen basierten ursprünglich auf einem Dekret Jelzins aus dem Frühjahr 1992 für das Hüttenwerk BrAZ, anschließend wurden sie auf die gesamte Aluminiumindustrie ausgedehnt (vgl. Menshikov 2007: 90–91). Dies förderte die Ausrichtung auf den Export und brachte den Staat um wichtige Steuereinnahmen.

Abb. 11: Erdölproduktion und -export der Russischen Föderation
(in Tausend Barrell täglich)

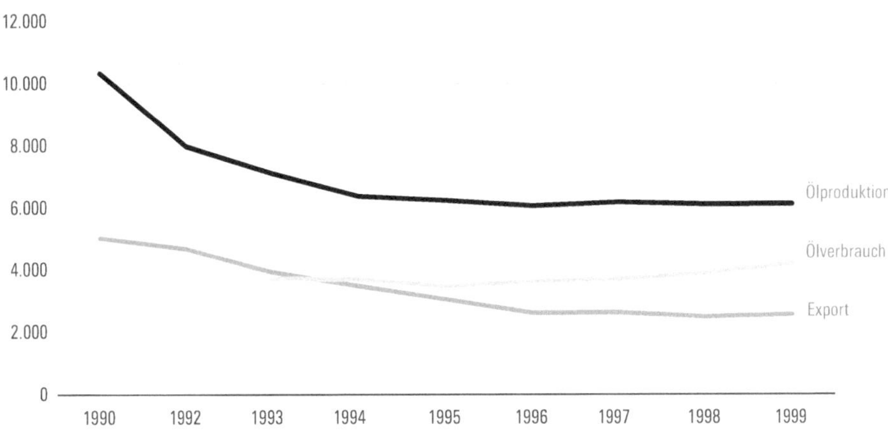

Quelle: BP: Statistical Review of World Energy 2016.

bildung des ressourcenextraktivistischen Entwicklungsmodells bedeutete damit auch einen (partiellen) Verlust technologisch hochwertiger und komplexer Produktionsprozesse.

Dennoch waren erfolgreiche Branchen des staatssozialistischen Entwicklungsmodells (Landwirtschaft, militärisch-industrieller Komplex, Maschinenbau) nach wie vor in den Staatsapparaten präsent und konnten dadurch Einfluss auf die Politik nehmen. So bemühte sich die Regierung etwa darum, durch subventionierte Energielieferungen produzierende Unternehmen und landwirtschaftliche Betriebe auf niedrigem Niveau zu stabilisieren.[10] Um die Versorgung der einheimischen Produzenten mit Erdöl zu gewährleisten, erhöhte die Jelzin-Administration Exportzölle. Dennoch nahm der Anteil des Auslandsumsatzes am Gesamtumsatz der russischen Ölgesellschaften in nur sechs Jahren von 52% (1993) auf 69% (1999) zu. Damit entkoppelte sich die Erdölindustrie weiter vom Inlandsmarkt *(siehe Abb. 11).*[11]

Die Versorgung der Industrie durch billige Energie übernahm mehr und mehr der Staatskonzern Gazprom. Bis Mitte des Jahres 1996 hatte Gazprom die russische Zentralbank praktisch als Quelle der zentralen Kreditvergabe an Industrieunternehmen ersetzt und Forderungen von 10 Mrd. US-Dollar gegenüber den eigenen Kunden angehäuft. »Liquidität […] wurde in die illiquiden Bereiche der

[10] Zur Stabilisierung der Produktion durch Energielieferungen vgl. Robinson (2007).

[11] Die rasante Entkopplung der Erdölindustrie vom Inlandsmarkt war umso eindrücklicher, wenn berücksichtigt wird, dass sowohl die Ölproduktion als auch der Inlandsverbrauch im Laufe der 1990er-Jahre kontinuierlich sanken und sich erst zum Ende der Dekade auf niedrigem Niveau stabilisieren konnten (vgl. BP 2016).

Ökonomie nicht in Form von Geld, sondern in Form von Brennstoff injiziert.« (Robinson 2007: 248)

Zwar war die Ölindustrie bereits in den 1990er-Jahren deutlich profitabler als die meisten anderen Wirtschaftssektoren. Allerdings dominierten die Brennstoffindustrie, Eisen- und Stahlindustrie, Buntmetallurgie sowie die Chemie- und petrochemische Industrie die russische Volkswirtschaft keinesfalls in dem Maße wie ab den 2000er-Jahren. Der Ökonom Stanislav Menshikov zeigt, dass in den 1990er-Jahren zwei Drittel des in der Industrie produzierten Mehrwerts Sektoren entsprang, die für den Binnenmarkt produzierten (Maschinenbau, Metallbearbeitung, Nahrungsmittelindustrie, Elektroindustrie). Dies änderte sich erst um die Jahrtausendwende durch den rasanten Anstieg des Ölpreises und die Rubelabwertung im Zuge der Wirtschafts- und Finanzkrise 1998. In diesem Zeitraum erreichte die Ölindustrie eine Profitabilität von 58–67% im Vergleich zu 25% für die gesamte Industrie. Die Profitabilität der Buntmetallindustrie sicherte Margen von 52–57% (vgl. Menshikov 2007: 27–32).

Speziell die hochprofitablen exportorientierten Wirtschaftszweige wurden in den 1990er-Jahren privatisiert und mehrheitlich einer Gruppe sich herausbildender nationaler Unternehmer, den sogenannten Oligarchen, zugeschlagen. Diese profitierten auf unterschiedliche Art von den staatlich gelenkten Privatisierungsprozessen (vgl. Kolesnikow/Sidorow 1994; Schröder 1998; Muchačëw 2013; Jaitner 2014b). Während die Ölindustrie sich 1992 noch vollkommen im Staatsbesitz befand, war sie nur sechs Jahre später weitgehend privatisiert (vgl. Gustafson 2012: 98). Dies geschah durch die Schaffung von Monopolen und deren anschließender Privatisierung (vgl. Pleines 2002: 6–7). Vergleichbare Monopole entstanden in der Aluminium-, Stahl- und Metallindustrie (vgl. Fortescue 2006, 2009).

Eine abweichende Entwicklung vollzog sich in der Gasindustrie, die trotz wiederkehrender Versuche der Reformer nicht an private Investoren verkauft wurde. Der Konzern Gazprom ging aus der im Sommer 1989 erfolgten Auflösung des Ministeriums für Erdgasindustrie hervor und wurde in ein Aktienunternehmen umgewandelt, befindet sich jedoch bis heute mehrheitlich im Staatsbesitz. Die Kontrolle über das Unternehmen übernahm das Management. Anders als im Ölsektor wurde das staatliche Monopol nicht nur erhalten, sondern ausgebaut. Gazprom oblag die Verantwortung für alle Stufen der Gasproduktion und -versorgung. Zudem wurden der sowjetische Gasexporteur Sojusgazeksport sowie der sowjetische Importeur von Material und technologischer Ausrüstung für die Gasindustrie (Zarubežgaz) in die Unternehmensstruktur eingegliedert (vgl. Pleines 2002: 29).

Bis heute wird vonseiten des liberalen Lagers immer wieder die Forderung erhoben, Gazprom vollständig zu privatisieren. Allerdings erfüllte das Unternehmen wie oben ausgeführt als Versorger der produzierenden Unternehmen mit billiger Energie eine zentrale ökonomische Funktion und erwirtschaftete darüber hinaus als exportorientiertes Unternehmen von Anfang an Devisen. Dies verschaffte dem Staat nicht nur dringend benötigte Einnahmen, sondern auch der Staatsbürokratie Zugriff auf bedeutende Geldflüsse.[12] Da die Unternehmensführung in der gesamten Jelzin-Ära »die alleinige Kontrolle und Verfügungsmacht« über den Konzern ausübte (vgl. ebd.: 31), fehlte es an effektiven Mechanismen zur Kontrolle der Finanzströme des Konzerns. Der Politikwissenschaftler Heiko Pleines schätzt, dass durch illegale Geschäftspraktiken (Zugriff auf Finanzflüsse, unvorteilhafte Geschäftspraktiken zugunsten privater Geschäftsleute) seitens der Unternehmensführung dem Konzern jährlich Finanzmittel von bis zu 3 Mrd. US-Dollar entzogen wurden (vgl. ebd.).

Der Nexus zwischen Staat und Kapital zeigte sich kaum woanders so deutlich wie in der Öl- und Gasindustrie. Er beruhte auf einer engen personellen Verflechtung zwischen Politik und Wirtschaft, insbesondere der Regierung. In den 1990er-Jahren gab es keinen Energieminister, der nicht vor seiner Berufung für ein Unternehmen aus der Öl- und Gasbranche gearbeitet hätte – mit Ausnahme von Boris Nemzow (1959–2015), der 1997 das Amt für knapp sieben Monate bekleidete.[13] Viele Energieminister wechselten nach ihrer politischen Tätigkeit zurück in die Energiewirtschaft, was die enge Verbindung zwischen Politik und Energiewirtschaft unterstrich.

Darüber hinaus sicherten enge personelle Verbindungen zwischen Exekutive und Gasindustrie eine Kontinuität in der Zusammenarbeit zwischen Staat und Gazprom. So unterstützte der Konzern den Präsidentschaftswahlkampf im Jahr 1996 (vgl. ebd.: 33). Eine weitere wichtige Funktion Gazproms bestand, wie bereits erwähnt, in der Versorgung der einheimischen produzierenden Unternehmen mit billigen Energielieferungen, deren Produktion weitgehend auf den Binnenmarkt ausgerichtet war. Damit blieb die Gasindustrie in den 1990er-Jahren ein wichtiger Rückhalt derjenigen Kräfte, die für eine Stärkung der produzierenden Sektoren und eine aktive staatliche Politik zu deren Gunsten eintraten, und sei es nur, um ihre eigene materielle Basis zu erhalten. Eine Schlüsselrolle nahm hier Jelzins langjähriger Premierminister Wiktor Tschernomyrdin (1993–1998)

[12] Diese Einschätzung bestätigt das folgende Zitat des Vorsitzenden des russischen Ölunternehmens Lukoil, Wagit Alekperow: »Unser Land – und ich selbst auch – hatte immer die Befürchtung, dass die Reformierung von Gazprom zum Chaos oder zu Lieferausfällen im Inland, aber auch beim Export führen könnte. Wir konnten zu Beginn der 90er-Jahre Privatkonzerne nicht so gut managen, dass sie auf dem Gassektor funktioniert hätten. Deshalb haben sie sich auch nicht herausgebildet.« (Steiner 2016)

[13] Von den sechs Energieministern, die seit den 2000er-Jahre bis in die Gegenwart das Amt des Energieministers ausübten, arbeiteten drei vorher nicht in einem Unternehmen aus der Energiebranche. Igor Jusufow (2001–2004) und Wiktor Christenko (2004–2008) stammen aus der Staatsbürokratie, Aleksandr Nowak (2012–2020) arbeitete vorher für den Bergbaukonzern Norilsk Nickel und bekleidete das Amt des Gouverneurs des Gebiets Krasnojarsk. Der aktuelle Energieminister Nikolaj Schulginow (seit 2020) war langjähriger Vorsitzender des Energieunternehmens RusHydro.

ein, der von 1989 bis 1992 Vorsitzender von Gazprom war. Obwohl formal das Energieministerium für die Aufsicht und Kontrolle der Erdgasindustrie zuständig war, konzentrierte Tschernomyrdin die Zuständigkeit für diese Branche im Büro des Premierministers (vgl. auch Pleines 2002: 19, 34).

Die Transformationsverlierer: Russlands neue Unterschicht

Die Sozialpolitik der Jelzin-Administration zielte nicht darauf ab, die soziale Krise, in der sich die russische Gesellschaft befand, zu überwinden oder zumindest effektiv abzumildern. Im Gegenteil, die soziale Ungleichheit vertiefte sich seit den 1990er-Jahren in Russland konstant und nahm auch während der ersten beiden Präsidentschaften Wladimir Putins weiter zu. Mithilfe des Gini-Koeffizienten lässt sich die zunehmende soziale Polarisierung in Russland deutlich aufzeigen. Dieser lag im Jahr 1990 bei 0,259 und stieg bis 2000 auf 0,395 (vgl. Sutela 2012: 211). Damit zeigte sich eine eindeutige Tendenz von einer relativ egalitären Gesellschaft hin zu zunehmender Einkommensungleichheit in weniger als zehn Jahren. Nach Angaben der Weltbank sank im gleichen Zeitraum das Pro-Kopf Einkommen von 3.485 US-Dollar in aktuellen Preisen im Jahr 1990 auf 1.330 US-Dollar im Jahr 1999.

Der Politikwissenschaftler Alfio Cerami (vgl. 2009: 115ff.) macht vier Phasen des Umbaus des russischen Sozialstaates aus: Von 1991 bis 1993 wurde im Zuge der tief greifenden sozioökonomischen Krise eine liberale Agenda umgesetzt, ohne große Rücksicht auf wohlfahrtsstaatliche Folgen. Die zweite Phase (1994 bis 1999) beschreibt Cerami als umkämpften Liberalismus, in der liberale Politiken zwar nicht mehr mit der vorherigen Vehemenz umgesetzt, aber keineswegs aufgegeben wurden. Die Jahre 2000 bis 2006, die dritte Phase, waren geprägt vom wirtschaftlichen Aufschwung und einem »marktorientierten wohlfahrtsstaatlichen Arrangement« (ebd.), das trotz des öl-getriebenen Wirtschaftsaufschwungs in der letzten Phase (2007–2010) auch unter dem neuen Präsidenten Medwedjew fortgesetzt wurde. Es ließ sich somit bis weit in die Jahre nach dem Beginn der Wirtschafts- und Finanzkrise im Jahr 2008 eine Hegemonie neoliberaler Politik im Bereich der Sozialpolitik ausmachen, die in der Jelzin-Ära begründet wurde und auch für die Politik der folgenden Präsidentschaften handlungsleitend war. Die Transformation wohlfahrtsstaatlicher Politik in Russland ist dabei von vier Tendenzen geprägt: der Privatisierung der Leistungen, der Individualisierung der Risiken, der Monetarisierung des Zugangs zu Leistungen und der Dezentralisierung des Managements (vgl. ders. 2010).

Die Transformation der Wirtschafts- und Sozialpolitik führte zu einer tief greifenden Veränderung der Sozialstruktur. Nach Angaben der Soziologin Natalija Tichonowa (vgl. 2011) verarmte ein Drittel der russischen Bevölkerung als direkte Folge des Privatisierungsprozesses. Eine Folge der Transformation war die Herausbildung einer stabilen Unterschicht, die sich auszeichnete durch ein niedriges Ausbildungsniveau, »ein immer weiteres Abschmelzen ihrer, aus Sowjetzeiten erhalten gebliebenen Besitzstände, schlechte Wohnbedingungen (ca. die Hälf-

Abb. 12: Verhältnis Renten und Existenzminimum

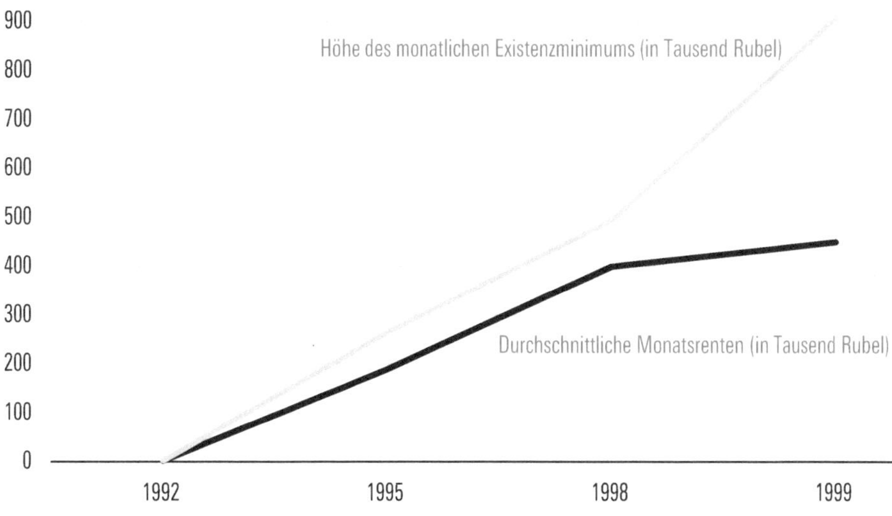

Quelle: Goskomstat Rossii 2000: 163.

te des Kerns der Unterschicht besitzt nicht einmal eine eigene Familienwohnung) und spezifische Familienmodelle, darunter eine Zunahme an nicht registrierten Ehen (Wohngemeinschaften)« (ebd.: 3). Kinder, Frauen und Rentner*innen waren von Armut überproportional häufig bedroht. Tatsächlich lagen nach Angaben der Statistikbehörde Rosstat die durchschnittlichen Monatsrenten in den 1990er-Jahren durchweg unter dem staatlich definierten Existenzminium *(siehe Abb. 12).*

Tabelle 2: Armutsniveau nach Haushalten

	In % vom Anteil der Bevölkerungsgruppe		In % aller Haushalte unter dem Existenzminimum	
	1998	**1999**	**1998**	**1999**
Alle Haushalte	30,4	42,3	100	100
In Städten	28,3	40,9	65,8	69,7
Auf dem Land	36,3	46,2	34,2	30,3
Familien mit Kindern bis 16 Jahre	45,1	57,6	60,9	54,8
Davon:				
1 bis 2 Kinder	43,5	56,4	54,5	50,3
≥ 3 Kinder	69,2	78,3	6,4	4,5
Haushalte nicht arbeitstätiger Pensionäre	14,5	26,7	12,5	15,1
Haushalte mit Arbeitslosen	58,4	69,2	5,2	3,4

Quelle: Goskomstat Rossii 2000: 163.

Zwar ging die Armut in den 1990er-Jahren von 49,7 Mio. Menschen (33,5% der Bevölkerung) zwischenzeitlich auf 34,3 Mio. Menschen (23,4%) zurück. Die Krise im Jahr 1998 bedeutete jedoch einen erneuten Anstieg der Armut auf 43,8 Mio. Menschen oder 29,9% der Bevölkerung und blieb seitdem auf einem hohen Niveau (vgl. Goskomstat Rossii 2000: 163). Im Unterschied zur Sowjetunion war Armut sowohl auf dem Land als auch in der Stadt ein weitverbreitetes Phänomen. Besonders auffällig war, dass Kinder das Armutsrisiko deutlich erhöhten *(siehe Tabelle 2).*

Ein Ausdruck dieser Entwicklung war eine deutliche Verschiebung der Konsumausgaben der russischen Bevölkerung. Der Anteil der Ausgaben für Nahrungsmittel am Gesamtkonsum stieg von 31,5% (1990) auf 52% (1999) an, während Ausgaben für andere Waren im selben Zeitraum von 45,8% auf 30,8% fielen (vgl. dies. 2000: 167).

Natalija Rimaschewskaja, Vorsitzende des Instituts für sozioökonomische Bevölkerungsstudien an der Russischen Akademie der Wissenschaften, konstatierte im Jahr 2002, dass eine Folge der wachsenden sozialen Ungleichheit eine Spaltung der Gesellschaft in zwei Russlands sei, »die verschiedene Sprachen sprechen und sich gegenseitig nicht verstehen können. [...] Sie sind einander entgegengesetzt, und die Kluft zwischen ihnen im Hinblick auf Verhaltensweisen, Präferenzen und Orientierung wächst. Sie haben zwei unterschiedliche Lebensstandards und zwei Konsumgütermärkte, die sich bzgl. der Preise und der Verfügbarkeit der Güter klar unterscheiden. Ein besonders gefährlicher Aspekt dieser Spaltung ist, dass die politische Elite sich aus dem Russland der Reichen und Superreichen rekrutiert.« (Zit. n. Menshikov 2007: 251)

Trotz des wirtschaftlichen Niedergangs erhielt sich in Russland eine substanzielle Lohnarbeiter*innenschaft. Den industriellen Kern bildeten der militärisch-industrielle Komplex, die Maschinenbau- und Automobilindustrie. Auf-

Tabelle 3: Durchschnittlicher Monatslohn ausgewählter Regionen (Angaben in %)

Region	1990	1995	1999
Russische Föderation	100	100	100
Moskau	101	104	133
St. Petersburg	96	85	105
Republik Tatarstan	92	89	97
Autonomer Kreis der Nenzen	152	160	404
Republik Altai	90	55	41
Republik Dagestan	65	28	22

Quelle: Goskomstat Rossii 2002: 132–134.

Tabelle 4: Durchschnittlicher Monatslohn nach Sektoren (in %)

	1990	1992	1995	1998	1999
Gesamte Volkswirtschaft	100	100	100	100	100
Industrie	103	118	112	115	121
Landwirtschaft	95	66	50	45	41
Baugewerbe	124	134	126	127	118
Transport	115	146	156	144	151
Telekommunikation	85	91	124	140	138
Groß- und Einzelhandel	85	81	76	80	80
Stadtwerke	74	82	102	105	92
Gesundheitssektor	67	66	74	69	64
Bildungssektor	67	61	65	63	58
Kunst und Kultur	62	52	61	62	56
Wissenschaft	113	64	77	99	110
Finanz- und Versicherungswirtschaft	135	204	163	199	231
Verwaltung	120	94	107	129	123
Geologie, Rohstoffexploration, Hydrologische Dienste	144	167	145	172	171

Quelle: Goskomstat 2000: 156.

grund niedriger Löhne und/oder unregelmäßig ausgezahlter Gehälter wurde Lohnarbeit oftmals mit unterschiedlichen Formen landwirtschaftlicher Subsistenzwirtschaft oder saisonaler Arbeitsmigration kombiniert.[14] Diese strukturelle Heterogenität der Sozialstruktur manifestierte sich in Russland außerdem in den zunehmenden regionalen Entwicklungsunterschieden. Die Ausrichtung auf ein ressourcenextraktives Entwicklungsmodell bedeutete einen ökonomischen Bedeutungsgewinn der rohstoffreichen Gebiete in Sibirien sowie der Metropolen Moskau und St. Petersburg gegenüber den industrialisierten Regionen Westrusslands und den von militärischer Gewalt geplagten Republiken des Nordkaukasus. Noch im Jahr 1990 entsprach der durchschnittliche Monatslohn der RSFSR in etwa dem der Stadt Moskau. Nur neun Jahre später lag Moskau 33,8% über dem gesamtrussischen Wert. Im Autonomen Kreis der Nenzen, einer Hochburg der russischen Ölindustrie, waren die Gehälter sogar mehr als 300% über dem landesweiten Durchschnitt, während die kaukasische Republik Dagestan 77% darunter lag (vgl. Goskomstat Rossii 2002: 132–134; *siehe Tabelle 3*).

Neben den regionalen Entwicklungsunterschieden verschärfte sich auch die Kluft zwischen den jeweiligen volkswirtschaftlichen Branchen. Insbesondere in

[14] 1996 erwirtschafteten private Grundstücke 90% der Kartoffeln, 67% des Gemüses, 40% des Fleisches und der Milch in Russland (vgl. Götz/Halbach 1996: 287).

der Finanz- und Versicherungswirtschaft (+231%), dem Transport (+151%) und der Telekommunikation (+138%) lagen die Löhne deutlich über dem Durchschnitt. Das gilt auch für die ressourcenextraktiven Sektoren. Speziell die Brennstoff- und Buntmetallindustrie boten exzellente Verdienstmöglichkeiten (+220% bzw. +215%).

Im Gesundheitssektor erreichten die durchschnittlichen Gehälter dagegen nur 64% des gesamtrussischen Lohnes. Noch drastischer waren die Unterschiede im Bildungssektor (58%) und der Landwirtschaft (41%). In der Industrie lag der Wert mit +121% höher als der Durchschnitt. Allerdings muss hier berücksichtigt werden, dass die russische Statistik sehr unterschiedliche Branchen zusammenfasst und die Entwicklungsunterschiede zwischen diesen nicht deutlich werden. Relevante Teile der klassischen Mittelschicht (Angestellte in den Bereichen Bildung, Gesundheit und Kultur) gehörten damit überwiegend zu den Transformationsverlierer*innen *(siehe Tabelle 4)*.

Konflikte um das ressourcenextraktivistische Entwicklungsmodell

Als Reaktion auf die katastrophalen Folgen der Schocktherapie formierte sich bereits Anfang der 1990er-Jahre Widerstand gegen die Regierungspolitik, der von einem Bündnis aus Staatsangestellten im Bildungs- und Gesundheitssektor, Arbeiter*innen im produktiven Sektor sowie Teilen der sogenannten roten Direktoren getragen wurde.[15] Letztere hatten ursprünglich die Wirtschaftspolitik der Jelzin-Administration begrüßt, da sie hofften, im Zuge der Privatisierung die Kontrolle über die Betriebe, denen sie vorstanden, übernehmen zu können. Die Schocktherapie vertiefte jedoch die Krise ihrer Branchen, sodass Forderungen nach einer Reregulierung des Außenhandels, einer Versorgung der Industrie mit Rohstoffen und Energieträgern durch staatlich festgelegte Fördermengen und Preise und einer kontrollierten Inflation laut wurden. Dies entsprach auch den Interessen der Arbeiter*innen der produzierenden Betriebe, die durch den wirtschaftspolitischen Kurs der Regierung existenziell bedroht waren. Die Bedeutung der Direktoren sah Michael Brie (1992) darin, dass sie die einzige Gruppierung bildeten, die »regional verankert ist und im Unterschied zur ehemaligen Kommunistischen Partei nicht diskreditiert ist, sie verfügt über Machtressourcen und vertritt zugleich gesamtrussische Interessen«.

Das politische Terrain, auf dem sich die Opposition konstituierte, bildete das Parlament, der Oberste Sowjet. Dort verfügte ein heterogenes Bündnis aus Kommunist*innen, der Agrarunion, der Industrie-Union und der Arbeiter-Union bis

[15] Die Auseinandersetzung zwischen der Regierung und dem Parlament 1993 ist bislang in der Forschung kaum behandelt worden. Das betrifft vor allem die Akteur*innen der Opposition, ihre Interessen und die Gründe für das gemeinsame Vorgehen.

hin zu bekennenden Nationalist*innen und Rechtsradikalen sowie Vertreter*innen relevanter Wirtschaftssektoren (Landwirtschaft, militärisch-industrieller Komplex und Maschinenbau) und Gewerkschaften über eine stabile Mehrheit. Dadurch gelang es der Opposition, Maßnahmen der Regierung Jelzin zu verhindern und eigene wirtschaftspolitische Initiativen einzubringen, die die Schocktherapie abschwächten. Die in der Perestroika erkämpften weitreichenden Verfassungsreformen schufen ein duales Prinzip, eine Verfassung mit »zwei Köpfen« (Marx 2016: 25), mit einem von der Bevölkerung gewählten Parlament und einem von der Bevölkerung gewählten Präsidenten, die zunehmend in Widerspruch zueinanderstanden. Die Periode vom Frühjahr 1992 bis zum Herbst 1993 beschrieb die Politikwissenschaftlerin Margareta Mommsen (2001: 45) deshalb als eine Phase der »Doppelherrschaft von Parlament und Exekutive«. Der entscheidende Konflikt verlief entlang der Frage, wie und in welchem Tempo kapitalistische Wirtschaftsreformen fortgesetzt werden sollten. Der Parlamentssprecher und führende Vertreter der Opposition Ruslan Hasbulatov erinnert sich: »Es ging […] bei dem Streit um zwei Modelle der Wirtschaftsreformen. Das Parlament war unter meinem starken Einfluss für sanfte Reformen, der Markt sollte eine soziale Orientierung bekommen.« (Zit. n.: Heyden/Weinmann 2009: 47)

Auch in Teilen der Regierung und der Staatsapparate trafen diese Forderungen auf Zustimmung. So kritisierten hochrangige Politiker*innen und Wirtschaftsvertreter*innen bereits im Jahr 1992, dass Russland im Vergleich zu den westlichen Industrienationen lediglich den Status eines Juniorpartners einnehme, und forderten eine Orientierung auf Märkte in Asien, Afrika und Lateinamerika (vgl. Alexandrova 1996: 17). In der Exekutive verlief die Auseinandersetzung zwischen den neoliberalen Reformern um Gajdar und Tschubjas sowie Jelzins Vize-Präsident Aleksandr Ruzkoj, dessen Programm einer »national-kapitalistischen Entwicklung« (Markwick 1999: 115) im Widerspruch zur Schocktherapie stand.

Das Versprechen der Jelzin-Administration, die »Unumkehrbarkeit« der Reformen zu garantieren, brachte sie zwangsläufig in Konflikt mit den Transformationsverlierer*innen. Dies wurde vor allem deutlich in dem Konflikt zwischen dem Obersten Sowjet und der Regierung im Jahr 1993. Wenn das Kernstück des Jelzinschen Regierungsprogramms, die Schocktherapie, nicht verhandelbar war, konnten sich demokratische Entscheidungsprozesse und Institutionen als Hindernis erweisen. Bereits in der Endzeit der Perestroika diskutierten die neoliberalen Reformer*innen, wie sich die schocktherapeutischen Maßnahmen in einer Demokratie und vor allem gegen parlamentarische Mehrheiten durchsetzen ließen. Besonders aufmerksam verfolgten sie die Entwicklung in Chile seit den 1970er-Jahren (vgl. Jaitner 2014b: 87–90; Rupprecht 2016). Der »Pinochet-Kult« unter russischen Intellektuellen und Politiker*innen sowie die intensiven Kontakte zwischen den Reformer*innen und der chilenischen Regierung in den frühen 1990er-Jahren sind Ausdruck eines tiefen Misstrauens gegen demokratische Meinungsbildung. Der Präsidentenberater Andranik Migranjan plädierte bereits 1992 für eine autoritäre Herrschaftsform (»demokratische Diktatur«) während des Transformationsprozesses. Voraussetzungen dafür seien eine Stärkung der exekutiven Macht und eine Auflösung des »arbeitsunfähigen« Parlaments«. (Vgl. Brie/Böhlke 1992: 232f.)

Am 21. September 1993 eskalierte der Konflikt. Jelzin beendete die »zerstörerische Doppelherrschaft« und »legitimierte Anarchie« (El'cin 1994: 14), indem er das Parlament per Dekret auflöste und ein Verfassungsreferendum ankündigte. Das Parlament erkannte diesen Vorgang nicht an und wurde durch den Obersten Gerichtshof bestätigt. Daraufhin entzog der Oberste Sowjet Jelzin alle Vollmachten und ernannte den bisherigen Vizepräsidenten Aleksandr Ruzkoj zum geschäftsführenden Präsidenten, der sich mit der Opposition solidarisierte. Dieser Status quo währte bis zum 3. Oktober. An diesem Tag stürmten Anhänger*innen der Opposition den Fernsehturm Ostankino. Daraufhin ordnete Jelzin einen Tag später den Angriff von Einheiten der Armee auf das Parlament an, das sich kurze Zeit später der Übermacht ergab.

Jelzins autoritäre Wende

Das gewaltsame Vorgehen der Regierung gegen die parlamentarische Opposition setzte dem gesellschaftlichen Demokratisierungsprozess ein radikales Ende und legte den Grundstein für die spätere autoritäre Entwicklung unter Wladimir Putin. Die Jelzin-Administration nutzte ihren Sieg zu einem umfangreichen Umbau des politischen Systems. Durch die Verabschiedung einer neuen Verfassung schuf sie ein autoritäres Präsidialregime. Zwar wurde die Verfassung per Plebiszit angenommen (57% Zustimmung), allerdings lag die Beteiligung nur bei 54,4% (vgl. Buzgalin/Kolganov 1996: 165–171).

Als Staatsoberhaupt legte der Präsident die Hauptrichtung der Außen-, Sicherheits- und Innenpolitik fest. Er entschied weitgehend über die Ernennung der Staatsanwaltschaft, des Zentralbankdirektoriums und die Besetzung des Verfassungsgerichts (vgl. Moses 1994: 338). Zusätzlich besaß der Präsident das Recht, Dekrete zu erlassen, die Gesetzesrang einnehmen. Ein Vetorecht erlaubte es ihm zudem, Gesetzesbeschlüsse der Duma zu verhindern, das nur durch eine parlamentarische Zweidrittelmehrheit zurückgewiesen werden konnte. Dank seiner dominanten Stellung im politischen System konnte der Präsident die eigene Politik damit auch gegen den Widerstand des Parlaments durchsetzen – wovon Jelzin im Laufe seiner Amtszeit eifrig Gebrauch machte. Besonders die zweite Privatisierungswelle der Jahre 1995 bis 1997 wurde durch präsidentielle Dekrete gegen den erklärten parlamentarischen Willen durchgesetzt (vgl. Pleines 2003; Muchačëw 2013; Jaitner 2014b: 110–112). Der Architekt der Schocktherapie, Jegor Gajdar (1995: 149), sah in der Privatisierung sogar eine »friedliche, zivilisierte Alternative zur Revolution« und damit die Gelegenheit, den Demokratisierungsprozess in Russland zu schwächen.

Die Stärkung der Exekutive wurde durch die Etablierung von Parallelstrukturen und die Auslagerung von Entscheidungsprozessen in nicht legitimierte Gremien, die der parlamentarischen Kontrolle entzogen waren, vertieft. In ihnen wurden von den Aufgaben der Landesverteidigung (Verteidigungsrat im Sommer 1996) bis zu Steuerfragen und der Aushandlung des Budgetrechts viele wichtige Entscheidungen getroffen. Aufgrund der hohen russischen Staatsverschuldung in den 1990er-Jahren gelang es der Jelzin-Administration damit, das Parlament in dieser strategisch wichtigen Frage weitgehend zu umgehen.

Der durch die Regierung vollzogene autoritäre Bruch begründete ein Regime, das mit Karl Marx als bonapartistisch bezeichnet werden kann (vgl. Jaitner 2018b). Dieser rekonstruierte in seiner Schrift »Der achtzehnte Brumaire des Louis Bonaparte« die Ereignisse der Februarrevolution 1848 in Frankreich bis zum Staatsstreich Louis Bonapartes im Dezember 1851 und entwickelte eine »Dialektik von Revolution und Konterrevolution« (vgl. Brunkhorst 2016: 190), dem Umschlagen eines Moments progressiver gesellschaftlicher Entwicklung in autoritäre Herrschaft.

Ein derartiges Umschlagen zeigte sich auch in Russland. Die Perestroika war der Versuch, die Gesellschaft im Sinne eines demokratischen Sozialismus umzugestalten. Dies stieß einen Reform- und Demokratisierungsprozess an, der eine enorme Mobilisierung und Eigenorganisation der Bevölkerung ermöglichte. Davon zeugten die Entstehung von sozialen Bewegungen sowie öffentliche Debatten über die stalinistische Repression, Ökologie oder den Demokratisierungsprozess. Das Aufkommen nationalistischer Bewegungen in vielen Sowjetrepubliken zeigte sehr deutlich, dass in der Perestroika bereits zu einem frühen Stadium autoritäre gesellschaftliche Kräfte präsent waren. Allerdings hatte die Öffnung in den späten 1980er-Jahren eindeutig einen primär progressiven Effekt auf die demokratische Entwicklung der sowjetischen Gesellschaft. Diese wurde in Russland erst mit der Auflösung der Sowjetunion beträchtlich geschwächt und kam mit der Niederschlagung der Protestbewegung endgültig zum Erliegen.

Marx konstatierte in »Der achtzehnte Brumaire« jedoch nicht nur das Umschlagen eines Aufbruchs demokratischer Entwicklung in eine autoritäre Herrschaft. Er analysiert die Gründe für das Scheitern und macht vor allem die Schwäche der revolutionären Kräfte, ihre Forderung durchzusetzen, als Ursache aus. Die französische Bourgeoisie, kritisierte Marx, verzichtete nach der Februarrevolution 1848 darauf, zentrale Forderungen der Protestierenden umzusetzen. Diese Weigerung vertiefte jedoch nur die sozialen Widersprüche im Land, sodass die neue republikanische Ordnung keine breite gesellschaftliche Unterstützung erreichte. Stattdessen prägten ökonomische Krisen, soziale Ungleichheit und politische Instabilität das Land.

Marx erklärte die plötzliche Abkehr der Bourgeoise von ihren revolutionären Zielen nicht aus einer Laune oder einem Unwillen ihrer politischen Führungskräfte heraus. Ihm zufolge offenbarte sich ein struktureller Widerspruch zwischen

Demokratie und Kapitalismus, nämlich der formalen politischen Gleichheit aller Bürger*innen eines Landes und der sozialen Ungleichheit und den damit einhergehenden ungleichen Macht- und Herrschaftsverhältnissen. Die Arbeiter*innenbewegung, so der Politikwissenschafter Frank Deppe (vgl. 2013: 10), verstand Demokratie immer auch als Möglichkeit, die Macht der Herrschenden zu begrenzen und Formen der Selbstverwaltung mit Forderungen nach Aufhebung des Privateigentums an den Produktionsmitteln zu verbinden. Derartige Forderungen gefährdeten die gesellschaftliche Stellung der Bourgeoisie, die deshalb in Krisensituationen immer wieder bereit war, den Widerspruch zwischen Demokratie und Kapitalismus autoritär zugunsten letzterem aufzulösen.

Angesichts der Unregierbarkeit des Landes verzichtete die Bourgeoisie, so Marx, auf ihren politischen Führungsanspruch und unterstützte den Staatsstreich Louis Bonapartes und dessen autoritäres Regime. Dieser stützte seine Herrschaft auf die Bürokratie und die einkommensschwächsten Schichten und zeichnete sich durch einen populistischen Politikstil aus. Obwohl Bonapartes Politik ökonomisch im Interesse der Bourgeoisie war, gewann er dadurch Rückhalt in den sozial deklassierten Schichten, was seine Herrschaftsbasis erweiterte und die politische Lage temporär stabilisierte. Die bonapartistische Wende verdeutlichte zugleich die Eigenmacht des Staates und der Staatsklasse, der Bürokratie, gegenüber der Bourgeoisie. Denn erstere übernahm in der sich zuspitzenden gesellschaftlichen Krise die politische Führung.

Der von Marx konstatierte Widerspruch zwischen Demokratie und Kapitalismus prägte auch die vielfältigen gesellschaftlichen Konflikte im russischen Transformationsprozess (und darüber hinaus) und spitzte sich in der Auseinandersetzung zwischen Parlament und Regierung 1993 zu. In dieser Krisensituation wurde die Schwäche der Bourgeoisie, ein gesellschaftlich hegemoniales Projekt durchzusetzen, das die Einführung des Kapitalismus und die Etablierung der neuen Klassenherrschaft abgesichert hätte, besonders deutlich. Ihre politische Schwäche und innere Zerrissenheit um die künftige Ausrichtung des Landes machte die Bourgeoisie weitgehend handlungsunfähig. Im Moment der sich zuspitzenden Krise zeigte sich die Eigenmacht des Staates und der Bürokratie, den Konflikt autoritär zugunsten dem extraktiven Lager im Machtblock einzudämmen. Dies war verbunden mit dem (notfalls gewaltsamen) Vorgehen gegen konkurrierende Gesellschaftsprojekte. Denn das klassenübergreifende Bündnis im Obersten Sowjet forderte eine stärkere Beteiligung an der Gestaltung der Wirtschaftspolitik und verband dies unmittelbar mit Fragen gesellschaftlicher Mitbestimmung. Die Jelzin-Administration dagegen verstand sich als Garantin einer neoliberal-kapitalistischen Transformation. Die bonapartistische Wende vollendete die Einführung des Kapitalismus in Russland und sicherte die Grundlagen der sozialen Herrschaft der jungen Bourgeoisie. Sie läutete jedoch zugleich einen autoritären Umbau ein, der erst nach der Wirtschafts- und Finanzkrise 1998 vollständig deutlich wurde. Die Widersprüchlichkeit des Bonapartismus in Frankreich nach 1848 zeigte sich für Marx in der Tatsache, dass er einerseits die vollendete Entwicklung der bürgerlichen Gesellschaft ermöglichte und andererseits diese Gesellschaftsform dazu genutzt wurde, die Arbeit durch das Kapital zu unterdrücken (vgl. Mackenbach 1995: 284). Bonapartistische Herrschaft war – und hier lag die zeitgenössische Relevanz des Konzepts – »eine genuin moderne Form politischer Herrschaft. Der autoritäre Staat ist nicht weniger modern als die parlamentarische Demokratie.« (Brunkhorst 2016: 140) Wie Brunkhorst (ebd.: 227) für das bonapartistische Frankreich feststellte, bestand dessen Modernität »in der evolutionär neuen Kombination von Autoritarismus und Freiheit«. Diese ambivalente Entwicklung ließ sich auch in Russland feststellen.

Mit der bonapartistischen Wende und der Verabschiedung der präsidentiellen Verfassung emanzipierte sich die Exekutive von den übrigen Gewalten und leitete einen autoritären Konsolidierungsprozess des Staates ein. Dennoch garantierte die Verfassung Grund- und Freiheitsrechte und bekannte sich formell zu demokratischen und rechtsstaatlichen Prinzipien. Margareta Mommsen (2001: 46) sah in der Verfassung eine »klare Zäsur gegenüber dem Sowjetsystem«, da es ausdrücklich von der kommunistischen Herrschaftsideologie abweiche, jegliches Staatsmonopol auf Ideologie verbiete und Pluralismus und Föderalismus anerkenne. Damit waren die 1990er-Jahre geprägt von einer Gleichzeitigkeit von Restauration und Veränderung.

Die soziale Basis des Jelzinschen Bonapartismus

Mit dem Sieg über die parlamentarische Opposition fungierte Jelzins bonapartistisches Regime als Garantin für den Übergang zu einer bürgerlichen Gesellschaft in Russland. Im Zuge der höchst umstrittenen zweiten Privatisierungswelle, des sogenannten Kredite-für-Aktien-Programms (1995–1997), erlangten regierungsnahe Kapitalgruppen den Zugriff auf einige der profitabelsten Rohstoffkonzerne – und das oftmals weit unter dem realen Wert der Firmen (vgl. Götz 2000; Pleines 2008; Jaitner 2014b: 110–122). Die offene Unterstützung Jelzins im Präsidentschaftswahlkampf 1996 durch das russische Großkapital, die sieben »Bankbarone«, der Einsatz finanzieller Ressourcen und der Medienkonzerne (vgl. Hofmann 2002) und der anschließende Eintritt einzelner Oligarchen in die Regierung waren Ausdruck der politischen Konsolidierung der Bourgeoisie (vgl. dazu auch Jaitner 2014b: 123–132). Der bonapartistische Putsch ist daher nicht nur eine Reaktion auf den Peripherisierungsprozess Russlands und die dominante Stellung internationaler Kapitalgruppen im Land, wie der Politikwissenschaftler Jonathon Moses (1994) argumentiert. Das Vorgehen der Regierung entsprach durchaus dem Interesse der sich herausbildenden einheimischen Kapitalfraktionen und des Staates. Die Etablierung autoritärer Verhältnisse ermöglichte die ökonomische und anschließend politische Konsolidierung der neuen herrschenden Klasse in Russland, die trotz der kurz darauf einsetzenden Wirtschaftskrise 1998, Wladimir Putins Vorgehen gegen einzelne Oligarchen

(Berezowskij, Chodorkowskij, Gussinskij) und die globale Wirtschafts- und Finanzkrise 2008 weitgehend Bestand hatte.[16]

Neben den Oligarchen unterstützte ein Teil der ehemaligen sowjetischen Staatsbürokratie Jelzins Kurs. Diese sicherte sich im Transformationsprozess eine dominante Stellung in Schlüsselindustrien, insbesondere im Rohstoffsektor und festigte die engen Beziehungen zwischen Staat, Politik und Wirtschaft. Exemplarisch für diese Gruppierung steht die Biografie von Wiktor Tschernomyrdin (1938–2010). Als Minister für Gasindustrie in der UdSSR in den späten 1980er Jahren war er maßgeblich für die Privatisierung des Gasministeriums und die Umwandlung in den Konzern Gazprom verantwortlich, dem er von 1989 bis 1992 vorstand. Nach der Regierungskrise von 1993 wurde er zum Premierminister ernannt (1993–1998). In diese Periode fielen nicht nur der erste Tschetschenien-Krieg (1994–1996) und die korruptesten Privatisierungen (Kredite-für-Aktien-Programm, 1995–1997), sondern auch die Präsidentschaftswahlen 1996. Auch die extreme Ausweitung der Staatsverschuldung mittels kurzfristiger Kreditanleihen (GKOs) bei privaten (russischen) Banken, die 1998 im Staatsbankrott mündete, ereignete sich in Tschernomyrdins Amtszeit.

Rückhalt erfuhr die Jelzin-Administration auch in den gesellschaftlichen Schichten, die in den neuen expandierenden Wirtschaftssektoren (Finanzen, Rohstoffindustrie, Medien und Telekommunikation) arbeiteten und eine neue russische Mittelschicht bildeten. Allerdings handelte es sich dabei um eine zahlenmäßig eher geringe und dazu stark urban geprägte Schicht. Die rasche Einführung marktwirtschaftliche Reformen wurde überwiegend auch von Vertreter*innen der sowjetischen Mittelschicht, der Intelligenzija, unterstützt. Zum einen erhofften sie sich eine Verbesserung ihres sozialen Status (vgl. Kapitel 3. S. 34ff.), zum anderen hatten einige von ihnen im Zuge der Perestroika politische Karrieren begonnen (z.B. Anatolij Sobtschak) und erlangten damit jenen gesellschaftlichen Einfluss und jene Anerkennung, die ihnen vorher weitgehend verwehrt geblieben waren.

Die Abwesenheit einer starken Mittelklasse führte nach Meinung des Historikers Roger Markwick dazu, dass sich die Jelzin-Administration zur Machtsicherung deutlich stärker auf die Gewaltapparate stützen musste. Während im »klassischen Bonapartismus« jedoch das Militär die institutionelle Basis des Regimes bildete, waren es in Russland die Inlandsgewaltapparate (Geheimdienste und Polizei). Aufgrund der massiven Budgetkürzungen war die Armee nach Marwicks Ansicht sozial und politisch zu heterogen, als dass sie als verlässliche Stütze hätte dienen können. Durch den Erlass präsidentieller Dekrete konnte Jelzin um die Jahreswende 1993/1994 die Kontrolle über den Armeegeheimdienst (GRU), den

[16] Dennoch konnten innerhalb des herrschenden Blocks Veränderungen zugunsten einzelner Fraktionen erfolgen. Seit dem Amtsantritt Putins verschoben sich die Kräfteverhältnisse in Russland zugunsten der sogenannten Silowiki (Vertreter der russischen Gewaltapparate), der Staatsbürokratie und Putin nahestehender Unternehmer, während einige einflussreiche Oligarchen der 1990er-Jahre (Berezowskij, Chodorokowskij, Gussinskij, Florenskij) an Einfluss verloren.

Spionageabwehrdienst FSK und die Einheiten des Innenministeriums stärken und gleichzeitig den Gewaltapparat der Präsidialadministration (Sicherheitsdienst des Präsidenten der Russischen Föderation) ausbauen. Der dadurch entstehende »militärisch-polizeiliche Komplex« bildete damit ein wichtiges Element des Jelzinschen Bonapartismus (vgl. Markwick 1999: 125).

Eine wichtige stabilisierende Funktion nahm der staatlich-private fossile Energie-Komplex ein. Davon zeugten nicht nur die personellen Verflechtungen zwischen Staat und Energiewirtschaft, sondern auch die verhältnismäßig guten Arbeitsbedingungen in dieser Branche. Firmen wie Gazprom, Surgutneftegaz oder Lukoil zahlten nicht nur seit den 1990er-Jahren vergleichsweise hohe Löhne und Sozialleistungen. Die Firmen finanzierten insbesondere in den sibirischen Fördergebieten häufig eine soziale Infrastruktur (Kindergärten, Krankenhäuser, Sportvereine), die in anderen russischen Regionen nur noch eingeschränkt aufrechterhalten werden konnten. Der Nachfolger Tschernomyrdins als Vorsitzender von Gazprom, Rem Wjachirjow, beschrieb die Rolle des Konzerns in einem Interview für die russische Zeitung Nezawisimaja Gazeta folgendermaßen: »Wir produzieren und verkaufen nicht einfach nur Gas. Wir verfolgen eine volksnahe, sozial-orientierte Politik, deren Bedeutung über engstirnige ökonomische Berechnungen hinausgeht.« (Zit. n. Pleines 2002: 32) Die Entwicklung der Öl- und Gasindustrie galt der Jelzin-Administration als erfolgreiches Beispiel einer geglückten Transformation. Damit wurden sie zu wichtigen Hüter*innen des ressourcenextraktiven Entwicklungsmodells wie auch einzelne Ministerien (Energieministerium) oder die Zentralbank.

Organisation von unten im Transformationsprozess

Der fortgesetzte Reformkurs der Jelzin-Administration nach 1993 erwies sich als wirksames Instrument zur Disziplinierung der Transformationsverlierer*innen. Unter der Bedingung eines anhaltenden ökonomischen Niedergangs, eines hohen Arbeitskräfteüberschusses, geringer Nachfrage nach industriellen Gütern und hoher Unternehmensverschuldung blieben Streiks oftmals relativ wirkungslos. Die Schwäche sozialer Bewegungen und der Gewerkschaften wurde auch in dem sich verändernden institutionellen Umfeld der Beziehungen zwischen Arbeit und Kapital deutlich. In der Sowjetunion verfügten Arbeiter*innen über keine eigenständigen Organisationen zur Durchsetzung ihrer Interessen. Arbeitsbeziehungen wurden nicht zwischen Arbeitgeber*innen und Arbeitnehmer*innen verhandelt, sondern durch den Staat verordnet und die Partei überwacht. Sowohl die Judikative als auch die Gewerkschaften nahmen in diesem System spezialisierte Funktionen ein, waren der Partei hierarchisch jedoch klar untergeordnet. Obwohl Arbeiter*innen dadurch politisch kaum über Rechte verfügten, musste die sowjetische Führung ihre Bedürfnisse in der Wirtschafts- und Sozialpolitik berücksichtigen (siehe Kapitel 3, S. 34ff.). Somit basierte das sowjetische System regulierter Arbeitsbeziehungen nicht auf Rechtsstaatlichkeit, sondern auf dem Parteistaat (vgl. Clarke 1998: 69).

Erste Möglichkeiten zur Gründung eigenständiger Organisationen zur Interessenvertretung der Arbeiter*innen ergaben sich in der Endphase der Perestroika, was sich unter anderem in dem Anstieg unabhängiger Gewerkschaften niederschlug. Auf die kurze Phase der Organisation folgte jedoch bald eine bis in die Mitte der 2000er-Jahre anhaltende Restauration. Zwei bedeutende Wendepunkte lassen sich in diesem Zusammenhang ausmachen: Die Auflösung der Sowjetunion und die Niederlage des Parlaments in der Auseinandersetzung mit der Regierung im Jahr 1993. Beide Ereignisse hatten unmittelbare Auswirkungen auf die Organisationsfähigkeit der postsozialistischen Arbeiter*innenbewegung.

Die Auflösung der Sowjetunion bedeutete das Ende des staatssozialistischen Entwicklungsmodells und damit auch des sozialen Kompromisses zwischen Staat und Arbeiter*innenschaft. Mit dem Transformationsprozess geriet das »autoritär-paternalistische Verhältnis« (Clarke 2004: 407) zwischen Arbeiter*innenschaft und Betriebsdirektoren, das auf die Aushandlung lockerer Planvorgaben anstatt konstanter Produktivitätssteigerungen und der Erfüllung der Planvorgaben ausgerichtet war, unter Druck (vgl. Baglione/Clarke 1998). Die verstärkte Ausrichtung der Produktion und Arbeitsprozesse an neuen Kriterien wie Kosteneffizienz und Produktivität erforderte neue Strategien und Bündnisse der Arbeiter*innen. Gesetzliche Regelungen sahen vor, Kollektivverträge fortan direkt zwischen Gewerkschaften und Kapitalseite auszuhandeln. Allerdings fehlte es dafür an einem ausgearbeiteten Regelwerk. Die Gewerkschaften fanden sich in einem Teufelskreis wieder. Zwar unterstanden sie nicht mehr der direkten Kontrolle der Partei, aber sie blieben aufgrund fehlender institutioneller Arrangements auf regionaler und föderaler Ebene stark von staatlicher Unterstützung abhängig. (vgl. Clarke 1998: 69ff.).

Der Sieg der Regierung über das Parlament beendete den Konflikt um die Wirtschaftspolitik in den frühen 1990er-Jahren gewaltsam zugunsten der Jelzin-Administration. Infolge der bonapartistischen Wende konnten mithilfe präsidentieller Dekrete Privatisierungsvorhaben gegen den erklärten Willen des Parlaments durchgesetzt werden. Auch die Gewerkschaften wurden weiter geschwächt. Der Vorsitzende des russischen Gewerkschaftsbundes (FNPR), Igor Klotschkow, unterstützte die Opposition gegen Jelzin, doch nach der Niederlage setzten sich im Gewerkschaftsverband unter Androhung seiner Auflösung Kräfte durch, die eine korporatistische Einbindung als Modell der Regulation von Kapital und Arbeit vorzogen (vgl. ebd.; Clarke 2001: 43–45). Klotschkow trat daraufhin zurück. Im Zuge des ökonomischen Niedergangs der 1990er-Jahre verlegten sich Belegschaften hauptsächlich darauf, gemeinsam mit der Unternehmensführung Betriebsschließungen oder Privatisierungen zu verhindern. Die steigende Arbeitslosigkeit, die Insolvenz vieler Betriebe und die fehlenden finanziellen Ressourcen erschwerten den Aufbau eigenständiger Interessenvertretungen und die Durchführung kollektiver Aktionen. Widerstand gegen die Folgen der Schocktherapie formierte sich häufig in den Sektoren, die in der Sowjetunion relativ viele Privilegien und hohe gesellschaftliche Anerkennung genossen, etwa im Bergbau (vgl. Kust/Solovenko/

Rumyantsev 2016). Speziell im Kohlebergbau häuften sich in den 1990er Jahren ausbleibende Lohnzahlungen. Zudem kam es in traditionellen Bergbaurevieren regelmäßig zu verzögerten Auszahlungen von Pensionen oder Sozialleistungen, was die sozialen Konflikte zusätzlich befeuerte (vgl. Clarke 2001: 73 und 89). Die zentrale Rolle des Staates bei der Durchsetzung der Schocktherapie zeigte sich auch in der gewaltsamen Niederschlagung der Bergarbeiterstreikbewegung 1998 und der Bekämpfung alternativer Formen der Arbeiter*innenselbstverwaltung.[17]

Vor dem Hintergrund des ökonomischen Niedergangs und dem engen Bündnis zwischen Oligarchie und Regierung entwickelte sich die Kommunistische Partei der Russischen Föderation (KPRF) zur gesellschaftlichen Kraft, die die soziale Spaltung politisierte. Auf Rückhalt stieß sie vor allem in den Branchen (MIK, Maschinenbau, Landwirtschaft), die in der Transformation auf Kosten der ressourcenextraktiven Sektoren an Bedeutung verloren, aber anders als zum Beispiel die Nahrungsmittelindustrie nicht vollkommen von ausländischer Konkurrenz verdrängt worden waren. Zwar propagierte die KPRF eine rhetorische Sowjetnostalgie, ihr wirtschaftspolitisches Programm orientierte sich jedoch an einer staatskapitalistischen Entwicklungsstrategie und setzte auf die Förderung der wissenschaftlichen und industriellen Sektoren. Eine prominente Stellung in den entwicklungspolitischen Vorstellungen nahm der militärisch-industrielle Komplex ein. Das Programm zur Unterstützung der traditionellen sowjetischen Industriezweige wurde kombiniert mit Forderungen zur Wiederherstellung der außenpolitischen Größe Russlands und der Stärkung des Staates (vgl. Markwick 1999: 115). Damit gelang es der KPRF über die 1990er-Jahre hinweg, Kräfte der Opposition an sich zu binden, die eine nationale Entwicklungsstrategie jenseits des Ressourcenextraktivismus verfolgten.[18] Die fortgesetzte und intensivierte Privatisierungspolitik verfolgte nicht nur das Ziel, die regierungsnahe Bourgeoisie zu konsolidieren, sondern auch ein erneutes Bündnis zwischen binnenorientiertem Kapital und Arbeiter*innen zu verhindern. Anatolij Tschubajs zufolge legte das Kredite-für-Aktien-Programm die »politische Basis für die irreversible Vernichtung der Kommunisten in den Wah-

[17] So geschehen im Zellulose- und Papierkombinat TzBK in Wyborg. Im Jahr 1994 übernahm ein lokaler Geschäftsmann mit Verbindungen ins kriminelle Milieu den privatisierten Betrieb. Obwohl die hergestellten Güter ins Ausland exportiert wurden, kündigte dieser vier Jahre später an, die Fabrik zu schließen (vgl. Rudyk/Keremeckij/Bulawka 2000). Daraufhin übernahmen die ca. 2.000 Angestellten die Kontrolle über den eigenen Betrieb, wählten eine eigene Führung und begannen die Produktion eigenständig zu organisieren. Der vormalige Besitzer und die Kommunalbehörden reagierten darauf mit dem Einsatz von Sondereinsatzkräften, um die Kontrolle über den Betrieb zurückzuerlangen, scheiterten jedoch auch deshalb, weil lokale Arbeiter*innen sich mit dem Betrieb solidarisierten und die Sicherheitskräfte gemeinsam zurückschlugen. Dennoch musste die Belegschaft knapp zwei Jahre später die Produktion einstellen, da die Behörden die Belieferung des Betriebs mit notwendigen Rohstoffen unterbanden.

[18] Sergej Glazew, einer der bekanntesten Fürsprecher der gegenwärtigen Re-Industrialisierungsstrategie, trat nach dem Vorgehen der Regierung gegen das Parlament von seinem Posten als Vize-Außenhandelsminister zurück und unterstützte die Kommunistische Partei.

len 1996«, da es sich bei den zu privatisierenden Unternehmen um die »größten Betriebe des Landes mit roten Direktoren an der Spitze« (Awen/Koh 2015: 103) handelte. Obwohl die Gewerkschaften Strategien einer nationalkapitalistischen Entwicklung wie die der KRPF grundsätzlich begrüßten, lehnten sie ein offenes Bündnis ab, sogar vor den Präsidentschaftswahlen im Jahr 1996, als die Erfolgsaussichten des kommunistischen Kandidaten Gennadij Zjuganow außerordentlich aussichtsreich waren. Der Soziologe Simon Clarke (vgl. 2001: 45) sieht einen wichtigen Grund für die mangelnde Konfliktbereitschaft der Gewerkschaften in deren Kooptierung in die Strukturen des korporatistischen Modells. Sie verzichteten auf eine aktive Oppositionspolitik und setzten genau zu dem Zeitpunkt ihre Hoffnungen auf die Sozialpartnerschaft, als die Regierung sich davon verabschiedete (vgl. ders. 1998: 91) Die politische Arbeit der FNPR und KRPF in den 1990er-Jahren zeichnete sich zudem durch einen starken sozialen Paternalismus gegenüber Arbeiter*innen und Angestellten aus. Der hohe Bürokratisierungsgrad der beiden Organisationen und die damit einhergehenden ausgeprägten Hierarchien verhinderten eine Integration unabhängiger Aktivist*innen und Organisationen sowie eine verstärkte Ausrichtung auf eine aktionsorientierte Politik. Dies und die Fragmentierung der Opposition im Zuge der fortgesetzten Schocktherapie verhinderten eine erfolgreiche Politik gegen den Kurs der Jelzin-Administration.

Vom ökologischen Selbstausbeuter zum globalen Rohstofflieferanten

Die Konsolidierung des ressourcenextraktivistischen Entwicklungsmodells im Zuge der bonapartistischen Wende wirkte sich unmittelbar auf die Umweltbewegung aus. Die Jahre 1991 bis 1993 waren geprägt von einer kurzen Phase der Institutionalisierung der Umweltpolitik. Dies äußerte sich in der Gründung einer Vielzahl unterschiedlicher NGOs und Forschungseinrichtungen auf regionaler und föderaler Ebene sowie dem Eintritt vieler Aktivist*innen in die Politik (vgl. Yanitsky 2012: 927–929). Dieser Schritt, die zunehmende Professionalisierung der Arbeit der Bewegung und die intensivierte Kooperation mit westlichen Organisationen und Institutionen, war nach Ansicht des Soziologen Oleg Janitskij nicht nur eine Reaktion auf die politische Öffnung und den durch die Perestroika angestoßenen Demokratisierungsprozess, sondern auch auf die einsetzende ökonomische Krise, denn er erleichterte den Zugriff auf (finanzielle) Ressourcen und erlaubte ein koordiniertes Vorgehen (vgl. ebd.).

Ein wichtiger Beitrag der sowjetischen Ökologiebewegung zur Klimadebatte bestand unter anderem in einer umfassenden ökologischen Kritik an der Planwirtschaft, vor allem den spezifischen Faktoren und Dynamiken, die eine Übernutzung der Natur begünstigten. Die sowjetische Ökologiebewegung kritisierte die Militarisierung der Ökonomie und sah in ihr eine wichtige Ursache für die zunehmenden Umweltkrisen. Ressourcen wie Luft und Wasser wurden in der

Sowjetunion als unerschöpfliche und frei verfügbare Ressourcen angesehen, was deren Übernutzung förderte.[19] Der zum Teil differenzierten Kritik an der Planwirtschaft steht die mangelnde Rezeption einer kritischen Umweltdebatte aus dem Westen gegenüber. Die sowjetische Ökologiebewegung problematisierte den Klimawandel und andere ökologische Krisenphänomene zunehmend im Kontext der Dichotomie zwischen einer ressourcenverschwendenden Planwirtschaft und einer Ressourcen effizient nutzenden Marktwirtschaft. Die Kritik richtete sich dabei vor allem am vorherrschenden Prinzip des Staatseigentums. Im Mittelpunkt stand – wie in den übrigen ehemaligen staatssozialistischen Ländern – die Suche nach »marktkonformen Maßnahmen« (Welfens 1993: 198). Dies ermögliche effizientere Produktionsstrukturen und damit weniger Umweltbelastungen. Der Markt schaffe den Anreiz, so die Theorie, dass privatisierte Unternehmen energiesparend produzieren, da sie anders als im Staatssozialismus sonst in die Insolvenz getrieben würden. Auf diese Weise könnte es gelingen, Konflikte wie »mehr Wachstum versus ökologische Sanierung« ansatzweise zu lösen (vgl. ebd.: VIII).

Dieser Blick vernachlässigte die gemeinsamen Dynamiken beider Systeme. Der inhärente Zwang nach Wirtschaftswachstum und Produktionssteigerung machte sowohl in der Plan- als auch in der Marktwirtschaft die Aneignung und Ausbeutung der Natur notwendig. Damit zerstörten beide Systeme die sozioökologischen Bedingungen, die die Grundlage für zukünftiges Wirtschaftswachstum bildeten. Ein entscheidender Unterschied zwischen der Sowjetunion und den westlichen Industrienationen bestand jedoch in der Externalisierung der Folgen von Naturaneignung. Während die Sowjetunion, um mit dem Historiker Christophe Bonneuil (vgl. 2015) zu sprechen, primär die eigene Umwelt ausbeutete, externalisierten die kapitalistischen Industrieländer ihre ökologischen Kosten weitgehend auf Drittstaaten.

Die fehlende Rezeption einer kapitalismuskritischen Umweltdebatte und die zunehmende Popularität neoklassischer Wirtschaftstheorien führten dazu, dass in den späten 1980er- und den 1990er-Jahren die Einführung des Kapitalismus als ein wichtiger Schritt zur Lösung der Umweltprobleme gesehen wurde (vgl. Oldfield 2005). Die Schocktherapie wurde deshalb von relevanten Kreisen der Umweltbewegung begrüßt.

Tatsächlich ging der russische CO_2-Austoß in der Transformationsphase auf das Niveau der 1960er-Jahre zurück (vgl. Safonov/Chuprov 2021: 5). Während die Emissionen 1990 noch bei 2,2 Mrd. Tonnen CO_2 lagen, sank dieser Wert bis 1998 auf 1,45 Mrd. Tonnen, um dann in den folgenden Jahren allmählich anzusteigen (vgl. Westphal 2010: 74). Dies drückte sich in einer verbesserten Wasser- und Luftqualität aus. Erreichten die Schadstoffemissionen im Jahr 1990 noch deutlich über 50 Mio. Tonnen, ging dieser Wert bis 1997 auf knapp über 30 Mio. Tonnen zurück und stieg bis zum Jahr 2003 nur moderat. Im selben Zeitraum sank die

---

[19] Für einen Überblick siehe Henry/Douhovnikoff (2008: 439).

Wasserverschmutzung von 27,8 Mrd. m^3 auf 19 m^3 (vgl. Russland-Analysen 2005: 5–7). Die Ursache für den Rückgang der Treibhausgasemissionen lag allerdings nicht in der vermehrten Anwendung umweltschonender Produktionsprozesse, sondern in der massiven Deindustrialisierung Russlands in den 1990er Jahren. Im Vergleich zum Schadstoffausstoß war der Produktionsrückgang prozentual deutlich größer. Bis heute produziert die Mehrheit der russischen Industrieunternehmen mit hohem Energieaufwand, auch der Energieverbrauch pro Kopf blieb im internationalen Vergleich auf einem hohen Niveau (vgl. Westphal 2010). Auf diese Weise trug die Deindustrialisierung Russlands zu einer Abmilderung der ökologischen Krise bei. In der Debatte fast vollständig vernachlässigt wurde jedoch, dass die Einführung des Kapitalismus neue Belastungen für die Umwelt mit sich brachte. Die Übernahme westlicher Konsumnormen in Russland stellte eine massive Umweltbelastung dar. Zwischen den 1980er- und späten 1990er-Jahren verdoppelte sich der städtische Müll pro Einwohner*in genauso wie der private Autobesitz in den 1990er-Jahren, der bereits Mitte der 2000er-Jahre zu mehr als 50% zur städtischen Luftverschmutzung beitrug (vgl. Henry/Douhovnikoff 2008: 442).

Grundsätzlich war Russlands Klimapolitik geprägt durch die bedeutende Rolle des Landes als Produzent und Exporteur von Energierohstoffen (Öl, Gas, Kohle, Atomenergie) sowie dem hohen Energieverbrauch im Land. Aufgrund der langanhaltenden Winter war der Energiebedarf in Russland deutlich höher als in anderen südlicher gelegenen Staaten. Zugleich wiesen Autor*innen immer wieder auf die ineffiziente Nutzung von Energie hin (vgl. Westphal 2010; Wilson Rowe 2013).

Die Schocktherapie und der damit einhergehende ökonomische Niedergang in den 1990er-Jahren verliehen der ökologischen Krise eine neue Dynamik. Chronische Unterfinanzierung, gesetzliche Unklarheiten und die permanente Reorganisation der Verantwortlichkeiten erschwerten eine effiziente Arbeit im Bereich Umweltschutz. Eine effektive Bearbeitung umweltpolitischer Krisen blieb daher aus, vielmehr wurden neue Probleme geschaffen. Der Ökonom Werner Gumpel (vgl. 2006: 66) machte seit der Auflösung der Sowjetunion eine »Politik des reduzierten Kapitaleinsatzes« in allen Bereichen der Infrastruktur aus. Wartungs- und Reparaturarbeiten wurden vernachlässigt. Unter diesen Bedingungen waren staatliche Institutionen oft nicht dazu in der Lage, eine kohärente Politik zu erarbeiten, geschweige denn, diese durchzusetzen. Dies zeigte sich besonders deutlich im Umgang mit den Altlasten des Nuklearkomplexes (vgl. Weißenburger 1996a, 1996b; Kronfeld-Goharani 1999; Stulberg 2007). Die Wende in der russischen Umweltpolitik stand in einem engen Zusammenhang mit der Konsolidierung des Ressourcenextraktivismus und der Herausbildung kapitalistischer Naturverhältnisse und machte deutlich, dass Fragen der Wirtschaftspolitik, soziale Konflikte und sich verändernde Machtverhältnisse aufs Engste mit sozialökologischen Fragen verbunden waren.

Mit der bonapartistischen Wende im Jahr 1993 begann ein Prozess der Marginalisierung sozialökologischer Themen und der Verdrängung ökologischer Aktivist*innen und Politiker*innen aus einflussreichen Positionen in Regierung und Staat. Dieser erreichte seinen Höhepunkt in den Jahren 1996 bis 1998, der Phase der politischen Konsolidierung des Regimes nach der erfolgreichen Wiederwahl Jelzins. Davon zeugte die Auflösung des Ministeriums für Umwelt und natürliche Ressourcen, das fortan als Ministerium für natürliche Ressourcen weitergeführt wurde, während für den Umweltschutz nur noch ein staatliches Komitee zuständig war. Abgeschafft wurden zudem wichtige Posten und institutionalisierte Gremien mit Verantwortlichkeiten im Bereich der Aneignung und Nutzung natürlicher Ressourcen oder dem Umgang mit Umweltverschmutzung.[20] Darüber hinaus verstärkte der Staat die Aufsicht und Kontrolle über umweltpolitische NGOs und ihre Kooperation mit westlichen Partnern (vgl. Yanitsky 2012: 932).

Wie oben bereits dargelegt, handelte es sich bei der Transformation um einen Prozess der Reartikulation von Politik und Ökonomie. Damit änderten sich auch die Formen der Aneignung und Kontrolle von natürlichen Ressourcen. Anders als in der Sowjetunion erfüllte die Ausbeutung der Natur seit den 1990er-Jahren nicht mehr primär die Funktion, die einheimische Industrie mit Ressourcen zu beliefern, sondern erfolgte zum Zweck ihres Verkaufs auf dem Weltmarkt. Die Herausbildung des Ressourcenextraktivismus in Russland bedeutete daher eine Transformation vom ökologischen Selbstausbeuter zum globalen Rohstofflieferanten.

[20] Zu nennen wären der Posten des Beraters für Umweltfragen beim Präsidenten der Russischen Föderation, die Regierungskommission zum Umgang mit radioaktivem Müll, die Abteilungen der Föderalregierung zu Umweltschutz und Nutzung natürlicher Ressourcen, das Büro der ressortübergreifenden Kommission über Umweltschutz (beim nationalen Sicherheitsrat angesiedelt) sowie die Umweltabteilung im Büro des Generalstaatsanwaltes (vgl. Yanitsky 2012: 930, 938).

5. Die Konsolidierung des russischen Ressourcenextraktivismus (2000–2008)

Die katastrophale wirtschaftliche Entwicklung der Transformationsperiode fand im Sommer 1998 ihren Höhepunkt, als Russland von einer tiefgreifenden Krise erfasst wurde. Sie bildete im weiteren Verlauf einen Wendepunkt in der jüngsten russischen Geschichte. Es kam schrittweise zu einer partiellen Abkehr vom bisherigen neoliberalen Kurs und einer Konsolidierung des Ressourcenextraktivismus während der ersten Präsidentschaft Wladimir Putins.

Finanzialisierung und Finanzkrise

Die Wirtschaftspolitik der Regierung Jelzin vertiefte nicht nur die Ausrichtung auf den Ressourcenexport. Ein weiteres wichtiges Resultat bestand in der Finanzialisierung der russischen Volkswirtschaft. Der Begriff der Finanzialisierung beschreibt die Entkopplung von produktivem und Finanzsektor zugunsten des Letzteren. Dabei ist weniger die reale Größe der »monetären Sphäre« (Altvater 2005: 139) das entscheidende Kriterium, sondern die Dominanz der »finanzbasierten Akkumulationsweise« (Sablowski 2008; Demirović/Sablowski 2011) gegenüber der produktiven Sphäre, die durch spezifische Institutionen, Gesetze und staatliche Politiken abgesichert wird. Typisch für eine finanzialisierte Ökonomie ist die Orientierung auf eine extrem kurzfristige Gewinnerwartung. Indem Kredite und Unternehmensbeteiligungen durch Verbriefung zu Waren transformiert werden, dominiert nicht mehr der (langfristige) Zinsgewinn. Stattdessen ist der tagesaktuelle Handelswert von Kredit der »maßgebliche Profitabilitätsindikator« (May 2013: 267).

Wichtige Gründe für die Finanzialisierung Russlands lagen in der Liberalisierung des zu Sowjetzeiten streng regulierten staatlichen Außenhandels und der Deregulierung des Finanzsektors. Im Zuge der Hyperinflation in den 1990er-Jahren und einer Inflationsrate von fast 1.500% im Jahr 1992 richteten viele der neu entstandenen Privatbanken ihr Geschäftsmodell auf Zins- und Währungsspekulation, Rohstoff- und Derivatehandel aus (vgl. Jaitner 2014b: 65–67; *siehe Abb. 13 auf der folgenden Seite*).

Die Regierung Jelzin begünstigte diese Entwicklung, indem sie die gesetzlich vorgeschriebene Eigenkapitalquote von Bankhäusern äußerst niedrig ansetzte, auf Kapitalverkehrskontrollen weitgehend verzichtete und speziell ab Mitte der 1990er-Jahre den Devisenhandel immer stärker deregulierte (vgl. Brügemann

Abb. 13: Entwicklung der Inflationsrate (in %)

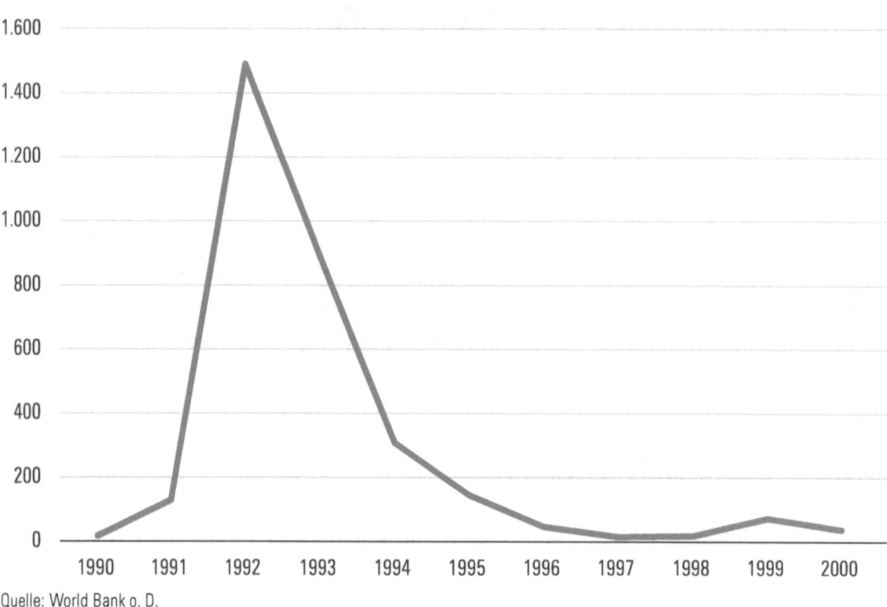

Quelle: World Bank o. D.

2000). Die schwache institutionelle Kontrolle und der einsetzende Aktien-, Banken-, und Immobilienboom förderten den Zustrom spekulativen Auslandskapitals. Russische Banken wiederum weiteten ihrerseits die Kreditvergabe im Inland durch die Aufnahme von Fremdwährungskrediten massiv aus. Der als Folge dieser Entwicklung steigende Rubelkurs verschärfte die Krise der produzierenden Sektoren. Während der Finanzsektor sich durch den Fokus auf spekulative Geschäfte zunehmend von der Realwirtschaft entkoppelte, prägte letztere eine Tendenz zur De-Monetarisierung. Die lang anhaltenden hohen Inflationsraten reduzierten das Betriebskapital, sodass Firmen des produktiven Sektors dazu übergingen, Transaktionen durch die Anhäufung von Schulden zu finanzieren. Vor dem Hintergrund der sich verschärfenden ökonomischen Krise waren die Unternehmen immer weniger dazu in der Lage, ihre Produkte abzusetzen und drosselten die Produktion. Diese Entwicklung wurde zusätzlich durch die restriktive Fiskalpolitik der Regierung verschärft. Als Reaktion wichen Unternehmen auf Bartergeschäfte (Tauschhandel) aus. Wie Burawoy (2001: 284) richtig feststellt, waren die Bartergeschäfte kein Überbleibsel der sowjetischen Planwirtschaft, sondern eine Überlebensstrategie der Firmen wider die »Anarchie des Marktes« und der »Involution des russischen Kapitalismus«, die dazu führte, dass Ressourcen aus der Produktion herausgezogen wurden.

Trotz der restriktiven Fiskalpolitik variierte das Haushaltsdefizit seit dem Jahr 1993 konstant zwischen 5 bis 10% des russischen Bruttoinlandsproduktes (vgl.

Sutela 1999: 8). In den frühen 1990er-Jahren finanzierte die Zentralbank das Defizit durch die Ausweitung der Geldmenge. Diese Maßnahme war ab April 1995 gesetzlich nicht mehr möglich, sodass die Föderalregierung dazu übergehen musste, sich durch Staatsanleihen zu refinanzieren. Im Jahr 1995 wurden 46% des föderalen Defizits durch einheimische Quellen, überwiegend Staatsanleihen mit kurzer Laufzeit (GKOs), gedeckt. 1996 lag der Anteil bei 55%, im Jahr darauf bei 43%. Der Rest wurde durch IWF-Kredite finanziert (vgl. Menshikov 2007: 292). Die größten Abnehmer der GKOs waren russische Privatbanken und ausländische Kapitalanleger. Im Jahr 1997 trugen Staatsanleihen 30% zu den Einnahmen des gesamten Bankensektors bei (vgl. Sutela 1999: 8). Dieses Geschäftsmodell war äußerst lukrativ. Von 1994 bis 1996 garantierten GKOs eine jährliche Rendite von 100% (vgl. Götz 1999: 4f.). Obwohl die Staatsverschuldung im selben Zeitraum auf 130 Mrd. US-Dollar anstieg, wurden im Sommer 1996 Staatsanleihen mit einer jährlichen Verzinsung von 240% verkauft (vgl. Gumpel 1997: 763). Tatsächlich ging die Regierung zunehmend dazu über, Kredite nicht nur zur Deckung des Budgetdefizits aufzunehmen, sondern auch zur Tilgung der Zinsen auf zuvor emittierte Staatsanleihen. Die laufenden Zinszahlungen stiegen von 19% des föderalen Budgets im Jahr 1995 auf 34% in den ersten sieben Monaten des Jahres 1998 (vgl. Menshikov 2007: 292f.). Krisenverschärfend wirkte sich die wachsende Abhängigkeit Russlands von ausländischen Finanzinvestoren aus.[1] Der Ökonom Pekka Sutela (vgl. 1999: 8) stellt fest, dass kurz vor dem Ausbruch der Wirtschafts- und Finanzkrise in Russland 1998 der Wert der föderalen Staatsschulden gegenüber ausländischen Gläubigern den der staatlichen Devisenreserven um mehr als das Zweifache überstieg. Die Deregulierung des Finanzsektors und der Verzicht auf entsprechende Kapitalverkehrskontrollen machten die russische Volkswirtschaft damit extrem anfällig für (externe) Schocks.

Die katastrophale wirtschaftliche Entwicklung fand im Sommer 1998 ihren Höhepunkt. Russland stürzte in eine »klassische Finanzkrise« (ebd.: 5), bestehend aus einer Währungs-, einer Banken- und einer Schuldenkrise und musste einen zeitweiligen Zahlungsstopp verkünden. Das russische Bruttoinlandsprodukt ging um 5,3% zurück. Auch der Außenhandel sank auf 134,4 Mrd. US-Dollar nach 155 Mrd. US-Dollar im Vorjahr. Besonders betroffen war der Handel mit den Staaten außerhalb der GUS und hier besonders die Exporte (Rückgang um mehr als 10 Mrd. US-Dollar). Innerhalb eines Jahres vergrößerte sich die Zahl der Menschen mit einem Einkommen unter der Armutsgrenze von 34,3 Mio. (1998) auf 43,8 Mio. im Jahr 1999. Das entsprach 30% der Gesamtbevölkerung (vgl. Goskomstat Rossii 2000).

Zweifellos trug die Asienkrise dazu bei, die Krise in Russland zu verschärfen. Ihre Ursachen liegen jedoch hauptsächlich in dem instabilen und krisenhaften Entwicklungsmodell, das sich im Zuge der Transformation herausbildete.

[1] Für einen Überblick über die verschiedenen IWF-Kredite siehe Rutland (2013: 344).

Die Tatsache, dass die externe Krise so schnell auf Russland übergriff, verdeutlichte einmal mehr die außenwirtschaftliche periphere Einbindung des Landes in den Weltmarkt.[2] Allerdings argumentiert der Politikwissenschaftler Neil Robinson (vgl. 2007), dass die ökonomischen Auswirkungen der Krise weit weniger bedeutsam waren als die politischen Veränderungen, die daraufhin einsetzten. Tatsächlich bildet die Wirtschafts- und Finanzkrise 1998 einen Wendepunkt in der jüngeren russischen Geschichte. Der zeitweilige Staatsbankrott leitete einen Reorganisationsprozess innerhalb der herrschenden Klasse ein, der bis in die Gegenwart die gesellschaftlichen Macht- und Herrschaftsverhältnisse in Russland prägt. Mit Blick auf Robinsons These ist jedoch kritisch anzumerken, dass dieser Reorganisationsprozess maßgeblich durch die ökonomischen Auswirkungen der Krise auf die gesellschaftliche Entwicklung des Landes ausgelöst wurde.

Konflikte um die zukünftige Ausrichtung des Landes: Die kurze Ära Primakow

Mit der Berufung Jewgenij Primakows zum Premierminister vollzog die Regierung Jelzin erstmals eine partielle Abkehr von ihrer neoliberalen Wirtschaftspolitik und verfolgte eine antizyklische, nachfrageorientierte Krisenpolitik. Der neue Premier erließ strengere Kapitalverkehrskontrollen, um den Kapitalabfluss zu stoppen. Darüber hinaus gab er schrittweise die enge Bindung des Rubels an den US-Dollar auf, was zur Folge hatte, dass der Rubel bis Ende des Jahres 1999 um 40% gegenüber dem Vorkrisenwert abgewertet wurde. Dieser Schritt und Maßnahmen zur Re-Strukturierung der Staatsschulden mit internationalen Gläubigern erweiterten die Handlungsfähigkeit des Staates, erhöhten jedoch den Druck auf russische Privatbanken, die zum Teil in beträchtlichem Umfang russische Staatsanleihen hielten. Trotz eines 90 Tage währenden Schuldenmoratoriums, eine Reaktion auf das erfolgreiche »Lobbyieren der Oligarchen« (Sutela 1999: 11), folgte auf den temporären Staatsbankrott eine Bankenkrise, in dessen Folge zwei der größten russischen Privatbanken (Inkombank, SBS-Agro) in die Insolvenz gingen. Dennoch entsprach die fiskalpolitische Wende mehrheitlich den Interessen des Finanzsektors. Die Regulierungsmaßnahmen erlaubten einen wirtschaftlichen Konzentrationsprozess, der die Marktmacht der übrigen Geldhäuser stärkte.

Entgegen oft geäußerter Vermutungen verfolgte die Regierung Primakow kein linkes Programm (stellvertretend für diese Position Sutela 1999: 5). Auch wenn es in vielen Aspekten den Forderungen der parlamentarischen Opposition unter der Führung der KPRF entsprach, handelte es sich um eine Politik der konservativen binnenorientierten Kräfte der Staatsapparate und Fraktionen des produktiven Sektors. So bekräftigte Primakow auf dem Weltwirtschaftsforum in Davos im Frühjahr 1999, an der *»Fortsetzung der marktwirtschaftlichen*

---

[2] Für eine Übersicht des Krisenverlaufs siehe Jaitner (2014b: 138–140).

Umgestaltung der russischen Wirtschaft« festzuhalten, verkündete jedoch eine *»Reformierung der Reform«* (zit. n. Maier 2000: 27ff.) und betonte die regulierende Rolle des Staates. Damit wurde erstmals von Regierungsseite die bisherige Wirtschaftspolitik offiziell kritisiert und als Ursache der Krise identifiziert. Die Maßnahmen zur Regulierung der Finanzmärkte begrenzten die spekulativen Tätigkeiten der Banken und forcierten deren Ausrichtung auf die Unterstützung des produktiven Sektors (Kreditvergabe etc.). Diese Schritte erwiesen sich als äußerst erfolgreich. Im Jahr 1999 verzeichnete Russland ein deutliches Wachstum des Bruttoinlandsproduktes von 6,4%. Positiv auf die Wettbewerbsfähigkeit der russischen Industrie wirkte sich zudem die Abwertung des Rubels aus. Die Rentabilität der russischen Industrie insgesamt stieg nach Angaben der russischen Statistikbehörde von 12,7% (1998) auf 25,5% (1999). Besonders hohe Zuwächse konnten die extraktiven Sektoren Brennstoffe, Buntmetallurgie, Petrochemie, holzverarbeitende Industrie sowie die Eisen- und Stahlproduktion verzeichnen. Doch auch der Maschinenbau profitierte von dieser Entwicklung. Seit den frühen 1990er-Jahren fragten russische Firmen verstärkt Maschinen und Ausrüstungsgegenstände aus dem westlichen Ausland nach. Aufgrund der Abwertung des Rubels verteuerten sich westliche Importe, was die Konkurrenzfähigkeit der einheimischen Produzenten erhöhte und sich in einer steigenden Nachfrage nach russischen Gütern äußerte. Dies wurde unter anderem in einem Rückgang der Importe um 32% deutlich, insbesondere aus den Ländern außerhalb der GUS (Rückgang um 33% im Vergleich zum Vorjahr). Zum ersten Mal in den 1990er-Jahren stieg die Industrieproduktion im Jahr 1999 (knapp 5%), nachdem sie im Jahr zuvor auf etwas mehr als 45% des Niveaus von 1990 gesunken war (vgl. Goskomstat Rossii 2002).

Die Phase von März 1998 bis zu den Präsidentschaftswahlen (März 2000) war geprägt von einem konflikthaften Aushandlungsprozess innerhalb des herrschenden Blocks um die zukünftige Entwicklung Russlands.[3] Zwar ermöglichte der Übergang zu einem »russischen Keynesianismus« (Kagarlickij/Sergeew 2014: 410) unter Primakow eine Erholung des produktiven Sektors. Dennoch blieb der Kurs höchst umstritten. Dies galt vor allem für das (überwiegend private) Rohstoffkapital und den Finanzsektor sowie die mit ihnen verbunden Fraktionen in den Staatsapparaten, die kein Interesse an einer Aufgabe des ressourcenextraktivistischen Entwicklungsmodells hatten. Die Regierung Primakow scheute ihrerseits ein offenes Bündnis mit der parlamentarischen linken Opposition (KPRF), was dazu führte, dass sie im Mai 1999 ohne großen Widerstand abgesetzt werden konnte. Im Vorfeld der Parlamentswahlen im Dezember 1999 formierten sich zwei

---

[3] Von März 1998 bis August 1999 ernannte Präsident Jelzin insgesamt fünf Premierminister: Sergej Kirienko (23. März bis 23. August 1998), Wiktor Tschernomyrdin (23. August bis 11. September 1998), Jewgenij Primakow (11. September 1998 bis 12. Mai 1999), Sergej Stepaschin (12. Mai bis 9. August 1999), Wladimir Putin (9. August 1999 bis 7. Mai 2000).

konkurrierende Strömungen des herrschenden Blocks: Edinstwo (Einheit) unter der Führung Sergej Schojgus vertrat die Politik des seit August 1999 amtierenden Premierministers und Präsidentschaftskandidaten Wladimir Putin. Dagegen formierte sich auf Initiative des Moskauer Bürgermeisters Jurij Luschkow ein Bündnis führender regionaler Gouverneure[4] um Primakow unter dem Namen Otetschestwo-Wsja Rossija (Vaterland-Ganz Russland). Trotz inhaltlicher Gemeinsamkeiten zerschlug sich ein mögliches Wahlbündnis zwischen den Kommunisten und Wsja Rossija. Zwar gewann die KPRF die Parlamentswahlen deutlich. Als Sieger der Wahl galt jedoch das Wahlbündnis Edinstwo (Einheit), das als zweitstärkste Partei aus den Wahlen hervorging. Kurz vor den Wahlen gegründet wurde das Wahlergebnis als Zustimmung für die Politik Putins gewertet, auch weil viele bekannte Politiker*innen die konkurrierende Otetschestwo-Wsja Rossija (Vaterland-Ganz Russland) unterstützt hatten. Kurze Zeit später schlossen sich Edinstwo (Einheit) und Otetschestwo-Wsja Rossija (Vaterland-Ganz Russland) zu der Partei Einiges Russland zusammen. Mit dem Sieg Putins bei den drei Monate später folgenden Präsidentschaftswahlen war der Konflikt innerhalb des herrschenden Blocks vorläufig entschieden.

Die oligarchisch-etatistische Ordnung

Bis zu seiner Ernennung zum Premierminister war Wladimir Putin großen Bevölkerungskreisen weitgehend unbekannt. Dementsprechende Ungewissheit bestand hinsichtlich des politischen Kurses, den die neue Regierung einschlagen würde. In seiner ersten programmatischen Rede zum Ende des Jahres 1999 kritisierte Putin die katastrophale Entwicklung des Landes, versicherte jedoch, dass es keine Alternative zum Übergang zu Kapitalismus und Demokratie gebe. Die Politik der ersten Putin-Administration ist eine spezielle Reaktion des herrschenden Blocks auf den Transformationsprozess. Sie verfolgte von Anfang an das Ziel, die Autonomie des Staates gegenüber dem unter Jelzin so mächtigen Großkapital wiederherzustellen. Obwohl dieses Bestreben zu Konflikten mit einzelnen Oligarchen führte, akzeptierte ihre Mehrheit diese Entwicklung, da nur ein konsolidierter Staat ihren wirtschaftlichen Besitz sichern und die Internationalisierung ihrer Unternehmen ermöglichen konnte. Darüber hinaus unterstützten relevante Teile der Staatsapparate und der neoliberalen Reformer die neue Regierung. Die Abwertung des Rubels im Zuge der Wirtschafts- und Finanzkrise und der steile Anstieg der Rohstoffpreise schufen zudem günstige wirtschaftliche Bedingungen für die Konsolidierung des ressourcenextraktivistischen Entwicklungsmodells.

[4] Darunter die Präsidenten der Republiken Baschkiriens (Murtaz Rahimow), Tatarstans (Mintimer Schajmiew) und Inguschetiens (Ruslan Auschew) sowie der Gouverneur St. Petersburgs (Wladimir Jakowlew).

Im Gegensatz zu den 1990er-Jahren bemühte sich die Putin-Administration um die klientilistische Einbindung gesellschaftlicher Schichten, die als Verlierer der Transformation der Politik Jelzins äußerst kritisch gegenüberstanden und zum Teil den staatszentrierten Modernisierungskurs der KPRF unterstützten. Dies gilt besonders für Angestellte der staatlichen Verwaltung sowie des Bildungs- und Gesundheitssektors, Rentner*innen und führende Mitglieder des russischen Gewerkschaftsbundes (FNPR). Diese sollten neben der bereits unter Jelzin in Ansätzen entstandenen urbanen Mittelschicht zu den wichtigsten Trägern der neuen Ordnung werden. Das gilt auch für nationalkonservative Kräfte und die orthodoxe Kirche, die eine wichtige Funktion in der ideologischen Neuausrichtung des Staates einnehmen sollte. Die Neuordnung gesellschaftlicher Herrschafts- und Machtverhältnisse in Russland umfasst vier zentrale Pfeiler: (1) Die Zentralisierung politischer Macht in der Exekutive und die Stärkung der staatlichen Gewaltapparate, (2) die ideologische Neuausrichtung des herrschenden Blocks, (3) die Stabilisierung sozialer Verhältnisse und (4) die partielle Modernisierung der Ökonomie. Diese und die spezifische Einbindung der oben genannten Fraktionen werden im Folgenden näher analysiert.

Der Staat kehrt zurück: Die Etablierung der Machtvertikale

Eine der ersten Amtshandlungen Putins als Ministerpräsident war die Wiederaufnahme der Kampfhandlungen in Tschetschenien. Nach anfänglichen Erfolgen der russischen Armee gingen die tschetschenischen Separatisten zu einem Guerillakrieg über, der sich schrittweise auf die angrenzenden Nachbarrepubliken ausdehnte. Durch eine Mischung aus Repression, staatlichen Fördermitteln und der Androhung neuer kriegerischer Maßnahmen gelang es der Regierung, die Situation zu stabilisieren (vgl. Taylor 2007). Offiziell wurden die sogenannten Anti-Terror-Operationen im Jahr 2009 beendet. Doch seitdem fanden regelmäßig Terroranschläge durch separatistische Gruppen und Säuberungsmaßnahmen durch die Kampfverbände der Republiken oder Einsatzkräfte der russischen Armee statt (vgl. International Crisis Group 2015).

Mit dem zweiten Einmarsch in Tschetschenien setzte Putin die bereits unter Jelzin beginnende Militarisierung der Innenpolitik fort. Zugespitzte gesellschaftliche Konflikte wie die Auseinandersetzung zwischen Präsident und Parlament im Jahr 1993, mächtige Streikbewegungen (»Schienenkriege«) oder die separatistischen Bestrebungen Tschetscheniens wurden von der Föderalregierung mit dem Einsatz militärischer Gewalt beantwortet. Der Kampf gegen den Terrorismus schuf einen bis heute anhaltenden dauerhaften Ausnahmezustand, der nicht auf den Nordkaukasus beschränkt blieb, sondern schrittweise das gesamte Land erfasste, jedoch räumlich und sozial sehr unterschiedliche Formen annahm. Der Kampf gegen den Terrorismus diente als Vehikel, oppositionelle Tätigkeit – sogar dann, wenn sie offensichtlich keinen Bezug zu dem Konflikt im Nordkaukasus aufweist – beliebig einzuschränken. Die systematische Einschränkung von

Grundrechten, die Ausweitung von Polizeikontrollen oder Hausdurchsuchungen in Städten außerhalb der Konfliktzone wurden mit der Notwendigkeit der Terrorbekämpfung begründet. Dabei zeigte sich immer deutlicher, dass bedingt durch das praktizierte Rotationsverfahren Mitarbeiter der Gewaltapparate die üblichen Praktiken ihres temporären Aufenthaltes im Nordkaukasus nach ihrer Rückkehr an ihren dauerhaften Einsatzort fortführten und damit rechtsstaatliche Verfahren (bewusst) außer Kraft setzten. Fälle systematischer Einschüchterung oder Folter beschränkten sich nicht nur auf (vermeintliche) islamische Terroristen, sondern betrafen unterschiedliche oppositionelle Kräfte, zum Beispiel Antifaschisten (vgl. Weinmann 2018). Auch führende Mitglieder unabhängiger Gewerkschaften wurden unter dem Vorwurf des Extremismus verhaftet, so zum Beispiel Anton Wetschkunin, einer der Organisatoren des Streiks der Arbeiter*innen des Automobilkonzerns AvtoVAZ im Jahr 2007 (vgl. Sawina 2007).

Ein weiteres Resultat der Militarisierung der Innenpolitik waren die regelmäßig wiederkehrenden Auftragsmorde an Journalist*innen, Menschenrechtsaktivist*innen und Politiker*innen. Diese standen keinesfalls nur in einem möglichen Zusammenhang mit der Entwicklung im Nordkaukasus wie im Falle der Ermordung der Journalistin Anna Politkowskaja oder der Aktivistin und Mitarbeiterin der Menschenrechtsorganisation Memorial Natalija Estemirowa, sondern waren ein Ausdruck der von Gewalt geprägten innenpolitischen Auseinandersetzungen. Die extreme Rechte in Russland war in den vergangenen 30 Jahren für eine Vielzahl von Morden politischer Gegner*innen verantwortlich, wie zum Beispiel den Anwalt Stanislaw Markelow und die Journalistin Anastasija Baburowa sowie einer Vielzahl von Antifaschist*innen und Migrant*innen (vgl. hierzu die Jahresberichte des Informations- und Analysezentrums »SOVA«). Gewalt bis hin zu politisch motivierten Morden war seit den 1990er-Jahren ein Bestandteil der gesellschaftlichen Auseinandersetzungen und stand in einem unmittelbaren Zusammenhang mit der Errichtung der bürgerlich-kapitalistischen Gesellschaft in Russland. Davon zeugten auch Auftragsmorde in der Wirtschaft als ein Mittel zur Ausschaltung von Konkurrenten.[5]

Der Einflussgewinn der staatlichen Gewaltapparate (Geheimdienste, Polizei, Armee) wurde durch die fortschreitende Militarisierung der Innenpolitik begünstigt und sollte nicht auf die in westlichen Medien hervorgehobenen Petersburger Seilschaften oder die langjährige Geheimdiensttätigkeit Putins reduziert werden. Eine solche Herangehensweise sah den Aufstieg der Gewaltapparate überwiegend als das Resultat konkurrierender Clans oder Netzwerke, die das Ziel verfolgten, in einem patrimonialen Staat Macht und Einfluss zu sichern (vgl. Robinson 2011;

[5] Insbesondere in den späten 1990er- und frühen 2000er-Jahren lag die staatlich erfasste Zahl der Auftragsmorde von Geschäftsleuten auf einem hohen Niveau (vgl. Gans-Morse 2012: 268). Der Grund lag wahrscheinlich in den verschärften Auseinandersetzungen um Firmenanteile im Zuge des staatlich forcierten Konzentrationsprozesses.

Fisun 2012). Dieser Ansatz implizierte eine Interessenhomogenität innerhalb der untersuchten Netzwerke und konnte deshalb sich überlagernde gesellschaftliche Prozesse wie die Auswirkungen antiterroristischer Operationen im Nordkaukasus für die demokratische Entwicklung oder sozio-ökonomische Veränderungsprozesse nur bedingt erklären. Darüber hinaus übersah und/oder unterschätzte er die zentrale Rolle des Staates zur Reproduktion der kapitalistischen Produktionsweise.

Dabei ist zu betonen, dass diese Entwicklung bereits unter Jelzin angelegt war. Die bedeutende Funktion der Gewaltapparate in den 1990er-Jahren zur Absicherung des bonapartistischen Regimes äußerte sich nicht zuletzt darin, dass im Zuge des umkämpften Aushandlungsprozesses um die zukünftige Ordnung des Landes mit Putin der ehemalige Chef des Inlandsgeheimdienstes von Jelzin persönlich zu seinem Nachfolger bestimmt wurde. Die unter Putin gezielt fortgesetzte Gewalteskalation erfasste offenbar zunehmend auch andere gesellschaftliche Bereiche. Die Tatsache, dass viele dieser Morde nicht aufgeklärt werden (konnten), wies darauf hin, dass die Maßnahmen der Regierung nur begrenzt dazu beitrugen, die Kohärenz der Staatsapparate, das heißt, das einheitliche Handeln der Staatsapparate zu stärken.

Die Wiederaufnahme der Kampfhandlungen in Tschetschenien trug wesentlich dazu bei, die Kräfteverhältnisse auf föderaler Ebene zu verschieben. Den rechtlichen Rahmen schuf die sogenannte Föderalismusreform, die das Ziel verfolgte, den Einfluss mächtiger Gouverneure, die konkurrierende Konsolidierungsprojekte verfolgten (Luschkow in Moskau oder Ruzkoj im Kursker Gebiet), sowie den Autonomiegewinn der Republiken zurückzudrängen. In einigen Regionen, zum Beispiel in Moskau, Tatarstan oder Baschkirien, gelang es den Regionalführern in den 1990er-Jahren, die eigene Herrschaft zu konsolidieren und den Einfluss rivalisierender Clans und in vieler Hinsicht auch des Föderalstaates zu marginalisieren. Nach Angaben der föderalen Staatsanwaltschaft standen 70% der regionalen Gesetzgebung nicht in Übereinstimmung mit föderalen Gesetzen und 34% in offenem Widerspruch zur Verfassung. (Vgl. Hashim 2005: 29) Ökonomisch beruhte die Macht der regionalen Eliten auf der Kontrolle regionaler Wirtschaftskonglomerate, zum Beispiel der Ölfirmen Tatneft in Tatarstan und Bashneft in Baschkirien. Per Dekret schuf Putin im Jahr 2000 sieben Föderationskreise, die mehrere Subjekte zu einer größeren Einheit zusammenfassten. Diese wurden fortan von persönlich ernannten Vertretern des Präsidenten geführt. Ziel dieses Gesetzes war es, die »vertikale Befehlskette« (ebd.: 34) wiederherzustellen. Darüber hinaus verpflichtete ein Beschluss der Duma die Regionen, künftig die Hälfte ihrer Steuereinnahmen an das föderale Zentrum abzutreten. Zugleich löste die Regierung das Ministerium für Föderationsangelegenheiten auf und übertrug dessen Aufgaben dem Innenministerium (vgl. ebd.). Die Machtverschiebung zugunsten des föderalen Zentrums auf Kosten der Regionen wurde in den folgenden Jahren weiter vorangetrieben. Seit dem Jahr 2005 wählte nicht mehr die Bevölkerung ihre eigenen Republikpräsidenten und Gouverneure, sondern die jeweiligen regionalen

Parlamente – auf Vorschlag des Präsidenten. Im Zuge der Massenproteste der Jahre 2012/2013 wurden diese Maßnahmen rückgängig gemacht und die Gouverneurswahlen wieder eingeführt.

Die von der Regierung proklamierte »Machtvertikale« beschreibt einen Prozess, in dem gesellschaftliche Beziehungen durch den Staat autoritär institutionalisiert und reguliert werden. Eine beliebte Form ist die Gründung von Räten, die verschiedenste Themenfelder (Wirtschaft, Energieversorgung, Menschenrechte etc.) abdecken und auf allen Ebenen des Staates (national, regional, lokal) angesiedelt sind. Ziel der Räte ist es, Expertenwissen zu generieren und die Regierung bei spezifischen Fragen zu beraten.[6] Innerhalb dieser Foren sind kritische und kontroverse Diskussionen durchaus möglich. Aufgrund der Tatsache, dass die Existenz und die Zusammensetzung der Räte ausschließlich von den Staatsapparaten abhängt und keinerlei Umsetzungspflicht hinsichtlich der erarbeiteten Strategien und Vorschläge besteht, forciert die Machtvertikale die Eingliederung der Zivilgesellschaft in einen staatlich regulierten autoritären Korporatismus. Wenn unterschiedliche Akteurs- und Interessengruppen (Kapitalfraktionen, Gewerkschaften, Kirche, Regionen etc.) auf spezifische Themen Einfluss nehmen möchten, müssen sie sich in die neue Ordnungshierarchie einfügen. Die Zähmung der Zivilgesellschaft ging einher mit der Konzentration von Macht und der Zentralisierung von Entscheidungsprozessen in Staat und föderaler Exekutive. Dadurch wurde der Staat zum Taktgeber der gesellschaftlichen Entwicklung. In ihm verdichteten sich die unterschiedlichen politischen und ökonomischen Strategien. Gleichzeitig bildete er das zentrale Terrain, auf dem die Konflikte über die zukünftige Entwicklung geführt wurden.

Die Einhegung der Oligarchie

Neben dem Staat blieb die Oligarchie der zentrale Akteur in der Neuordnung der gesellschaftlichen Macht- und Herrschaftsverhältnisse. Die Bestrebungen der Regierung, die Autonomie des Staates gegenüber einzelnen Kapitalfraktionen zu stärken, entsprachen mehrheitlich ihren veränderten Bedürfnissen. In den 1990er-Jahren bestand die »unmittelbare ökonomische Funktion« des Staates darin, die Grundlagen bürgerlicher Herrschaft zu schaffen. Dieser Prozess war um die Jahrtausendwende weitgehend abgeschlossen. Den offensichtlichen Dysfunktionalitäten der unregulierten Herrschaft des Marktes konnte nur durch eine aktive staatliche Wirtschaftspolitik entgegengewirkt werden. Die Regierung erklärte sich dazu bereit, auf eine Revision des Privatisierungsprozesses zu verzichten und die neuen Eigentumsverhältnisse stillschweigend zu legalisieren, insofern die Bourgeoisie den neuen Kurs unterstützte. Durch die Gründung und Konsolidierung der oligarchisch-etatistischen Ordnung gelang es, in Russland – anders als in der Ukraine – einen Konsens unter den Herrschenden herzustellen. Die Bedeu-

[6] Zur Rolle der Räte siehe Aasland/Berg-Nordlie/Bogdanova (2016).

tung dieses Schrittes verdeutlichte die Aussage Dmitrij Medwedews, Präsident der Russischen Föderation von 2008 bis 2012, in einem Interview mit dem Wirtschaftsjournal Ekspert (2005): »Falls wir nicht in der Lage sind, die Elite zu konsolidieren, könnte Russland als einheitlicher Staat untergehen.«

Vor dem Hintergrund der seit der Krise verstärkten Konsolidierung der Kapitalfraktionen erwies sich die periphere Integration Russlands in den Weltmarkt immer deutlicher als Entwicklungshemmnis für internationale Expansionsbestrebungen. Die Abhängigkeit des Landes von den internationalen Finanzorganisationen, die spätestens mit dem Staatsbankrott 1998 offensichtlich geworden war,[7] führten innerhalb des herrschenden Blocks zur Einsicht, dass zugunsten einer dem Ausland gegenüber unabhängigeren Politik eine partielle Abkehr von der bisherigen Wirtschaftspolitik notwendig war. Diese Einsicht wurde auch in den Staatsapparaten geteilt, wie ein weiteres Zitat Medwedews verdeutlicht: »Die russische Unabhängigkeit kann nur auf nationalem Kapital beruhen.« (ebd.)

Darüber hinaus galt die Entwicklung im Nordkaukasus als warnendes Beispiel dafür, welche dramatischen Folgen die Politik der 1990er-Jahre haben konnte. Daraus resultierte die Einsicht, dass nur ein funktionsfähiger, relativ autonomer Staat einen weiteren Zerfall Russlands verhindern konnte. Aus diesem Grund begrüßte die russische Bourgeoisie mehrheitlich das kompromisslose Vorgehen gegen die tschetschenischen Separatisten und die Etablierung der Machtvertikale zur Stärkung des föderalen Zentrums gegenüber den Regionen.[8]

Durch die Gründung beziehungsweise Stärkung von Unternehmerverbänden erhielten die Beziehungen zwischen der Regierung, der Staatsbürokratie und der Wirtschaft einen institutionalisierten Rahmen. Wenige Monate nach Putins Wahl zum Präsidenten traten 18 der mächtigsten Oligarchen in den Russländischen Verband der Industriellen und Unternehmer (RSPP) ein. Die Wertschöpfung der in dem Verband vertretenen Unternehmen betrug zu diesem Zeitpunkt die Hälfte des russischen Bruttoinlandsprodukts (vgl. Stykow 2006: 142ff.). Die Organisation eigenständiger Verbände der Kleinunternehmer (OPORa), des Mittelstandes (Delowaja Rossija) sowie unternehmensübergreifende Organisationen wie die Handels- und Industriekammer (TTP) begleiteten diesen Prozess und ermöglichten eine Professionalisierung der russischen Unternehmer.

Trotz der Institutionalisierung des Verhältnisses zwischen Staat und Kapital blieb der persönliche Zugang zu den Staatsapparaten und der Regierung zentral. Zwischen 2000 bis 2006 gab es mindestens 10 bis 18 öffentlich bekannte Treffen zwischen dem Präsidenten der Russischen Föderation und einem der 11 größten Unternehmer des Landes. In mindestens 5 bis 11 weiteren Treffen wurden diese

[7] Zur Rolle internationaler Finanzorganisationen siehe Ždanowskaja (2014).

[8] Beispielhaft für diese Haltung steht der wegen schweren Betrugs und Steuerhinterziehung verurteilte Ex-Oligarch Michail Chodorkowskij. Dieser begrüßte in einem Interview wenige Tage nach seiner Freilassung im Dezember 2013 das Vorgehen der Regierung mit den Worten: »Wenn sich die Frage stellt: Abspaltung des Nordkaukasus oder Krieg, dann Krieg.«

als Teil einer größeren Gruppe empfangen (vgl. Sutela 2012: 50). Im Rat für Unternehmertum, der den russischen Premierminister in ökonomischen Fragen berät, waren im Sommer 2002 13 der 16 Mitglieder Vertreter des RSPP-Büros, darüber hinaus waren sie in 34 weiteren Konsultativorganen der Regierung und des Präsidenten vertreten (vgl. Stykow 2006: 145). Dies verdeutlicht den unverändert hohen Einfluss des russischen Großkapitals auf die Regierung.

Die Begründung der oligarchisch-etatistischen Ordnung stieß unter einzelnen einflussreichen Oligarchen auf Widerstand. Zwar wurde auch unter der Regierung Putin an der Ausrichtung auf den Ressourcenextraktivismus festgehalten. Allerdings nutzte sie die Einkünfte aus dem Rohstoffgeschäft teilweise dazu, produktive Sektoren zu stabilisieren. Darüber hinaus nahm der Staat eine aktive Rolle in der Absicherung dieses Modells ein. Während er durch Gazprom von Anfang an über eine dominante Stellung im Gassektor verfügte, wurde die Kontrolle über die Ölindustrie sukzessive ausgebaut. Kooperative Oligarchen wurden vom Staat für den Verkauf ihrer Anteile an Ölkonzernen ausgezahlt. Roman Abramowitsch, der langjährige Präsident des englischen Fußballklubs FC Chelsea, erhielt für den Verkauf seiner Firma Sibneft an Gazprom 13 Milliarden US-Dollar. Das gilt auch für die russischen Anteilseigner des Konsortiums TNK-BP[9] bei der Übernahme durch den staatlichen Ölkonzern Rosneft. Andererseits machte die Regierung von Anfang an deutlich, dass Widerstand gegen diese Veränderungen nicht geduldet würde. Das zeigte sich am konsequenten Vorgehen gegen Michail Chodorkowskij und der Zerschlagung seines Ölförderunternehmens Yukos, das mehrheitlich Rosneft zugeschlagen wurde.[10] Anders als im Jahr 1993 spitzte sich die Auseinandersetzung zwischen Staat und Kapital nicht zu einem offenen gesellschaftlichen Konflikt zu, da die Oligarchen im Gegensatz zu den »Roten Direktoren«, den Managern der produktiven Sektoren, über keine nennenswerte gesellschaftliche Verankerung verfügten. Im Gegenteil. Aufgrund ihres Vorgehens während des Privatisierungsprozesses, insbesondere im Kredite-für-Aktien-Programm, sowie der offenen Unterstützung Jelzins während der Präsidentschaftswahlen 1996 waren die Oligarchen in der Bevölkerung weitgehend diskreditiert. Nach Angaben einer Studie der Friedrich-Ebert-Stiftung aus dem Jahr 2000 befürworteten 70% der Russinnen und Russen mehr staatliche Planung und 63% eine Beschlagnahmung des Besitzes der »neuen Russen« (vgl. Rutland 2013: 353). Andere Untersuchungen kamen sogar zu dem Schluss, dass 90% der russischen Bevölkerung und sogar 72% der Unternehmer davon überzeugt waren, dass die Privatisierung betrügerisch vollzogen wurde (vgl. ebd.: 343).

[9] Michail Fridman (Alfa-Group), Leonid Blawatnik (Access Industries) und Wiktor Wekselberg (Renova).

[10] Chodorkowskij war allerdings nicht allein betroffen. Die Oligarchen Wladimir Gussinskij und Boris Berezowskij, bedeutende Finanziers der Jelzin-Administration, flohen nach Konflikten mit der Regierung ins Ausland. Zum Oligarchen-Konflikt Jaitner (2014b).

Im Gegensatz zu den 1990er-Jahren war die Regierung nicht nur bereit, Konflikte mit mächtigen Kapitalfraktionen einzugehen, sondern konnte diese zu ihren Gunsten entscheiden. Die Schritte der Putin-Administration zur Stärkung des föderalen Zentrums hatten die Kohäsion der Staatsapparate gestärkt. Dies ordnete die gesellschaftlichen Kräfteverhältnisse in Russland neu. Anders als noch im Jahr 1993 war es nicht die Angst der Bourgeoisie vor einem möglichen Erfolg einer breiten Oppositionsbewegung und dem möglichen Verlust ihrer politischen und ökonomischen Macht, die sie dazu verleitete, eine autoritäre Wende zu unterstützen. Vielmehr ergriff der herrschende Block im Augenblick der politischen Schwäche der Opposition die Gelegenheit, die Kräftekonstellation zu den eigenen Gunsten zu verschieben und einen Umbau der gesellschaftlichen Ordnung einzuleiten.

Russland wird geeint: Die gelenkte Demokratie

Parallel zu der wachsenden Zentralisierung gesellschaftlicher Entscheidungs- und Aushandlungsprozesse in Staat und Exekutive sowie der Neuordnung des Kräfteverhältnisses zwischen Zentrum und Regionen trieb die Regierung eine Konsolidierung des politischen Prozesses voran. Besonders in den frühen 2000er-Jahren legte die Putin-Administration großen Wert darauf, politische Autoritäten, Oppositionspolitiker*innen, Vertreter*innen nationaler Minderheiten und sogar nationalistische Politiker*innen in die neue Ordnung zu integrieren. Vier ehemalige Premierminister Jelzins (Tschernomyrdin, Kirienko, Stepaschin und Primakow), die in ihrer Amtszeit inhaltlich unterschiedliche Agenden verfolgten, wurden unter Putin in wichtige Positionen und Ämter berufen.

Als Vertreter der Öl- und Gasindustrie stieg Wiktor Tschernomyrdin im Laufe der 1990er-Jahre zu einem der führenden Politiker in Russland auf (siehe Kapitel 4, S. 81f.). Dass die Öl- und Gasindustrie ein wesentlicher Bestandteil des unter Putin neu ausgehandelten Konsens war, verdeutlichte sein weiterer Werdegang. Als Botschafter in der Ukraine (2001–2009) prägte er maßgeblich die Beziehungen beider Länder. An der Biografie Tschernomyrdins ließen sich sowohl die enge Verbindung zwischen Staat, Politik sowie Öl- und Gasindustrie als auch die Schwerpunkte russischer (Außen-)Politik verdeutlichen. Spätestens seit Putin waren die Entwicklung der Rohstoffindustrie und des Staates aufs Engste miteinander verknüpft. Die hegemonialen Ansprüche Russlands im postsowjetischen Raum fanden nicht zuletzt in der Energiepolitik ihren Ausdruck. Das galt auch für Belarus und die Ukraine als den beiden Ländern, zu denen Russland die engsten Beziehungen pflegte.

Durch die Ernennung Jewgenij Primakows zum Präsidenten der Handels- und Industriekammer (TTP) gelang es, einen äußerst populären Politiker und potenziellen Konkurrenten Putins in den oligarchisch-etatistischen Konsens einzubinden. Primakow, der ähnlich wie Tschernomyrdin ein klassischer Vertreter der sowjetischen Nomenklatura war und über großen Rückhalt im diplomatischen Dienst und der Industrie verfügte, übernahm in seinem neuen Amt eine zentrale

Vermittlerrolle zwischen den unterschiedlichen Kapitalfraktionen. Gleichzeitig galt er spätestens seit seiner Amtszeit als Premierminister als Unterstützer des produktiven Sektors, der über einen direkten Zugang zu den Staatsapparaten und der Exekutive verfügte.

Sergej Kirienko dagegen stand für die Einbindung wichtiger wirtschaftsliberaler Kräfte der Jelzin-Ära. 1997 wurde er im Alter von 35 Jahren Energieminister und wenige Monate später Premierminister, im Zuge der einsetzenden Wirtschafts- und Finanzkrise jedoch bald wieder entlassen. Gemeinsam mit den bekannten liberalen Politikern der Jelzin-Administration Boris Nemzow, Anatolij Tschubajs und Jegor Gajdar war Kirienko führend an der Gründung der Partei Union der rechten Kräfte beteiligt. Unter Putin wurde er Anfang der 2000er-Jahre zum Generalgouverneur und bevollmächtigten Vertreter des Präsidenten des Föderationskreises Wolga berufen und unterstützte damit aktiv die Föderalismusreform. Mit seiner Ernennung zum Direktor von Rosatom, der föderalen Agentur für Atomenergie, stieg Kirienko zum Manager eines der mächtigsten Staatskonzerne auf und bekleidet aktuell den Posten des ersten stellvertretenden Leiters der Präsidialadministration.

Sergej Stepaschin, ein Vertreter der Gewaltapparate, bekleidete unter Jelzin verschiedene Ministerposten und kurzzeitig das Amt des Ministerpräsidenten. Stepaschin stand für ein kompromissloses Vorgehen im ersten Tschetschenien-Krieg (1994–1996) und kritisierte den zunehmenden Einfluss der Oligarchie auf die Regierung. Unter Putin wurde er zum Vorsitzenden des Rechnungshofes ernannt und spielte in dieser Funktion eine wichtige Rolle im Konflikt mit Michail Chodorkowskij.[11] Der Werdegang der vier ehemaligen Premierminister gibt Aufschluss über die unterschiedlichen Fraktionen des Blocks an der Macht, die sich als wichtige Träger der oligarchisch-etatistischen Ordnung erwiesen: Der Öl- und Gassektor und die damit verbundenen Staatsapparate (Tschernomyrdin), die produktiven Sektoren, insbesondere die Rüstungsindustrie, und der diplomatische Dienst (Primakow), die Gewaltapparate (Stepaschin) und die wirtschaftsliberalen Politiker*innen (Kirienko).

Ein weiterer Schritt zur Konsolidierung der politischen Herrschaft bestand in der Umgestaltung des Parteiensystems. Mit Ausnahme der nationalistischen LDPR und der KPRF verloren alle anderen prägenden Parteien der 1990er-Jahre, zum Beispiel die liberale Partei Jabloko oder die Agrarpartei, an politischer Bedeutung und waren spätestens seit den Wahlen im Jahr 2007 nicht mehr in der Duma vertreten. Innerhalb des herrschenden Blocks galt der fortwährende Dualismus zwischen Parlament und Präsident als ein wichtiger Grund für die poli-

[11] Im Auftrag der Regierung überprüfte der Rechnungshof die Bilanzen des Ölkonzerns Yukos und stieß dabei auf Unregelmäßigkeiten, die zur Anklage wegen Steuerhinterziehung und Betrug führten, in deren Folge der Vorstandsvorsitzende und Haupteigentümer, Michail Chodorkowskij, verurteilt wurde.

tische Instabilität der 1990er-Jahre in Russland. Tatsächlich verfügte die Jelzin-Administration auch nach der gewaltsamen Auflösung des Obersten Sowjets 1993 zu keiner Zeit über eine ausreichende stabile politische Mehrheit im Parlament. Trotz ihrer Wahlerfolge konnte die Opposition jedoch keinen entscheidenden Einfluss auf die Regierungspolitik nehmen, da die präsidentielle Verfassung die Macht des Parlaments begrenzte. Dies zeigte sich sowohl im Hinblick auf die Privatisierungspolitik als auch in der Tschetschenien-Frage. Dennoch verschärfte der ungelöste Konflikt zwischen parlamentarisch geäußertem Volkswillen und Regierungspolitik die Widersprüche im Innern, da die Opposition das Parlament als Bühne zur Kritik an der Regierung zu nutzen verstand. Durch die Gründung der Partei Einiges Russland existierte – anders als in den 1990er-Jahren – eine politische Plattform zur Aushandlung von Interessen und Strategien unterschiedlicher Fraktionen des herrschenden Blocks, die parlamentarisch verankert war. Während in der 2. Duma (1996–1999) 102 Gesetzesvorschläge Jelzins zurückgewiesen wurden, fiel die Rückweisung von Vorlagen durch den Präsidenten in der 3. Duma (2000–2003) auf 10 (vgl. Chaisty 2005: 135). Auf diese Weise gelang es der Regierung, die eigene Politik zu popularisieren und über das Parlament politisch umzusetzen – ohne die grundlegenden Widersprüche der 1990er-Jahre (Folgen der Schocktherapie, verfassungsrechtliche Begrenzung der parlamentarischen Vollmachten) im Ansatz zu diskutieren. Auf diese Weise förderte die Regierung die Entpolitisierung des Parlaments, in dem die gesellschaftlichen Widersprüche nur noch höchst eingeschränkt geäußert wurden. Zum Ausdruck brachte dies der langjährige Parlamentssprecher der Duma, Boris Gryzlow (Einiges Russland), mit dem Satz: »Das Parlament ist nicht der Ort für Diskussion.« (Kommersant 2011) Durch die zum Teil offene Verachtung, die gewählte Repräsentanten des herrschenden Blocks der Duma entgegenbrachten, verlor der parlamentarische Prozess noch weiter an Legitimität, während die Duma sich immer mehr von einem Organ der Volksvertretung zu einer Aushandlungsarena der unterschiedlichen Fraktionen des herrschenden Blocks wandelte. Dies zeigte sich unter anderem an der extremen Reichtumskonzentration der Abgeordneten.[12]

[12] Der Dumaabgeordnete Grigorij Anikeew (Einiges Russland) konnte im Jahr 2017 sein Einkommen im Vergleich zum Vorjahr um mehr als 700% auf 4,3 Mrd. Rubel (ca. 58,5 Mio. Euro) steigern. Damit galt Anikeew zwar als reichster Parlamentarier, noch höhere Einkommenszuwächse konnten jedoch sein Parteikollege Dmitrij Pirog (+2600 %) und Walerij Gazzaew (822 %) von Gerechtes Russland vermelden. Viele Abgeordnete verschleierten ihre wahren Eigentumsverhältnisse, indem sie ihre Ehefrauen bzw. Ehegatten als Eigentümer*innen deklarierten. So verfügte z.B. der Abgeordnete der Kommunistischen Partei, Aleksandr Nekrasow über Einkünfte im Wert von 29.850.000 Rubel (ca. 400.000 Euro), seine Frau jedoch über einen Besitz von umgerechnet 3,1 Mio. Euro. Selbst der einkommensschwächste Abgeordnete, Oleg Bykow (Einiges Russland), lag mit einem Besitz von 1,3 Mio. Rubel (ca. 176.000 Euro) immer noch 3,5 Mal über dem russischen Durchschnittseinkommen von 365.688 Rubel pro Jahr (ca. 4.900 Euro). (Zahlen siehe Lindell/Savina/Antonova (2018).

Ihre Funktion als Sammlungsbecken des herrschenden Blocks verriet bereits der Name *Einiges* Russland. Der Zusammenschluss von Edinstwo (Einheit) und Otetschestwo-Wsja Rossija (Vaterland-Ganz Russland) im Jahr 2001 konsolidierte zwar die politische Herrschaft. Allerdings verdeutlichte die parallel forcierte Stärkung der Machtvertikale die schwache gesellschaftliche Verankerung der Partei über die Elite hinaus. In den Folgejahren saugte die Partei wie ein Schwamm konkurrierende Parteien wie die national-populistische Rodina, regionale Gouverneure und Unternehmer auf. Dies erschwerte die Ausarbeitung eines von der Regierung unabhängigen Programms. Auf die Frage, welche Agenda die Partei zu verfolgen gedenke und was für ein Programm sie vertrete, antwortete der Parteiführer und aktuelle Verteidigungsminister Sergej Schojgu kurz vor den Wahlen: »Was immer Putin will.« (Zit. n. Hashim 2005: 31) Dabei war Putin offiziell kein Mitglied der Partei. Trotz eines inkorporierten Arbeitnehmer*innen- und Gewerkschaftsflügels (Andrej Isaew), der Mitgliedschaft bekannter Großunternehmer und Gouverneure sowie einem nationalistischen Flügel war Einiges Russland keine klassische Volkspartei, sondern die »Partei der Macht«. Die parlamentarischen Erfolge waren weniger ein Ausdruck der Verankerung im Volk als ein plebiszitäres Votum pro Putin.

Das ideologische Profil der institutionalisierten Oppositionsparteien war deutlich ausgeprägter. Die Liberaldemokratische Partei (LDPR) bediente rassistische und nationalistische Strömungen in der Bevölkerung. Eine wichtige Funktion im politischen System nahm zudem der erste und bis heute einzige Vorsitzende der Partei, Wladimir Schirinowskij, ein. Als Politclown inszenierte er regelmäßig Eskapaden und Skandale und desavouierte auf diese Weise den politischen Prozess und dessen Institutionen – in erster Linie das Parlament. Die offene Verachtung, die Schirinowskij demokratischen Prozessen gegenüber zeigte, und die gezielte rassistische Hetze kanalisierten Wähler*innenstimmen desillusionierter Bevölkerungsschichten und förderten das Misstrauen in der Gesellschaft gegenüber dem politischen System. Die KPRF verband soziale Forderungen mit einem großrussischen Nationalismus und einer sowjetnostalgischen Rhetorik. Zwar verfügte die Partei nach wie vor über eine stärkere gesellschaftliche Verankerung und Rückhalt in bestimmten industriellen Branchen (z.B. im Rüstungssektor und im agro-industriellen Komplex). Allerdings verfolgte die herrschende Klasse das Ziel, die KPRF durch finanzielle Zuwendungen russischer Großunternehmer wie Gazprom, Lukoil oder Interos zu »zähmen« (vgl. Sakwa 2004: 199ff.). Zudem wurde im Jahr 2006 mit Gerechtes Russland von den Polittechnologen des Kremls eine sozialdemokratische Konkurrenzpartei zur KPRF gegründet. Die Nominierung des Oligarchen Michail Prochorow als Kandidat für die Präsidentschaftswahlen 2012 unterstrich jedoch ihre mehrheitliche Nähe zur Staatsmacht.

Die Transformationsverlierer wählen rechts. Neue Klassenbündnisse in Putins Russland

Im Gegensatz zur Jelzin-Administration bemühte sich die Regierung Putins stärker darum, weitere gesellschaftliche Schichten und Klassenfraktionen in die neue Ordnung einzubinden. Im Zuge des allgemeinen wirtschaftlichen Aufschwungs verbesserte sich die soziale Lage der Bevölkerung deutlich. Die Reallöhne stiegen in den 2000er-Jahren um 10,5% genauso wie die real verfügbaren Einkommen der Bevölkerung (+7,9%) (vgl. Cooper 2009: 5). Insgesamt ging in dem genannten Zeitraum der Anteil der Bevölkerung mit einem Einkommen unter dem Existenzminimum von 43,8 Mio. Russen (30% der Gesamtbevölkerung) auf 19 Mio. (13,5% der Gesamtbevölkerung zurück (vgl. Goskomstat 2000: 141; Rosstat 2009: 113). Zudem sank die Arbeitslosenrate von 12,6% im Jahr 1999 auf 7,5% im Jahr 2008. Dadurch entstand eine städtische postsowjetische Mittelschicht, die sich neben den Fraktionen des Blocks an der Macht als wichtige Stütze der oligarchisch-etatistischen Ordnung erwies.

Neben der bereits unter Jelzin in Ansätzen entstandenen städtischen Mittelschicht galt dies besonders für Angestellte des Bildungs- und Gesundheitssektors, Rentner*innen und führende Mitglieder des russischen Gewerkschaftsbundes (FNPR). Die Staatsangestellten dieser Sektoren, Rentner*innen und Arbeiter*innen hatten in den 1990er-Jahren mit die größten Lohneinbußen zu verzeichnen und unterstützten mehrheitlich das Reformprogramm der KPRF. Ein entscheidendes Mittel waren Renten- und Lohnerhöhungen für staatliche Bedienstete, eine Maßnahme, die nach Angaben des Ökonomen Stanislaw Menschikow (vgl. 2007: 299–300) zur Erhöhung des Konsums um ca. 20% beitrug.

Tabelle 5: Durchschnittlicher Nominalmonatslohn ausgewählter Sektoren (in Rubel)

	2000	2004	2008
Finanz- und Versicherungswirtschaft	5.232,2	17.383,8	41.488,8
Raffinierung mineralischer Produkte	4.916,3	13.729,3	34.908,6
Bergbau	5.940,2	16.841,7	33.127,2
Verwaltung, Verteidigung, soziale Fürsorge	2.712,1	7.898,6	21.388,1
Baugewerbe	2.639,8	7.304,7	18.314,1
Gesundheitssektor	1.333,3	4.612,0	12.982,2
Bildungssektor	1.240,2	4.203,4	11.303,2
Landwirtschaft	958,1	3.015,4	8.200,8

Quelle: Rosstat 2009: 119–121.

Ähnlich wie in anderen Ländern des postsowjetischen Raums gelang es, durch eine fortgesetzte neoliberale Wirtschafts- und Sozialpolitik die Arbeiter*innenschaft zu spalten. Facharbeiter*innen in ressourcenextraktiven exportorientierten Branchen, im militärisch-industriellen Komplex und Angestellte des Finanzsektors wurden durch Lohnerhöhungen befriedet, hier entwickelten sich – im russischen Vergleich – Hochlohnsektoren. Eine Konsolidierung der Löhne ließ sich darüber hinaus in der staatlichen Verwaltung von der kommunalen bis hin zur nationalen Ebene feststellen, was eine wichtige Erklärung für den Rückhalt der Regierung in den Staatsapparaten war. Dem gegenüber blieben prekäre Beschäftigungsverhältnisse, niedrige Arbeits- und Sozialstandards für die Masse der Beschäftigten im Bau-, Handels- und Dienstleistungsgewerbe sowie der Landwirtschaft die Regel. Die Durchschnittslöhne in der Holzverarbeitung, einem stark exportorientierten Sektor, lagen mit knapp über 10.000 Rubel ebenfalls am unteren Ende der Lohnskala. Die Ökonomen Buzgalin und Kolganow sahen in Monostädten[13] oft sogar Formen persönlicher Abhängigkeit zwischen Arbeiter*innen und ortsansässigen Firmen. Gleiches gelte besonders für (illegalisierte) Migrant*innen (vgl. Buzgalin/Kolganow 2015: 708–709). Durch hohe Wachstumsraten und erweiterte Konsummöglichkeiten gelang es, breite Zustimmung innerhalb der Bevölkerung zur neuen Ordnung herzustellen, ohne die Einkommensverhältnisse anzutasten.

Diese Maßnahmen wurden von einer symbolischen Aufwertung dieser Bevölkerungsgruppen begleitet. Das galt besonders im Hinblick auf die vielen Opfer während der Industrialisierung des Landes und des Zweiten Weltkrieges. Seit den 2000er-Jahren propagierte die Regierung verstärkt einen großrussischen Nationalismus und trieb dazu aktiv eine Umdeutung der russischen Geschichte im Sinne eines staatszentrierten Entwicklungsweges voran. Dies ermöglichte, unterschiedliche historische Phasen des Zarismus (Iwan der Schreckliche, Peter der Große, Katharina die Große), den Stalinismus und den Sieg im Zweiten Weltkrieg in einer gemeinsamen historischen Tradition zu sehen, was in der Erfindung neuer staatlicher Feiertage (Tag der Einheit des Volkes am 4. November) beziehungsweise die Aufwertung alter Feiertage (1. und 9. Mai) in einem veränderten politischen Kontext seinen Ausdruck fand. Im Mittelpunkt dieses staatlich propagierten großrussischen Nationalismus standen die Größe Russlands und der russischen Nation, Entwicklungserfolge und Siege in kriegerischen Auseinandersetzungen. Eine kritische Auseinandersetzung mit gesellschaftlichen Widersprüchen und Konflikten, dem imperialen Erbe Russlands oder Ursachen und Formen autoritärer Herrschaft wie dem Stalinismus hatten in dieser Geschichtsdeutung bestenfalls eine untergeordnete Bedeutung.

---

[13] Von einer Monostadt ist die Rede, wenn mehr als 25% der Bevölkerung in einer einzigen Firma oder mehreren Firmen beschäftigt sind, die alle zu derselben Industriebranche gehören. In Russland gibt es insgesamt 335 Monostädte mit einer Bevölkerung von 15,8 Mio. Einwohnern. Das bedeutet, dass jeder 9. Mensch in einer Monostadt lebt. Anokhin/Kuznetsov/Lachininskii (vgl. 2014) führen die hohe Anzahl an Monostädten in Russland auf die spezifische Industrialisierung des Landes im 20. Jahrhundert zurück. Mehr als 30% der Städte entstanden während der sowjetischen Industrialisierung.

Die verstärkte Ausrichtung der Regierung auf nationalkonservative Inhalte war nicht neu, sondern hatte ihre Ursprünge bereits unter Jelzin. Damit war die Hoffnung verbunden, das ideologische Vakuum zu füllen, das durch das Ende der Sowjetunion entstanden war (vgl. Jaitner 2014b: 128–132). Die Entstehung des russischen Kapitalismus in den 1990er-Jahren ging von Beginn an mit einer Aufwertung nationalistischer, reaktionärer Weltanschauungen und gesellschaftlicher Kräfte einher, die ein Gegengewicht zum sowjetischen Internationalismus und Vielvölkerstaatsgedanken bilden sollten. An dieser Entwicklung beteiligten sich auch die institutionalisierten Oppositionsparteien wie die KPRF und die LDPR. In der zweiten Hälfte der ersten Amtszeit Putins forcierte der Staat die Gründung der gemäßigten nationalistischen Partei Rodina (Heimat) (vgl. Verkhovskii/Pain 2012: 65–67). Innerhalb kürzester Zeit wurde die Partei in die Duma gewählt und konnte ihre Popularität weiter steigern. Im April 2006 war sie mit 135.000 Mitgliedern die zweitgrößte Partei Russlands nach Einiges Russland. Rodina vereinigte unterschiedliche Strömungen, die sich zur Idee des großrussischen Nationalismus bekannten und bot sowohl linken Politiker*innen wie Oleg Schein als auch orthodoxen Nationalisten (Aleksandr Krutow), Ethnonationalisten (Andrej Sawelew), intellektuellen Vertreter*innen des russischen Sonderwegs (Natalija Narotschnizkaja) und sozial-orientierten Konservativen (Sergej Glazew) Platz. Unter ihren Mitgliedern waren sogar Neonazis (vgl. ebd.). Außerdem rekrutierte sich die Partei aus Mitgliedern der sowjetischen Militär- und Staatsbürokratie. Dafür stehen Georgij Schpak, Kommandeur der russischen Luftlandetruppen und Gouverneur des Rjazaner Gebietes, der ehemalige sowjetische Verteidigungsminister Walentin Warennikow oder der Vorsitzender der sowjetischen und russischen Zentralbank Wiktor Geraschtschenko. Im Zuge der zunehmend nationalistischen und rassistischen Rhetorik der Partei, die sich auch gegen die Herrschenden richtete, forcierte der Staat die Auflösung von Rodina und deren Vereinigung 2006 mit zwei weiteren Parteien zur Partei Gerechtes Russland.

Ein wichtiger Bestandteil des oligarchisch-etatistischen Konsenses war das Stabilitätsversprechen der Regierung. Nach dem alkoholkranken Jelzin, dessen Auftritte das Chaos der Transformationsjahre versinnbildlichten, bleibe der Bevölkerung – so die Botschaft der Polittechnologen[14] – nur noch die Wahl zwischen Stabilität oder Chaos. Die Regierungspolitik und vor allem Putin selber wurden dadurch »alternativlos« (vgl. Krastev/Zhurzhenko 2012). Die Personifizierung der russischen Politik, begleitet durch aufwendige mediale Inszenierungen, schuf das Bild eines charismatischen Führers und Vaters der Nation, der über den gesellschaftlichen Klassen, Widersprüchen und Konflikten stand. Dies war auch eine Erklärung dafür, warum Putin in der Bevölkerung mehrheitlich großes Vertrauen genoss, während die

[14] In Russland werden Politikberater oder Spin-Doktoren als »Polittechnologen« bezeichnet. Dies unterstreicht den technokratischen Ansatz in der Beeinflussung und Steuerung politischer Prozesse.

politische Klasse und das politische System als korrupt und verlogen galten. Putin, so Wladislaw Surkow (vgl. 2019), langjähriges Regierungsmitglied und ein wichtiger ideologischer Berater des Präsidenten, stehe bereits zu Lebzeiten in der Reihe der großen »Gründungsväter der Nation« wie Iwan III., Peter der Große oder Lenin. Als Garant für die neuen Klassenbündnisse der oligarchisch-etatistischen Ordnung intervenierte der Präsident hin und wieder persönlich in soziale Konflikte zwischen einzelnen Oligarchen und der Belegschaft, um Lohnerhöhungen durchzusetzen oder Werksschließungen zu verhindern. Maßnahmen im Interesse der Transformationsverlierer, eine situativ eingesetzte klassenkämpferische Rhetorik sowie sowjet-nostalgische Symbolik kanalisierten und befriedeten partiell deren Forderungen – und wurden medienwirksam inszeniert. Wie Karl Marx mit Blick auf Napoleon III. in Frankreich feststellte, galt auch für Putin, dass »der einfältigste Mann Frankreichs die vielfältigste Bedeutung erhielt. Eben weil er nichts war, konnte er alles bedeuten, nur nicht sich selbst.« (MEW 7: 45) Surkow (2019) bezeichnete den Putinismus auch als »Ideologie der Zukunft«, insofern als der »echte Putin kein Putinist ist, genauso wenig wie zum Beispiel Marx ein Marxist war«. Tatsächlich sprach Putin sowohl soziale als auch national oder liberal orientierte Bevölkerungsschichten an. Er galt als Retter des russischen Staates, Förderer der Wirtschaft, aber auch als Präsident, der die Oligarchen als Klasse auszurotten versprach. Dieses klassenkämpferische Image wurde sogar in Teilen der europäischen Linken reproduziert, obwohl die Konsolidierung der Oligarchie als Klasse in die ersten beiden Amtszeiten Putins fiel. Wie sein historischer Vorgänger, Napoleon III. in Frankreich, stützte er sich sowohl auf Schichten der Transformationsverlierer als auch die Staatsapparate. Politisch bedeuteten die ersten beiden Putin-Administrationen daher eine Vervollkommnung des Bonapartismus.

Demokratie nach westlichem Vorbild? Das Scheitern des Liberalismus

Die Konsolidierung der oligarchisch-etatistischen Ordnung ging einher mit einem fortschreitenden Bedeutungsverlust des politischen Liberalismus, der sich auch in der Veränderung des Parteiensystems widerspiegelt. Die lange wirtschaftliche Aufschwungsphase nach dem Zweiten Weltkrieg und ausgeweitete Konsummöglichkeiten für die Bevölkerung in der Sowjetunion (Konsumsozialismus) ermöglichten die Herausbildung einer urbanen Mittelschicht, die zunehmend in Widerspruch zu den Prinzipien der sozialen und politischen Ordnung des Staatssozialismus geriet (apitel 3.2.3). Mit dem Übergang zu Marktwirtschaft und liberaler Demokratie verband diese Schicht die Hoffnung auf eine Verbesserung ihres sozialen Status mit einer politischen Aufwertung als neue »führende Klasse« (Crowley 2015: 701). Im Zuge der neoliberalen Transformation wurden demokratische Errungenschaften durch die Regierung jedoch temporär außer Kraft gesetzt oder sogar aktiv bekämpft, falls diese die Schocktherapie zu gefährden drohten. Der ökonomische Niedergang, der Russland an den Rand des Staatszerfalls brachte, schwächte das Vertrauen in demokratische Organisationen, insbesondere das Parlament, nachhaltig, das überdies nicht dazu in der Lage war, auf die Regierungspolitik effektiv Einfluss auszuüben. Es greift folglich zu kurz, die Krise des Liberalismus seit den 2000er-Jahren überwiegend aus den autoritären Verhärtungen unter Putin zu begründen (siehe stellvertretend White 2013), ohne die Rolle des politischen Liberalismus in diesem Prozess ausreichend zu berücksichtigen. Die Entwicklung der 1990er-Jahre zeigt vielmehr, dass autoritäre Anschauungen von Anfang an unter Teilen des liberalen Milieus verbreitet waren (vgl. Jaitner 2014b: 31–45, 87–99; Rupprecht 2016). Der politische Liberalismus war somit für die Entstehung autoritärer Herrschaft in Russland mit verantwortlich. Eine zweite Ursache für die Schwäche des Liberalismus lag darin, dass als Folge der Schocktherapie die sowjetische Mittelschicht und damit das potenzielle Wähler*innenklientel der liberalen Parteien erodierte.

Der Politikwissenschaftler Dieter Segert (vgl. 2010: 32–35) führte dies darauf zurück, dass demokratische Herrschaft eine soziale Basis braucht, die durch eine spezifische gesellschaftliche Regulation (aktive staatliche Sozialpolitik, Parlament, Parteiensystem) stabilisiert werden müsse. In den ehemaligen staatssozialistischen Ländern hingegen unterminierte die Schocktherapie und die damit einhergehende soziale Polarisierung der Gesellschaft die Legitimität demokratischer Herrschaft. Deshalb bezeichnete er Osteuropa und den postsowjetischen Raum als ein »Labor für die soziale Belastbarkeit der Demokratie« (ebd.). Die im Zuge der ökonomischen Aufschwungsphase der 2000er-Jahre entstandene neue postsowjetische Mittelschicht orientierte sich politisch anders. Sie war nicht zuletzt vor dem Hintergrund der 1990er-Jahre viel eher dem Putinschen Stabilitäts- und Konsumversprechen verpflichtet als dem mit dem Chaos der Transformation assoziierten politischen Liberalismus. Sie kennzeichnete ein ausgeprägter antikommunistischer Konsens, der mit einem Bekenntnis zu Individualismus, Konsumismus und zunehmend traditionellen Werten (Patriotismus, Familie und Religion) einherging.

Die Gründung der Partei Union der rechten Kräfte (SPS), an der führende Politiker der Jelzin-Ära wie Jegor Gajdar, Anatolij Tschubajs und Sergej Kirienko beteiligt waren, symbolisierte die endgültige Spaltung des russischen Liberalismus in einen neoliberal-technokratischen und einen ökonomisch neoliberalen, aber politisch progressiven Flügel um die Partei Jabloko. Diese befürwortete unter dem Vorsitz des Ökonomen Grigorij Jawlinskij die radikale Schocktherapie, kombinierte diese streng neoliberale wirtschaftspolitische Ausrichtung jedoch mit einem Programm zur Stärkung der Bürger*innen- und Menschenrechte sowie einer klaren Positionierung gegen die beiden Tschetschenien-Kriege, was der Partei einen Rückhalt in der ehemaligen sowjetischen Dissident*innenbewegung, dem NGO-Sektor und Teilen des gut gebildeten urbanen Milieus verschaffte, sie allerdings in Opposition zur Regierung brachte. Spätestens seit den Parlamentswahlen im Jahr 2007 war die Partei politisch marginalisiert.

Obwohl die SPS keine dauerhafte gesellschaftliche Bedeutung erlangte, blieb der liberal-technokratische Flügel maßgeblich für die Wirtschaftspolitik der Putin-

Administration. Viele führende Politiker*innen der 1990er-Jahre gründeten einflussreiche Wirtschaftsinstitute und Thinktanks, die Regierung und Staatsapparate auf unterschiedlichen Ebenen berieten.[15] Darüber hinaus ermöglichten »Reformer der 2. Generation« wie German Gref (Minister für ökonomische Entwicklung und Handel), Aleksej Kudrin (Finanzminister) und Michail Zubarow (Minister für soziale Angelegenheiten) eine personelle und politische Kontinuität im Bereich der Wirtschaftspolitik. Wie bereits unter Jelzin beruhte das Bündnis zwischen neoliberalen Wirtschaftsreformern und der Regierung weniger auf gemeinsamen demokratischen Idealen als auf der fortgesetzten Orientierung auf eine neoliberale Wirtschaftspolitik. Die bekannte liberale Intellektuelle Lilja Schewtzowa (2006) begründete diesen Schritt folgendermaßen: »Eine vielleicht deutlich autoritärere Herrschaft in Russland, aber mit einer modernisierenden Tendenz, wäre wünschenswerter als die byzantinisch bürokratische Herrschaft, die schon immer der Totengräber ernstgemeinter Reformen gewesen ist.«

Dieser Ansatz ähnelte dem des US-amerikanischen Politikwissenschaftlers Samuel Huntington (2006), dem zufolge die Bedingung für eine inklusivere und demokratischere Regierung in einer stabilen Rechtsordnung lag, die wiederum eine stabile Regierungsführung ermöglichte. Effektive und legitime Institutionen waren nach Huntington eine Bedingung für die Entwicklung der ökonomischen, politischen und der sozialen Sphäre. Dementsprechend sei »Ordnung ohne Freiheit« möglich, nicht aber »Freiheit ohne Ordnung« – ein Ansatz, der von der Mehrheit des liberalen Spektrums in Russland bis heute geteilt wurde.

Dennoch blieb das formelle Bekenntnis zu demokratischen Werten neben dem liberalen Kapitalismus die zentrale Säule öffentlicher Legitimation der neuen Ordnung. Weder die Verfassung noch demokratische Verfahren (Wahlen etc.) wurden offiziell ausgesetzt. Bedeutsam ist in diesem Zusammenhang der aus dem Regierungsumfeld geprägte Begriff der »souveränen Demokratie«. Damit, so der Russlandforscher Richard Sakwa (vgl. 2008), betonte die Putin-Administration den eigenständigen, vom Westen abweichenden Weg Russlands zur Demokratie. Der Begriff der »souveränen Demokratie« stellte zwar keine offene Absage an liberale Werte wie Menschen- und Bürger*innenrechte oder Rechtsstaatlichkeit dar. Dennoch nutzten Regierungsvertreter*innen ihn immer wieder als Legitimation für die eigene Politik. Zentrale Ziele waren fortan die Wiederherstellung der staatlichen Autonomie und staatlicher Handlungsfähigkeit, die als Voraussetzung für die Schaffung eines demokratischen Systems galten. Eine Einschränkung von Freiheitsrechten oder eine Stärkung der Exekutive wurden bis heute immer wieder mit der Notwendigkeit der staatlichen Souveränität begründet.

[15] Zu nennen wären das Zentrum für strategische Forschung (ZSR), die Akademie für Volkswirtschaft und öffentliche Verwaltung beim Präsidenten der Russischen Föderation (RANEPA), geleitet von Wladimir Mau, oder das Gajdar-Institut. Sehr wichtig für die Ausarbeitung wirtschaftspolitischer Strategien war zudem die Universität für höhere Studien in Moskau, die von dem bekannten Ökonomen und ehemaligen Wirtschaftsminister Jewgenij Jasin geleitet wird.

Russlands staatlich durchdrungener Kapitalismus

Die konstitutive Rolle des Staates in der neuen Ordnung wirft die Frage auf, ob und wenn ja, inwieweit es der Putin-Administration gelang, dessen relative Autonomie zu stärken. Wie bereits dargelegt, hatte die junge russische Bourgeoisie ein Interesse an der Stärkung der Autonomie des Staates, da der korrupte Privatisierungsprozess und der anhaltende wirtschaftliche Niedergang eine hegemoniale Verankerung der kapitalistischen Transformation innerhalb der Bevölkerung erschwerten. Dies zeigten die Auseinandersetzungen des Jahres 1993 oder die Wahlerfolge der KPRF. Das Fortbestehen der Bourgeoisie konnte nur durch eine aktivere staatliche Regulation und die Legalisierung des Privatisierungsprozesses durch den Staat garantiert werden. Die russische Elite unterstützte Schritte zur Stärkung der staatlichen Autonomie noch aus einem weiteren Grund. Denn die semi-periphere Lage Russlands im Weltsystem erwies sich zunehmend als Entwicklungshemmnis für das russische Kapital. Die Stabilisierung der Herrschaftsverhältnisse, die auf politischer Ebene in die Zentralisierung gesellschaftlicher Entscheidungsprozesse in Staat und Exekutive (Machtvertikale) mündete, hatte folglich auch ökonomische Auswirkungen: die Konsolidierung der ökonomischen Macht im Inneren und die Unterstützung internationaler Expansionsbestreben exportorientierter einheimischer Firmen. In dieser veränderten Konstellation agierte der Staat gegenüber anderen gesellschaftlichen Klassen und deren Organisationen (Arbeiter*innenschaft und Gewerkschaften) oder binnenorientiertem Kapital durchaus im Interesse des Großkapitals und übernahm zunehmend eine vermittelnde Rolle zwischen den einzelnen Fraktionen des herrschenden Blocks.

Aus Oligarchen werden Unternehmer

Durch den Erwerb von Banklizenzen erhielten private Unternehmer in den frühen 1990er-Jahren die Möglichkeit, Handels- und Zinsgeschäfte zu betreiben und dadurch Privatkapital aufzubauen (apitel 4.2). Anders als die klassischen Vertreter*innen der sowjetischen Wirtschaftsbürokratie (Unternehmensdirektoren, leitende Angestellte etc.), die darum bemüht waren, die Anteile ihres eigenen Unternehmens unter Kontrolle zu bringen,[16] setzten die Bankiers darauf, sich in die profitablen exportorientierten Rohstoffsektoren einzukaufen.[17] Üblicherweise bildeten Unternehmen aus dem ressourcenextraktiven Sektor den Kern der Tätigkeiten, um den sich der weit verstreute Besitz in anderen Wirtschaftszweigen (Banken, Versicherungen, Medien, Transportfirmen) gruppierte. Diese Firmenkonglomerate wurden als Finanz-Industrie-Gruppen (FIG) bezeichnet. Dieser

[16] Bekannte Vertreter waren: Wadim Alekperow (Lukoil), Wladimir Bogdanow (Surgutneftegaz) oder Alexej Mordaschow (Severstal).

[17] Beispielhaft seien an dieser Stelle die Oligarchen Boris Berezowskij, Michail Chodorkowskij und Wladimir Potanin genannt.

Begriff offenbarte jedoch analytische Mängel, da er eine dauerhafte Verschmelzung von Finanz- und Industriekapital suggerierte. Damit blieben die zentralen Veränderungen des russischen Kapitalismus seit den 2000er-Jahren unberücksichtigt. Im Zuge der Finanzkrise 1998 und der anschließend einsetzenden wirtschaftlichen Aufschwungsphase verloren die hauseigenen Banken etwas an Bedeutung. Einerseits garantierten die hohen Rohstoffpreise konstantere und profitablere Einnahmequellen als spekulative Finanzgeschäfte. Andererseits übernahmen staatliche Banken zunehmend die Aufgabe, Unternehmenskredite bereitzustellen, was besonders im Zuge der Finanzkrise 2008 deutlich wurde. Bis zu einem gewissen Grad begannen russische Unternehmen, sich auch über die internationalen Finanzmärkte zu finanzieren, indem sie Unternehmensanteile an internationalen Börsen platzierten. Damit verschob sich der Fokus der Wirtschaftstätigkeiten hin zum extraktiven und Dienstleistungssektor, auch wenn die Funktion der Hausbanken als interne Finanzierungsquelle nie völlig aufgegeben wurde.

Darüber hinaus war der Begriff Finanz-Industrie-Gruppe in einem weiteren Aspekt unscharf. Typisch für die russische Volkswirtschaft war ihre duale Struktur, das heißt, die Spaltung in eine hochgradig internationalisierte außen- und eine binnenorientierte Sphäre. Diese duale Wirtschaftsstruktur war seit den 2000er-Jahren zunehmend in eine korporatistisch-bürokratische Ordnung eingebettet. Innerhalb dieser agierten oft Großunternehmen, die eine marktbeherrschende Stellung aufbauten und diese anschließend dazu nutzten, um Ressourcen (Rohstoffe, Arbeitskraft, Finanzen, Informationen) zu monopolisieren. Die Ökonomen Aleksandr Buzgalin und Andrej Kolganow (vgl. 2015: 702–704) argumentierten daher, dass wirtschaftlicher Erfolg in Russland weniger auf hoher Produktivität und Produktqualität zu günstigen Preisen beruhe, sondern in der Fähigkeit eines Unternehmens, das Marktumfeld den eigenen Bedürfnissen anzupassen und Teile der Konkurrenz auszuschalten. Die unternehmerische Tätigkeit war daher in erster Linie darauf ausgerichtet, die Versorgungsunsicherheiten in einem durch oligopolistische Strukturen (auf nationaler, regionaler und lokaler Ebene) dominierten Markt zu minimieren.

Der Soziologe Simon Clarke (vgl. 2004: 9ff.) unterschied in einer auf Fallstudien beruhenden Analyse russischer Unternehmensorganisation zwischen horizontal und vertikal integrierten Holdings. Erstere spezialisieren sich stärker auf einzelne Produktionsschritte, während letztere – üblicherweise im Öl-, Gas- und Metallurgiesektor – sich dadurch auszeichneten, dass sie die Kontrolle über die gesamte Lieferkette anstrebten, um die Versorgung mit qualitativ hochwertigen Rohstoffen und die Fähigkeit, diese zu veredeln und eigenständig zu transportieren, gewährleisten zu können. Der Politikwissenschaftler Thane Gustafson (vgl. 2012: 98–144) beschrieb in seiner Darstellung zur Entwicklung der russischen Öl- und Gasindustrie sehr detailliert, wie der Erfolg der Unternehmen davon abhing, die Kontrolle über Zulieferer und Raffinerien zu erlangen. Ein Merkmal horizontal integrierter Holdings war ihre Monopolstellung auf regionalen oder föderalen Märkten. Oft waren die Geschäftsfelder über verschiedene Sektoren diversifiziert, um konjunkturunabhängig Profite zu erwirtschaften. Gemeinsam war beiden Holdingtypen, dass sie die Abhängigkeit von externen Akteuren weitgehend zu reduzieren versuchten, indem sie eigene Vertriebsnetzwerke und Verkaufsstellen gründeten, eigene Produktionsanlagen bauten und Kapital für Investitionen nach Möglichkeit über interne Quellen generierten. Das staatliche Unternehmen Gazprom beispielsweise verfügte neben dem Erdgasgeschäft durch die Übernahme des Konzerns Sibneft über eine Erdölfördersparte sowie eine eigene Bank (Gazprombank). Auch strebten staatliche Unternehmen eine weitgehende Kontrolle der Lieferketten an und diversifizierten ihre Geschäftsfelder. Es greift jedoch zu kurz, russische Konzerne oder Finanz-Industrie-Gruppen als Nachahmer der vertikal integrierten sowjetischen Staatskonzerne zu definieren (vgl. exemplarisch Sakwa 2004: 192), da die spezifischen Unterschiede der sowjetischen Planwirtschaft und des zeitgenössischen russischen Kapitalismus dabei außer Acht gelassen wurden. Offensichtlich waren die vertikalen und horizontalen Holdingstrukturen eine Reaktion auf spezifische Eigenschaften des russischen Kapitalismus, die sowohl unter privaten als auch staatlichen Konzernen vergleichbare Anpassungen erforderlich machten. Aus diesem Grunde war es fraglich, ob die Unterscheidung in private Unternehmer (Oligarchen) und staatliche Firmen, wie sie etwa die Ökonomen Sergej Guriew und Andrej Ratschinskij (vgl. 2005) vornahmen, dazu beitrug, die Entwicklungstendenzen des russischen Kapitalismus und das spezielle Verhältnis zwischen Staat und Kapital zufriedenstellend zu analysieren. Das sollte nicht bedeuten, dass die Rolle des Staates zur Regulation ökonomischer Beziehungen in Russland nicht von hoher Bedeutung wäre, ganz im Gegenteil. Allerdings schienen staatliches und privates Kapital doch stärker denselben Mechanismen ausgesetzt zu sein, als das in der Debatte wahrgenommen wurde, weshalb sie ähnliche Strukturen ausbildeten und Strategien entwickeln mussten.

Auftragsbankrotte und gewaltsame Enteignungen: Unternehmer von Staates Gnaden

Auch 30 Jahre nach der Einführung des Kapitalismus blieben die Eigentumsverhältnisse in Russland extrem umkämpft und unsicher. Eine wesentliche Ursache dafür sah der Ökonom Ruslan Dzarasow in dem korrupten und gewalttätig verlaufenen Privatisierungsprozess der 1990er-Jahre. Die daraus resultierende Unsicherheit der Eigentumsverhältnisse begünstigte die Verschmelzung von Unternehmensbesitz und -führung in der Hand weniger oder sogar eines einzelnen Mehrheitsaktionärs, sogenannte Insider. Dies erleichterte, so Dzarasow (vgl. 2011, 2014), die direkte Kontrolle über die Führung und die inneren Abläufe des Unternehmens.

Der im Zuge der Wirtschafts- und Finanzkrise 1998 einsetzende Konzentrationsprozess wurde maßgeblich durch den Staat vorangetrieben. Ein wichtiges Mittel hierfür bildete ein neues Gesetz zur Regulierung von Insolvenzverfahren. Die Erklärung der Zahlungsunfähigkeit einer Firma durch den Staat war bis heute ein beliebtes Mittel, um Wettbewerber zu übernehmen und wurde als

»Auftragsbankrott« bezeichnet. Dieses Vorgehen förderte die engen Beziehungen zwischen Staat und einzelnen Unternehmer*innen, die von der Pleite ihrer Konkurrenz profitierten und diese im Anschluss günstig übernehmen konnten.

Während im Zeitraum 1993 bis 1997 insgesamt etwa 6.000 Anträge für Insolvenzverfahren bei Gericht eingereicht wurden, stieg diese Zahl im Jahr 1999 auf mehr als 12.000 und blieb auch in den folgenden Jahren auf einem hohen Niveau (vgl. Volkov 2004: 530). Die instrumentelle Anwendung des Insolvenzgesetzes verfolgte nach Ansicht des Soziologen Wadim Wolkow eine »versteckte ökonomische Agenda« (ebd.: 528ff.), die sich nicht nach der Profitabilität oder der Leistung eines Unternehmens am Markt richtete. Vielmehr entschied der gezielte Einsatz physischer und administrativer staatlicher Gewalt über den Erfolg oder Misserfolg geplanter feindlicher Übernahmen. Die russische Handelskammer verzeichnete von 2000 bis 2004 5.000 feindliche Übernahmen (vgl. Dzarasow 2014: 125). Die bekannteste dieser Art in der Putin-Ära war zweifellos die Zerschlagung des Erdölunternehmens Yukos, die jedoch nicht von privaten Kapitalgruppen, sondern vom Staat forciert wurde. Dabei handelte es sich keinesfalls um das einzige große Ölunternehmen, das von einer feindlichen Übernahme betroffen war, wie die gewaltsame Auseinandersetzung um die Firma Slavneft zeigte. In beiden Fällen spielten staatliche Sicherheitskräfte eine wichtige Rolle in der Auseinandersetzung.[18]

Die Mehrheit dieser feindlichen Übernahmen vollzog sich in den hochprofitablen ressourcenextraktiven Sektoren (Öl, Gas, Buntmetallurgie, Aluminium, Stahl, Zellulose), aber auch im Handel und der Konsumgüterindustrie. Während in der Anfangsphase private Sicherheitsstrukturen aktiv in den Enteignungs- und Übernahmeprozess involviert waren, wurden diese ab den 2000er-Jahren zunehmend von staatlichen Gewaltapparaten (Polizei, Geheimdienste) verdrängt. Private Kapitalfraktionen waren damit stärker auf die Unterstützung durch (regionale) Staatsadministrationen angewiesen. Dieser Prozess stärkte die Eigenmacht des Staates, besonders der staatlichen Gewaltapparate, die damit zu einem zunehmend relevanten Akteur in der Wirtschaftspolitik aufstiegen und ihren Einfluss auf weitere Felder jenseits des klassischen Verantwortungsbereichs ausdehnen konnten.

---

[18] Der Ölproduzent Slavneft war ein Gemeinschaftsunternehmen des russischen Staates (70% der Anteile), des belarussischen Staates (knapp 11%) und des Unternehmens TNK (12%). Anfang der 2000er-Jahre gab die russische Regierung bekannt, ihren Anteil deutlich reduzieren zu wollen und entließ im Zuge dessen den Vorstandsvorsitzenden Michail Gutzeriew. Als Nachfolger wurde Jurij Suchanow, ehemaliger Mitarbeiter der Ölfirma Sibneft, ernannt. Daraufhin verklagte Gutzeriew die Regierung und ließ die Bürogebäude des Unternehmens durch Sondereinsatzkräfte der russischen Polizei und privater Sicherheitsdienste stürmen, um die Kontrolle über Slavneft zurückzuerlangen. Das Vorgehen blieb jedoch erfolglos. Im Januar 2004 wurde Slavneft schließlich an Sibneft und TNK verkauft.

Die strukturelle Unsicherheit der Eigentumsverhältnisse bewirkte, dass dominante Kapitaleigentümer einer Firma sich darum bemühten, durch die Zentralisierung der Firmenstruktur und Entscheidungsfindungsprozesse den Zugriff auf die Finanzströme einer Firma sicherzustellen. Auf diese Weise garantierten die »big Insider« eine fortgesetzte Kapitalakkumulation (vgl. ebd. 2014: 119–122). Den abgeschöpften Profit bezeichnete Dzarasow als »Insider Rente«, als eine Mischung aus Unternehmensprofit und feudaler Rente. Denn sie speiste sich nicht aus Investitionen der Kapitaleigentümer, sondern aus »Gewinn von nicht-investiertem Kapital« wie Steuern, Kredit, nicht ausgezahlten Dividenden, nicht entlohnter Arbeit etc. und ging folglich über den »normalen« Unternehmensprofit hinaus. Die Orientierung auf möglichst kurzfristige Profitmaximierung unter den großen russischen Kapitalgruppen hatte unmittelbare Auswirkungen auf die Investitionsentscheidungen, denn sie verhinderte eine über einen längeren Zeitraum ausgerichtete Unternehmensplanung und umfangreiche Investitionen in Forschung, Entwicklung und neue Anlagen, die langfristig Profite steigern konnten (vgl. Dzarasov 2011: 586ff., 2014: 150ff.). Zugleich war die »Insider Rente« Anlass für wiederkehrende Konflikte zwischen den Eigentümern und der Belegschaft, denn die kurzfristigen Profitmaximierungsstrategien erhöhten den Druck auf die Lohnentwicklung. Die stagnierenden oder oft fallenden Löhne für Angestellte und Arbeiter*innen erhöhten wiederum die Einkommensunterschiede, was der Entwicklung des Binnenmarktes enge Grenzen setzte. Dzarasow (2014: 173f.) sah die »Insider-Rente« als einen charakteristischen Bestandteil des semiperipheren russischen Kapitalismus.

Eine weitere Besonderheit der unsicheren Eigentumsverhältnisse bestand darin, dass die wahren Anteilseigner einer Firma oftmals kaum auszumachen waren, weil diese ihre Beteiligungen über ein Firmengeflecht aus in Steueroasen registrierten Kapitalgesellschaften kontrollierten. Nach Angaben des Vorsitzenden des Duma-Ausschusses für Wirtschaftspolitik und Unternehmertum, Jewgenij Fjodorow, waren 95% des russischen Großkapitals in Offshore-Zonen registriert (vgl. ebd.: 111). Die Registrierung von Holdings in Steueroasen diente einerseits dazu, die Gewinne der Kapitaleigentümer zu maximieren und andererseits, den Zugriff des Staates zu minimieren. Gleichzeitig waren große Kapitalgruppen zur Sicherung ihrer Besitzverhältnisse auf externen Schutz angewiesen. Dies drückte sich zum einen in dem Aufbau privater Sicherheitsstrukturen aus. Zum anderen pflegten Insider enge Beziehungen zu den Staatsapparaten und hier insbesondere den Gewaltapparaten.

Zwar gelang es unter Putin, die offen gewaltsamen Auseinandersetzungen zwischen konkurrierenden Kapitalfraktionen um vormals staatliches Eigentum zu begrenzen, allerdings um den Preis der Integration dieser Gruppen in den herrschenden Block. Damit wurde kein vollständiger Bruch mit den Geschäftspraktiken des Transformationsprozesses vollzogen, vielmehr wurden sie auf den Staat ausgedehnt, wie das Vorgehen im Fall Yukos zeigt. Trotz der erfolgreichen

Konsolidierung der politischen Herrschaft in den 2000er-Jahren blieben gewaltsam erzwungene Unternehmensübernahmen bis in die Gegenwart ein Bestandteil der Auseinandersetzung unterschiedlicher Kapitalfraktionen oder sogar einzelner Kapitaleigner ein und derselben Firma um wirtschaftliche Macht und Profit.[19]

Streitfall Privatisierung: Erste Konflikte im Machtblock

Das sich verändernde Verhältnis zwischen Staat und Kapital zeigte sich auch an der Privatisierungspolitik der Putin-Administration. Der ursprüngliche Plan sah vor, an die umfangreichen Privatisierungen der 1990er-Jahre anzuknüpfen und verbliebene staatliche Monopole in den Bereichen Energie (UES Russia), Gas (Gazprom) und Transport (Russische Eisenbahnen) zu privatisieren. Im Gegensatz zur Transformationsphase sollten die Privatisierungen jedoch geordnet und transparenter durchgeführt werden, was den konsolidierten gesellschaftlichen Verhältnissen der neuen Ordnung entsprach. Anhand der Vorhaben wurden die Verschiebungen im herrschenden Block deutlich, die mit dem Amtsantritt Wladimir Putins institutionalisiert wurden, da die liberalen Kräfte anders als in der Steuer- und Sozialpolitik auf deutlich stärkeren Widerstand stießen.

Weitgehend umgesetzt wurde die Privatisierung des Energiekonzerns UES, der von dem bekannten liberalen Politiker der Jelzin-Administration Jegor Gaidar übernommen und in verschiedene Unternehmen aufgespalten wurde. Die Netzinfrastruktur verblieb unter staatlicher Kontrolle, der Bereich der Stromerzeugung (Kraftwerke) wurde jedoch privatisiert. Die Kernkraftwerke überführte der Konzern in die Staatsholding Rosatom. Dadurch entstand einer der größten Atomenergiekonzerne der Welt, der vom Bau bis zur Wartung von AKWs und von der Herstellung bis zur Wiederaufbereitung von Kernbrennstoff alle Stufen des Nuklearzyklus umfasste. Den Vorsitz Rosatoms übernahm der enge Gajdar-Gefolgsmann Sergej Kirienko. Damit setzte eine Entwicklung ein, der zufolge bekannte liberale Politiker zunehmend auf Leitungsposten staatlicher Holdings berufen wurden.

Die Versuche, den Erdgasmonopolisten Gazprom und die russischen Eisenbahnen zu privatisieren, scheiterten dagegen. Während die erste Putin-Administration unter Premierminister Kasjanow deutlich von liberalen Kräften (einschließlich dem Premierminister) dominiert wurde, veränderte sich dieses Verhältnis etwas in der zweiten Amtsperiode unter Premierminister Michail Fradkow. Zwar blie-

[19] Ein aktuellerer Fall war die Übernahme des Erdölkonzerns Bashneft durch den staatlichen Konkurrenten Rosneft. Im Zuge der Auseinandersetzung wurde der Eigentümer Wladimir Jewtuschenkow von September bis Dezember 2014 unter Hausarrest gestellt. Der Generaldirektor der Firma, Ural Rachimow, setzte sich im Zuge der Auseinandersetzung nach Österreich ab. Ein weiterer Fall war die Verhaftung des US-amerikanischen Investors und Vorsitzenden der Holding Baring Vostok, Michael Calvey. Hintergrund der Festnahme waren höchstwahrscheinlich Auseinandersetzungen um die Bank »Vostochny« zwischen Calvey und einem weiteren Anteilseigner, Artem Awetisjan.

ben Vertreter*innen der Liberalen in den Ministerien für Wirtschaft, Finanzen und Soziales und stellten nach wie vor den Vorsitz in der Zentralbank. Allerdings forderten sowohl das Landwirtschafts- als auch das Transportministerium bereits eine deutlich aktivere staatliche Politik. Die Vertreter*innen der Gewaltapparate und der staatszentrierten konservativen Kräfte verband eine Interessenallianz, keinen weiteren Ausverkauf russischer (Technologie-)Unternehmen zuzulassen, um die produktive Basis des Landes nicht weiter zu gefährden. Dies wirkte sich auch auf die geplante Privatisierung der russischen Eisenbahnen aus. Der 2005 ernannte Vorsitzende Wladimir Jakunin repräsentierte den in der zweiten Amtsperiode verstärkten Eintritt staatsinterventionistischer Kräfte in die Regierung, er war ein offener Gegner der Bahnprivatisierung.

Im Fall Gazprom stärkte die Ausrichtung der Regierung auf den Ressourcenextraktivismus Kräfte des Energiekomplexes im Staat. Durch die Zerschlagung des Unternehmens Yukos und die Übernahme der Anteile durch Rosneft wurde nicht nur ein staatlich bedeutender Ölkonzern geschaffen, sondern ein Konzentrationsprozess der Öl- und Gasbranche eingeleitet, was in der Übernahme des Ölproduzenten Sibneft durch Gazprom deutlich wurde. Die Konsolidierung des Unternehmens erreichte die Putin-Administration im Stile klassischer großer Insider (vgl. Dzarasov 2011, 2014), indem sie den Vorstand mit Vertrauensleuten besetzte. Unter der Leitung Aleksej Millers konnte bereits im Jahr 2006 der Förderhöchststand aus dem Jahr 1990 übertroffen werden. Der Export von Erdgas wurde im Vergleich zu den 1990er-Jahren jedoch nicht substanziell ausgeweitet, da der Inlandsverbrauch anstieg *(siehe Abb. 14).*

Abb. 14: Gasproduktion und Export in der Russischen Föderation (in Mrd. Kubikmetern)

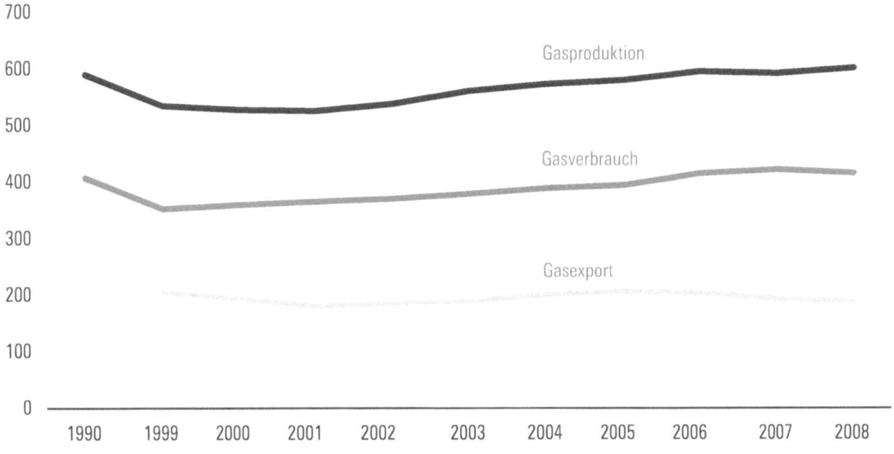

Quellen: Rossijskij Statističeskij Ežegodnik 2000: 584 und 587; Russia in Figures 2005: 406f.; Russia in Figures 2008: 504.

Wider die Anarchie des Marktes: Regulierungsschritte der Putin-Administration

Der Ökonom Karl Polanyi argumentierte in seinem Werk »The Great Transformation«, dass die Durchsetzung des Kapitalismus und dessen wiederkehrende Krisen Abwehrprozesse innerhalb der gesellschaftlichen Klassen auslösen können. Diese Entwicklung verlief nicht konstant, sondern in Wellen oder Phasen unterschiedlicher Intensität. In der zweiten Hälfte des 19. Jahrhunderts richtete sich der gesellschaftliche Widerstand gegen die Privatisierung von zuvor gemeinschaftlich genutztem Land oder die Aneignung der menschlichen Arbeit durch das Kapital, blieb jedoch überwiegend im nationalstaatlichen Rahmen. Im Zuge der Weltwirtschaftskrise der 1930er-Jahre machte Polanyi spezifische Reaktionen gegen die Auswirkungen eines unregulierten Marktes auch auf internationaler Ebene aus, indem einzelne Länder unterschiedliche staatszentrierte Lösungswege suchten. Diese reichten vom sozialdemokratisch geprägten New Deal bis hin zur staatssozialistischen Planwirtschaft oder faschistischen Wirtschaftspolitik (vgl. Polanyi 2015). Ausgehend von Polanyis Überlegungen warf der Soziologe Michael Burawoy (vgl. 2001) die Frage auf, ob in Russland als Reaktion auf die kapitalistische Transformation mittels Schocktherapie ähnliche gesellschaftliche Abwehrprozesse und die Herausbildung eines verstärkten Protektionismus und staatlichem Dirigismus möglich waren.[20] Die zentrale Erkenntnis des herrschenden Blocks aus dem ökonomischen Niedergang der Transformationsphase und vor allem aus der Wirtschafts- und Finanzkrise 1998 war, dass die extrem kurzfristige Profitorientierung den Fortbestand des russischen Staates und damit ihre eigene gesellschaftliche Position gefährdete. Die spezifische Reaktion auf die unregulierte Marktwirtschaft und deren destruktive Tendenzen für die russische Gesellschaft bestand in einem Übergang zu einer verstärkten staatlichen Regulation. Die konkrete Ausprägung blieb jedoch gesellschaftlich umkämpft. Die Schwäche der sozialen Bewegungen, aber auch der binnenorientierten Kapitalfraktionen verhinderte eine entwicklungspolitische Orientierung des Staates.

In seiner Analyse des russischen Öl- und Gassektors seit der Jahrtausendwende plädierte der Ökonom Rafael Fernández dafür, das Vorgehen der Putin-Administration als Reaktion auf die Entwicklungshemmnisse dieses Sektors zu sehen. Die Ausrichtung der privatisierten Öl- und Gasunternehmen auf kurzfristige Profitmaximierung sowie die extrem intransparenten institutionellen Rahmenbedingungen verhinderten mittlere und langfristige Investitionen und damit eine Steigerung der Öl- beziehungsweise Gasproduktion (vgl. Fernández 2009). Auch der Ökonom Jacek Cukrowski (vgl. 2004) machte in seiner Analyse Mitte der 2000er-Jahre verschiedene Entwicklungshemmnisse des russischen Ölsektors aus, unter anderem eine alte Transportinfrastruktur und technische Ausrüstung sowie eine geringe Investitionsrate. Tatsächlich sank die Öl- und Gasproduktion in den 1990er-

[20] Als zweite mögliche Abwehrreaktion auf die Einführung des Kapitalismus sah Burawoy die Feudalisierung der russischen Gesellschaft (vgl. Burawoy 2001).

Abb. 15: Russische(r) Ölproduktion, -verbrauch und -export, 1999–2008
(in Tausend Barrel täglich)

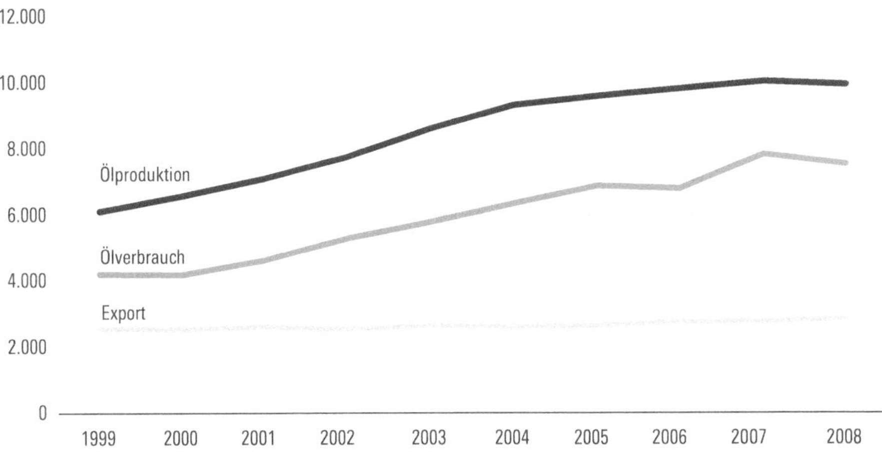

Quelle: BP Statistical Review of World Energy 2016.

Jahren in Russland kontinuierlich und erreichte im Jahr 1996 ihren historischen Tiefpunkt (siehe Kapitel 4, S. 72f.). Parallel dazu ging der staatliche Anteil an der Ölproduktion von 100% im Jahr 1992 auf 15% im Jahr 2004 zurück, bevor er anschließend wieder auf 40% (2008) bzw. 51% (2012) anstieg (vgl. Moser 2016: 76). Der von der Regierung vorangetriebene Konzentrationsprozess der Branche unter staatlicher Führung (Übernahme der privaten Ölkonzerne Sibneft durch Gazprom und Yukos durch Rosneft) und die Stärkung institutioneller Rahmenbedingungen (klarere Steuer- und Investitionsregeln) ermöglichten eine Steigerung der Öl- und Gasproduktion und eine Ausweitung der Exporte *(siehe Abb. 15)*.

Zugleich verbesserte die Regierung die Position sowohl staatlicher als auch privater einheimischer Ölunternehmen gegenüber ausländischen Konkurrenten, indem sie für den russischen Staat unvorteilhafte Verträge aufkündigte, etwa im Fall des Offshore-Projektes vor der Insel Sachalin (Sachalin II) oder des ost-sibirischen Erdgasfeldes Kowytka.[21] Speziell in der Auseinandersetzung um Sachalin

[21] Der Vertrag zur Ausbeutung der Erdölvorräte vor der Insel Sachalin zwischen einem internationalen Konsortium um die Firma Shell und dem russischen Staat aus dem Jahr 1994 gestattete den internationalen Anteilseignern, die Gewinne der ersten Jahre zur Kostendeckung zu nutzen. Dieses in der Branche übliche Vorgehen wurde durch äußerst vorteilhafte Konditionen ergänzt. Demnach sollte der russische Staat erst dann Anteile am Gewinn erhalten, sobald das Konsortium seine Gesamtkosten gedeckt und 17,5% Rendite erwirtschaftet hätte. Ab diesem Zeitpunkt hätte der russische Staat zwei Jahre 10% und dann die Hälfte der Gewinne erhalten. Zudem konnte der Vertrag nur einseitig von den internationalen Anteilseignern gekündigt werden (vgl. Richter/Smid 2008: 125–129).

II zeigte sich der bonapartistische Charakter der neuen oligarchisch-etatistischen Ordnung, der vor allem in der veränderten Rhetorik sichtbar wurde. Putins öffentlich wirksame Verurteilung des »Kolonialvertrages, der nichts mit den Interessen der Russischen Föderation zu tun hat« (zit. n Bradshaw 2008: 143), nutzte geschickt antikapitalistische und nationalistische Strömungen in der Bevölkerung zur Durchsetzung der eigenen Interessen. Entgegen der Rhetorik war die Regierung jedoch nicht gewillt, den Konflikt vollends eskalieren zu lassen, sodass Gazprom die Mehrheit in dem Konsortium schließlich durch eine Zahlung von 7,45 Mrd. US-Dollar erwarb (vgl. ebd.: 146). Dennoch markierte die Auseinandersetzung einen wichtigen Wendepunkt, da seitdem ausländische Öl- und Gasunternehmen üblicherweise russische Partner als Mehrheitsaktionäre in Gemeinschaftsunternehmen akzeptieren mussten.

Die verstärkte staatliche Ausrichtung auf den Ressourcenextraktivismus veränderte die Regulationsweise des russischen Kapitalismus. Die steigenden Rohstoffpreise und Deviseneinnahmen ermöglichten eine vorzeitige Rückzahlung der Staatsschulden und erweiterten damit die staatliche Autonomie auf internationalem Terrain. Zugleich garantierten sie den hohen Vertreter*innen der Staatsbürokratie üppige Einkünfte, sogenannte Renten, und erhöhten den Widerstand gegen geplante zukünftige Privatisierungen. Damit übernahmen die Staatsapparate zunehmend Strategien der kurzfristigen Profitmaximierung. Der wachsende staatliche Einfluss in den lukrativen Wirtschaftssektoren stärkte zwar die Eigenmacht des Staates, hatte aber keinen demokratisierenden Effekt. Darüber hinaus nutzte die Regierung seit Mitte der 2000er-Jahre einen Teil der Einkommen aus dem Öl- und Gasgeschäft, um eine Konsolidierung ausgewählter Sektoren voranzutreiben. In der staatlichen Holding Rostec wurden Maschinenbau- und Chemieunternehmen gebündelt. Seit der Überführung des staatlichen Rüstungsexporteurs Rosoboronexport lag der Schwerpunkt auf der Modernisierung der Rüstungsindustrie. Dazu wurden auch die größten russischen Flugzeug- (Suchoj, Irkut) und Automobilkonzerne (AvtoVaz, Kamaz) integriert. Mit einem Umsatz von 27,2 Mrd. US-Dollar (2017) und über 450.000 Beschäftigten war Rostec einer der größten global tätigen russischen Korporationen.

Mit der staatlich forcierten Konsolidierung des Rüstungssektors ging eine systematische Exportorientierung der Branche einher. Seit den frühen 1990er-Jahren ist Russland nach den Vereinigten Staaten der zweitgrößte Waffenexporteur der Welt. Im Vergleich zu den 1990er-Jahren verdoppelten sich im Zeitraum 2000 bis 2008 die Rüstungsexporte von 24.592 Mrd. US-Dollar auf 49.225 Mrd. US-Dollar (vgl. SIPRI o. D.). Die größten Käufer waren China, Indien und Vietnam, Länder des Nahen Ostens (Iran, Syrien) und Nordafrikas (Algerien, Ägypten) und ab Mitte der 2000er-Jahre Venezuela. (Vgl. ebd.) Die Putin-Administration bemühte sich zudem um eine Diversifizierung der Waffenexporte. Während in den frühen 2000er-Jahren China und Indien bis zu 80% der russischen Waffen bezogen, verfügte Russland am Ende der Dekade über fünf bis sechs Großabnehmer, die für 8 bis 15% der Exporte standen. Der mit Abstand größte Importeur russischer Rüstungsgüter blieb mit 25 bis 30% aller Exporte Indien (vgl. Denisentsev/Makienko o. D.: 4).

Die Rüstungsexporte stellten aus russischer Sicht eine wichtige Quelle ausländischer Deviseneinkünfte dar und untermauerten zugleich die außenpolitischen Ansprüche des Landes. Durch die weltweiten Rüstungsexporte und ausländische Militärstützpunkte wie in Syrien, konnte Russland sicherheitspolitische Ansprüche geltend machen, die über den postsowjetischen Raum hinausgingen.

Abgesehen von Rostec entstanden vergleichbare Staatsholdings in den Bereichen Atom- (Rosatom) und Nanotechnologie (Rosnano) mit dem Ziel, ausgewählte Hochtechnologiesektoren zu konsolidieren und die geringen privaten Kapitalinvestitionen auszugleichen. Wie auch in den Bereichen Öl (Rosneft), Gas (Gazprom), Banken (Sberbank, VTB, VEB) war die Regierung darum bemüht, den stagnativen Tendenzen oder dem anhaltenden Niedergang relevanter Sektoren durch staatliche Interventionen entgegenzuwirken und durch die Schaffung »nationaler Champions« einen Modernisierungsprozess der russischen Wirtschaft einzuleiten.

Trotz dieser Regulierungsschritte blieb Auslandskapital in den produzierenden Branchen – und speziell im Hochtechnologiesektor – dominant. Zwar erließ die russische Regierung Maßnahmen, um Investitionen von Auslandskapital in als strategisch relevant definierte Sektoren (Rüstungsindustrie, Finanz- und Rohstoffsektor, Telekommunikation) zu regulieren oder zum Teil zu beschränken. Allerdings bedeuteten diese Schritte keinen gezielten wirtschaftlichen Kurswechsel hin zu einer Überwindung des ressourcenextraktivistischen Entwicklungsmodells. Im Zeitraum von 1995 bis 2003 entfielen knapp 60% aller ausländischen Investitionen auf die Sektoren Öl und Gas (17,3%), Nahrungsmittelindustrie und damit verbundene Sektoren (16,3%) und Handel (25,2%) (vgl. Menshikov 2007: 337). Vielmehr setzten die Putin-Administrationen zur Entwicklung der produktiven Basis auf ausländische Direktinvestitionen, so etwa in der Automobilindustrie.

Verfehlte Industriepolitik: Das Beispiel der russischen Autoindustrie

Die russische Regierung bemühte sich darum, die Konsolidierung ausgewählter Hochtechnologiebranchen, zum Beispiel der Automobilindustrie, voranzutreiben und ermunterte ausländische Unternehmen zur Gründung von Produktionsstätten in Russland. Damit wandte sie sich gegen Stimmen der einheimischen Automobillobby, die für protektionistische Maßnahmen plädierten. Durch die Dekrete Nr. 166 (29.3.2005) und Nr. 566 (16.9.2006) reduzierte sie Zolltarife auf Ausrüstungsgegenstände und Ersatzteile zur Montage von Autos. Des Weiteren umfassten die Dekrete Steuererleichterungen für ausländische Firmen. Dafür mussten sich ausländische Autobauer bereit erklären, mindestens 300.000 Lkws pro Jahr (bis November 2007 250.000 Lkws) in Russland zu bauen und den Anteil russischer Zulieferer schrittweise zu erhöhen. Ausländische Firmen wurden jedoch nicht dazu verpflichtet, Joint Ventures mit russischen Autobauern einzugehen. Der Transfer von Technologie war ebenfalls keine Bedingung, auch nicht im Zulieferbereich (vgl. Traub-Merz 2015: 14–15).

Aufgrund dieser – für ausländische Firmen sehr günstigen – Bedingungen und den hohen Wachstumsaussichten auf dem russischen Binnenmarkt eröffneten viele Autobauer Produktionsstätten in Russland, darunter Toyota, Volkswagen und Renault-Nissan (vgl. ebd.: 16). Allerdings gelang es der Regierung vorläufig nicht, den Importanteil deutlich zu verringern. Im Gegenteil: Von 2005 bis 2007 stiegen Pkw-Importe um sagenhafte 177% (vgl. ebd.: 13). Zwar ging der Autoabsatz im Jahr 2009 aufgrund des krisenbedingten Wirtschaftseinbruchs fast um die Hälfte zurück. Dennoch verloren russische Firmen deutlich Marktanteile, waren doch 59% aller verkauften Autos in Russland Importwagen (vgl. ebd.: 17). Zugleich verfügte die Regierung über keine effektive Strategie, die Konkurrenzfähigkeit einheimischer Unternehmen zu stärken. Das galt auch für Zulieferbetriebe, die durch internationale Konkurrenz vom Markt gedrängt wurden (vgl. ebd.: 18). Obwohl der Absatz im Jahr 2013 in etwa wieder das Niveau des Jahres 2007 erreichte, wurde ein bedeutender Anteil der in Russland gekauften Autos immer noch direkt importiert (ca. 25%) (vgl. ebd.).

Durch die Ansiedlung ausländischer Autofirmen gelang es zwar, neue Produktionsstrukturen aufzubauen und Arbeitsplätze zu schaffen. Dennoch blieb die Wirkung für die gesamte Industrie begrenzt, denn es fanden weder ein nennenswerter Technologietransfer noch eine Verlagerung von Forschungsaktivitäten nach Russland statt. Stattdessen verschärfte der erhöhte Wettbewerb nur die Krise der einheimischen Autoindustrie. So konstatierte der Politikwissenschaftler und langjährige Leiter des Russland-Büros der Friedrich-Ebert-Stiftung, Rudolf Traub-Merz (ebd.: 18): »Die Lokalisierung [der Produktion] erhöht das Wachstum des Marktes, aber nur auf Kosten der Expansion ausländischen Kapitals.«

Das neue Verhältnis zwischen Staat und Kapital

Die Putin-Administration vollzog einen partiellen Bruch mit der neoliberalen Politik der 1990er-Jahre und orientierte sich an aufstrebenden Schwellenländern wie China, Indien oder Brasilien. Der Aufstieg dieser Länder stützte sich zum einen auf einen großen, durch protektionistische Maßnahmen geschützten Binnenmarkt, der einheimischen Unternehmen einen stabilen Absatzmarkt garantierte und die Rolle transnationaler Unternehmen im Inneren begrenzt. Zum anderen bot die Globalisierung der Weltwirtschaft eine günstige weltwirtschaftliche Konstellation, die es nationalen Unternehmen dieser Länder ermöglichte, erfolgreich strategisch wichtige Positionen in der internationalen Arbeitsteilung zu besetzen (vgl. May/Nölke/ten Brink 2014: 71). Wichtige Mechanismen zur Förderung der einheimischen Unternehmen waren Subventionen, protektionistische Maßnahmen zum Schutz des Binnenmarktes sowie die dominierende Rolle staatlicher Finanzinstitutionen. Indem der Staat den Zufluss ausländischen Kapitals streng regulierte und primär zur Modernisierung ausgewählter Branchen einsetzte, nahm er eine wichtige Regulierungsfunktion ein (vgl. ebd.: 82ff.). Dieser »staatlich durchdrungene Kapitalismus« wurde von einem engen Bündnis aus Bürokratie und großen Unternehmen getragen und beruhte auf Loyalität und gemeinsamen ideologischen Überzeugungen.

Die Politik der Putin-Administration brachte einen vergleichbaren staatlich durchdrungenen Kapitalismus hervor, der auf einem engen Bündnis aus Staat und Oligarchie beruhte (oligarchisch-etatistische Ordnung).[22] Doch obwohl die Putin-Administration große Anstrengungen unternahm, die Autonomie des Staates zu erhöhen, blieben transnationale Unternehmen insbesondere in Hochtechnologiebranchen dominant, was die Entwicklung Russlands im Vergleich zu China und Indien oder anderen aufstrebenden Schwellenländern deutlich hemmte. Die russische Politik in den 2000er-Jahren war geprägt von einer Mischung aus neoliberalen und keynesianischen Orientierungen. Die Priorität des Schuldenabbaus und makroökonomischer Stabilität sowie die Förderung des Investitionsklimas für private Investoren wurde mit Zielen wie Vollbeschäftigung, Einkommenszuwächsen und Stärkung der produktiven Sektoren kombiniert (vgl. Sakwa 2004). Das Primat des Schuldenabbaus verstärkte die Ausrichtung auf Fiskaldisziplin und eine Steuerpolitik zugunsten großer Kapitaleigentümer und Firmen (vgl. Rutland 2013: 340). Die Besetzung von Schlüsselressorts in der Wirtschafts- und Finanzpolitik durch bekannte Vertreter*innen der Liberalen (Aleksej Kudrin als Finanzminister, German Gref als Wirtschaftsminister, Andrej Illarionow als Präsidentenberater für Wirtschaftspolitik) waren ebenfalls ein Ausdruck der Kontinuität der neoliberalen Politik. Dabei stieg der Anteil von Regierungsmitgliedern, die aus der Privatwirtschaft kamen, von unter 2% der ersten Jelzin-Regierung im Jahr 1993 auf 11% im Jahr 2002 und 40% im Jahr 2008. Dem gegenüber stieg der Anteil der Vertreter*innen der Gewaltapparate, der sogenannten Silowiki, etwas moderater von 17% im Jahr 1999 auf 25% (2004) und 32% im Jahr 2008 (vgl. Sutela 2012: 52).

Der Ökonom Simon Pirani (2011: 503) argumentierte, dass die russische Regierung in der Zeit des wirtschaftlichen Aufschwungs der 2000er-Jahre eine »Allianz zwischen staatlich kontrollierten Firmen und dem großen ausländischen Kapital«

[22] Zwar schließen die Autoren Russland explizit von dieser Definition aus. Die von ihnen vorgebrachten Argumente sind dabei jedoch wenig überzeugend. So verweisen sie erstens auf die große Bedeutung des Rohstoffexportes für die russische Wirtschaft, was eine Berücksichtigung Brasiliens zumindest problematisch erscheinen lässt, da Rohstoffe auch in diesem Land traditionell den Export dominieren. Noch weniger nachvollziehbar ist der zweite vorgebrachte Grund, wonach Russland als ehemalige Supermacht nicht als Entwicklungsstaat (»emerging«) bezeichnet werden kann. Dem widerspricht jedoch, dass die Lage eines Landes im kapitalistischen Weltsystem immer dynamisch und nicht statisch gesehen werden sollte.

forciert habe. Den Grund für diesen Schritt sah er in der forcierten Weltmarktintegration des Landes. Aufgrund der peripheren Lage Russlands vollzog sich dieser Prozess jedoch verstärkt zu den Bedingungen der transnationalen Konzerne. Mit Pirani lässt sich daher konstatieren, dass die russische Regierung die Widersprüche des russischen Entwicklungsmodells vertiefte, zugleich aber – und diesen Aspekt unterschätzte Pirani – gelang es ihr, die eigenen Handlungsspielräume zu vergrößern. Ein wichtiger Grund war zum einen der Aufbau umfangreicher Devisenreserven sowie staatliche Maßnahmen zur Beschränkung ausländischer Investitionen und zur verstärkten Regulierung der Finanzmärkte. Zum anderen stabilisierte das unter Putin etablierte Bündnis zwischen Staat und Oligarchie die Entwicklung im Innern, sodass einheimische Unternehmen ihre Position konsolidieren konnten. Die streng regulierte und intransparente Eigentumsstruktur russischer Unternehmen (Insider-Modell) und eine protektionistische Politik des Staates erschwerten zudem Übernahmen durch ausländische Unternehmen. Die Konsolidierung des produktiven Sektors unter staatlicher Führung bildete zudem kein gleichwertiges, aber nicht zu unterschätzendes Gegengewicht zu den ressourcenextraktiven Branchen.

Russisches Wirtschaftswunder? Die volkswirtschaftliche Entwicklung

Im Gegensatz zu dem anhaltenden ökonomischen Niedergang und Peripherisierungsprozess der 1990er-Jahre erlebte Russland von 1999 bis 2008 einen wirtschaftlichen Aufschwung mit einem durchschnittlichen Wachstum des Bruttoinlandsproduktes von 6,87%.[23] Die ökonomische Entwicklung wurde wesentlich durch den Öl- und Gassektor getragen. Wie oben bereits dargelegt konnte der Abwärtstrend der Branche gestoppt und umgekehrt werden. Sowohl die inländische Produktion als auch der Export stiegen während der beiden Amtszeiten Wladimir Putins deutlich an. Darüber hinaus kam der russischen Regierung die positive Entwicklung der Rohstoffpreise zugute. Der durchschnittliche Ölpreis der Marke Brent stieg im Zeitraum 2000 bis 2008 von 28 auf über 97 US-Dollar pro Barrel (siehe: BP 2016) und verteuerte damit die wichtigsten russischen Exportgüter (Rohöl und raffinierte Produkte). Die wachsende Abhängigkeit vom Öl- und Gassektor verdeutlicht ein genauer Blick auf die russische Leistungsbilanz. Der Überschuss im Jahr 2007 betrug 4,6% des Bruttoinlandsproduktes. Rechnet man jedoch die Einkünfte des Ölsektors heraus und setzt das gleiche Ausgabenniveau des russischen Staates voraus, verwandelt sich der Überschuss in ein Leistungsbilanzdefizit von 4,7% (vgl. IMF 2008). Tatsächlich verstärkte sich diese Tendenz

[23] Diese anhaltende Wachstumsphase stand in einem scharfen Kontrast zu den Jahren 1992 bis 1998, als das russische Bruttoinlandsprodukt einen durchschnittlichen Rückgang von 6,77% verzeichnete.

über die 2000er-Jahre hinweg, was die Abhängigkeit vom Öl- und Gassektor weiter erhöhte (vgl. Herr 2016: 50).

Die russische Regierung versuchte von dieser Entwicklung vor allem durch eine stärkere Besteuerung der Öl- und Gasindustrie zu profitieren. Dazu erhob sie Steuern auf die Bodenschatzförderung und Gewinne der Rohstofffirmen. Darüber hinaus erhöhte sie den Exportzoll. Die summierte Steuerbelastung der Wertschöpfung der Öl- und Gasindustrie stieg von 30% im Jahr 2000 auf 37% drei Jahre später. Im selben Zeitraum ging die Steuerbelastung der übrigen Sektoren von 39% auf 28% zurück (vgl. Götz 2006: 5). Der von der Regierung vorangetriebene Konzentrationsprozess der Branche unter staatlicher Führung, die Stärkung institutioneller Rahmenbedingungen und die Maßnahmen zur Steigerung der Wettbewerbsfähigkeit einheimischer Öl- und Gasfirmen – sowohl staatlich als auch privat – konsolidierten zum einen die Entwicklung im Inneren. Zum anderen waren sie Anpassungen an den globalen Rohstoffboom. Die vertiefte Ausrichtung auf den Ressourcenextraktivismus begründete ein Paradox der russischen Entwicklung: Sie ermöglichte der Regierung eine Stabilisierung der sozialen Entwicklung, die vorzeitige Rückzahlung der Auslandsschulden und den Aufbau von umfangreichen Devisenreserven, was die staatliche Autonomie auf internationalem Terrain erhöhte. Andererseits konservierte sie die strukturelle Heterogenität im Land sowie die starke Außenorientierung und damit die Anfälligkeit für externe Krisen, was sich ab dem Beginn der Wirtschafts- und Finanzkrise 2008 deutlich zeigte.

Die unter Primakow eingeleitete Stabilisierung des produktiven Sektors stellte das Öl-getriebene Wachstum auf eine breitere Basis, eine Entwicklung, die im Folgenden beibehalten wurde. Staatlich forcierte Konsolidierungsprozesse, Aufträge, Kapitalinvestitionen in von der Putin-Administration als relevant eingestuften Branchen erzeugten eine gewisse Nachfrage und stützten damit die industrielle Entwicklung. Mit Ausnahme der Jahre 2001 und 2002 wuchs die Industrieproduktion in Russland jährlich zwischen 5 und 8%. Besonders positiv entwickelten sich die Anlageinvestitionen mit hohen Wachstumsraten zwischen 10 und 17%, im Jahr 2007 sogar um 23,8% (vgl. Bofit o. D.; *siehe Tab. 6*).

Tabelle 6: Durchschnittliches Wachstum der Industrieproduktion und Anlageinvestitionen (in %)

	2000	2001	2002	2003	2004	2005	2006	2007	2008
Industrieproduktion	8,7	2,9	3,1	8,9	8	5,3	6,1	6,8	0,6
Anlageinvestitionen	17,4	11,7	2,9	12,7	16,8	10,2	17,8	23,8	9,5

Quelle: Bofit o. D.

Das industrielle Wachstum war kein Resultat einer gezielten Industriepolitik der Regierung. Tatsächlich lag ein wichtiger Grund für den Aufschwung der industriellen Entwicklung in den frei verfügbaren Ressourcen (Produktionsanlagen und

Arbeitskräfte), die in den 1990er-Jahren aufgegeben wurden und auf die Firmen bei gesteigerter Nachfrage zurückgreifen konnten, ohne zusätzliche umfangreiche Investitionen vornehmen zu müssen (vgl. Mau 2016: 2). Russische Kapitalfraktionen profitierten von dem sowjetischen Erbe einer entwickelten Infrastruktur, dem hohen Ausbildungsniveau der Bevölkerung und den Produktionsstrukturen des Landes. Die Aufschwungsphase der 2000er-Jahre war primär durch extensives Wachstum geprägt und nicht durch eine grundsätzliche Veränderung der Investitions- und Wirtschaftspolitik von Staat und Privatkapital.

Darüber hinaus verzerrten die allgemeinen Statistiken zur Entwicklung der Industrieproduktion und Anlageinvestitionen die sektoralen Entwicklungsunterschiede. Während die exportorientierten Sektoren (Rohstoffe, Stahl-, Metall- und Hüttenindustrie, militärisch-industrieller Komplex und Metallurgie) die Träger des Wirtschaftsaufschwungs waren, setzte sich in Bereichen des Maschinenbaus oder der Leichtindustrie die Krise fort. Der Kapitalkonzentration im Rohstoffsektor stand ein Kapitaldefizit der produzierenden Industrie gegenüber. Im Jahr 2003 waren 48% aller genutzten Ausrüstungsgegenstände bereits mehr als 20 Jahre alt, während dieser Wert im Jahr 1990 noch bei 11% gelegen hatte (vgl. Grinberg/Havlik/Havrylyshyn 2006). Der Investitionsrückstand der produzierenden Industrie für den Zeitraum 2004 bis 2009 belief sich auf 617 Milliarden Dollar. Um die Kapitalintensität der russischen Ökonomie auf ein vergleichbares Niveau mit dem der USA zu bringen, wären bis 2009 Investitionen von 988 Milliarden US-Dollar nötig gewesen (vgl. Alekseev 2014: 57).

Staatlich forcierte Konzentrationsprozesse

Die Konsolidierung der russischen Wirtschaft begünstigte einen staatlich forcierten Konzentrationsprozess des inländischen Kapitals. Im Jahr 2007 erwirtschafteten die 100 größten russischen Firmen fast 60% des Bruttoinlandsproduktes, eine Zunahme um mehr als 10% im Vergleich zum Jahr 2000 (vgl. Liuhto/Vahtra 2009). Der Konzentrationsprozess vollzog sich verstärkt in den exportorientierten extraktiven Sektoren, denen bereits in den 1990er-Jahren die Anpassung an die veränderten ökonomischen Bedingungen relativ erfolgreich gelungen war. Neben der Öl- und Gasindustrie betraf dies die Aluminium-, Chemie- und Stahlindustrie sowie die Buntmetallurgie. Die Fusion der Konzerne RusAL und SUAL mit der Aluminiumsparte des Schweizer Rohstoffunternehmens Glencore schuf den seinerzeit weltgrößten Aluminiumproduzenten mit einem Anteil von 12% der globalen Aluminiumverkäufe und 16% der globalen Produktion (vgl. Vahtra 2007: 22). Auch die Stahlindustrie wies einen hohen Konzentrationsgrad auf und wurde von sechs großen Herstellern dominiert (»the big six«) (vgl. Fortescue/Hanson 2015). Bei den ausschließlich privaten Anteilseignern handelte es sich um klassische Insider, deren Holdings allesamt in den Steuerparadiesen Virgin Islands oder Zypern registriert waren. Durch die Konsolidierung der Firma Norilsk Nikkel entstand der weltweit größte Produzent für Nickel (20% der

Tabelle 7: Russlands umsatzstärkste Konzerne im Jahr 2007 (in Mio. USD)

Rang	Firma	Branche	Umsatz 2007	Umsatz 2006	Wachstum in %	Profite vor Steuern
1	Gazprom	Öl und Gas	93.450,6	84.132,5	11,1	36.129,9
2	Lukoil	Öl und Gas	67.205,0	57.971,7	15,9	13.018,0
3	Russ. Eisenbahnen	Transport	38.138,8	33.187,9	14,9	5.041,3
4	Rosneft	Öl und Gas	35.323,0	22.991,4	53,6	17.789,0
5	UES Russia	Energieversorgung	32.122,5	27.271,0	17,8	3.021,3
6	TNK-BP Holding	Öl und Gas	24.940,0	23.561,1	5,9	7.387,0
7	Surgutneftegaz	Öl und Gas	24.131,3	20.587,7	17,2	4.767,7
8	Sberbank	Bankwesen	20.555,2	15.018,6	36,9	5.463,2
9	Norilsk Nikkel	Buntmetallindustrie	16.475,0	12.159,0	35,5	7.735,0
10	Severstal	Eisenindustrie	15.244,9	13.232,6	15,2	2.654,5
11	RusAL	Buntmetallindustrie	14.962,0	13.701,3	9,2	–
12	Tatneft	Öl und Gas	13.927,9	12.442,7	11,9	2.447,6
13	AFK Sistema	Telekommunikation	13.701,0	10.912,8	25,5	2.563,5
14	Evraz Gruppe	Eisenindustrie	12.808,0	8.813,9	45,3	3.201
15	Gazprom Bank	Bankwesen	10.493,5	8.273,6	26,8	2.056,3
16	Svyazinvest	Telekommunikation	9.551,9	8.532,0	12,0	2.000,5
17	Transneft	Transport	8.676,4	7.913,5	9,6	3.718,7
18	Magnitogorsk Metal	Eisenindustrie	8.197,0	6.828,3	20,0	2.293,0
19	Novolipetsk Metal	Eisenindustrie	7.719,1	6.426,1	20,1	3.156,8
20	Gruppe TAIF	Petrochemie	7.509,9	–	–	–

Quelle: Liuhto/Vahtra 2009: 28.

globalen Produktion) und Palladium (40% der globalen Produktion) (vgl. Fortescue/Rautio 2011: 835). Die Konzentration in der Chemiebranche war bereits in den frühen 2000er-Jahren so weit vorangeschritten, dass das russische Wirtschaftsjournal Ekspert mit Blick auf die petrochemische Firma und Gazpromtochter Sibur konstatierte: »Für Sibur gibt es in Russland nichts mehr zu kaufen.« (Zit. n. Liuhto/Jumpponen 2003: 88)

Auf dem Höhepunkt der Wachstumsjahre bildeten die ressourcenextraktiven Branchen, allen voran der Öl- und Gassektor, die Metallindustrie und Banken die Säulen der russischen Wirtschaft. Im Gegensatz zum Öl- und Gassektor erfolgte in der Metallindustrie 90% der Produktion durch Privatfirmen. Auch der Maschinenbau, Telekommunikations-, Informations- und Kommunikationstechnik waren relevante Bereiche mit einem Anteil von ca. 5% am Gesamtumsatz der 100 größten russischen Konzerne (vgl. Liuhto/Vahtra 2009: 8ff.; *siehe Tab. 7*).

Ebenso aufschlussreich war ein Blick auf die exportstärksten russischen Unternehmen. Unter den zehn erfolgreichsten Firmen aus dem Jahr 2001 befanden sich acht aus dem Öl- und Gassektor und zwei aus der Buntmetallurgie. Unter den 20 erfolgreichsten Firmen waren insgesamt zehn aus dem Öl- und Gassektor, vier Eisen- und drei Buntmetallurgieproduzenten sowie jeweils ein petrochemisches Unternehmen (Sibur), ein Diamantenhersteller (Alrosa) und mit TVEL ein Produzent von Kernbrennstoff und Gaszentrifugen für Atomanlagen. Das erfolgreichste Unternehmen aus dem produzierenden Sektor war der Automobilhersteller AvtoVAZ auf Platz 31. Die restlichen Unternehmen, die von den Autoren der Branche Maschinenbau zugeordnet wurden, waren überwiegend dem Rüstungssektor zuzurechnen: Kazan Helicopter Plant (Platz 35), Motovilihinskie Plants (Platz 52), Ulan-Ude Aviation Plant (Platz 59), Energomash (Platz 88) sowie Energya (Korolev Rocket and Space Corporation) (Platz 96). Eine Ausnahme bildeten die Ural Automobile Plant auf Platz 63, der Kranhersteller Sibmash (Platz 73) und der Turbinenproduzent Silovye Mashiny (Platz 75). (Vgl. ebd. 2009: 30–32; *siehe Tab. 8*)

Tabelle 8: Russlands exportstärkste Unternehmen im Jahr 2001

Rang	Firma	Branche	Exporte im Jahr 2001 Mio. USD
1	Gazprom	Öl und Gas	16.400,0
2	Lukoil	Öl und Gas	6.624,5
3	Yukos	Öl und Gas	5.682,2
4	TNK	Öl und Gas	5.597,3
5	Surgutneftegaz	Öl und Gas	2.356,0
6	RusAl	Buntmetallindustrie	2.231,6
7	Tatneft	Öl und Gas	2.136,0
8	Slavneft	Öl und Gas	1.762,7
9	Norilsk Nikkel	Buntmetallindustrie	1.754,5
10	Sibneft	Öl und Gas	1.650,7

Quelle: Liuhto/Vahtra 2009: 30.

Die Konsolidierung des Ressourcenextraktivismus unter Putin verdeutlicht auch ein Vergleich des Jahres 2001 mit 2007. Trotz des Konzentrationsprozesses in der Öl- und Gasindustrie (Zerschlagung des Yukos-Konzerns, Kauf Slavnefts durch Sibneft), dominierten nach wie vor Unternehmen aus dem ressourcenextraktiven Sektor die russischen Exporte. Auffällig waren vor allem die deutlich gestiegenen Exporterlöse, die sich einerseits auf die gestiegenen Rohstoffpreise, andererseits auf die Ausweitung der Produktion zurückführen ließen *(siehe Tab. 9)*.

Tabelle 9: Russlands exportstärkste Unternehmen im Jahr 2007

Rang	Firma	Branche	Exporte im Jahr 2007 Mio. USD
1	Lukoil	Öl und Gas	66.358
2	Gazprom	Öl und Gas	40.800
3	Rosneft	Öl und Gas	28.900
4	Sibur	Petrochemie	21.000
5	TNK	Öl und Gas	17.800
6	Norilsk Nikkel	Buntmetallindustrie	14.600
7	Surgutneftegaz	Öl und Gas	13.600
8	Sibneft	Öl und Gas	12 900
9	RusAl	Buntmetallindustrie	12.235
10	Severstal	Eisenindustrie	8.500

Quelle: Liuhto/Vahtra 2009: 30.

Vertiefte Abhängigkeit vom Außenhandel

Anders als Brasilien und Indien, die in den 2000er-Jahren verstärkt die Entwicklung ihrer Binnenmärkte forcierten, blieb das russische Entwicklungsmodell trotz deutlicher Abschwächung nach wie vor stark außenorientiert und erreichte Exportquoten, das heißt einen Anteil der Exporterlöse am Bruttoinlandsprodukt, von über 30%. Zwar lag dieser Wert unter dem extrem außenorientierter Volkswirtschaften wie zum Beispiel Deutschland. Allerdings blieb eine verstärkte Entwicklung des Binnenmarktes aus.[24] *(Siehe Abb. 16 nächste Seite).*

Der Konzentrationsprozess im Innern festigte die Außenorientierung der russischen Wirtschaft, da die dominanten, vor allem in den exportorientierten Sektoren konzentrierten Kapitalfraktionen dadurch ihre marktbeherrschende Stellung ausbauen konnten. Für die zehn Sektoren, in denen die Oligarchen mehr als 20% der Umsätze kontrollierten, galt:

»Mit Ausnahme von Eisenerz und Automobilbau sind all diese Sektoren auf den globalen Markt ausgerichtet: Sie exportieren 30 Prozent bis 90 Prozent ihrer Produktion; die Bereiche machen die Hälfte aller russischen Exporte aus.« (Guriev/Rachinsky 2005: 136)

Auch der Staat war trotz seiner Investitionen in produzierende Branchen von den Profiten aus dem Öl- und Gasgeschäft abhängig, was durch den staatlich forcierten Konzentrationsprozess der Branche noch verstärkt wurde.

Die vertiefte Ausrichtung auf den Ressourcenextraktivismus und der Anstieg der Rohstoffpreise trug zu einer dynamischen Außenhandelsentwicklung bei. Das

[24] Eine besondere Entwicklung nahm China in diesem Zeitraum, da die Bedeutung des Außenhandels bis 2008 rapide zunahm und sich mit dem Beginn der Wirtschafts- und Finanzkrise wieder abzuschwächen begann.

Abb. 16: Exportquote ausgewählter Länder

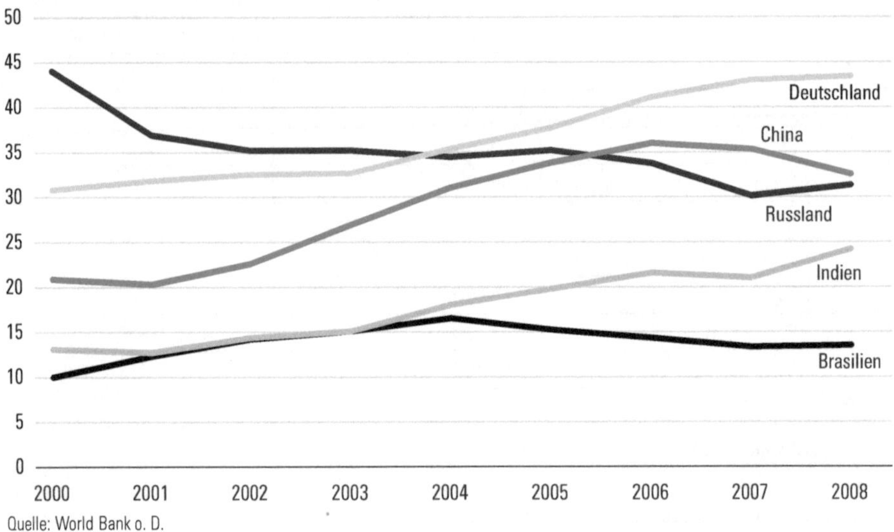

Quelle: World Bank o. D.

Außenhandelsvolumen stieg im Zeitraum 1999 bis 2008 nach dem krisenbedingten Rückgang von 115,3 Mrd. US-Dollar im Jahr 1999 um 562% auf 763,8 Mrd. US-Dollar. Die durchweg positive Handelsbilanz erreichte im Jahr 2008 179,8 Mrd. US-Dollar (im Vergleich zu 34,9 Mrd. US-Dollar im Jahr 1999), wobei diese, wie oben bereits festgestellt, vor allem durch den Ölexport getragen wurde *(siehe Abb. 17).*

Ein Blick auf die Außenhandelsstruktur von 1998 bis 2008 zeigt die eindeutige Vertiefung des Ressourcenextraktivismus und speziell die Ausrichtung auf den Export auf Öl und Gas. Deren Anteil am Gesamtexport nahm von 42,5% (1998) auf 70% (2008) zu. Insgesamt belief sich der Anteil der extraktiven Sektoren auf 88,1% im Jahr 2008 im Vergleich zu 74,5% zehn Jahre zuvor. Wenn landwirtschaftliche Produkte ebenfalls als extraktive Güter berücksichtigt werden, erhöhen sich die Werte auf 90% (2008) bzw. 77,4% (1998). Der Anteil von Maschinen und Ausrüstungsgegenständen sank im angegebenen Zeitraum von 11,5% auf 4,6% im Jahr 2008 *(siehe Abb. 18).*

Neben dem überwältigenden Anteil von Öl und Gas an den Gesamtexporten waren die erfolgreichsten Exportgüter im Jahr 2008 Eisenmetalle (6,4%), Düngemittel (2,7%), Aluminium und daraus gefertigte Produkte (2%), Holz und Holzkohle (1,8%) sowie Atomreaktoren und Ausrüstungsgegenstände (1,6%). Die geringe Diversifizierung der Exportgüter verdeutlicht die fehlende Konkurrenzfähigkeit russischer Unternehmen außerhalb der extraktiven Sektoren und war typisch für ressourcenextraktive Staaten. Eine Ausnahme war der Rüstungssektor. Die Angaben der Außenhandelsstatistik der Russischen Föderation zum Verkauf von Waffen und Ausrüstung ins Ausland sind nicht sehr aufschlussreich. Für das Jahr 2004 wies die Zollbehörde beispielsweise einen Wert von knapp über 1

Abb. 17: Entwicklung des russischen Außenhandels (in Mrd. US-Dollar)

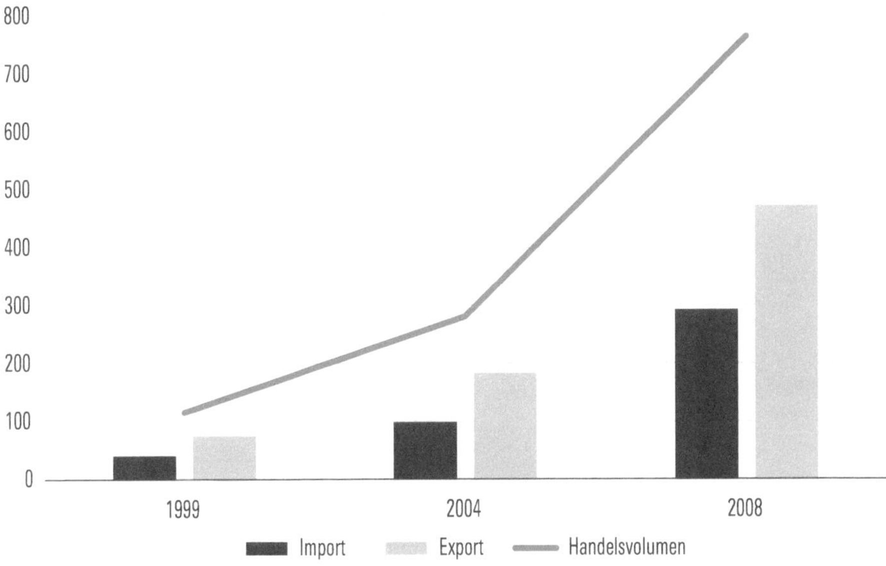

Quellen: Goskomstat Rossii 2000: 578; Rosstat 2009: 489.

Mrd. US-Dollar aus, für das Jahr 2008 lag der Wert bei 2,6 Mrd. US-Dollar. Die Zahlen des Forschungsinstitutes SIPRI für denselben Zeitraum wichen deutlich davon ab (jeweils 6,2 Mrd. US-Dollar). Bei einem Gesamtwert der Maschinenexporte von 13,2 Mrd. US-Dollar im Jahr 2004 läge der Anteil der Rüstungsexporte bei fast der Hälfte beziehungsweise deutlich über einem Viertel im Jahr 2008 (21,7 Mrd. US-Dollar).

Abb. 18: Warenstruktur der russischen Exporte (in %)

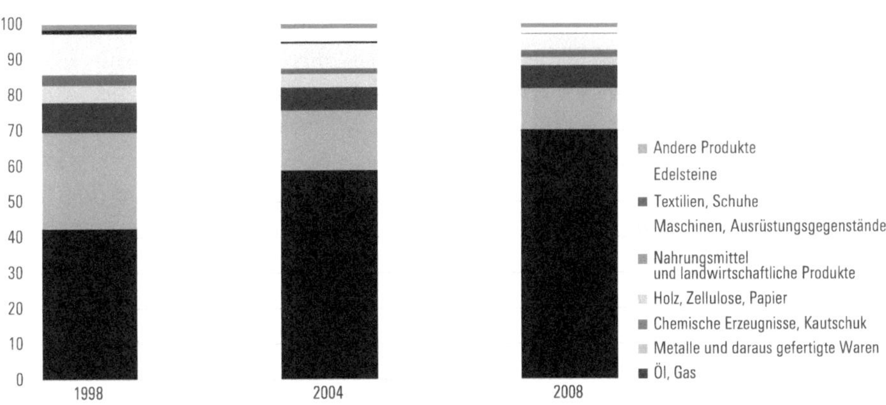

Quellen: Goskomstat Rossii 2000: 581–583, Federal'naja Tamožennaja Služba Rossii 2004; Federal'naja Tamožennaja Služba Rossii 2008.

Abb. 19: Warenstruktur der russischen Importe

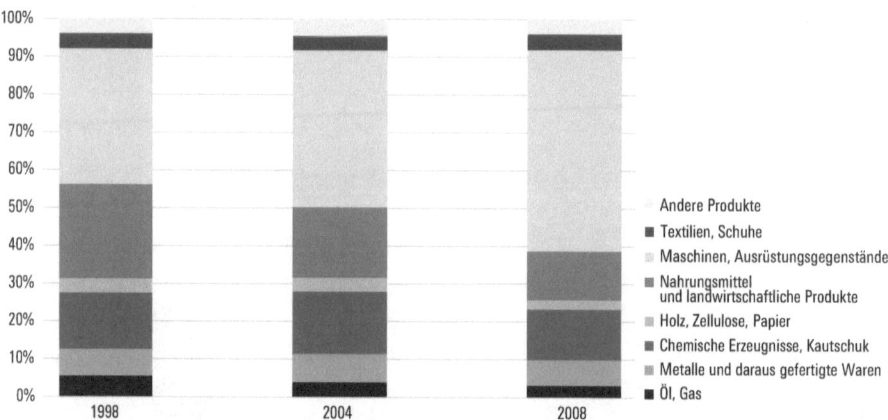

Quellen: Goskomstat Rossii 2000: 581–583, Federal'naja Tamožennaja Služba Rossii 2004; Federal'naja Tamožennaja Služba Rossii 2008.

Die wachsende technologische Abhängigkeit im Zuge der Konsolidierung des ressourcenextraktivistischen Entwicklungsmodells verdeutlichen die steigenden Importe von Maschinen und Ausrüstungsgegenständen, die von 35,9% (1998) auf 53,2% (2008) zunahmen. Relativ konstant blieb der Importanteil chemischer Erzeugnisse. Nur bei Nahrungsmitteln gelang es der Russischen Föderation, den Importanteil zu verringern. Da im Zuge der kapitalistischen Transformation die landwirtschaftliche Produktion einbrach, ging die Jelzin-Administration dazu über, die urbane Bevölkerung durch billige importierte Nahrungsmittel zu versorgen (vgl. Visser/Spoor/Mamonova 2014: 1603). Während Nahrungsmittel im Jahr 1994 noch mehr als 27% der Importe ausmachten, ging dieser Wert bis 2008 auf 13% zurück *(siehe Abb. 19).*

Die Grenzen der Westorientierung

Die unter Putin erfolgte Konsolidierung des ressourcenextraktivistischen Entwicklungsmodells verstärkte die seit den 1990er-Jahren erfolgte Neuausrichtung des russischen Außenhandels auf den Westen. Demgegenüber ging der Außenhandel mit den GUS-Staaten im selben Zeitraum deutlich zurück. Das betraf sogar diejenigen Staaten, die im Rahmen des Eurasischen Integrationsprozesses eine vertiefte wirtschaftliche und politische Kooperation anstrebten *(siehe Tab. 10).*

Zu Beginn ihrer Amtszeit war die Putin-Administration darum bemüht, durch neue außenpolitische Bündnisse eine Modernisierung der russischen Wirtschaft einzuleiten. Im Mittelpunkt dieser Strategie stand die Europäische Union, dem mit Abstand größten russischen Handelspartner. Innerhalb der EU nahm die Bundesrepublik Deutschland eine Schlüsselrolle in der außenpolitischen Strategie Russlands ein. Bereits in den 1990er-Jahren stieg Deutschland zum wichtigsten russischen Handelspartner und Gläubiger auf (siehe Kapitel 4, S. 60ff.). Gleichzeitig

Tabelle 10: Außenhandelsorientierung Russlands (Anteile in %)

Regionale Blöcke	2004		2008	
	Export	Import	Export	Import
GUS	16,2	23,5	14,9	13,7
Davon Staaten der Eurasischen Wirtschaftsgemeinschaft	8,9	13,5	8,8	7,1
OECD	58,1	58,8	66,8	62,6
EU	46	43	56,7	43,7
APEC	14,8	21,5	12,9	33,4
OPEC	1,8	0,5	1,7	0,6

Quelle: Federal'naja Tamožennaja Služba Rossii 2004; und Federal'naja Tamožennaja Služba Rossii 2008.

bauten deutsche Firmen, insbesondere aus den Bereichen Anlagen- und Maschinenbau, Automobil- und Chemieindustrie, ihre Präsenz in Russland durch die Gründung von Konzernniederlassungen aus. Diese Entwicklung wurde in den 2000er-Jahren deutlich intensiviert. Davon zeugten Werksgründungen von VW und Continental in Kaluga, Opel in Kaliningrad sowie hohe Direktinvestitionen deutscher Firmen. Im Jahr 2008 war Deutschland mit einem Anteil von 9,2% der wichtigste Handelspartner Russlands, gefolgt von den Niederlanden (8,4%), China (7,6%), Italien (7,2), der Ukraine (5,4%) sowie Belarus und der Türkei mit jeweils (4,6%) (vgl. Rosstat 2009: 492ff.).

Auch auf politischer Ebene kam es zu einer deutlichen Annäherung zwischen beiden Ländern. Die Rede Putins im deutschen Bundestag im Jahr 2001 wurde von russischer Seite mit großen Hoffnungen auf eine enge politische Anbindung verknüpft: »Niemand bezweifelt den großen Wert der Beziehungen Europas zu den Vereinigten Staaten. Aber ich bin der Meinung, dass Europa seinen Ruf als mächtiger und selbstständiger Mittelpunkt der Weltpolitik langfristig nur festigen wird, wenn es seine eigenen Möglichkeiten mit den russischen menschlichen, territorialen und Naturressourcen sowie mit den Wirtschafts-, Kultur- und Verteidigungspotenzialen Russlands vereinigen wird.«

Diese Hoffnung wurde durch die ablehnende Haltung Deutschlands und Frankreichs gegenüber der US-amerikanisch geführten Irak-Intervention weiter genährt. Darüber hinaus wurde die Kooperation im Bereich der Rohstoffgewinnung, speziell im Energiesektor, durch Gemeinschaftsunternehmen wie zum Beispiel zwischen Gazprom, Wintershall und E.ON zur Ausbeutung neuer Erdgasfelder weiter ausgebaut. Dabei akzeptierte die deutsche Seite Mehrheitsbeteiligungen russischer Energiefirmen, behielt jedoch durch die Bereitstellung der technischen Ausrüstung eine bedeutende Stellung bei. Der Bau der Gaspipeline North Stream festigte die Wirtschaftsbeziehungen beider Länder, in denen deutsches Kapital zunehmend eine »führende Rolle« (Kagarlickij 2009: 542ff.) einnahm.

Abb. 20: Warenstruktur der russischen Exporte außerhalb der GUS

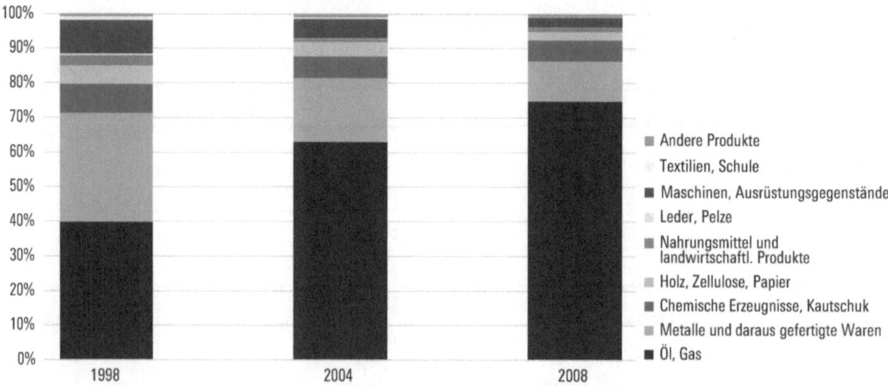

Quellen: Goskomstat Rossii 2000: 581–583 Federal'naja Tamožennaja Služba Rossii 2004; Federal'naja Tamožennaja Služba Rossii 2008.

Die unter Putin fortgesetzte handelspolitische Westorientierung, speziell auf die Europäische Union, zementierte den semi-peripheren Status Russlands als globaler Rohstofflieferant. Der Anteil der russischen Öl- und Gasexporte erhöhte sich von 1998 bis 2008 von 40% auf 73,5%, während der Anteil an Maschinen und Ausrüstungsgegenständen von knapp 10% auf 3% zurückging *(siehe Abb. 20)*.

Die vertiefte Außenhandelsorientierung erhöhte den Druck auf die einheimische Industrie, zumal die Gründung neuer Fabriken selten an Bedingungen wie Wissenstransfer oder den Aufbau komplexer Produktionsprozesse im Land geknüpft war. Damit blieb der Wertschöpfungsgrad in Russland gering und setzte kaum Entwicklungspotenziale frei, was an dem Versuch, internationale Autokonzerne im Land anzusiedeln, deutlich wurde. Der wachsende Anteil von Maschinenimporten (von 39% im Jahr 1998 auf 56% im Jahr 2008) zeigte, dass die einheimischen Unternehmen überwiegend auf den Import von ausländischer Technik und Ausrüstung setzten *(siehe Abb. 21)*.

Allerdings wurde im Verlauf der 2000er-Jahre deutlich, dass Frankreich und vor allem Deutschland trotz des Dissens mit den USA im Irak-Krieg kein Interesse daran hatten, die Orientierung auf das transatlantische Bündnis aufzugeben und durch die Förderung einer eigenständigeren Position der EU eine Intensivierung der Beziehungen zu Russland und anderen Regionen der Welt zu ermöglichen. Dies wurde spätestens mit dem Ende der rot-grünen Koalition deutlich. Die deutsche Bundeskanzlerin Angela Merkel beendete die unter ihrem Vorgänger Gerhard Schröder ausgerufene »Modernisierungspartnerschaft«.

Die Wirtschaftsbeziehungen mit dem postsowjetischen Raum

Deutlich anders stellt sich die Situation im postsowjetischen Raum dar. Während schätzungsweise die Hälfte der russischen Direktinvestitionen in die EU flossen, entfiel jeweils ein Fünftel auf die GUS-Staaten und die USA. Das Gros der Inves-

Abb. 21: Warenstruktur der russischen Importe außerhalb der GUS

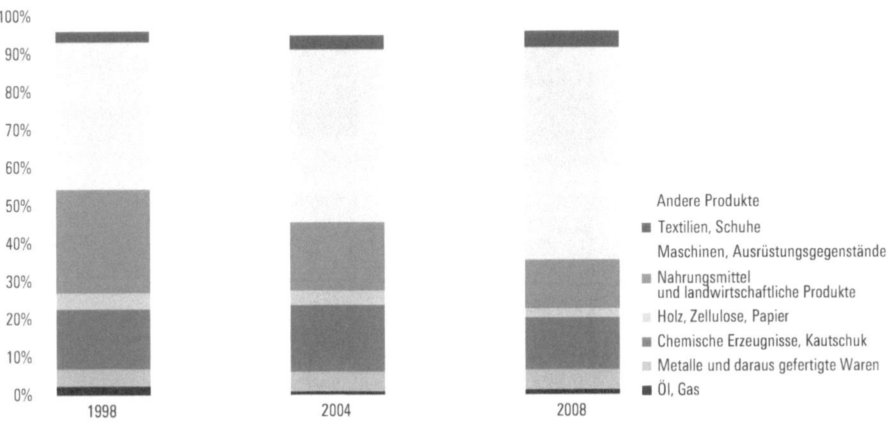

Quellen: Goskomstat Rossii2000: 581–583; Federal'naja Tamožennaja Služba Rossii 2004; Federal'naja Tamožennaja Služba Rossii 2008.

titionen tätigten Rohstoffkonzerne, wobei im GUS-Raum russische Firmen in den Bereichen Telekommunikation, Maschinenbau, Automobilindustrie und Dienstleistung (Banken, Versicherungen) relevante Positionen einnahmen (vgl. Liuhto/Vahtra 2007: 121ff.). Das schlug sich auch in einer diversifizierteren Handelsstruktur nieder. Zwar war der russische Export in die Region ebenfalls durch den Verkauf von Energieträgern geprägt, doch ging deren Bedeutung im Verlauf des Zeitraums 1998 bis 2008 von 53% auf 42% zurück. Während der Anteil chemischer Erzeugnisse und Metalle relativ konstant blieb, konnte der landwirtschaftlicher Produkte sowie von Holz, Zellulose und Papier leicht gesteigert werden. Zudem war die Bedeutung von Maschinen und Ausrüstungsgegenständen an den russischen Exporten im Vergleich mit den westlichen Nationen deutlich höher (ca. 20%). Da sich das Handelsvolumen in diesem Zeitraum erhöhte, nahm der Wert der exportierten Maschinen und Ausrüstungsgegenstände deutlich zu *(siehe Abb. 22)*.

Abb. 22: Warenstruktur der russischen Exporte in die GUS

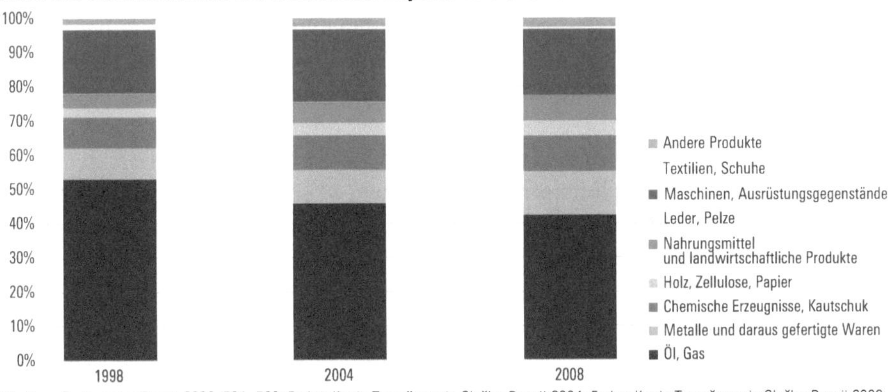

Quellen: Goskomstat Rossii 2000: 581–583; Federal'naja Tamožennaja Služba Rossii 2004; Federal'naja Tamožennaja Služba Rossii 2008.

Abb. 23: Warenstruktur der russischen Importe aus der GUS

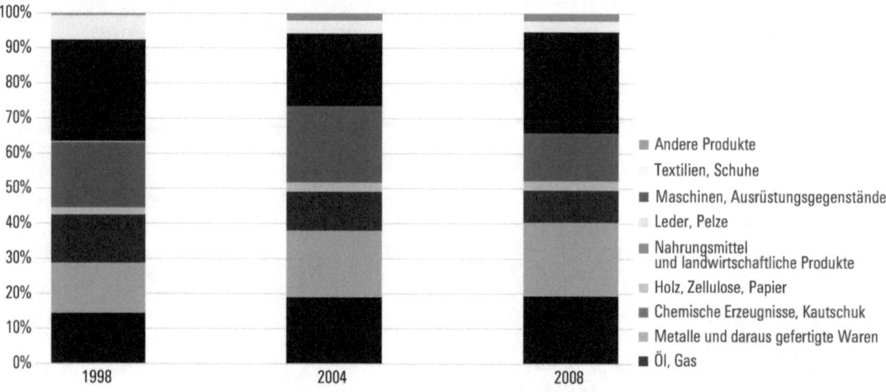

Quellen: Goskomstat Rossii 2000: 581–583; Federal'naja Tamožennaja Služba Rossii 2004; Federal'naja Tamožennaja Služba Rossii 2008.

Auch die russischen Importe aus den GUS-Staaten wiesen eine diversifiziertere Struktur auf. Die Nahrungsmittelimporte wurden in der Dekade 1998 bis 2008 um ca. 4% verringert. Den größten Anteil an den Importen machten Metalle, Energieträger und Maschinen aus. Die russische Regierung intensivierte in dieser Zeit ihre Bemühungen, durch Gazprom und den staatlichen Stromkonzern UES Russia die nationalen Pipeline- beziehungsweise Stromnetze zu übernehmen. Dadurch gelang es, den Zugriff auf die zentralasiatischen Energieträger zu stärken, die hauptsächlich über das russische Netz transportiert wurden. Der hohe Anteil an Maschinen und Ausrüstungsgegenständen an den Importen erklärt sich aus der fortbestehenden Kooperation russischer Unternehmen mit anderen Unternehmen des postsowjetischen Raums, insbesondere aus Belarus, der Ukraine und Kasachstan. Die oft in der Sowjetunion etablierten Lieferketten bildeten einen transnationalen postsowjetischen Produktionsraum, der besonders im Rüstungsbereich global konkurrenzfähig war, aufgrund der Westorientierung Russlands jedoch an wirtschaftlicher Bedeutung verlor *(siehe Abb. 23).*

Die Abhängigkeit einiger postsowjetischer Staaten (Belarus, Ukraine, Armenien) von russischen Energieträgern stellte sich jedoch immer wieder als Hindernis für eine vertiefte Integration heraus. Das Erdgasunternehmen Gazprom nutzte seine Monopolstellung und die konstant steigenden Preise für Öl und Gas im Verlauf der 2000er-Jahre dazu aus, die Gaspreise deutlich anzuheben. Während die Preisanstiege für die einheimische Industrie und Haushalte um einiges moderater ausfielen, waren ausländische Kunden umso stärker betroffen. Dies belastete die Staatskassen der betroffenen Länder stark und stellte daher ein wirksames Mittel aufseiten Russlands dar, die Entwicklung im postsowjetischen Raum zu beeinflussen *(siehe Tab. 11).*

Die ab Mitte der 2000er-Jahre forcierte Expansion russischer Unternehmen, vor allem aus dem Rohstoffsektor, ging oft mit einer Verschlechterung der bilateralen

Tabelle 11: Entwicklung der Gaspreise für Kunden
(Preisanstiege für 1.000 m³ in US-Dollar)

Kunden	2005	2008
Russische Industrie	35,5	65,9
Russische Haushalte	25,6	52,0
Ukrainischer Importpreis	77,0	179,5
Belarussischer Importpreis	55,1	126,5
Moldawischer Importpreis	80,0	232,0
Europäischer Grenzpreis	213,7	418,9

Quelle: Sutela 2012: 111.

Verhältnisse zwischen Russland und einigen Staaten des postsowjetischen Raums (Belarus, Georgien, Ukraine) einher. Sogar in der Beziehung mit den außenpolitisch wichtigsten Partnern Belarus und Ukraine war der Regierung die Anhebung der Preise für Gaslieferungen wichtiger als die viel beschworene slawische Freundschaft. Die Abhängigkeit des belarussischen Staates von russischen Energieträgern und die dadurch angehäuften Schulden erwiesen sich als wirksames Druckmittel der russischen Regierung, ihren Zugriff auf die belarussische Wirtschaft auszudehnen, was regelmäßig auf Widerstand stieß. So kritisierte Präsident Lukaschenko im August 2007 im Gespräch mit der Zeitung Sowetskaja Belorussija: »Russland will nicht nur einzelne Betriebe privatisieren, sondern diese umsonst abstauben.« (o. A. 2007a) Die verstärkten Spannungen und Konflikte (russisch-ukrainische Gaskriege) verdeutlichten die Grenzen der russischen Internationalisierungsbestrebungen und verhinderten gemeinsame politische Schritte hin zu einer regionalen Industriepolitik des postsowjetischen Raums.

Veränderungen im Finanzsektor

Die Ambivalenz in der Wirtschafts- und Finanzpolitik der beiden Putin-Administrationen zeigte sich besonders deutlich im Hinblick auf die Regulation des Finanzsektors. Innerhalb des herrschenden Blocks bestand ein weitgehender Konsens über die Notwendigkeit, die unter Primakow vorangetriebene Regulierung partiell fortzusetzen. Als wichtige Voraussetzung dafür galt die Stärkung der staatlichen Autonomie gegenüber einheimischen Kapitalfraktionen und internationalen Finanzorganisationen wie dem IWF und der Weltbank. Während die Regierung innenpolitisch Maßnahmen zur Eingliederung der Oligarchie in das staatlich dominierte bürokratisch-korporatistische Modell ergriff, gelang es dem liberalen Regierungslager auf außenpolitischem Terrain geschickt, die Frage der staatlichen Autonomie auf die hohen Auslandsschulden zu reduzieren. Somit erschien die begrenzte staatliche Handlungsfähigkeit nicht als das Resultat eines umfassenden Peripherisierungsprozesses, sondern ausschließlich als ein monetäres (Verschuldungs-)Problem. Kagarlitzkij und Sergeew zufolge hatte die Bedienung der Auslandsschulden für die Regierung »höchste Priorität«, da sie sich durch eine enge Kooperation mit den internationalen Finanzorganisationen die Anerkennung des Privatisierungsprozesses und der neuen einheimischen Bourgeoisie erhoffte (vgl. Kagarlickij/Sergeew 2014: 401–402). Die Bereitschaft zur Schuldentilgung signalisierte dem Westen, dass der russische Staat die Regeln der internationalen Ordnung akzeptierte. Außerdem – und diesen Punkt vernachlässigten die Autoren – war die rasche und vollumfängliche Rückzahlung ein wichtiger Teil der Strategie, die Autonomie des russischen Staates und der einheimischen Bourgeoisie zu stärken.

Das Dogma der Schuldenvermeidung erlaubte es der Regierung unter der Führung des liberalen Finanzministers Aleksej Kudrin, den monetaristischen Kurs auch nach deren Rückzahlung weiterzuführen und eine weitreichende Regulierung des Finanzsektors zu verhindern. Infolgedessen wurde Finanzpolitik auf nationaler Ebene noch stärker als in den 1990er-Jahren eine Angelegenheit des Finanzministeriums und der Zentralbank. Zwar forcierte die Regierung eine Konsolidierung des Bankensektors durch verschiedene institutionelle Reformen und eine Stärkung der staatlichen Kontrolle und Aufsichtsfunktionen. Eine entscheidende Rolle kam dabei jedoch der politisch schwach regulierten Zentralbank zu. Ein wichtiger Schritt dazu war die Stärkung der Kompetenzen der Zentralbank im Bereich der Finanzaufsicht durch die Gründung der Finanzaufsichtsbehörde »Föderaler Dienst für Finanzmärkte«. Insolvenzverfahren, insbesondere durch Lizenzentzug von Banken im Falle akuter Unterfinanzierung, wurden ebenfalls erleichtert.

Die Anzahl der in Russland aktiven Banken ging von 1998 bis 2008 zurück, wobei die Position der ca. 20 staatlichen Geldhäuser in föderalem und regionalem Besitz deutlich gestärkt wurde. Diese hielten im Jahr 2006 70% der Spareinlagen der Bevölkerung und 90% der Unternehmenskredite. Auf die drei größten Institute Sberbank, Vneshtorgbank (VTB) und Gazprombank entfielen knapp 40% der gesamten Aktiva (vgl. Liuhto 2007: 27). Dabei gibt es unverkennbare Parallelen zur Struktur des sowjetischen Bankensektors unter Gorbatschow. Ähnlich wie in den 1980er-Jahren förderte die Regierung staatliche Spezialbanken in den Bereichen Landwirtschaft (Rosselkhoz), Entwicklungsprojekte (VEB), Firmen- und Exportfinanzierung (VTB), Spareinlagen und Einzelhandel (Sberbank). Der Anteil ausländischer Geldinstitute ging von 1999, wo er mit 10,7% den vorläufigen Höchststand erreichte, auf 7,4% (2003) zurück. In den folgenden Jahren stieg er jedoch konstant an und erreichte im Jahr 2008 mit fast 19% den höchsten Wert (EBRD). Auch im Versicherungssektor förderte der Staat die Konsolidierung staatlicher Versicherungsgesellschaften. Per Gesetz wurde ausländischen Unternehmen nur eine begrenzte Kapitalbeteiligung von maximal 25% gestattet, die erst mit dem WTO-Beitritt Russlands im Jahr 2012 auf 50% ausgeweitet wurde (vgl. Schmidt-Peter 2012: 7–8).

Im Gegensatz zu den 1990er-Jahren richteten die russischen Banken ihr Geschäft weniger auf spekulative Geschäftsfelder und den Erwerb staatlicher Anleihen aus, sondern auf das Privatkundengeschäft (Verwaltung der Spareinlagen) und die Vergabe von Krediten an Unternehmen des produzierenden Sektors. Dies zeigte auch ein Vergleich mit den zum Teil hochgradig finanzialisierten Volkswirtschaften Osteuropas, wo das Verhältnis von Bankaktiva zum Bruttoinlandsprodukt Mitte der 2000er-Jahre um die 100% betrug (vgl. Hinner 2004: 2f.). Obwohl sich die Bankaktiva von 56 Mrd. US-Dollar (2000) auf 206 Mrd. US-Dollar vier Jahre später vervierfachten, lag das Verhältnis der Aktiva zum Bruttoinlandsprodukt bei 42% und damit deutlich unter dem Volumen der meisten westlichen Staaten (vgl. ebd.).[25] Die verringerte Abhängigkeit Russlands von den internationalen Finanzmärkten macht auch ein Blick auf die Finanzierungsquellen neuer Investitionen deutlich *(siehe Tab. 12).*

Tabelle 12: Finanzierungsquellen neuer Investitionen (in % des Finanzierungsvolumens)

	Brasilien (2009)	**Russland (2005)**	**Indien (2006)**	**China (2009)**	**Deutschland (2005)**	**USA (2007)**
Bankkredit	41,0	12,3	41,1	15,7	37,2	25,0
Interne Mittel	39,1	71,6	52,2	61,3	36,0	42,0
Börsenfinanzierung	4,0	5,7	1,6	1,9	10,6	13,4

Quelle: May 2013: 277.

Zur Finanzierung von Investitionen setzten die BRICS-Staaten im Vergleich zu den meisten westlichen Staaten viel weniger auf internationale Kapitalanleihen oder Börsengänge, sondern auf die Generierung nationaler Geldmittel, das heißt langfristige Bankkredite und interne Quellen. Dies deckte sich mit der von Dzarasow identifizierten Strategie großer Kapitaleigentümer in Russland, die Abhängigkeit von externen Kapitalgebern soweit wie möglich zu reduzieren. Die Zunahme von Spareinlagen der Bevölkerung um das 2,5-fache von 2002 auf 2004 (vgl. ebd.: 3) erhöhte die finanziellen Ressourcen der einheimischen Banken und damit die Unabhängigkeit von externen Krediten. Die Sparquote in den 2000er-Jahren in Russland wies auch im Vergleich zu Brasilien oder Indien mit über 30% des Bruttoinlandproduktes einen hohen Wert auf (vgl. May 2013: 279).

Von 1998 bis 2006 vervierfachte sich der russische Aktienmarkt RTS. Dabei entfielen Ende Dezember 2005 etwa 64% des Anteils an der Marktkapitalisierung der gelisteten Unternehmen auf den Öl- und Gassektor (vgl. Tomberg/Tomberg 2006: 12). Im Zuge der wirtschaftlichen Konsolidierung und der global

[25] Zum Vergleich: Der Wert machte nur 2,6% der deutschen Bankaktiva aus (vgl. Hinner 2003: 2).

boomenden Finanzmärkte ging die russische Regierung ab Mitte der 2000er-Jahre dazu über, die Regulierung des Finanzsektors wieder zu lockern, wie die weitgehende Abschaffung von Kapitalverkehrsbeschränkungen im Jahr 2006 zeigt. Damit entsprach sie in hohem Maße den Interessen großer Kapitalfraktionen, deren Geschäftsmodell auf schwache Kapitalverkehrskontrollen angewiesen ist. Aufschlussreich ist in diesem Zusammenhang ein Blick auf die Herkunftsländer der getätigten ausländischen Direktinvestitionen in die Russische Föderation. Zwar wurde vielfach Kritik an der ungenauen Erhebung der ausländischen Direktinvestitionen geübt, allerdings ließen sich eindeutige Tendenzen ausmachen *(siehe Tab. 13).*

Tabelle 13: Ausländische Direktinvestitionen in Russland von 2002–2008
(außerhalb der GUS)

Rang	**Länder**	**Wert** (in Mio.)	**Anteil** (in Prozent)
1.	Großbritannien	70.757	16,7
2.	Zypern	67.480	15,9
3.	Niederlande	56.804	13,4
4.	Luxemburg	50.267	11,8
5.	Deutschland	33.821	7,9
6.	Frankreich	24.548	5,8
7.	Schweiz	16.438	3,8
8.	USA	12.914	3,0
9.	Virgin Islands	12.498	2,9
10.	Österreich	1.868	0,4

Quelle: Rosstat.

Der Großteil der Investitionen stammte aus Ländern, die als bekannte Offshore-Häfen für internationales Kapital gelten (Zypern, Luxemburg, Schweiz, Virgin Islands). Eine seriöse Schätzung, wie hoch der Anteil einheimischen Kapitals im Fall der Investitionen aus Großbritannien oder den Niederlanden ist, war nicht möglich, allerdings dürfte auch hier ein bedeutender Teil auf rückgeführtes russisches Kapital entfallen. Damit stand hinter dem Großteil der »ausländischen« Investitionen überwiegend recyceltes einheimisches Kapital, das der Finanzierung von Investitionen im Inland diente. Die laxere Regulierung ab Mitte der 2000er-Jahre verstärkte diese Entwicklung sogar. Bis zum Beginn der Wirtschafts- und Finanzkrise 2008 nahmen Kapitalflüsse nach Russland, insbesondere Investitionen und Kredite im Banken- und Unternehmenssektor, deutlich zu. Zugleich entwickelte sich Russland zunehmend zu einem Kapitalexporteur, was aufgrund der positiven Leistungsbilanz nicht überraschte. Dabei standen die Kapitalexporte jedoch nicht einer nachhaltigen Investitionspolitik gegenüber. Während in Deutschland auf die 15 größten Handelspartner 72% der Exporte und 74% des Bestands an ausländischen Direktinvestitionen entfiel, lag dieser Wert in Russland bei 71% zu 25%. Die Mehrheit der ausländischen Direktinvestitionen entfiel auf Zypern (etwa 40%), die Virgin Islands (11%) und andere Karibikinseln (etwa 6%) (vgl. Deuber 2012: 3–4).

Abgesehen von einer schwachen Regulierung der Finanzmärkte verfolgte die Regierung das Ziel, durch eine Reduzierung der Steuerbelastung der hohen Steuervermeidung und Kapitalflucht entgegenwirken zu können. Das Kernstück der Steuerreform war die Einführung eines Einheitssteuersatzes (flat tax) von 13%, die eine progressive Einkommenssteuer ersetzte, und die Reduzierung der Besteuerung von Unternehmensgewinnen auf 22%.

Das rohstoffgetriebene Wachstum in Kombination mit dem steigenden Ölpreis und günstigen Kreditraten im Ausland ließen die Schuldenaufnahme im Ausland attraktiv erscheinen, was in der seit 2003 rapide steigenden Verschuldung des Privatsektors (Auslandsverschuldung und Kreditfinanzierung) deutlich wurde. Während es der Regierung gelang, die Staatsverschuldung deutlich zu reduzieren, stiegen die Auslandsschulden des Privatsektors von 2005 bis 2007 um das Vierfache von 108 Mrd. US-Dollar auf 417,2 Mrd. US-Dollar (vgl. Kudrin 2009: 15). Bis Juni 2008 erreichte die private Auslandsverschuldung einen Wert von etwa 40% des russischen Bruttoinlandsproduktes (vgl. Robinson 2011: 446). Die Regierung ließ die wachsende Privatverschuldung zu, da sie die Strategie verfolgte, die russischen Kapitalexporte zurückzuführen und darüber hinaus ausländisches Kapital verstärkt anzulocken. Darüber hinaus galten die hohen Bestände an US-Staatsanleihen als Sicherheit für private Kapitalzuflüsse (vgl. Gaddy/Ickes 2010: 288–289). Während auch andere Schwellenländer, zum Beispiel China, verstärkt die Politik verfolgten, ausländische Direktinvestitionen anzulocken, sahen die Ökonomen Clifford Gaddy und Barry Ickes einige Unterschiede zwischen Russland und China. Zum einen war die Sparquote privater Haushalte in China deutlich höher als in Russland und zum anderen das Finanzsystem stärker reguliert, vor allem im Hinblick auf Kapitalverkehrskontrollen. Darüber hinaus machte ein geringerer Umfang der privaten Kapitalzuflüsse in Russland ausländische Direktinvestitionen aus als in China, sodass deren potenzielles Versiegen größere Auswirkungen auf die russische Volkswirtschaft haben musste (vgl. ebd.: Fußnote 10).

Die unter der Putin-Administration durchgesetzte strengere Regulierung des Finanzsektors war eine Reaktion auf den Finanzialisierungsprozess, der in der Finanzkrise 1998 seinen Höhepunkt erreichte. Allerdings verhinderte die starke Außenorientierung der Wirtschaft als Folge der Konsolidierung des ressourcenextraktivistischen Entwicklungsmodells eine stärkere Abkopplung (Dissoziation) von den internationalen Finanzmärkten und damit eine eigenständigere Wirtschafts- und Finanzpolitik Russlands. Die Geld- und Währungspolitik war ein sehr wichtiger Bestandteil einer nationalen Entwicklungsstrategie, freilich nur – so der

Ökonom Hansjörg Herr – unter der Bedingung, dass sie in einem umfassenderen Sinn verstanden wurde als ausschließlich Zinspolitik. Herr plädiert stattdessen für eine Vielzahl von Maßnahmen der Zentralbank, die neben der Zinspolitik auch Kapitalverkehrskontrollen, die Regulierung der Finanzmärkte zur Vermeidung von Instabilitäten sowie eine gezielte Politik zur Steuerung der Kreditvergabe und des Wechselkurses umfassten (vgl. Herr 2016: 38). Die Regierungen der ersten beiden Amtszeiten Wladimir Putins verstanden Währungspolitik jedoch hauptsächlich als Zinspolitik – ein Kurs, der unter Dmitrij Medwedew sogar noch verstärkt wurde. Davon zeugte der Fokus auf die Inflationsbekämpfung, die zwar von 72% im ersten Nachkrisenjahr auf 15,5% im Jahr 2002 gesenkt werden konnte, jedoch bis zum Ausbruch der globalen Wirtschafts- und Finanzkrise zwischen 13–20% pendelte (vgl. World Bank o. D.). Demgegenüber unternahm die Regierung nur unzureichende Schritte zur Regulierung des Kapitalverkehrs. Insbesondere der Kapitalabfluss blieb unvermindert hoch.

Die Politik der Schuldenvermeidung verhinderte eine ausgewogene staatlich gelenkte Entwicklungsstrategie (Finanzierung der Wissenschaft, des Bildungs- und des produktiven Sektors) sogar dann, als die Regierung die Auslandsschulden beglichen und die weltweit drittgrößten Devisenreserven nach China und Japan angehäuft hatte. Dadurch erweiterte sie zwar durchaus den außenpolitischen Spielraum, die semi-periphere Position und die damit einhergehende strukturelle Abhängigkeit vom Zentrum blieben jedoch unverändert. Tatsächlich trug die russische Regierung sogar dazu bei, die finanz- und wirtschaftspolitische Hegemonie der EU und vor allem der USA zu stabilisieren, indem sie die Devisenreserven hauptsächlich in US-Dollar und Euro angelegte. Die Anlage von Finanzmitteln in den USA und der EU entzog dem russischen Markt die begrenzt zur Verfügung stehenden Geldmittel, sodass Unternehmen dazu gezwungen waren, sich im Ausland zu verschulden. Auf diese Weise bildete die Kehrseite der Konsolidierung des Staates die zunehmende Verschuldung des privaten Sektors insbesondere im Zeitraum zwischen 2005 bis 2008.

Der Stabilitätspakt zwischen Arbeit und Kapital

In der wissenschaftlichen Forschung und im öffentlichen Bewusstsein spielten soziale Proteste in Russland eine untergeordnete Rolle. Dies spiegelt zum einen die Schwäche der sozialen Bewegungen in Russland wider. Zum anderen erscheinen gesellschaftliche Organisation und Widerstand vor allem dann berichtenswert, wenn sie sich gegen die Regierung richteten. Soziale Auseinandersetzungen und unabhängige Organisationsformen außerhalb dieser Konfliktkonstellation werden aus diesem Grund oft vernachlässigt.

Die Russlandforschung trug zum Teil zu dieser Sichtweise bei. Dementsprechend wenig war über die politische Praxis, Organisationsformen und Erfahrungen sozialer Kräfte der frühen 2000er-Jahre in Russland bekannt.[26] Auch die kapitalismuskritische innerrussische Diskussion verriet mit Blick auf die gesellschaftliche Position einkommensschwacher Schichten und sozialen Protest analytische Leerstellen. Obwohl Dzarasow (vgl. 2011: 586) das »Insider-Modell« als »Kristallisationspunkt« für das Verständnis des russischen Kapitalismus ausmachte, blieben seine Ausführungen über das Verhältnis zwischen Arbeit und Kapital unbestimmt (dazu auch kritisch Pirani 2011). Zur Aufrechterhaltung der Unternehmenskontrolle waren Insider einerseits auf gute Beziehungen zum Staat angewiesen. Andererseits konnten sie über extra-ökonomischen Zwang wie den Einsatz staatlicher Geheimdienste, privater Sicherheitsdienste oder staatlicher Kontrollorgane zusätzlichen Druck ausüben. Autoritäre Strukturen resultierten laut Dzarasow daher aus der Notwendigkeit, den Druck auf Arbeiter*innen und Angestellte möglichst hochzuhalten und die Position der einzelnen Kapitalgruppen im Staat zu verbessern. Wie Hellman/Jones/Kaufman (vgl. 2000) für die 1990er-Jahre konstatierten, war auch für Dzarasow (vgl. 2011: 590) der Staat durch große Kapitalfraktionen »erobert« beziehungsweise wird durch diese regiert. Die Arbeiter*innenschaft hingegen zeichnete sich überwiegend durch autoritätshöriges und opportunistisches Verhalten sowie einen niedrigen Organisationsgrad aus (vgl. ebd.: 591–593). In Dzarasows Ansatz – wie auch in den Arbeiten anderer kritischer zeitgenössischer Wissenschaftler*innen (vgl. Menshikov 2007; Buzgalin/Kolganow 2015) – dominierte ein stark deterministisches Denken, das nicht nur wenig dazu beitrug, die Position und Rolle der Arbeiter*innenklasse im russischen Kapitalismus näher zu verstehen, sondern auch einem besseren Begreifen der Widersprüche und Auseinandersetzungen innerhalb des herrschenden Blocks im Wege stand, da sie die Spannungen unterschätzten, die das ressourcenextraktive Entwicklungsmodell erzeugte.

Die vielfältigen Konflikte um das russische Entwicklungsmodell seit den frühen 1990er-Jahren – sowohl im herrschenden Block als auch zwischen Regierung und sozialen Bewegungen – und den Maßnahmen der Putin-Administration zur Stärkung der Autonomie des Staates zeigten ein komplexes Bild der russischen Gesellschaft. Deshalb werden im Folgenden die Sozialpolitik der Regierung und entscheidende soziale Auseinandersetzungen der 2000er-Jahre skizziert, deren Ausgang die gesellschaftliche Entwicklung stark beeinflusste.

Umkämpftes Terrain: Die Sozialpolitik

Die Stabilisierung gesellschaftlicher Verhältnisse seit den 2000er-Jahren war nicht das Resultat einer systematischen staatlichen Sozialpolitik. Die klientelistische Einbindung ausgewählter einkommensschwacher Schichten (Staatsangestellte, Pensionär*innen) in den oligarchisch-etatistischen Konsens macht deutlich,

[26] Eine der wenigen Ausnahmen war die soziologische Studie »Nonkonformizm« zu gewerkschaftlicher Organisation um die Jahrtausendwende von Ljudmila Bulawka (2000).

dass die Putin-Administration keine Wende zu einer aktiven Umverteilungspolitik vollzog. Zwar ging der Anteil der Bevölkerung unterhalb der Armutsgrenze insgesamt zurück, die Einkommensunterschiede nahmen dagegen weiter zu. Dies zeigt sich nicht zuletzt in der steigenden Kapitalkonzentration und dem Anstieg von Dollarmilliardären von 0 (2000) auf 87 (2008) (vgl. Kroll 2008). Ein Hinweis auf die zunehmende Ungleichheit von Einkommen und Vermögen in einem Land gibt der Gini-Koeffizient. Dieser erreichte im Jahr 1992 noch einen Wert von 0,289 und stieg bis zum Jahr 2000 auf 0,395 und erreichte schließlich am Ende der zweiten Amtszeit Wladimir Putins 0,423 (vgl. Rosstat 2009: 123). Wie bereits in Kapitel 3 ausgeführt, konstatierte die Soziologin Natalija Tichonowa (vgl. 2011) die Entstehung einer Klassengesellschaft in Russland mit einer stabilen Unterschicht. Kinder, Frauen und Rentner*innen waren von Armut überproportional häufig bedroht. Die russische Unterschicht prägte spezifische Merkmale wie ein niedriges Ausbildungs- und Gesundheitsniveau. »Alkoholkonsum«, schrieb der Ökonom Pekka Sutela (2012: 204), »wurde bis zu einem gewissen Grad eine Klassenfrage«.

Die bereits unter Jelzin verfolgte neoliberale Sozialpolitik blieb auch für die folgenden Präsidentschaften handlungsleitend. Die Transformation wohlfahrtsstaatlicher Politik in Russland war dabei von vier Tendenzen geprägt: Der Privatisierung der Leistungen, der Individualisierung der Risiken, der Monetarisierung des Zugangs zu Leistungen und der Dezentralisierung des Managements (vgl. Cerami 2010). Besonders umstritten war ein zentrales Projekt der ersten Putin-Administration, das Gesetz zur Monetarisierung sozialer Leistungen (Monetarisierung von Vergünstigungen). Staatlich garantierte soziale Leistungen (z.B. die kostenlose Nutzung des öffentlichen Nahverkehrs) und Dienstleistungen (kostenlose bzw. subventionierte Medikamente, Kuraufenthalte und Behandlungen) sollten fortan durch Zahlungen ersetzt werden. Das Gesetz sah vor, die sozialen Leistungen in einen Geldwert umzurechnen, der vom Staat an die Bezugsberechtigten ausgezahlt werden sollte. Die Bedeutung dieses Gesetzesvorhabens unterstrich Dmitrij Medwedew in einem Interview mit dem Wirtschaftsjournal Ekspert (vgl. 2005), in dem er den Übergang von Sachleistungen in Geldleistungen als eine Grundvoraussetzung für die Entwicklung einer Marktwirtschaft in Russland bezeichnete.

Gegen das Gesetzesvorhaben regte sich rasch Protest. Vor dem Hintergrund hoher Inflationsraten war abzusehen, dass die Auszahlung der Geldleistungen bald nicht mehr zur Deckung der sozialen Leistungen reichen würde. Da die Regierung jedoch unbeirrt an dem Gesetz festhielt, erreichte die Mobilisierung unerwartete Ausmaße und erfasste bald das gesamte Land. Die Anthropologin Julie Hemment erklärte dies damit, dass es sich bei den Bezugsberechtigten nicht um sozial stigmatisierte Außenseiter handelte. Anspruch auf die sozialen Leistungen hatten Menschen, die in »zutiefst traumatischen Perioden der sowjetischen Geschichte« lange Jahre »Dienst für den Staat« (Hemment 2009: 39) geleistet hatten, zum Beispiel durch den Militärdienst während des Zweiten Weltkrieges, Arbeit während der Fünfjahrespläne oder einen Einsatz während der Tschernobyl-Katastrophe. Damit, so Hemment, waren die Vergünstigungen keine klassischen Sozialleistungen, sondern eine staatliche Auszeichnung für besonders verdiente Bevölkerungsgruppen und von hoher symbolischer Bedeutung (vgl. ebd.).

Darüber hinaus handelte es sich um keine marginalisierte Bevölkerungsgruppe. Im Jahr 2005 besaß mehr als ein Viertel der Bevölkerung Anspruch auf Formen von Vergünstigungen (vgl. ebd.: 40). Die Regierung ihrerseits hatte durch die symbolische Aufwertung von Veteran*innen und Pensionär*innen aktiv zur gesellschaftlichen Akzeptanz der Bezugsberechtigten von Vergünstigungen beigetragen. Deshalb beobachtete sie deren Mobilisierung mit großem Argwohn. Die eigenständige und landesweite Organisation von Transformationsverlierer*innen nach Jahren der Ruhe schuf erstmals einen wirkungsvollen gesellschaftlichen Widerstand gegen den oligarchisch-etatistischen Konsens und konnte auch von der institutionalisierten (Partei)Opposition nicht kanalisiert werden. Zwar war die KPRF nach anfänglichem Zögern darum bemüht, von den Protesten zu profitieren, und unterstützte deren Forderungen, allerdings erst nachdem sie nicht mehr ignoriert werden konnten. Der breite gesellschaftliche Rückhalt, den die Protestierenden erfuhren, gefährdete das Bündnis zwischen dem Staat und den Pensionär*innen und damit den Versuch, die soziale Basis der Herrschenden in symbolisch und zahlenmäßig bedeutsamen Schichten zu verbreitern. Zwar nahm die Regierung das Gesetz nicht zurück, sie verzichtete jedoch darauf, bestimmte Maßnahmen umzusetzen und erließ zusätzliche Änderungen zur »Abschwächung der Reformen« (Hemment 2009: 42). Dies schuf ein »marktorientiertes wohlfahrtsstaatliches Arrangement« (Cerami 2009: 115ff.), in dem die Regierung sich bereit erklärte, vorläufig auf weiteren Sozialabbau zu verzichten. Auf diese Weise erreichte die Regierung ein Abflauen der Proteste. Zur Entschärfung des Konfliktes trug auch der steigende Ölpreis bei, wodurch die Regierung über beträchtliche finanzielle Spielräume verfügte.

Auch die seit Putin geförderten Staatskonzerne ermöglichten eine Stabilisierung der gesellschaftlichen Verhältnisse. Diese Staatsholdings waren auch abseits der Zentren Moskau und St. Petersburg äußerst populäre Arbeitgeber, da sie ihren Angestellten verhältnismäßig gute Arbeitsbedingungen (Löhne und Sozialleistungen) boten und in den Bau sozialer Infrastruktur investierten. Außerdem hatte die Konsolidierung der Staatskonzerne eine nicht zu unterschätzende symbolische Wirkung, da sie der Erfahrung des ökonomischen Niedergangs entgegenwirkte. Während der Staat also die Sozialpolitik zunehmend privatisierte, hielt er durch die Staatskonzerne partiell an dem korporativen Sozialmodell fest. Auch private exportorientierte Konzerne wurden in dieses Modell eingebunden. Obwohl der Konzern Norilsk Nikkel die Zahl seiner Beschäftigten von 160.000 im Jahr 1990 bis Mitte der 2000er-Jahre fast halbierte, lag der durchschnittliche Monatslohn 2,6 Mal über dem nationalen Durchschnitt (vgl. Fortescue/Rautio 2011: 838). Die

Bedeutung staatlicher und privater Unternehmen für die Aufrechterhaltung des korporativen Sozialmodells zeigte sich im Fall geplanter Werksschließungen, insbesondere in Monostädten. Im Fall anhaltender Mobilisierung durch die Arbeiter*innenschaft intervenierte regelmäßig die Regierung (oft sogar der Präsident selber) zugunsten der Belegschaft.

Trotz des ölgetriebenen Wirtschaftsaufschwungs vollzog die Regierung auch unter dem neuen Präsidenten Medwedjew keine Wende in der Sozialpolitik. Zwar stiegen die Sozialausgaben von 2005 bis 2009 um 126%. Allerdings fiel der Anstieg weniger beeindruckend aus, wenn man berücksichtigt, dass die staatlichen Gesamtausgaben im selben Zeitraum um 132% erhöht wurden (vgl. Sutela 2012: 202). Zwar erfolgte der Umbau nach der Befriedung der Proteste gegen die Monetarisierung von Vergünstigungen moderater als zuvor, sodass eine direkte Konfrontation zwischen Regierung und einkommensschwachen Schichten vermieden werden konnte. Dennoch wurden die ersten beiden Putin-Administrationen (2000–2008) zu Recht als Durchbruch in der »Liberalisierung des Wohlfahrtstaates« (Cooke 2007: 145) bezeichnet.

Russland wird gevierteilt: Die Vertiefung regionaler Entwicklungsunterschiede

Die Soziologin Natalija Zubarewitsc unterschied in ihrer Analyse zur ungleichen Entwicklung Russlands vier unterschiedliche Entwicklungstypen (vgl. Zubarevič 2010). Moskau und St. Petersburg existierten beinahe losgelöst vom Rest des Landes aufgrund ihrer umfassenden Integration in den Weltmarkt. In beiden Städten konzentrierten sich die ökonomischen und politisch-administrativen Ressourcen des Landes, was sich in einem deutlich höheren Lohnniveau, moderner Infrastruktur und einer verbesserten Versorgungssituation der Bevölkerung niederschlug. Als zweiten Typ bezeichnete Zubarewitsch die industrialisierten Regionen überwiegend aus dem europäischen Teil des Landes. Diese produzierten hauptsächlich für den Binnenmarkt und zum Teil für den Weltmarkt, insbesondere den postsowjetischen Raum, was eine relativ stabile Entwicklung ermöglichte. Weite Teile Sibiriens und des europäischen Nordens, die vollständig von ressourcenextraktiven Sektoren abhängig waren, bildeten den dritten Typ. Der vierte Typ umfasste Regionen, die wie der Kaukasus hauptsächlich von Subsistenzökonomie, Abwanderung und extrem begrenzten Entwicklungsperspektiven geprägt waren. Die Entwicklungsperspektive rohstoffreicher Regionen der letzten beiden Typen hing überwiegend von den spezifischen Rohstoffvorkommen und der Nachfrage auf dem Weltmarkt ab (vgl. Anokhin/Kuznetsov/Lachinskii 2014).

Eine Folge der vertieften Entwicklungsunterschiede waren – und diesen Punkt vernachlässigte Zubarewitsch – spezifische Klassenstrukturen. In den Zentren bildete sich eine typische Mittelschicht heraus, die in ihrem Konsumverhalten, ihren politischen Einstellungen und Anforderungen an städtische Infrastruktur vergleichbar mit europäischen urbanen Mittelschichten war, mit Blick auf ganz Russland jedoch eine Ausnahme darstellte. Typisch für alle Regionen Russlands war die Koexistenz von Enklavenökonomien, technisch hochmodernen globalen Rohstoffförderstätten und vertiefter regional ungleicher Entwicklung. Die strukturschwachen Regionen waren von einem deutlichen Anstieg der Arbeitslosigkeit und zunehmender Abwanderung geprägt (vgl. ebd.). In den 1990er-Jahren verlor der arktische Teil Russlands ein Viertel seiner Bevölkerung durch Abwanderung. Die Region Tschukotka erlebte einen Bevölkerungsrückgang von 70%, in der Stadt Workuta ging die Bevölkerung von 1989 bis 2002 um 40% zurück (vgl. Rasell 2009: 97). Eine ökonomische Diversifizierung erfolgte nur schleppend, da es an finanziellen Mitteln fehlte und die lokalen Administrationen diese Entwicklung zu spät erkannten (dazu Suutarinen 2014). Den hohen Löhnen im Öl- und Gassektor im Autonomen Kreis der Nenzen, dem »arktischen Kuwait« (Rasell 2009: 96), stand die Tatsache gegenüber, dass nur ein Drittel der Häuser der Region über kanalisiertes Wasser und kommunale Abwässer verfügte. Von extremer Armut in der Republik Komi waren häufig die Landbevölkerung und Indigene betroffen, weshalb die UNO von einer Ethnisierung der Armut sprach (vgl. ebd.). Auch in Sacha profitierte nicht die gesamte Bevölkerung vom lukrativen Bergbau, der nur 16% der Einheimischen beschäftigte (vgl. ebd.). Die Putin-Administration verschärfte die unter Jelzin zunehmenden regionalen Unterschiede, indem sie die Zuständigkeit des Föderalstaates in den Feldern Sozialpolitik und regionale Entwicklung stark einschränkte und auf die Regionen übertrug.

Ein weiterer Grund für diese Entwicklung ist die Ende der 1990er-Jahre einsetzende und seit der ersten Amtszeit Putins staatlich vorangetriebene Orientierung russischer Konzerne an marktwirtschaftlichen Kriterien wie Profitabilität, Kosteneffizienz und die Konzentration auf das Kerngeschäft. In der Sowjetunion übernahmen oftmals ortsansässige Betriebe Sozialleistungen und die Finanzierung der sozialen Infrastruktur (Kindergärten, Schulen, Sportplätze etc.) einer Gemeinde. Dies galt umso mehr für die peripheren Regionen im arktischen Norden und in Sibirien. Im Zuge der internationalen Expansion russischer Rohstoffkonzerne, die häufig mit einer Verdrängung des lokalen Managements einhergeht (vgl. Riabova/Didyk 2014), kündigten diese das partiell fortbestehende sowjetische Sozialmodell auf. Die Orientierung der staatlichen Sozialpolitik weg von regionaler Förderung hin zu einer Individualisierung der Sozialhilfe erwies sich dabei als krisenverschärfend, da die raschen Umwälzungen nicht entsprechend sozial abgefedert wurden. Auf diese Weise reproduzierte sich die ungleiche Entwicklung zwischen Zentrum und Peripherie auch in den Regionen. Es entstanden periphere Zentren, die von der globalen Nachfrage nach Rohstoffen profitierten. Dabei handelte es sich überwiegend um Ölförderregionen in Sibirien. Andere, rohstoffärmere Regionen fielen dagegen zurück. Die wachsenden innerrussischen Entwicklungsunterschiede erklärten die politische Kluft zwischen Zentrum und Regionen und die damit einhergehende divergierende politische Orientierung.

Widerstand von unten gegen die prekäre Stabilität

Die fortgesetzte neoliberale Wirtschafts- und Sozialpolitik der Regierung und die zunehmenden sozialen und regionalen Spaltungen werfen die Frage auf, ob und wenn ja wie sich in den 2000er-Jahren Widerstand gegen die Regierungspolitik artikulierte. Ähnlich wie May/Nölke/ten Brink (vgl. 2014) für Brasilien, China und Indien konstatierten, prägte die oligarchisch-etatistische Ordnung in Russland eine klare antisoziale Ausrichtung, die tief in den staatlichen Institutionen und der politischen Praxis des herrschenden Blocks verankert war. Die Politik der beiden Putin-Administrationen zielte darauf ab, den Organisationsgrad von Arbeiter*innen und Angestellten weiter zu schwächen und Löhne möglichst niedrig zu halten. Dies wurde neben dem forcierten Sozialabbau (Monetarisierung von Vergünstigungen) auch in der neuen unsozialen Arbeitsgesetzgebung deutlich. Vor dem Hintergrund des Wirtschaftsaufschwungs wurden die sozialen Konflikte vorläufig abgeschwächt, da die klientelistische Einbindung ausgewählter Gruppen die Spaltungen innerhalb der einkommensschwachen Bevölkerungsschichten vertiefte.

Die breiten Proteste gegen die Monetarisierung von Vergünstigungen machten jedoch deutlich, dass die Maßnahmen zur Desorganisation oppositioneller sozialer Bewegungen ihre Grenzen hatten. Während die Proteste gegen die Sozialkürzungen noch überwiegend spontan erfolgten und sich durch eine verhältnismäßig schwache Organisationsstruktur auszeichneten, kam es ab Mitte der 2000er-Jahre zu landesweiten Streikbewegungen. Diese wurden überwiegend von unabhängigen Gewerkschaften organisiert, die im Gegensatz zum Gewerkschaftsverband FNPR die Einbindung in das autoritär-korporatistische Modell ablehnten und stattdessen auf neue militante Formen des Arbeitskampfes setzten. Insbesondere in der Automobilbranche kam es zu erfolgreichen Arbeitskämpfen (Ford, General Motors, AvtoVAZ). Die Forderungen drehten sich dabei weniger um die Frage der Eigentumsverhältnisse, sondern um eine Verbesserung der Löhne und Arbeitsbedingungen sowie das Recht auf unabhängige Interessensvertretung (vgl. Pirani 2010). Die unabhängigen Gewerkschaften profitierten dabei von neu entstandenen landesweiten Organisationsformen wie den russischen Sozialforen. Auch andere Bereiche des sozialen Lebens wie die Stadtentwicklung und kommunales Wohnen wurden in dieser Zeit deutlich stärker politisiert (vgl. Heyden/Weinmann 2009: 161–197).

Zwar ließ sich ab Mitte der 2000er-Jahre eine verstärkte Politisierung gesellschaftlicher Konflikte beobachten. Allerdings führte die Entstehung neuer sozialer Bewegungen, lokaler Initiativen und Gruppen selten zur Gründung landesweiter politischer Organisationen oder Verbände, die dazu beigetragen hätten, die Isolation und schwache Vernetzung der gesellschaftlichen Linken zu überwinden. Damit blieben die unterschiedlichen sozialen Konflikte (Arbeit, LGBTQI, kommunale Entwicklung, Ökologie, antifaschistische Arbeit) häufig isoliert voneinander, was letztendlich eine Fragmentierung emanzipatorischer Kräfte zufolge hatte.

Kontinuitäten und Brüche in der Umweltpolitik

Seit der Auflösung der Sowjetunion war die russische Umweltpolitik geprägt von vielfältigen Kontinuitäten und Brüchen. Die sowjetisch-russische Ökologiebewegung erkämpfte in den frühen 1990er-Jahren eine gewisse Institutionalisierung umweltpolitischer Themen in Staat und Politik (siehe Kapitel 4, S. 86ff.). Mit der bonapartistischen Wende des Jahres 1993 begann die Marginalisierung sozialökologischer Themen sowie die Verdrängung ökologischer Aktivist*innen und Politiker*innen aus staatlichen Administrationen. Diese Entwicklung setzte sich im Zuge der Konsolidierung des ressourcenextraktivistischen Entwicklungsmodells fort. Vor dem Hintergrund der vielfältigen ökologischen Krisenprozesse war die Putin-Administration darum bemüht, die Verantwortlichkeit staatlicher Institutionen wiederherzustellen und die grundlegende Finanzierung umweltpolitisch relevanter Sektoren (z.B. Nuklearindustrie) zu gewährleisten (vgl. Jaitner 2018a: 51–72). Zum strukturierenden Prinzip der Umweltpolitik wurde die Ausrichtung auf marktkonforme Lösungen. Dies zeigt sich in der Tendenz zur Privatisierung vormals staatlicher Aufgaben, die zunehmend von Nichtregierungsorganisationen und privaten Dienstleistern übernommen wurden (dazu Vorobyev 2005).

Das 1991 gegründete und bereits fünf Jahre später zu einem Staatskomitee für Umweltschutz degradierte Umweltministerium (Goskomekologija) wurde Anfang der 2000er-Jahre genauso wie das Komitee für den Föderalen Forstschutz aufgelöst. Die Verantwortlichkeit lag seitdem beim Rohstoffministerium. Den Grund für die Auflösung des Staatskomitees sahen Henry und Douhovnikoff in dem Versuch begründet, die Rohstoffausbeutung zu erleichtern. Eine der Hauptaufgaben des Rohstoffministeriums bestand in der Vergabe von Lizenzen zur Rohstoffausbeutung durch Firmen. Dadurch verschaffte sich der russische Staat beträchtliche Einnahmen. Rohstoffkonzerne waren im Ministerium stärker repräsentiert und konnten auf diese Weise ihre Interessen direkter durchsetzen als Umweltorganisationen. Am Beispiel der Ausbeutung der Öl- und Gasvorkommen in der Arktis zeigte die Politikwissenschaftlerin Nadeschda Filimonowa (Vgl. 2013) besonders anschaulich den Einfluss der Mineralölkonzerne auf die Staatsapparate. Die Priorität der Rohstoffausbeutung gegenüber dem Ziel des Umweltschutzes wurde auf diese Weise institutionell abgesichert.

Zur Stabilisierung des ressourcenextraktivistischen Entwicklungsmodells trug zudem das staatliche und international propagierte Narrativ der »Energiesupermacht« bei, dem zufolge Russlands politischer und ökonomischer Einfluss maßgeblich auf den Vorräten und dem Export von Energierohstoffen beruhte. Dadurch gelinge es Russland, die globale Entwicklung, speziell im postsowjetischen Raum, zu beeinflussen (vgl. Rahr 2006; Saivetz 2007; Rutland 2008). Zugleich enthielt das Narrativ der Energiesupermacht eine entwicklungspolitische Komponente, wonach die verstärkte Ausrichtung auf den Rohstoffexport die Grundlage für den ökonomischen Aufschwung und die Prosperität Russlands bilde, da sie erst eine ausgeweitete Sozialpolitik des Staates möglich mache. Insbesondere den staatlichen Konzernen Gazprom und Rosneft kam dabei eine entscheidende Bedeutung zu, da ihr wirtschaftliche Stärke und die internationale Expansion den Erfolg dieses Entwicklungsmodells zu bestätigen schienen. Verhältnismäßig niedrige Gaspreise für Verbraucher*innen symbolisierten die vermeintlich soziale Ausrichtung der Konzerne und des gesamten Entwicklungsmodells. Das Interesse der Regierung an moderaten Gaspreisen geriet jedoch immer wieder in Widerspruch zu den Profitinteressen der Öl- und Gasindustrie und gefährdete damit das Narrativ der Entwicklung durch Ressourcenexport. Die Furcht vor sozialen Konflikten aufgrund steigender Stromkosten war ein wichtiger Grund dafür, dass die Regierung den Gaspreis nach wie vor subventionierte (vgl. Overland/Kutschera 2011).

Mit der Integration Russlands in den Weltmarkt und der aktiven Beteiligung des Landes an internationalen Klimaverhandlungen wurde auch die sozialökologische Entwicklung im Inneren immer stärker durch internationale Verträge, Verhandlungen und Institutionen beeinflusst. Aufgrund der CO_2-Emissionen, der großen Biodiversität und der immensen Rohstoffvorkommen besaß die russische Umweltpolitik auch eine globale Bedeutung. Die Fähigkeit und Bereitschaft zu einer aktiven Umweltpolitik auf nationaler und internationaler Ebene wurde jedoch durch die seit den 1990er-Jahren zu beobachtende Schwächung von Institutionen und Behörden im Bereich des Umweltschutzes unterminiert. Aus diesem Grund war die im Oktober 2004 erfolgte Ratifizierung des Kyoto-Protokolls nicht nur ein entscheidender Schritt für die künftige Entwicklung der russischen Umweltpolitik, sondern auch für das ressourcenextraktivistische Entwicklungsmodell.

Auf den ersten Blick schien die Konsolidierung des ressourcenextraktivistischen Entwicklungsmodells als Hindernis, die Klimaziele des Kyoto-Protokolls zu erreichen, denn die Förderung, der Transport und die Verarbeitung von Rohstoffen (insbesondere fossiler Brennstoffe) gehörten zu den umweltschädlichsten Wirtschaftsprozessen. So war es nicht verwunderlich, dass im Jahr 2003 in Russland neben dem Verkehr (2,2 Mio. Tonnen) der Anteil der extraktiven Sektoren an den Schadstoffemissionen besonders hoch war, darunter die Öl- und Kohleindustrie (5,2 Mio. Tonnen), die Elektroenergie (3,4 Mio. Tonnen), die Buntmetallverhüttung (3,3 Mio. Tonnen) und die Schwarzedelmetallverhüttung (2,2 Mio. Tonnen). Der Anteil der restlichen Industrie (1,8 Mio. Tonnen) und anderer Wirtschaftszweige (0,6 Mio. Tonnen) war deutlich geringer (vgl. Russland-Analysen 2005: 5). Im Gegensatz zu anderen Unterzeichnerstaaten hatte sich Russland mit der Unterzeichnung des Kyoto-Protokolls auf keine Emissionsreduktion, sondern nur auf eine Stabilisierung auf dem Niveau von 1990 eingelassen. Aufgrund der massiven Deindustrialisierung emittierte das Land fast 40% weniger Treibhausgase als im Bezugsjahr. Demnach konnten die Emissionen sogar steigen, solange sie unter dem Basiswert des Jahres 1990 blieben, was der Regierung beträchtlichen Spielraum verschaffte und den extraktiven Sektoren die Möglichkeit eröffnete, ihre Produktion sogar noch auszuweiten. So war es nicht verwunderlich, dass die Energiewirtschaft stark für die Ratifizierung des Kyoto-Protokolls lobbyierte. Unterstützung fand sie in den Staatsapparaten, unter anderem bei Wirtschaftsminister German Gref (vgl. o. A: 2004). Gazprom etwa erhoffte sich eine erhöhte Nachfrage nach CO_2-ärmerem russischem Erdgas aus Europa. Energieunternehmen wie etwa Unified Energy System of Russia (UES) sahen in dem im Protokoll vorgesehen Handel mit Emissionsquoten ein lukratives Geschäftsmodell und verfolgten die Strategie, geplante Investitionen durch den Verkauf von CO_2-Emissionsquoten an ausländische Interessenten zu finanzieren (vgl. o. A. 2006). Damit trug die Ratifizierung des Kyoto-Protokolls (indirekt) zur Stabilisierung des ressourcenextraktiven Entwicklungsmodells bei.

6. Die Krise der oligarchisch-etatistischen Ordnung (2008–2014)

Die Wirtschafts- und Finanzkrise in Russland

In der zweiten Hälfte des Jahres 2008 geriet Russland in den Strudel der globalen Wirtschafts- und Finanzkrise. Diese äußerte sich in Russland – genau wie in Europa und den USA – als Krise des Finanzsektors. Damit fand die fast zehn Jahre währende ökonomische Aufschwungsphase, die wesentlich zur Popularität Wladimir Putins und zur Stabilisierung der gesellschaftlichen Verhältnisse beigetragen hatte, ein Ende.

Obwohl der wirtschaftliche Abschwung durch externe Faktoren ausgelöst wurde, verdeutlichte der *»double shock«* (Gaddy/Ickes 2010: 281), der Absturz des Ölpreises und die einsetzende Kapitalflucht aus Russland, die Anfälligkeit des ressourcenextraktiven Entwicklungsmodells. Der Ölpreis der Marke Ural fiel im vierten Quartal 2008 von 95,1 US-Dollar/Barrel bis Februar 2009 auf knapp 43 US-Dollar (vgl. Simachev et al. 2009: 9). Auch die russischen Kapitalmärkte gerieten unmittelbar in den Strudel der Krise. Von Anfang Mai bis Ende Oktober stürzte der russische Aktienindex RTS von fast 2.500 Punkten auf weniger als 600 Punkte ab. (Vgl. ebd.: 8) Die ausländischen Direktinvestitionen gingen von über 22 Mrd. US-Dollar im zweiten Quartal 2008 auf 9 Mrd. US-Dollar Anfang 2009 zurück (vgl. Smith/Swain 2010: 5).

Im Spätherbst lagen nach Ansicht der Regierung die größten Herausforderungen zur Verhinderung der abschwächenden Wirtschaftsdynamik in der hohen Auslandsverschuldung russischer Firmen und der steigenden Inflation (vgl. Simachev et al. 2009: 9.) Demgegenüber vermuteten die Experten des Instituts für Globalisierung und soziale Bewegungen (IGSO) eine umfassende Krise in Russland aufgrund der starken Außenorientierung der Wirtschaft und der Ausrichtung auf den Rohstoffexport. Die einsetzende Inflation, so die Autoren, würde sich wahrscheinlich dämpfend auf die Nachfrage auswirken (vgl. IGSO 2008: 9). Anzeichen eines Übergreifens der Krise auf die produzierenden Sektoren häuften sich im letzten Quartal 2008, als die Industrieproduktion um über 6% zum Vorjahreswert einbrach (vgl. Simachev et al. 2009). Zwar blieb die russische Wirtschaft im Jahr 2008 unverändert auf Wachstumskurs, allerdings fiel der Anstieg mit 5,2% des Bruttoinlandsproduktes bereits um mehr als 3% niedriger aus als im Jahr zuvor.

Im Jahr 2009 wurde die russische Wirtschaft von der Krisendynamik vollends erfasst. Dabei fiel der Rückgang des Bruttoinlandsproduktes um 7,8% auch im internationalen Vergleich sehr hoch aus.[1] Trotz massiver Interventionen der Zentralbank verlor der Rubel bis Januar 2009 im Vergleich zum US-Dollar-Euro-Paket 28% seines Wertes.[2] Die Krise des Finanzsektors griff rasch auf die produzierenden Sektoren über. Nach Angaben der finnischen Nationalbank brach die Industrieproduktion um 10,7% ein, Anlageinvestitionen fielen sogar um 13,5% (vgl. Bofit o. D.).

Anders als während der Krise 1998 war Russland jedoch »finanzwirtschaftlich auf einen externen Schock vorbereitet« (Gaddy/Ickes 2010: 281). Die Staatsverschuldung im Jahr 2008 lag mit 5,3% des Bruttoinlandproduktes auch im internationalen Vergleich auf einem extrem niedrigen Niveau, sodass der Anstieg auf 9,7% im Jahr 2012 beziehungsweise 12,6% (2016) kein größeres Problem darstellte, zumal die Auslandsverschuldung in diesem Zeitraum nicht mehr als 3% des Bruttoinlandsproduktes ausmachte (vgl. Bofit o. D.). Dem standen zu Beginn der Krise Währungsreserven von 580 Mrd. US-Dollar gegenüber, die dem Staat großen finanzpolitischen Spielraum verschafften. Die unter der Putin-Administration durchgesetzte strengere Regulierung des Finanzsektors erwies sich somit partiell als erfolgreich. Allerdings verhinderte die starke Außenorientierung der Wirtschaft als Folge der Konsolidierung des ressourcenextraktivistischen Entwicklungsmodells eine stärkere Abkopplung (Dissoziation) von den internationalen Finanzmärkten und damit eine eigenständigere Wirtschafts- und Finanzpolitik Russlands. Die hohe Volatilität des Rubels und die Instabilität der russischen Finanzmärkte blieben daher bestehen und verschärften die krisenhafte Entwicklung beträchtlich.

Auch politisch blieb der Staat im Gegensatz zur Krise 1998 von Beginn an handlungsfähig. Während die ersten beiden Amtszeiten Wladimir Putins (2000–2008) mit der wirtschaftlichen Aufschwungphase zusammenfielen, kam kurz nach dem Amtsantritt seines Nachfolgers Dmitrij Medwedew im Mai 2008 die Krise richtig in Gang. Trotz des Regierungswechsels war die hohe personelle Kontinuität auffällig. Die Tradition der ausgehandelten Ämterübergabe, die im Vorfeld der Präsidentschaftswahl im Jahr 2000 begründet wurde, führte Putin weiter, indem er Medwedew zu seinem legitimen Nachfolger ausrief. Da der neue Präsident als Zögling Putins galt und in den Jahren 2000 bis 2008 unterschiedliche Regierungsposten bekleidet hatte, waren die direkten Verbindungen sogar noch

[1] Tatsächlich verzeichnete Russland im Vergleich mit den anderen BRICS-Staaten den höchsten Einbruch. Während der Rückgang des Bruttoinlandsproduktes in Südafrika (–1,5%) und Brasilien (–0,1%) deutlich geringer war, wuchs das Bruttoinlandprodukt in Indien (+8,4%) und China (+9,4%) erheblich. Selbst in der stark außenorientierten deutschen Volkswirtschaft –5,6%) oder den im Zentrum der Bankenkrise stehenden USA (–2,7%) und Großbritannien (–4,1%) fiel der Rückgang schwächer aus.

[2] Zur Stabilisierung des Rubels wandte die Zentralbank im Zeitraum März bis September 2009 rund 200 Mrd. US-Dollar für Stützungskäufe auf.

größer als acht Jahre zuvor (Kapitel 5, S. 91ff.). Darüber hinaus übernahm Putin das Amt des Ministerpräsidenten und beließ die Mehrheit der Minister im Amt.

Im Hinblick auf die politische Ausrichtung der Regierung bedeutete die Präsidentschaft Medwedews jedoch eine Veränderung. Zwar hatten unter Putin die konservativen staatszentrierten Kräfte an Einfluss gewonnen, dennoch blieben die liberalen Reformer nach wie vor maßgeblich verantwortlich für die Wirtschafts- und Finanzpolitik der Regierung (siehe Kapitel 5). Mit der Wahl Medwedews verschob sich das Kräfteverhältnis deutlich zugunsten der Liberalen. Dies zeigte sich unter anderem an der Krisenpolitik der Regierung, die stark von liberalen Ökonomen wie Jaroslaw Kuzmin, Jewgenij Jasin, dem Direktor der prestigeträchtigen Hochschule für Wirtschaft (Higher School of Economics) in Moskau, sowie den Wirtschaftsinstituten Akademie für Volkswirtschaft unter der Leitung von Wladimir Mau und dem Gajdar-Institut geprägt wurde. Diese drei Institute, konstatierte der finnische Ökonom Pekka Sutela (2012: 222), »hatten bereits die meisten der jungen Regierungsökonomen ausgebildet, aber jetzt erlangten sie eine bedeutende direkte Rolle in der konkreten Regierungspolitik«.

Untersuchungen der Weltbank machten deutlich, dass die Medwedew-Administration sich auf eine Stärkung der Angebotsseite konzentrierte (vgl. World Bank 2009). Tatsächlich wurden nur circa 10% der verfügbaren Mittel zur Stimulierung der Binnennachfrage eingesetzt. Nach Einschätzung der Regierung lag die größte Gefahr für die russische Wirtschaft in der hohen Privatverschuldung der einheimischen Unternehmen. Dementsprechend bestand der Schwerpunkt des Anti-Krisen-Programms darin, die Kreditvergabe an Unternehmen auszuweiten und dadurch deren Liquidität zu gewährleisten. Maßnahmen zur Reduzierung der Steuerbelastung für Unternehmen machten etwa ein Viertel der staatlichen Mittel aus (vgl. Simachev et al. 2009: 14). Auf diese Weise sollten drohende Insolvenzen abgewendet und die wirtschaftliche Entwicklung stabilisiert werden. Dazu erstellte die Regierung im Dezember 2008 eine »Liste strategisch relevanter Organisationen«, die einen Anspruch auf staatliche Hilfe erhalten sollten. Das zentrale Kriterium für die Aufnahme in die Liste war der »soziale Stellenwert« eines Unternehmens, der sich an der Anzahl der Beschäftigten sowie der regionalen Bedeutung bemaß (vgl. Kislitsyn 2014: 3f.). Die Regierung stellte insgesamt 300 Mrd. Rubel an Finanzhilfen bereit. Bis Ende 2009 nahmen Firmen staatliche Garantien im Umfang von 227 Mrd. Rubel in Anspruch, die dazu eingesetzt werden konnten, um bis zu 50% der Firmenkredite zu begleichen. Für Firmen des Rüstungssektors lag der Rahmen sogar bei 70%. Darüber hinaus umfasste die staatliche Unterstützung für gelistete Firmen Staatsaufträge zur Stimulierung der Produktion (vgl. ebd.: 9).

Ein genauer Blick auf das staatliche Anti-Krisen-Programm zeigte nicht nur eine generelle Tendenz zur Stärkung der Unternehmen (angebotsseitige Orientierung), sondern eine einseitige Ausrichtung zugunsten großer Konzerne, auf die etwa 60% der Mittel des Anti-Krisen-Paktes entfielen. Zwar war ein Drittel für die Unterstützung kleiner und mittelständischer Firmen vorgesehen, die real verfügbaren Mittel machten jedoch nur 5% des Gesamtbudgets aus. Das staatliche Unterstützungsprogramm stabilisierte überdies primär die bereits erfolgreichen Wirtschaftssektoren wie die Automobilindustrie, das Agrobusiness, landwirtschaftliche Maschinenhersteller, Rüstungs- und Baufirmen. Demgegenüber erhielten die chemische und die Holzverarbeitungsindustrie sowie die Leicht- und Nahrungsmittelindustrie kaum nennenswerte Unterstützung (vgl. Simachev et al. 2009: 15f.). Keinerlei Berücksichtigung im Anti-Krisenprogramm der Regierung fanden Strategien zu einem nachhaltigen Umbau der russischen Wirtschaft. Nach Angaben des Umweltprogramms der Vereinten Nationen (UNEP) verwendeten die G-20-Länder durchschnittlich 15,6% der bereitgestellten Anti-Krisen-Maßnahmen zur Förderung grüner Technologien und Wirtschaftszweige. In Russland lag diese Zahl bei 0% (vgl. Kravchenko 2009).

Die Medwedew-Administration vertrat primär die Interessen der exportorientierten Branchen und forcierte deshalb den Beitritt Russlands zur WTO – obwohl ein solcher Schritt die Dualität der Wirtschaft weiter vertiefen musste. Im persönlichen Gespräch bestätigte ein Berater der russischen WTO-Verhandlungsdelegation (Gesprächspartner B), dass gerade die außenorientierten Sektoren für den Beitritt lobbyierten, während die binnenorientierten Kapitalfraktionen stark dagegen opponierten. »Interessiert waren in erster Linie die Metallurgie und Produzenten der chemischen Industrie und einige Vertreter der Landwirtschaft.«

Zwar erzielten die Maßnahmen der Regierung ihre gewünschte Wirkung und stimulierten das Wirtschaftswachstum vorübergehend (2010: +4,5% und 2011: +5,2%), doch bereits im Jahr 2012 ging die wirtschaftliche Dynamik wieder zurück (+3,6%) und kündigte den Beginn einer zweiten Krisenwelle an. Ein wichtiger Grund für den einsetzenden Aufschwung war der spekulationsbedingte Anstieg des Ölpreises auf 110 US-Dollar/Barrel, der es der russischen Regierung erlaubte, das ölgetriebene ressourcenextraktivistische Entwicklungsmodell der 2000er-Jahre fortzuführen. In Industriegebieten wie der Iwanowo-Region ging die industrielle Produktion dagegen um 30% zurück. Ebenfalls starke Produktionseinbrüche verzeichneten Gegenden um die Stadt Orlow und die Wolgograder Region (bis zu 25%) (vgl. Fruchtmann 2012: 17). Damit verpasste die Regierung die Chance, durch eine Stärkung der Kaufkraft und eine aktive staatliche Interventionspolitik die industrielle Basis des Landes zu stärken und Schritte in Richtung eines eher binnenzentrierten Entwicklungsmodells einzuleiten, um die Abhängigkeit vom Rohstoffsektor zu verringern. Stattdessen wurde die Entwicklung des Ölpreises zur entscheidenden Frage für das Wohlergehen der russischen Volkswirtschaft. Der Ökonom Wasilij Koltaschow (2008: 93) kritisierte die vermeintliche Alternativlosigkeit der Regierungspolitik, die durchaus bestehende Handlungsspielräume ungenutzt ließ: »Die Staatsmacht versuchte nicht, die Struktur der Ökonomie des Landes neu auszurichten und sich dadurch nicht so abhängig vom Rohstoffexport zu machen. Sie verzichtete sogar auf den Plan, Mittel aus dem Stabilisierungsfonds des Landes in die Entwicklung der Infrastruktur zu investieren.«

Die Maßnahmen der Regierung verschärften die soziale Polarisierung im Land. Zwar wurden im Rahmen der staatlichen Anti-Krisen-Politik Entlassungen gesetzlich weitgehend eingeschränkt (vgl. Karabchuk 2012: 2), die Firmen reagierten auf die gesetzlichen Vorgaben jedoch mit verstärkter Kurzarbeit und verzögerten Gehaltsauszahlungen, was den Druck auf die Lohnentwicklung zusätzlich vergrößerte: Die durchschnittlichen Monatslöhne brachen von 696 US-Dollar im Jahr 2008 auf 587 US-Dollar im Jahr 2009 ein und überstiegen erst im Verlauf des Jahres 2011, im zweiten Jahr des wirtschaftlichen Aufschwungs, das Vorkrisenniveau (vgl. Bofit o. D.).

Der Anstieg der offiziellen Arbeitslosenquote auf 8,4% war im Hinblick auf das reale Ausmaß der Unterbeschäftigung im Land zudem wenig aussagekräftig. Die Soziologin Tatjana Karabtschuk (vgl. 2012: 2) konstatierte, dass das staatliche Arbeitslosengeld von geringer Bedeutung für die soziale Absicherung war, da es üblicherweise nur ein Zehntel des Durchschnittslohns betrug. Da die Beantragung von Arbeitslosenunterstützung mit einem hohen bürokratischen Aufwand verbunden war, meldeten sich viele Betroffene gar nicht erst beim Arbeitsamt. Deshalb lag die Zahl der Arbeitslosen nach Angaben der Internationalen Arbeitsorganisation (ILO) um das 3,6-fache höher (vgl. ebd.). Auch der Sozialforscher Jakob Fruchtmann (2012: 15) argumentierte in eine ähnliche Richtung. Das Grundproblem der russischen Sozialpolitik lag seiner Meinung nach im niedrigen Lohnniveau, was eine chronische Unterfinanzierung der Sozialkassen zur Folge hatte.[3]

Von der gelenkten zur unlenkbaren Demokratie?

Auseinandersetzungen um den künftigen Kurs im herrschenden Block

Der Wirtschaftskrise verstärkte die bereits unter Putin wieder aufgelebte öffentliche Debatte über die Grenzen des ressourcenextraktivistischen Entwicklungsmodells. Diese prägte ein technokratischer Ansatz, der unter dem Schlagwort »Modernisierung« vor allem die Rohstoffabhängigkeit des Landes durch Exportdiversifizierung und den Aufbau einer konkurrenzfähigen Industrie zu überwinden suchte (exemplarisch Grigor'ew/Plaskin/Salihow 2008; Glaz'ew 2010; Ksenofontow 2010; Bodrunow 2011; Kondakow 2011) und auch international rezipiert wurde (vgl. Bogetic 2011; World Bank 2013).

Aufwind erhielt die Debatte mit der alljährlichen Botschaft Dmitrij Medwedews an die Föderationsversammlung der Russischen Föderation im Jahr 2009, in

[3] Die große Rentenreform der Regierung Putin aus dem Jahr 2018, die eine Anhebung des Renteneintrittsalters für Männer von 60 auf 65 Jahren und für Frauen von 55 auf 63 Jahren bedeutete, wurde von der Regierung mit der Unterfinanzierung der sozialen Kassen begründet. Dabei hatte sie in den Krisenjahren darauf verzichtet, durch eine ausgewogene Lohn- und Steuerpolitik (Besteuerung von Kapitalgewinnen und großen Vermögen) die Einnahmen der Sozialkassen zu erhöhen.

der der damalige Präsident eine »allseitige Modernisierung« des Landes zur Sicherung der Lebensqualität im Inneren und der globalen Führungsposition forderte. Die Überwindung der »primitiven ökonomischen Strukturen« und der »demütigenden Rohstoffabhängigkeit« könne jedoch nur auf den »Werten und Institutionen der Demokratie« erfolgen.

Die Auseinandersetzungen innerhalb des herrschenden Blocks um die Wirtschaftspolitik verliefen auch zunehmend entlang der Frage, inwieweit die Regierung ihren neoliberalen Kurs im Inneren fortsetzen sollte. Die Proteste gegen die »Monetarisierung von Vergünstigungen« im Jahr 2005 und deren potenzielle Sprengkraft waren innerhalb des herrschenden Blocks genauso präsent wie die sogenannten Farbenrevolutionen in einigen postsowjetischer Staaten (Georgien, Kirgisien, Ukraine), die ihren Ursprung unter anderem im neoliberalen Transformationsprozess hatten (vgl. Jaitner/Olteanu/Spöri 2018). Medwedew (zit. n. ebd.) forderte in seiner Rede eine Abkehr von den »weitverbreiteten Vorstellungen, dass der Staat oder irgendwer anders alle existierenden Probleme lösen solle« und versprach, den Fokus auf die Optimierung der staatlichen Ausgaben zu legen. Dies sollte vor allem durch »Reformen« in den Bereichen Gesundheit, Bildung und Soziales verwirklicht werden. Vorhaben des liberalen Lagers, welche im Zuge des wirtschaftlichen Aufschwungs der 2000er-Jahre ausgesetzt worden waren. Der geplante Umbau in diesen Bereichen drohte jedoch, den prekären Stabilitätspakt zwischen der Regierung und ausgewählten sozialen Schichten (urbane Mittelschicht, Angestellte des öffentlichen Dienstes, Facharbeiter*innen, Rentner*innen) weiter zu erodieren. Das galt auch für das Vorhaben, die Staatskonzerne schrittweise in Aktienunternehmen umzuwandeln und zu privatisieren, wie Medwedew in seiner Botschaft an die Föderationsversammlung im Jahr 2009 unmissverständlich klar gemacht hatte (vgl. Medwedew 2009).[4] Die Staatskonzerne nahmen eine wichtige Rolle in der Stabilisierung der ökonomischen und sozialen Entwicklung des Landes ein, indem sie den Angestellten verhältnismäßig gute Arbeitsbedingungen boten und Russlands globale Konkurrenzfähigkeit in ausgewählten Hochtechnologiesektoren sicherten. Darüber hinaus dienten sie Vertreter*innen der Staatsbürokratie im Sinne des Insider-Modells als zuverlässige Einnahmequelle. Das angekündigte Privatisierungsvorhaben gefährdete nicht nur die Modernisierungsbestrebungen eines relevanten Teils des herrschenden Blocks, es untergrub auch die Machtbasis der einflussreichen Staatsbürokratie.

Die Suche nach neuen außenpolitischen Partnern

Eine Folge der ökonomischen Konsolidierung Russlands in den 2000er-Jahren war die Expansion russischer Unternehmen im Ausland. Diese richteten ihr Interesse vor allem auf die Märkte postsowjetischer Länder und die EU. Doch gerade im

---

[4] Tatsächlich bezeichnete Medwedew (2009) Staatskonzerne unter den gegenwärtigen Bedingungen als »perspektivlos«.

Westen stießen die russischen Internationalisierungsbestrebungen auf Widerstand. Ein Ausdruck dessen waren die regelmäßig wiederkehrenden Diskussionen über die potenzielle Gefahr russischer Direktinvestitionen, etwa im Falle Gazproms, und dem damit einhergehenden Verlust politischer Kontrolle.

Die aus russischer Sicht unvorteilhafte ökonomische Lage stieß in relevanten Teilen des Machtblocks auf heftige Kritik, die im Jahr 2007 offen deutlich wurde. Auf der Münchener Sicherheitskonferenz kritisierte Wladimir Putin die NATO-Osterweiterung sowie die Interventionen des westlichen Militärbündnisses im Nahen Osten und ehemaligen Jugoslawien scharf, da sie aus russischer Sicht den Ideen einer multipolaren, auf gegenseitigem Interessensausgleich ausgerichteten Welt nach dem Ende des Ost-West-Konfliktes unterminierten und die nationale Sicherheit des Landes bedrohten. Die russischen Zugeständnisse im Zuge der deutschen Einigung wären dazu genutzt worden, so Putin (vgl. 2007), die Position der NATO zu stärken, was Kooperationen Grenzen setze. Außerdem kritisierte Putin die Barrieren für einheimisches Kapital in wirtschaftlichen Schlüsselsektoren westlicher Länder, obwohl die russische Wirtschaft für ausländisches Kapital weitgehend offen sei (vgl. ebd.).

Im Verlauf der Wirtschafts- und Finanzkrise bestätigte sich diese Entwicklung. Im Zuge der Insolvenz des US-amerikanischen Automobilherstellers General Motors meldete ein Konsortium des kanadisch-österreichischen Automobilzulieferers Magna und der russischen Sberbank konkretes Interesse an der Übernahme des deutschen Automobilherstellers Opel an, die sich jedoch im letzten Moment zerschlug. Die Pläne des Konsortiums sahen vor, gemeinsam mit dem russischen Autobauer Gaz künftig mehr als eine Million Kraftfahrzeuge zu verkaufen und sich dabei auf den osteuropäischen und russischen Markt auszurichten. Die vier deutschen Opel-Standorte Rüsselsheim, Bochum, Kaiserslautern und Eisenach sollten erhalten bleiben, wenngleich ein Abbau von 2.000 Arbeitsplätzen vorgesehen war (vgl. o. A. 2009). Die russische Regierung erhoffte sich von diesem Geschäft eine Stärkung der deutsch-russischen Wirtschaftsbeziehungen und einen Modernisierungsschub der nationalen Autoindustrie. Darüber hinaus hätte die Sberbank durch die Abwicklung der Opel-Übernahme Expertise im lukrativen Feld der transnationalen Konzernübernahmen erworben und damit den hauseigenen Internationalisierungsbestrebungen einen deutlichen Schub verliehen.

Das Scheitern der Opel-Übernahme war eine weitere Bestätigung für die staatszentrierten konservativen und modernisierungsorientierten Kräfte innerhalb des herrschenden Blocks, die Westausrichtung zu überdenken, zumal die Konflikte zwischen Russland und der NATO um die Hegemonie im postsowjetischen Raum zunahmen.[5] Die Stärkung des G-20-Formats während der Wirtschafts-

[5] Den Auftakt bildete der Georgien-Konflikt im August 2008, in dessen Folge sich das Verhältnis zwischen Russland einerseits sowie der EU und den USA andererseits rapide verschlechterte. Die georgische Regierung um Präsident Michail Saakaschwili rechtfertigte damals ihren

und Finanzkrise verdeutlicht dagegen den politischen und ökonomischen Bedeutungsgewinn der Schwellenländer, in dem die BRICS-Staaten eine herausgehobene Stellung einnahmen.[6] Eine enge ökonomische und politische Kooperation mit Ländern wie Brasilien, Indien, China und Südafrika könne, so das Argument, der einheimischen Wirtschaft, speziell den produktiven Sektoren, neue Expansionsmöglichkeiten ermöglichen und ein politisches Gegengewicht zur globalen westlichen Hegemonie bilden, wobei Russland aufgrund seiner Größe und des militärischen Potenzials eine Führungsrolle einnehmen würde.

Das Ende des Medwedew-Faktors

Zwar galt Medwedew im Gegensatz zu Putin sowohl in Russland als auch im Westen als liberaler Pragmatiker und Garant der Westorientierung.[7] Doch abgesehen von der unterschiedlichen medialen Inszenierung und der damit verbundenen Rollenteilung unterschieden sich Putin und Medwedew in ihrer Rhetorik und konkreten Politik höchstens in Nuancen. Beide verurteilten während ihrer Amtszeiten die ausufernde Korruption, versprachen, staatliche Institutionen und den Rechtsstaat zu stärken, und bekannten sich formal zu Demokratie und Verfassung. Der spezifische Verlauf der Krise und die von der Regierung gewählten Maßnahmen machten deutlich, dass die unter Putin begründete Politik im Interesse des russischen Großkapitals auch unter Medwedew fortge-

---

Angriff auf die separatistischen Provinzen Abchasien und Südossetien mit einem vermeintlichen russischen Einmarsch. Obwohl eine Untersuchungskommission des Europaparlaments im September 2009 feststellte, dass der Krieg von Georgien begonnen wurde, gilt das russische Vorgehen bis heute als entscheidender Wendepunkt hin zu einer zunehmend aggressiven Außenpolitik Russlands im postsowjetischen Raum. Die Untersuchungskommission kam abschließend zu dem Schluss, dass die erste Reaktion der russischen Streitkräfte zur Verteidigung ihrer in Südossetien aufgrund eines gültigen internationalen Mandats stationierten »Friedenstruppen« gerechtfertigt war (vgl. Veser 2009). Trotzdem bestätigt ein Berater der russischen WTO-Verhandlungsdelegation (vgl. Gesprächspartner B) im persönlichen Gespräch, dass der Krieg einen »negativen Einfluss« auf die Beitrittsgespräche hatte.

[6] Der Beginn politischer Zusammenarbeit im Rahmen der BRICS begann offiziell im Jahr 2006, das erste offizielle Treffen der BRICS-Staaten fand 2009 in Jekaterinburg statt. Die verstärkte Kooperation in diesem Format ging mit einer neuen außenpolitischen Konzeption Russlands aus dem Jahr 2008 einher, die ein Bekenntnis zur multipolaren Weltordnung und Achtung staatlicher Souveränität bekräftigte und von den BRICS geteilt wurde. Der russische Außenminister Sergej Lawrow bezeichnete die Gründung der BRICS als »eines der bedeutendsten geopolitischen Ereignisse zu Beginn des neuen Jahrhunderts« und betonte die führende Rolle seines Landes bei der Initiierung dieses Formats. (Lawrow 2012)

[7] Die Nominierung Medwedews als Nachfolger von Präsident Putin bezeichnete der damalige Staatsminister im Auswärtigen Amt, Gernot Erler, als eine Stärkung der zivilen Kräfte in Russland (vgl. o. A. 2007b). Auch in der Frankfurter Allgemeine Zeitung wurde er als »eher prowestlich und liberal« (Bacia 2007) eingeschätzt. Diese Einschätzungen entsprachen vor allem der geschickten medialen Inszenierung der russischen Polittechnologen, übersahen jedoch die spezifische Rollenteilung zwischen Putin und Medwedew, die situativ angepasst wurde. Das zeigte sich erneut seit Beginn des russischen Angriffs auf die Ukraine, seitdem übernahm Medwedew die Rolle des außenpolitischen Hardliners, während Putin moderater auftrat.

führt wurde. Darüber hinaus rüttelte Medwedew nicht an den Institutionen der »souveränen Demokratie«. Die Dominanz der Exekutive zugunsten der anderen Gewalten wurde aufrechterhalten und sogar ausgebaut.[8] Auch die zentrale Stellung der Partei Einiges Russland blieb unangetastet. Angesichts der Anti-Krisen-Maßnahmen kommentierte die Redaktion des Journals Lewaja Politika (Linke Politik) die Politik der neuen Regierung zutreffend: »Es gibt keine radikale Veränderung des Kurses. Es gibt lediglich unterschiedliche Etappen der Realisierung ein und desselben Projektes: Der Schaffung einer kapitalistischen Gesellschaft in Russland« (O. A. 2008b: 6).

Der während seiner vierjährigen Amtszeit im westlichen Ausland geschürte »Medwedew Faktor« (Krumm 2010) erwies sich als Trugschluss, denn trotz des staatlich propagierten Modernisierungsdiskurses und einzelner Leuchtturmprojekte wie dem Technologiepark Skolkowo, »dem russischen Silicon-Valley« (Bräutigam 2014), stand die neue Regierung in der Tradition der oligarchisch-etatistischen Ordnung ihrer Vorgängerinnen. Geändert hatten sich die gesellschaftlichen Bedingungen: Während die ersten beiden Amtszeiten Wladimir Putins mit der ökonomischen Aufschwungsphase zusammenfielen, sah sich die Regierung Medwedew mit der schwersten Wirtschafts- und Finanzkrise seit der großen Depression konfrontiert. Dies verringerte die Spielräume für soziale Zugeständnisse an breite Bevölkerungsschichten und gefährdete unmittelbar das Stabilitätsversprechen der Regierung.

Unabhängig von den Spekulationen um die Rückkehr Putins, die von Anfang an die Präsidentschaft Medwedews begleiteten, zeigte sich im Verlauf der Krise, dass Putin deutlich besser dazu in der Lage war, die divergierenden Interessen der unterschiedlichen Fraktionen des herrschenden Blocks auszubalancieren und in eine kohärente staatliche Politik umzusetzen als Medwedew. Dies dürfte ein wichtiger Grund für dessen ausgehandelte Rückkehr in das Präsidentenamt gewesen sein. Die Ironie bestand darin, dass Medwedew auf dem Parteitag von Einiges Russland im November 2011 seinen Verzicht auf eine erneute Kandidatur für die russischen Präsidentschaftswahlen zugunsten Putins selber verkünden musste. Als auch noch während der Dumawahlen einen Monat später massenhaft Fälle von Wahlfälschung publik wurden, kam es landesweit zu den größten Protesten seit dem Jahr 1993.

Die Protestwelle 2011–2013

Untersuchungen der Wirtschafts- und Finanzkrise der Jahre 2008ff. beschränkten sich in ihrer Analyse oft auf die ökonomischen Ursachen und die notwendigen Schritte zu deren Überwindung. Dabei gerieten tiefer gehende, parallel verlaufende Krisenprozesse in anderen gesellschaftlichen Teilbereichen und deren Interdependenzen häufig aus dem Blick. Während in Russland die unmittelba-

[8] Unter Medwedew wurde die Amtszeit des Präsidenten von vier auf sechs Jahre ausgedehnt.

re ökonomische Krise relativ schnell überwunden schien, leitete die Protestwelle der Jahre 2011 bis 2013 einen neuen Krisenzyklus ein. Dieser äußerte sich zu Beginn primär als Krise des politischen Systems, erfasste jedoch im weiteren Verlauf alle gesellschaftlichen Teilbereiche. Das vom Politikwissenschaftler Ilja Matweew (2018) konstatierte »Ende der Stabilität« des oligarchisch-etatistischen Regimes erfasste die tiefgreifenden Auswirkungen der Krise auf die weitere gesellschaftliche Entwicklung Russlands und warf die Frage auf, inwiefern sie innerhalb der Strukturen und Institutionen des unter Wladimir Putin herausgebildeten Entwicklungsmodells noch bearbeitet werden konnte.

Die Besonderheit und die Relevanz der Proteste bestanden in der expliziten Ablehnung der Institutionen und Repräsentant*innen des oligarchisch-etatistischen Konsenses und verdeutlichen den fundamentalen Vertrauensverlust der Bevölkerung in das politische System. Die Rhetorik der Medwedew-Administration (Bekenntnis zu Demokratie und Rechtsstaat) hatte in einigen gesellschaftlichen Schichten die Hoffnung auf eine Demokratisierung des Landes gestärkt, was die Legitimationskrise noch verschärfte. Die Empörung über die ausufernde Korruption und das selbstherrliche Gebaren der Herrschenden kam in der Bezeichnung »Partei der Gauner und Diebe« für die Staatspartei Einiges Russland zum Ausdruck. Sie war das Zeichen einer umfassenden Repräsentationskrise und der Entkopplung der Herrschenden von relevanten Teilen der Bevölkerung. Interessanterweise gestanden die Protestierenden auch den öffentlich bekannten und im Westen populären Vertreter*innen der liberalen Opposition keine Führungsrolle in den Protesten zu und forderten stattdessen eine eigenständige Organisation und Vertretung. Zugleich nahmen die Protestierenden positiven Bezug auf die zeitgenössische globale Protestwelle der Jahre 2010 bis 2013, die mit dem Arabischen Frühling ihren Anfang nahm und durch die Occupy-Bewegung und die Proteste gegen die Austeritätspolitik in Europa eine globale Dimension erhielten. Davon zeugte die Besetzung eines öffentlichen Platzes im Moskauer Stadtzentrum und die Errichtung eines dauerhaften Zeltlagers (Occupy Abai) im Mai 2012. Tausende Menschen schlossen sich dem Camp an und erprobten direkt demokratische Formen der Organisation, boten Kurse und Seminare an und organisierten die selbstständige Versorgung des Camps.

Die Weigerung der Bevölkerung, ein »Weiter so« (ausgehandelte Rückkehr Putins in das Präsidentenamt, Wahlfälschungen) und die autoritären Hierarchien der oligarchisch-etatistischen Ordnung zu akzeptieren, entfaltete eine ungeahnte Dynamik in einer vermeintlich apolitischen und passiven Gesellschaft. Über den Zeitraum von eineinhalb Jahren wurde das gesamte Land von breiten und vielfältigen Protesten erfasst (siehe für einen Überblick Gabowitsch 2013; in den Regionen: Semenov 2017). In Moskau protestierten erstmals seit den gewaltsamen Auseinandersetzungen des Oktober 1993 100.000 Menschen. Die Philosophin Maria Tschechonadskich sah die emanzipatorische Kraft der Bewegung nicht nur in dem wiedererkämpften Recht, öffentlich zu protestieren, sondern in der Rückkehr bis dahin als Folge der neoliberalen Transformation verloren gegangener Formen solidarischen und kollektiven Handelns (vgl. Chehonadskih 2014). Bis zum Winter 2011, so Tschechonadskich, wurde der politische Diskurs in Russland von der staatlich kontrollierten Presse und der liberalen Opposition dominiert. Dieser zeichnete sich durch einen »post-modernen Relativismus« aus, der postsowjetische linke Bewegungen undifferenziert mit Stalinismus, das heißt totalitärer und sogar faschistischer Herrschaft oder Nationalismus assoziierte. Dies führte oftmals zu einer Gleichsetzung linker und rechter Kräfte, was eine eigenständige Positionierung der gesellschaftlichen Linken erschwerte. Mit der Protestbewegung entstand erstmals ein kollektiver Akteur, der dazu in der Lage war, die (neo)liberale Hegemonie herauszufordern und gesellschaftliche Macht- und Herrschaftsverhältnisse zu politisieren, ohne in der Tradition der Totalitarismustheorie als extremistisch diskreditiert zu werden (vgl. ebd.: 201ff.).

Sowohl in Russland als auch im westlichen Ausland wurden die Proteste überwiegend als Aufstand der Mittelschicht gegen das autoritäre »System Putin« dargestellt. Dementsprechend standen Forderungen für »freie und gerechte Wahlen« im Mittelpunkt der Berichterstattung. Im Gegensatz dazu galten die vermeintlich ungebildeten Arbeiter*innen und Angestellten aus der Provinz als das Pro-Putin Lager. Die Deutung folgte dem Narrativ der »zwei Russlands« (Matveev 2014), dem zufolge das Land in ein fortschrittliches urbanes Zentrum (Moskau, St. Petersburg) und eine periphere, rückständige Provinz gespalten war. Eine solche Perspektive vernachlässigte die Vielfalt der Akteure, ihre widersprüchlichen Interessen und die daraus resultierenden Konflikte. Demgegenüber wurden die unterschiedlichen Positionierungen nicht aus sozioökonomischen Ursachen begründet, sondern aus kulturellen Unterschieden hergeleitet (liberal, progressive städtische Mittelschicht vs. regierungstreue provinzielle Unterschicht). Ein differenzierterer Blick auf die Protestteilnehmenden in Moskau verriet ein höchst widersprüchliches Bild: Laut einer Umfrage der unabhängigen Forschungsinitiative der Kundgebungen (NII Mitingow) unter 500 Protestteilnehmer*innen fühlte sich eine Mehrheit der Mittelschicht zugehörig. Allerdings einte viele der protestierenden Angestellten, Studierenden, Lehrer*innen und Pensionär*innen ihre prekäre ökonomische Lage mit einem monatlichen Einkommen zwischen 250–750 US-Dollar (vgl. ebd.: 204).

Das Narrativ der zwei Russlands wurde besonders innerhalb der liberalen Intelligenzija gepflegt, da es die liberale Opposition als zentrale politische Kraft bezeichnete und deren Führungsanspruch gegenüber den »unaufgeklärten Massen« untermauerte. Der Politikwissenschaftler Ilja Matweew verwies darauf, dass die konstruierte kulturelle Kluft ein politisches Problem darstellte, da sie eine stärkere Solidarisierung seitens des liberalen Lagers mit den Kämpfen anderer sozialer Gruppen verhinderte, zum Beispiel mit den zur selben Zeit stattfindenden Arbeitskämpfen der Belegschaft des VW-Autozuliefererbetriebs Benteler für das Recht auf gewerkschaftliche Organisation. Kämpfe am Arbeitsplatz und die Oppositionsproteste, so Matweew (ebd.: 194), »existieren in unterschiedlichen Realitäten«. Tschechonadskich (vgl. ebd.: 204) machte zwei dominante Strömungen innerhalb der Protestierenden aus: Kräfte der politischen Linken und des nationalistischen, rechtsradikalen Spektrums sowie eine deutlich größere Gruppe nichtorganisierter Protestierender (Angestellte, Manager, Pensionär*innen).

Die stark divergierenden sozialen Realitäten innerhalb der Protestbewegung und ihre Heterogenität (starke Präsenz nationalistischer und rechtsradikaler Kräfte) erschwerten ein dauerhaftes Bündnis und die Einigung auf gemeinsame Ziele, die über die Forderung »Russland ohne Putin« hinausgingen. Versuche, die unterschiedlichen Fraktionen der Proteste stärker zu koordinieren, zum Beispiel im Koordinationsrat der Opposition, scheiterten nicht zuletzt aus diesen Gründen. Im Zuge der Ereignisse in der Ukraine (Euromaidan, die Angliederung der Krim sowie der Krieg im Donbass) traten die Spaltungslinien innerhalb der Opposition und ihrer Strömungen (Liberalen, Linken und Nationalisten) offen zutage, was zu ihrer weiteren Zersplitterung beitrug.

Der Aufstieg der nationalkonservativen Kräfte

Zu Beginn der Proteste reagierte die Regierung auf die Protestbewegung mit einer Strategie aus Zuckerbrot (selektive Übernahme der Forderungen) und Peitsche (Repression). Als Reaktion auf die Proteste wurde beispielsweise die Direktwahl der Gouverneure wieder eingeführt. Parallel setzte die Regierung auf die Mobilisierung der eigenen Anhänger*innenschaft und die Etablierung von Gegennarrativen. Obwohl die Proteste den weitverbreiteten Unmut in der Bevölkerung deutlich gemacht hatten, verfügten die Regierung und speziell Wladimir Putin nach wie vor über einen beträchtlichen gesellschaftlichen Rückhalt. Darüber täuschten auch wiederkehrende Berichte nicht hinweg, wonach Demonstrationsteilnehmer*innen durch Bezahlung oder Sachleistungen zur Teilnahme an den Pro-Putin-Veranstaltungen gelockt wurden. Die diskursive Strategie der Herrschenden zielte darauf ab, das bonapartistische Narrativ von Putin als Vater und Beschützer der Nation zu stärken. Dabei machte die Regierung sich die liberale Erzählung der »zwei Russlands« zunutze und verkehrte sie in ihr Gegenteil. Indem Putin der Oppositionsbewegung elitäres Denken und soziale Stigmatisierung der Arbeiter*innen vorwarf, inszenierte er sich als Verteidiger der Interessen »des Volkes« und Garant gesellschaftlicher Stabilität und Ordnung. Dazu wurden öffentliche Identifikationsfiguren als Gegenspieler zur liberalen kulturellen Elite geschaffen wie der Betriebsleiter des Maschinenbau- und Rüstungsherstellers Uralwagonzawod, Igor Cholmanskich, der als vermeintlich gewöhnlicher sibirischer Arbeiter die Stimme des Volkes repräsentiert und die Proteste öffentlich heftig kritisierte (vgl. Matveev 2014: 189).[9]

[9] Für Cholmanskich bedeutete seine unerwartete öffentliche Rolle den Beginn einer steilen politischen Karriere. Von 2012–2018 bekleidete er das Amt des offiziellen Vertreters des

Zentralen Forderungen der Protestbewegung nach einer Absetzung des Leiters der Wahlkommission Wladimir Tschurow kam die Regierung jedoch nicht nach. Nachdem die Proteste im Winter und Frühjahr 2012 unvermindert anhielten, gewannen sie im Mai durch die Errichtung des Protestcamps Occupy Abai im Zentrum Moskaus und den angekündigten »Marsch der Millionen« eine neue Dynamik. Daraufhin ging die Regierung zu einem offen repressiven Kurs über (gewaltsame Räumung des Moskauer Protestcamps durch Einsatzkräfte der Polizei und die Verhaftung Hunderter Demonstrant*innen während des Marsches der Millionen). In den Folgewochen und -monaten ging die Polizei mit systematischen Hausdurchsuchungen und Verhaftungen gegen weitere Aktivist*innen vor und strengte Gerichtsprozesse an (Bolotnaja Prozesse). Bei den Angeklagten handelte es sich nicht nur um politisch organisierte Anhänger*innen linker, liberaler und nationalistischer Bewegungen, sondern auch um nichtorganisierte Demonstrationsteilnehmer*innen. Der Einsatz offener Repression veränderte auch die Inhalte der Protestbewegung, die zunehmend von offensiven Forderungen nach gerechten Wahlen zu einer defensiveren Position (gegen Repression und antidemokratische Gesetzesvorhaben etc.) überging (vgl. Chehonadskih 2014: 199).

Der Übergang zu einem offen autoritären Vorgehen der Regierung verschärfte sich in den folgenden Jahren weiter, wie eine Reihe repressiver Gesetze verdeutlichte. Diese umfassten die Erhöhung des Strafmaßes für die Teilnahme an unerlaubten Protestkundgebungen oder schränkten den Spielraum politischer Tätigkeit und Organisation ein. Große Bekanntheit erlangte in diesem Zusammenhang das föderale Gesetz 121-FZ, das es ermöglicht, in Russland tätige NGOs als »ausländische Agenten« zu registrieren, insofern diese ihre Tätigkeit mithilfe ausländischer Gelder finanzierten. Vertreter der Partei Einiges Russland und der Regierung begründeten die Notwendigkeit des Gesetzes immer wieder mit der Gefahr einer farbigen Revolution in Russland und verwiesen in diesem Zusammenhang auf die Protestbewegung, die vermeintlich aus dem Ausland unterstützt worden sei. Derweil erfolgt die Anwendung des Gesetzes höchst selektiv und betraf überwiegend NGOs aus dem Menschenrechtsbereich und ökologische Organisationen.[10] Auch die Gerichtsverfahren gegen bekannte politische Aktivist*innen und gewöhnliche Demonstrationsteilnehmer*innen verdeutlichten den zunehmend autoritären Kurs. Unter den Angeklagten der auch international Aufsehen erregenden Bolotnaja-Prozesse fanden

Präsidenten im Russischen Föderationskreis Ural. Nach seinem Ausscheiden aus der Politik stieg er kurz darauf in den Aufsichtsrat von Uralwagonzawod auf.

[10] Dies bestätigte eine Untersuchung der Gesetzesanwendung durch die Zeitschrift Osteuropa aus dem Jahr 2016. Diese kam zu dem Schluss, dass von den 146 als »ausländische Agenten« registrierten NGOs 55 dem Menschen- und Bürgerrechtsbereich zugeordnet werden konnten. Es folgten 21 ökologische NGOs. Zehn weitere traten für Pressefreiheit ein, während 8 sich für Demokratie und Wahlbeobachtung einsetzten (vgl. o. A. 2016: 111–142).

sich Anhänger*innen unterschiedlichster politischer Strömungen, darunter der Anti-Korruptionsaktivist Aleksej Nawalnyj oder der liberale Ilja Jaschin. Hohe Haftstrafen erhielten auch viele Akteure der linken Opposition, zum Beispiel Sergej Udalzow (viereinhalb Jahre).

Die wachsende Bedeutung autoritärer Maßnahmen ging mit einer verstärkten ideologischen Ausrichtung auf nationalkonservative Inhalte einher. Davon zeugte zum einen der Eintritt bekannter nationalistischer Politiker wie Dmitrij Rogozin in die Regierung. Bei diesen Kräften handelte es sich nicht um oppositionelle Teilnehmer der Protestbewegung, sondern staatstragende rechte Kräfte aus Politik, Wissenschaft und Wirtschaft. Zum anderen forcierte die Regierung seit dem Präsidentschaftswahlkampf 2011/2012 und der umfassenden Krise der oligarchisch-etatistischen Ordnung einen kulturalistischen Diskurs über die Besonderheit der russischen Zivilisation. In einer Rede auf einem Treffen des Waldaj-Klubs im September 2013 kritisierte Wladimir Putin (et al. 2013) die »euro-atlantischen Länder« dafür, ihre Wurzeln (das Christentum), die die Basis der westlichen Zivilisation bildeten, zu verleugnen: »Sie [die euro-atlantischen Länder] leugnen moralische Prinzipien und traditionelle Identitäten: nationale, kulturelle, religiöse und sogar sexuelle. Sie verfolgen eine Politik, die kinderreiche Familien mit gleichgeschlechtlichen Partnerschaften, den Glauben an Gott mit dem Glauben an Satan gleichsetzt.«

Den sich verschärfenden politischen und militärischen Konflikten und der globalen ökonomischen Konkurrenz könne Russland nur durch eine »geistige, kulturelle und nationale Selbstbestimmung« (ebd.) begegnen. Die vermeintliche Unvereinbarkeit der russischen Kultur und Zivilisation mit den Prinzipien und Idealen der westlichen Demokratie diente als Legitimation für eine autoritäre gesellschaftliche Ordnung in Russland, die sich zunehmend in Abgrenzung zu humanistischen und aufklärerischen Werten sowie internationalen Menschenrechtsstandards sah (vgl. Verkhovskii/Pain 2012; Chebankova 2016; Makarychev/Medvedev 2015).

Dabei greift es zu kurz, das Erstarken nationalkonservativer Kräfte auf ein ideologisches Instrument, eine bloße Form der Polittechnologie zur Manipulation der öffentlichen Meinung im In- und Ausland und der Aufrechterhaltung eines starken, zentralisierten Staates zu reduzieren (vgl. Rodkiewicz/Rogoża 2015). Die Übernahme nationalkonservativer Inhalte diente vor dem Hintergrund der tief greifenden Krise der oligarchisch-etatistischen Ordnung und angesichts umkämpfter Lösungsstrategien als wichtige Legitimationsstrategie staatlicher und politischer Souveränität. Seit dem Ausbruch der Wirtschafts- und Finanzkrise und insbesondere der Proteste 2011 bis 2013 sowie der Ukraine-Krise verwiesen Vertreter*innen der Regierung in öffentlichen Reden immer wieder auf die sich verschärfende internationale politische und ökonomische Konkurrenz und die damit verbundenen Herausforderungen für Russland. Der mantraartig beschworene Erhalt der nationalen Unabhängigkeit verschmolz zunehmend mit Vorstellungen einer autoritären politischen Ordnung und einer personalisierten politischen Macht. Die Erneuerung der bonapartistischen Herrschaft erschien als Strategie des herrschenden Blocks, den vielfältigen Krisenphänomenen zu begegnen und die gesellschaftlichen Machtverhältnisse zu konservieren. Dabei reagierte er auf das Erstarken rechter, nationaler und konservativer Strömungen in einer politisch, ökonomisch und sozial zunehmend polarisierten russischen Gesellschaft, indem die nach den Protesten erodierte Klassenbasis durch die Integration neuer gesellschaftlicher Schichten (Facharbeiter*innen der zu modernisierenden Sektoren, nationalkonservative Intellektuelle, binnenorientierte »nationale« Unternehmer) zu erweitern versuchten. Diese waren neben den staatlichen Gewaltapparaten, den anerkannten und staatlich institutionalisierten Religionsgemeinschaften, »roten Patriot*innen« aus dem Umfeld der KPRF und Vertreter*innen des rechtsliberalen Spektrums wichtige Unterstützer*innen einer nationalkonservativen Ausrichtung Russlands (vgl. Verkhovskii/Pain 2012: 57–63; Laruelle 2014: 5f.).

Dass der Einfluss nationalkonservativer Kräfte keinesfalls auf eine bloße rhetorische Strategie reduziert werden sollte, zeigt ein Blick auf die konkrete Regierungspolitik der beiden Putin-Administrationen seit dem Jahr 2012. Speziell in den Bereichen der Innen- und Kulturpolitik ließen sich deutliche Verschiebungen in diese Richtung feststellen. Gesetze der dritten Putin-Administration (2012–2018) stellten »homosexuelle Propaganda« in der Anwesenheit von Minderjährigen oder in der Öffentlichkeit sowie die Verletzung der Gefühle von Gläubigen unter Strafe. Ein weiteres Gesetz aus dem Jahr 2017 reduzierte häusliche Gewalt auf eine bloße Ordnungswidrigkeit und festigte damit patriarchale Familienstrukturen. Während vorher Strafen bis zu zwei Jahren Gefängnis möglich waren, drohten bei einer Ordnungswidrigkeit dem Täter nur noch umgerechnet 85 bis 470 Euro Bußgeld oder Arrest bis zu maximal 15 Tagen. Darüber hinaus nahm der Staat verstärkten Einfluss auf die Kultur- und Bildungspolitik und stärkte nationalkonservative, großrussische Inhalte. Diese Entwicklung gewann seit dem Beginn des Konfliktes in der Ukraine eine zusätzliche Dynamik (vgl. Apryshchenko 2018). Zudem verschärfte die Regierung die Kriminalisierung von Flüchtlingen durch die Errichtung temporärer Internierungslager (vgl. Makarychev/Medvedev 2015: 47). Damit beschleunigte sich ein bereits in den 2000er-Jahren beginnender Prozess, der mit der Konsolidierung des herrschenden Blocks einsetzte (siehe Kapitel 5, S. 94f.). Seit den Maidan-Protesten und den darauffolgenden Aufständen im Donbass schien der Einfluss der Nationalkonservativen auch auf andere Politikfelder, etwa die Außenpolitik, zugenommen zu haben. Im Hinblick auf die Finanz- und Wirtschaftspolitik blieben jedoch weiterhin wirtschaftsliberale Kräfte dominant.

Das Paradoxon des russischen Neoliberalismus

Auf dem Höhepunkt der gesellschaftlichen Massenproteste im Jahr 2012 verzeichnete die russische Wirtschaft einen Rückgang des Wirtschaftswachstums, eine Tendenz, die sich in den folgenden zwei Jahren weiter fortsetzte und ab dem Jahr 2015 schließlich in eine offene Wirtschaftskrise mündete. Obwohl die russische Wirtschaft seit 2017 bis zum Beginn der Corona-Pandemie ein leichtes Wachstum verzeichnete, konnte die Wachstumsdynamik der 2000er-Jahre nicht mehr erreicht werden.

Tabelle 14: Entwicklung des Wirtschaftswachstums in Russland
(in % des Bruttoinlandsproduktes)

2012	2013	2014	2015	2016	2017	2018	2019	2020
3,6	1,8	0,7	–2,0	0,2	1,8	2,8	2,2	–2,7

Quelle: Bofit o. D.

Die Rückkehr der Wirtschaftskrise

Die Ursachen für die Rückkehr der Krise war in den grundlegenden Widersprüchen des ressourcenextraktivistischen Entwicklungsmodells zu suchen: der fortbestehenden Dualität der russischen Wirtschaft, die von einer hochgradig internationalisierten, vom Heimatmarkt weitgehend abgekoppelten Rohstoffbranche und einem technologisch stagnierenden Industriesektor, der unter dem Druck internationaler Konkurrenz auch in den Kernmärkten (Binnenmarkt, postsowjetischer Raum) zunehmend Marktanteile verlor, geprägt war. Anstatt die starke Außenorientierung durch eine Diversifizierung der Volkswirtschaft und eine forcierte Entwicklung des Binnenmarktes während der ersten Wirtschafts- und Finanzkrise (2008–2010) und der daran anschließenden temporären Aufschwungsphase abzuschwächen, konservierte die russische Regierung diese strukturellen Widersprüche des ressourcenextraktiven Entwicklungsmodells.

Die finanzpolitische Agenda der Regierung im Zuge der Finanzkrise zielte darauf ab, durch staatliche Intervention zugunsten Not leidender Banken das Finanzsystem zu stabilisieren. Damit orientierte sich die russische Politik an den westlichen Anti-Krisen-Programmen. In entscheidenden Punkten unterschied sich jedoch das Vorgehen: In der Folgezeit leitete die Regierung einen Konzentrationsprozess ein und stärkte die Position staatlicher beziehungsweise staatsnaher Geldhäuser, auf eine effektive Regulierung des Finanzmarktes verzichtete sie jedoch weitgehend (vgl. Viktorov/Abramov 2016: 9–11). Auf diese Weise wurde das hochgradig spekulative, auf kurzfristige Profitorientierung ausgerichtete Modell und damit die Position der dominanten Kapitalfraktionen konsolidiert. Die staatlichen Übernahmen im Zuge der Wirtschafts- und Finanzkrise oder Pläne, Moskau als internationalen Finanzplatz zu etablieren, sollten deshalb nicht als entwicklungspolitische Agenda verstanden werden, sie waren Ausdruck einer »Umverteilung staatlich kontrollierter Ressourcen und Finanzflüsse zugunsten und zwischen einflussreichen Insider-Gruppen« (ebd.: 17).

So ist es nicht verwunderlich, dass der Krisenverlauf 2015 große Parallelen zu dem sieben Jahre zuvor aufweist: Ein abermaliger Absturz des Ölpreises und ein massiver Kapitalabfluss führten zu einem Einbruch der wirtschaftlichen Dynamik. Vor dem Hintergrund der stockenden globalen Konjunktur stagnierte die wirtschaftliche Entwicklung bei gleichzeitigen hohen Inflationsraten (Stagflation) bereits seit 2014. Ursache für diese Entwicklung waren jedoch nicht erhöhte Staatsausgaben, sondern der Wertverfall des Rubels. Während im Jahr 2012 der durchschnittliche Euro-Rubel Wechselkurs bei 1:39,9 gelegen hatte, stieg dieser Wert bis zum Jahr 2016 auf 1:74 an. Der Einbruch des Ölpreises – von 2012 bis 2015 ging der Preis für ein Barrel Öl von 110,4 US-Dollar um mehr als die Hälfte auf 41,9 US-Dollar zurück – verschärfte die strukturelle Krise erheblich.

Angesichts der Volatilität des Rubels und des Ölpreises erwies sich die schwache finanzpolitische Regulierung als Risiko, das die wirtschaftliche Krisendynamik rasch verschärfte. Infolge der westlichen Sanktionen, die als Reaktion auf den Ukraine-Konflikt erlassen wurden, gingen die ausländischen Direktinvestitionen von 18 Mrd. US-Dollar im Jahr 2014 auf 6 Mrd. US-Dollar ein Jahr später zurück. Dies hinderte russische Banken, Firmen und Privatpersonen jedoch nicht daran, weiter Devisen (vorzugsweise Dollar und Euro) zu erwerben. Noch im Jahr 2014 war der Hauptgrund für den hohen Kapitalabfluss der Erwerb ausländischer Hartwährung (insgesamt 121 Mrd. US-Dollar). (Vgl. Mau 2016: 9) Zwar gelang es der Zentralbank, den Kapitalabfluss von insgesamt 153 Mrd. US-Dollar im Jahr 2014 auf 57,5 Mrd. US-Dollar ein Jahr später zu reduzieren (vgl. ebd.). Den Trend umkehren konnte sie jedoch nicht.

Unter diesen Bedingungen stagnierte die russische Wirtschaftsentwicklung ab 2016 im Gegensatz zu vielen Schwellenländern, darunter China und Indien. Zudem waren die Bedingungen für eine Rückkehr zum Wachstum – anders als zum Ende der 1990er-Jahre – deutlich schlechter. In den ersten beiden Amtszeiten Wladimir Putins schufen die steigende Nachfrage im In- und Ausland sowie die hohen Rohstoffpreise günstige Bedingungen für die ökonomische Konsolidierung der russischen Volkswirtschaft. Russische Unternehmen konnten diese Nachfrage bedienen, da sie auf verfügbare Ressourcen (Produktionsanlagen und Arbeitskräfte) zurückgreifen konnten, die im Zuge des wirtschaftlichen Niedergangs der 1990er-Jahre freigesetzt wurden. Die Aufschwungsphase der 2000er-Jahre war somit primär durch extensives Wachstum geprägt und nicht durch eine grundsätzliche Veränderung der Investitions- und Wirtschaftspolitik von Staat und Privatkapital. Im Gegensatz dazu standen russischen Unternehmen in den 2010er-Jahren keine freien Produktionskapazitäten sowie (billige) Arbeitskräfte mehr zur Verfügung. Die einheimischen Unternehmen reagierten auf das abnehmende Wirtschaftswachstum daher mit einer Verringerung ihrer Investitionsrate *(siehe Tab. 15).*

Tabelle 15: Daten zur volkswirtschaftlichen Entwicklung Russlands

	2012	2013	2014	2015	2017	2020
Anlageinvestitionen (in % zum Vorjahr)	6,8	0,8	–1,5	–10,1	4,8	–0,5
Industrieproduktion (in % zum Vorjahr)	3,4	0,4	2	0,2	3,7	–2,1
Entwicklung Ölpreis in US-Dollar/Barrel	110,4	107,9	97,7	51,3	53,1	41,6
Inflationsrate (in % zum Vorjahr)	5,1	6,8	7,8	15,5	3,7	3,4
Durchschnittslohn (in Euro)	671,5	712,9	640,8	503,1	595,1	620,8

Quelle: Bofit o. D.

Der Stabilitätspakt wird aufgekündigt: Russische Austeritätspolitik

Die unter Medwedew erfolgte stärker liberale Ausrichtung wurde maßgeblich durch einen offenen austeritätspolitischen Kurs abgesichert – eine Politik, die Wladimir Putin nach seiner Rückkehr ins Präsidentenamt 2012 fortführte. Seit der Aufkündigung des prekären Stabilitätspakts durch die Regierung schien eine Rückkehr zum Status quo der 2000er-Jahre nicht mehr möglich. Eine wichtige Rolle spielte dabei das verfassungsrechtlich etablierte Ungleichgewicht zwischen föderalem Zentrum und Regionen, das in einer wachsenden »Diktatur des Finanzministeriums« (Simojanow 2014) seinen Ausdruck fand. Ein wesentlicher Mechanismus zur Absicherung des wachsenden Machtungleichgewichts bestand in der Zentralisierung der staatlichen Budgetpolitik. Mit der Föderalismusreform im Jahr 2000 und daran anschließenden Veränderungen in der Steuergesetzgebung wurden den Regionen zentrale Einnahmequellen entzogen und an das föderale Zentrum umverteilt. Seitdem wurden die Finanzströme zunehmend im föderalen Zentrum, konkret im Finanzministerium, konzentriert, während zusätzliche Aufgaben (und damit Ausgaben) – wie etwa die Verantwortung für die Sozialpolitik – weitgehend auf die Regionen übertragen wurden. Dabei war zu beachten, dass von den insgesamt 83 föderalen Subjekten der Russischen Föderation nur die Städte Moskau und St. Petersburg, die Gebiete Moskau, Leningrad, Sachalin und Tjumen, die Republik Tatarstan und die Autonomen Kreise der Nenzen sowie der Chanten und Mansen Geberregionen waren, das heißt, diese finanzstarken Regionen erwirtschafteten Überschüsse (vgl. ebd. 26).

Die Verschiebung sozialpolitischer Kompetenzen vom Zentrum auf die Regionen bei einer gleichzeitigen Schwächung der Einnahmen führte in weiten Landesteilen zu einem Abbau sozialstaatlicher Leistungen und verschärfte den Standortwettbewerb zwischen den Föderationssubjekten. Durch die selektive Verteilung staatlicher Gelder verfügte die Föderalregierung über zusätzliche Druckmittel zur Disziplinierung der regionalen Administrationen. Sie begrenzte dadurch den Spielraum der Regionen, unabhängig vom föderalen Zentrum eine regionale, an den Bedürfnissen der lokalen Wirtschaft orientierte Politik zu verfolgen.

Während der Föderalstaat in den 2000er-Jahren durch eine höhere Besteuerung des Öl- und Gassektors und der allgemein positiven Wirtschaftsentwicklung die Verschuldung deutlich reduzieren konnte, verschlechterte sich jetzt die Einnahmesituation der meisten Regionen und Kommunen deutlich. Seit dem Beginn der Krise 2008 stiegen die akkumulierten Schulden der Regionen von 600 Milliarden Rubel auf mehr als 2,1 Billionen Rubel im Jahr 2015 (vgl. Mau 2016: 9). Dies verschob das Kräfteverhältnis weiter zugunsten des Föderalstaates. Die prekäre Finanzlage der Mehrheit der russischen Regionen diente der Medwedew-Administration als zentraler Hebel zur Durchsetzung der Austeritätspolitik.

Zwar konnte in Russland nicht von einer systematischen austeritätspolitischen Agenda wie etwa in Griechenland oder anderen Ländern der südeuropäischen Peripherie gesprochen werden. »Aber die gesamte sozio-ökonomische Politik des russischen Staates heutzutage ist eine Politik der Kürzung der Sozialausgaben«, kritisierte die Soziologin Anna Otschkina (vgl. 2014: 14). Im Jahr 2015 verabschiedete die Regierung staatliche Ausgabenkürzungen im Umfang von 10% des Gesamthaushalts. Dieser Schritt verschärfte systematisch die ökonomische Krise, da er sich dämpfend auf den Konsum und die Investitionsbereitschaft der Unternehmen auswirkte. Während die exportorientierten Sektoren trotz der schwachen Konjunktur und der Rubelabwertung auch in den Jahren 2013 bis 2015 weiterhin auf Wachstumskurs blieben, litten die binnenorientierten Sektoren an der schwachen Nachfrage im Inland. Auch die im Zuge des Rohstoffbooms lange auf Wachstumskurs stehenden Sektoren Dienstleistungen, Einzelhandel und Bauwirtschaft verzeichneten deutliche Rückgänge (vgl. Mau 2016: 4f.).

Entgegen dem offiziellen Regierungsnarrativ erhöhten die Budgetkürzungen und Privatisierungen nicht die Effektivität in chronisch unterfinanzierten Bereichen wie Bildung, Gesundheit, kommunales Wohnen und Kultur. Vielmehr dienten sie oft als Vehikel, um weitere sozialstaatliche Leistungen abzubauen. So galt die als »Rentenreform« deklarierte Erhöhung des Renteneintrittsalters im Jahr 2018 als Maßnahme gegen die Unterfinanzierung der Pensionskassen. Nach Ansicht von Otschkina (vgl. 2014: 14) verfolgte die Regierung mit der austeritätspolitischen Wende das Ziel, etablierte und nach wie vor gültige sowjetische Standards der Universalität und Zugänglichkeit der Sozialpolitik sowie die Orientierung an allgemeinen sozialen Kriterien zur Verbesserung des sozialen Entwicklungsniveaus des Landes zu überwinden und durch Marktmechanismen zu ersetzen.

Das Paradox des Neoliberalismus in Russland bestand darin, dass er nicht dazu in der Lage ist, ein stabiles und dauerhaftes System sozialer Beziehungen zu etablieren. Er blockierte somit die Entwicklung des russischen Kapitalismus. Das verdeutlichten nicht nur die massiven gesellschaftlichen Konflikte der Jahre 2011 bis 2013. Die Konsolidierung des semi-peripheren ressourcenextraktiven Entwicklungsmodells mit den ihm typischen Charakteristika erwies sich zunehmend als Hemmnis für die gesellschaftliche Entwicklung des Landes. Zum einen schwächte es binnenorientierte Fraktionen innerhalb des herrschenden Blocks, die sich im Zuge des Wirtschaftsaufschwungs der 2000er-Jahre konsolidieren konnten. Zum anderen verhinderte die Außenorientierung der russischen Volkswirtschaft eine ökonomische Diversifizierung, die das Land unabhängiger von exogenen Schocks machen würde.

7. Neue Auseinandersetzungen um das ressourcenextraktivistische Entwicklungsmodell (2014–2020)

Die tiefe Krise der oligarchisch-etatistischen Ordnung und die zunehmende geopolitische Konfrontation zwischen Russland und dem Westen intensivierten erneut Auseinandersetzungen im herrschenden Block um die Ausrichtung des russischen Entwicklungsmodells. Seit dem Beginn der Wirtschafts- und Finanzkrise 2008, als neoliberale Krisenbearbeitungsstrategien in der staatlichen Politik dominierten, verschoben sich im weiteren Verlauf die Kräfteverhältnisse innerhalb des herrschenden Blocks. Im Zuge des politischen Protestzyklus der Jahre 2011–2013 und der damit verbundenen Legitimations- und Repräsentationskrise bauten nationalkonservative Kräfte ihren Einfluss in den Staats- und Regierungsapparaten immer weiter aus. Davon zeugte nicht nur ein zunehmend repressives Vorgehen gegen oppositionelle politische Kräfte oder der offene Schwenk zu einer großrussischen, nationalkonservativen Kultur- und Geschichtspolitik. Auch die staatliche Wirtschafts- und Finanzpolitik rückte zunehmend in den Fokus der Auseinandersetzungen.

Die nationalkonservativen Kräfte und mit ihnen verbundene, stärker binnenorientierte Kapitalfraktionen, aber auch staatszentrierte Kräfte der gesellschaftlichen Linken setzten der Ausrichtung auf den Rohstoffexport eine nationalkapitalistische Entwicklungsstrategie entgegen. Diese umfasste eine Förderung produktiver Sektoren im Zuge einer staatlich forcierten Re-Industrialisierungspolitik sowie eine verstärkte politische und wirtschaftliche Orientierung des Landes auf den postsowjetischen Raum und Südostasien. So plädierte der langjährige russische Vizepremier, Dimitrij Rogosin, bereits 2014 dafür, die gegen Russland verhängten Sanktionen als Chance zu nutzen, um technologisch hochwertige Produkte zukünftig eigenständig zu produzieren (vgl. Kowalski 2014). Die Kräfte des extraktiven Lagers propagierten dagegen eine Modernisierung des bestehenden Entwicklungsmodells: Durch die Modernisierung der technologischen Basis, eine erhöhte Weiterverarbeitung von Rohstoffen im Land, die Erschließung neuer Vorkommen (insbesondere in der Arktis) sowie die Entwicklung neuer Energieträger (Wasserstoff, erneuerbare Energien) sollte ein neuer Wachstumszyklus eingeleitet werden.

Um diesen Konflikt innerhalb der herrschenden Klasse Russlands besser verstehen zu können, bedarf es vorab einiger begrifflicher Klärungen. Nach Ansicht des Politikwissenschaftlers und Staatstheoretikers Bob Jessop (vgl. 1990: 197ff.) ist die ökonomische Entwicklung kapitalistischer Staaten besonders dann erfolgreich, wenn es gelingt, die miteinander in Konkurrenz stehenden Kapitalfraktionen zumindest temporär unter der Führung einer spezifischen Fraktion (Finanzkapital, Industriekapital oder Handelskapital) und einem kohärenten Wachstumsmodell zu einen. Dazu bedarf es idealerweise der Führung (Hegemonie) einer bestimmten Fraktion im Rahmen eines »hegemonialen Projektes«, das dazu in der Lage ist, den Widerspruch zwischen den Einzelinteressen und dem Gesamtinteresse innerhalb kapitalistischer Gesellschaften aufzuheben (vgl. ebd.: 208). Es handelt sich folglich um eine Generalisierung von Partikularinteressen, die jedoch durch die Integration weiterer gesellschaftlicher Fraktionen abgesichert werden können. Dennoch bleibt die Führung einer bestimmten Fraktion gesellschaftlich umkämpft, was die Ausgrenzung von Interessen, die im Widerspruch zum hegemonialen Projekt stehen, notwendig machen kann (vgl. ebd.).

Jessops methodische Unterscheidung zwischen hegemonialen Projekten und Akkumulationsstrategien wird hier übernommen. Allerdings blieb im russischen Fall der Konflikt vorläufig auf die künftige Ausrichtung beziehungsweise eine Modifikation des Akkumulationsmodells reduziert und erfasste nicht die Sphäre der gesellschaftlichen Regulation. Daher wäre es analytisch ungenau, von miteinander konkurrierenden hegemonialen Projekten zu sprechen, wie dies etwa im Kontext der Europäischen Union geschieht (vgl. Kannankulam/Georgi 2012). Im Rahmen eines hegemonialen Projektes bemühen sich einzelne Klassenfraktionen, ihre Partikularinteressen durch breite öffentliche Unterstützung sicherzustellen. Gegen eine solche Interpretation spricht, dass die Auseinandersetzung um die Lösungswege aus der Krise in Russland weite gesellschaftliche Schichten entweder nicht erfasste oder bewusst ausschloss. Die dominanten wirtschaftspolitischen Projekte (nationalkapitalistische Entwicklung vs. modernisierter Ressourcenextraktivismus) werden im Folgenden gegenübergestellt und analysiert.

Die nationalkapitalistische Entwicklungsstrategie

Ein Bündnis konservativer und linkspatriotischer Kräfte

Forderungen nach einer ökonomischen Modernisierung Russlands auf der Grundlage einer staatlich forcierten Industriepolitik waren nicht neu. Insbesondere in den 1990er-Jahren gelang es der Kommunistischen Partei der Russischen Föderation (KPRF), sich als Trägerin eines nationalkapitalistischen und sozialen Entwicklungsprojektes gegen die Schocktherapie der Regierung Jelzin zu positionieren. Dies trug wesentlich dazu bei, dass sich die KPRF als stärkste Oppositionskraft in der Jelzin-Ära etablieren konnte. Doch bereits in den 2000er-Jahren verloren die Kommunist*innen dieses Alleinstellungsmerkmal, als unter Putin Kapitalfraktionen aus den produzierenden Sektoren – insbesondere aus dem militärisch-industriellen Komplex – in die oligarchisch-etatistische Ordnung integriert wurden, die ihrerseits eine nationalkapitalistische Entwicklungsstrategie zum Schwerpunkt ihres wirtschaftspolitischen Programms erhoben.

Einen wichtigen organisatorischen Ursprung hatte die zeitgenössische nationalkonservative Bewegung in der Partei Rodina, die Mitte der 2000er-Jahre mit zunehmendem Erfolg rechtspopulistische Positionen mit Forderungen einer nationalkapitalistischen Entwicklungsstrategie verband (siehe Kapitel 5, S. 94f.). Führende Mitglieder wie der langjährige Vizepremierminister Dmitrij Rogozin, Georgij Schpak[1] oder der Ökonom und Präsidentenberater Sergej Glazew traten aus der Partei aus, nachdem diese und andere Gruppierungen sich auf staatliches Betreiben hin in der neuen Partei Gerechtes Russland vereinigten. Ein neues politisches Betätigungsfeld fanden sie in ab den späten 2000er-Jahren in der Regierung sowie in der Staatspartei Einiges Russland. Damit trugen sie die nationalkonservative Entwicklungsstrategie in die Staatsapparate.

Durch die Gründung von Rodina entstand zwar eine politische Konkurrentin zur KPRF. Dennoch hielt letztere an der nationalkapitalistischen Entwicklungsstrategie fest und unterstützte bis heute gegebenenfalls auch entsprechende Initiativen aus dem konservativen Lager. Das verdeutlichte die Nominierung des Agrar-Unternehmers Pawel Grudinin als parteilosen Präsidentschaftskandidaten bei den Wahlen 2018. Mit einem klar akzentuierten industriepolitischen Entwicklungsprogramm gelang es dem »roten Oligarchen« (Lokshin 2018), Wähler*innenschichten aus dem nationalkonservativen Lager anzusprechen und knapp 12% der Stimmen zu erhalten. Zwar lag Grudinin damit deutlich hinter Putin, allerdings galt das Ergebnis als Achtungserfolg. Abgesehen von der KPRF vertrat keine der übrigen in der Duma vertretenen Parteien eine dezidiert nationalkapitalistische Entwicklungsstrategie. In den Parteien Gerechtes Russland und Einiges Russland bekannten sich zu dieser Position einzelne Abgeordnete oder Strömungen.

Auch nationalkonservative Kräfte plädierten für eine breite gesellschaftliche Allianz von nationalen Unternehmern bis hin zu sogenannten patriotisch gesinnten linken Kräften. Die zum Teil fließenden Übergänge zwischen der parteipolitischen Linken und dem nationalkonservativen Lager lassen sich an der Biografie Sergej Glazews eindrücklich aufzeigen. Ursprünglich ein Anhänger der jungen liberalen »Reformer« um Jegor Gajdar, wurde Glazew 1991 stellvertretender Außenhandelsminister unter Jelzin und stieg ein Jahr später zum Außenhandelsminister auf. Aus Protest gegen die gewaltsame Niederschlagung des parlamentarischen Protests durch die Regierung trat er im September 1993 von seinem Posten zurück. Anschließend kandidierte Glazew für die rechtsnationalistische Partei Kongress russischer Gemeinden bei den Dumawahlen 1995 und unterstützte die Präsidentschaftskandidatur des nationalistischen Generals Aleksandr Lebed im Jahr darauf. Von 2000 bis 2003 saß er als Abgeordneter der KPRF in der Duma, bevor er sich Rodina anschloss und im Jahr 2012 Wirtschaftsberater des Präsidenten wurde.

[1] Grigorij Schpak bekleidete hochrangige Führungspositionen im sowjetischen und russischen Militär. Von 1996 bis 2003 war er als Generaloberst Oberbefehlshaber der russischen Luftlandetruppen, anschließend von 2004 bis 2008 Gouverneur der Oblast Rjasan.

Anders als die staatszentrierte Linke verfügte die zeitgenössische nationalkonservative Bewegung seit der Auflösung der Partei Rodina über keine direkte parteipolitische Basis. Die Soziologin Katharina Bluhm (vgl. 2017) sprach deshalb auch von einer »Bewegungsideologie«. Das Fehlen einer eigenen politischen Partei war zwar Ausdruck einer organisatorischen Schwäche, führte jedoch dazu, dass die nationalkonservativen Kräfte als Lobbyisten, Berater und Analytiker die gesellschaftliche Debatte zu beeinflussen versuchten. Dadurch galten sie in der Öffentlichkeit nicht direkt als Teil der korrupten Politik. Wichtige Arenen zur Ausarbeitung inhaltlicher Programme bildeten verschiedene Denkfabriken und Zirkel, zum Beispiel Einrichtungen wie der Stolypin Klub oder der Izborskij Klub. Die Mitglieder dieser Denkfabriken waren fast ausnahmslos Intellektuelle und Personen des öffentlichen Lebens. Oftmals rekrutierten sie sich aus der Wissenschaft oder der Politik, aber auch führende Mitglieder religiöser Gemeinschaften wie der orthodoxen Kirche oder Schriftsteller*innen und Journalist*innen zählten dazu. Darüber hinaus nahmen ihre Vertreter*innen durch öffentliche Auftritte in den Medien, Vorträge oder die Organisation von Konferenzen Einfluss auf die öffentliche Debatte. Ein wichtiges Debattenorgan war die Zeitung Zawtra (morgen). Diese führte bereits in der Vergangenheit Oppositionspolitiker der Linken wie Gennadij Zjuganow, der langjährige Vorsitzende der KPRF, und der Rechten (Eduard Limonow, Aleksandr Dugin) zusammen. Der Chefredakteur der Zeitung Aleksandr Prochanow ist zugleich Vorsitzender des Izborskij Klubs. Außerdem nutzen die nationalkonservativen Kräfte intensiv soziale Medien. Wichtige gesellschaftliche Diskussionsforen sind das jährlich stattfindende Moskauer Ökonomische Forum (MEF) oder der Waldai-Klub.

Feindbild Liberalismus

Die lagerübergreifenden Forderungen nach einer industriepolitischen Modernisierung waren eine Antwort auf die Erfahrung der Schocktherapie in den 1990er-Jahren, die daraus resultierende Massenarmut und den globalen Bedeutungsverlust Russlands. Seit dem Beginn der Wirtschafts- und Finanzkrise im Jahr 2008 und dem ausbleibenden Erfolg der Anti-Krisen-Programme fordern die Vertreter der nationalkapitalistischen Entwicklungsstrategie die neoliberale Hegemonie im Bereich der Wirtschafts- und Finanzpolitik offen heraus. So verkündete Wladimir Jakunin (zit. n. Clover 2013), der langjährige Vorsitzende der russischen Eisenbahnen: »Das neoliberale Paradigma hat sich mit der Wirtschaftskrise 2008 erschöpft und nicht mehr erholt.«

Gemeinsam war den Anhänger*innen die Kritik am Liberalismus, sowohl in seinem klassischen Verständnis als auch in der neoliberalen Form, da er sich als unfähig erweise, die Entwicklungsprobleme Russlands zu lösen (vgl. Surkow 2008; Grinberg 2011; Del'jagin 2014). Als Reaktion auf die – speziell von nationalkonservativer Seite – konstatierte moralische Krise seit 2008 wurde eine Rückkehr zu traditionellen Werten (Familie, Religion, Nation) propagiert. Dies geschah auch in bewusster Abgrenzung zu »westlichen Werten« wie der repräsentativen Demokratie und klassischer liberaler Wirtschaftspolitik. Dementsprechend umstritten war die Privatisierungsstrategie der Jelzin-Administration in den 1990er-Jahren. Die »unvollendete Transformation« zeige sich besonders deutlich in der kriminellen Aneignung von Staatseigentum und der Verarmung breiter Schichten (vgl. Buzgalin/Kolganov 2015: 969). Während das liberale Lager in der Entstehung des Privatkapitals eine Voraussetzung für eine intensivierte industrielle Entwicklung sehe, machten Buzgalin und Kolganow in der Schocktherapie einen wesentlichen Grund für die Deindustrialisierung des Landes aus (vgl. ebd.).

Die gemeinsame Ablehnung des Liberalismus sowohl aufseiten der Linken als auch der traditionell konservativen Rechten erklärt die zum Teil kapitalismuskritische Rezeption in den Wirtschaftswissenschaften der russischen Rechten. Allerdings blieb diese weitgehend oberflächlich und beschränkte sich auf eine Kritik am (semi)peripheren Status des Landes im kapitalistischen Weltsystem. So kritisierte Sergej Glazew die Wirtschaftspolitik der 1990er-Jahre vor allem deshalb, da sie sich als ein Hindernis für die Entwicklung einheimischer international konkurrenzfähiger Konzerne erweise (vgl. Pis'mennaja 2013). Dagegen setzten die Anhänger der nationalkapitalistischen Entwicklungsstrategie unter den Schlagwörtern »Entwicklung« und »Modernisierung« auf ein »prosperierendes, stabiles und ökonomisch wachstumsstarkes Land« (Chebankova 2015: 2), um die Anfälligkeit der russischen Volkswirtschaft für ökonomische Krisen- und Stagnationsphasen zu begrenzen. Linke Ansätze verwiesen dagegen stärker auf den Zusammenhang zwischen kapitalistischer Transformation und der Herausbildung des extraktiven Entwicklungsmodells sowie dessen strukturelle ökonomische und soziale Widersprüche. Die Neuausrichtung der Rohstoffindustrie vom Versorger der einheimischen Industrie hin zum globalen Lieferanten schuf demnach eine duale Ökonomie (vgl. Buzgalin/Kolganov 2015: 702–704). Die verringerte Nachfrage auf dem Binnenmarkt, der Rückgang staatlicher Subventionen und die mehrheitlich gescheiterte Anpassung der produzierenden Sektoren an marktwirtschaftliche Bedingungen gelten als wesentliche Ursachen für die verlorene Wettbewerbsfähigkeit der einheimischen Hochtechnologieindustrie (vgl. Ustyuzhanina/Evsukov/Komarova 2017: 208). Dadurch wurde Russland immer stärker zu einem »Absatzmarkt« und nahm in den globalen Lieferketten bestenfalls die Rolle eines Zulieferers ein (vgl. Ustyuzhanina 2016: 37). Seltene Ausnahmen im Hochtechnologiebereich seien der Flugzeug- und Motorenbau sowie mit Einschränkungen die Automobilindustrie. Dabei beschränke sich die russische Wettbewerbsfähigkeit überwiegend auf den Heimatmarkt (vgl. ebd.: 36–38). Die geringe Nachfrage, die schwache Innovationskraft einheimischer Unternehmen und die engen Verbindungen zwischen Privatkapital und Staatsapparaten habe jedoch zur Folge, dass große Unternehmen ihre marktbeherrschende Stellung dazu missbrauchten, Ressourcen (Rohstoffe, Arbeitskraft, Finanzmittel, Informationen) zu monopolisieren. Der Vorsitzende des Russlandgeschäfts eines internationalen Ölkonzerns

(Gesprächspartner A) sah daher eine große Herausforderung in dem »Abstand zwischen dem russischen Standard und vielen internationalen Standards. […] Deshalb wird der Aufholprozess zu internationalen Standards in der Produktqualität nicht nur den Export fördern, sondern auch die innere Entwicklung. Für einige wird es zu einer Überlebensfrage.«

Zurück zur Konvergenz: Das nationalkapitalistische Wirtschaftsprogramm

Die politische Heterogenität des nationalkapitalistischen Lagers und das Fehlen einer übergreifenden Parteibasis verhinderte die Ausarbeitung eines dezidiert wirtschaftspolitischen Programms. Es ließen sich jedoch klare inhaltliche Forderungen für eine stärkere ökonomische Binnenorientierung ausmachen, die drei Schwerpunkte umfassen: eine expansive Finanzpolitik und strengere finanzpolitische Regulation, eine Förderung ausgewählter produktiver Sektoren im Rahmen einer staatlich koordinierten Industriepolitik und eine Entwicklung der asiatischen Landesteile (Sibirien, Ferner Osten).

Die Ausrichtung auf ein binnenorientiertes Entwicklungsmodell erforderte nach Ansicht der Vertreter*innen der nationalkapitalistischen Entwicklungsstrategie einen Bruch mit der neoliberalen Finanzpolitik der bisherigen russischen Regierungen. Als Voraussetzung dafür galt die politische Kontrolle über die Zentralbank, eine Bastion der neoliberalen Fraktion, und die Durchsetzung von Kapitalverkehrskontrollen. Letztere wurden vor allem mit den historischen Erfahrungen des Geldabflusses in den Krisen 1998, 2008 und 2014 begründet, die die wirtschaftlichen Krisentendenzen verschärften. Im Hinblick auf die Rolle der Zentralbank wurde argumentiert, diese diene vor allem ausländischen Kapitalinteressen und verhindere eine binnenorientierte Entwicklung des Landes, etwa durch die Vergabe günstiger Kredite an nationale Unternehmen (vgl. Glaz'ew 2015). Besonders kritisch sahen die Vertreter*innen der nationalkapitalistischen Entwicklungsstrategie den Kauf von US-Staatsanleihen, da dies die Rolle des US-Dollars als globale Leitwährung stabilisiere und die Schwäche des Rubels zementiere. Stattdessen müssten nicht-westlich dominierte internationale Organisationen wie die Eurasische Union oder die Shanghaier Organisation für Zusammenarbeit (SOZ) und damit verbundene internationale Finanzinstitutionen (Eurasische Entwicklungsbank, GUS-Bank) gestärkt werden. Auch eine gemeinsame BRICS-Entwicklungsbank wurde gefordert, um ein unabhängiges Zahlungssystem zwischen den BRICS-Staaten zu etablieren (vgl. ebd.).

Die Vernachlässigung der einheimischen Industrie schwäche nicht nur die Innovations- und Wettbewerbsfähigkeit. Der massive Rückgang der industriellen Basis stelle zusätzlich angesichts sich verschärfender geopolitischer Konkurrenz eine Bedrohung für die nationale Sicherheit und die staatliche Unabhängigkeit dar. Aus diesem Grund genoss der militärisch-industrielle Komplex Priorität in der nationalkapitalistischen Entwicklungsstrategie, als Lokomotive technologischer Innovation strahle er zudem positiv auf andere Sektoren aus. Weiter im Fokus standen der Apparate- und Anlagenbau, die Elektroindustrie sowie die Bio- und Nanotechnologie. Auch Bereiche wie das Transportwesen (Luftfahrt und Eisenbahn) wurden genannt (vgl. Glaz'ew et al. 2012). Eine untergeordnete Rolle nahm dagegen die russische IT-Industrie ein, die als einer der größten Innovationstreiber der russischen Volkswirtschaft galt. Obwohl der Export russischer IT-Produkte im Jahr 2018 um 18% zunahm und einen Wert von knapp 17 Mrd. US-Dollar erreichte (vgl. Jastrebowa 2019), blieb die Branche in den Konzeptionen der nationalkapitalistischen Entwicklungsstrategie oft unberücksichtigt. Dabei war die Digitalisierung der russischen Industrie eine Voraussetzung für eine erfolgreiche ökonomische Modernisierung.

In Anbetracht der wachsenden Bedeutung Südostasiens forderten die Anhänger*innen der nationalkapitalistischen Entwicklungsstrategie ein ökonomisches Programm für die östlichen Landesteile Russlands. Dies umfasste neben der Ansiedlung produktiver Branchen auch die infrastrukturelle Anbindung Sibiriens und des Fernen Ostens. Damit reagierte die nationalkapitalistische Entwicklungsstrategie auf die strukturelle Heterogenität des Landes. Zugleich galt die Konzentration der wirtschaftlichen Aktivitäten im europäischen Teil Russlands aufgrund der geforderten außenwirtschaftlichen Neuausrichtung zunehmend als Hindernis. Die forcierte Entwicklung Sibiriens und des Fernen Ostens stieß in den Staatsapparaten und der Regierung auf Rückhalt, da Russland angesichts der politischen Neuausrichtung der USA und der EU auf Südostasien sonst den Anschluss in der Region zu verlieren drohe.

Die nationalkapitalistische Entwicklungsstrategie lässt sich jedoch nicht auf ein Wirtschaftsprogramm zur staatlich forcierten Re-Industrialisierung reduzieren. Unter der geforderten Erschließung peripherer Regionen wie Sibirien, dem Fernen Osten und der Arktis verstanden ihre Anhänger*innen die Ausbeutung der dort lagernden Rohstoffvorkommen. Dies schloss ausdrücklich auch die Entwicklung der dazu notwendigen Maschinen mit ein, was eine begrenzte Industrialisierung der Rohstoffbranche und die Erhöhung des Weiterverarbeitungsgrades im Land gewährleisten sollte. Ein vergleichbarer Ansatz wurde bei einem weiteren zentralen Projekt – der Förderung des Agrarsektors – verfolgt. Die angestrebte Steigerung der Agrarerträge ging einher mit der Förderung des gesamten landwirtschaftlichen Komplexes, das heißt der Zuliefererindustrie, Landmaschinenhersteller oder Chemiekonzerne (Düngemittelproduzenten etc.).

Die Stärkung der industriellen Basis des Landes bildete demnach keinen Widerspruch zu einer forcierten Rohstoffextraktion. Im Mittelpunkt der nationalkapitalistischen Entwicklungsstrategie stand die Wiederherstellung der Konvergenz zwischen ressourcenextraktiven und produzierenden Sektoren. »Es ist notwendig«, argumentierte der Ökonom Anatolij Neschitoj (2014: 71f.), »die extraktiven und produzierenden Industrien unseres Landes in organisatorischer und ökonomischer Hinsicht in einem einzigen koordinierten Komplex neu aufzubauen«. Die Idee der Konvergenz verfolgte das Ziel, moderne Produktionsketten entweder vollständig oder zu großen Teilen in Russland beziehungsweise im postsowjetischen Raum aufzubauen oder in die Region zu verlagern. In diesem Vorhaben nahm die Rohstoffindustrie einen wichtigen Platz ein, allerdings in erster Linie als Zulieferer für die produktiven Sektoren. Der Privatisierungsprozess, so die Kritik, habe die Sektoren künstlich voneinander isoliert und die Unterschiede im technologischen Entwicklungsniveau zwischen beiden vertieft (vgl. ebd.). Eine erfolgreiche Konvergenz galt daher als Grundlage für einen »funktionalen«, das heißt weniger krisenanfälligen und global konkurrenzfähigen Kapitalismus, da sie der dualen Struktur der russischen Ökonomie entgegenwirke.

Der Staat als Katalysator nationalkapitalistischer Entwicklung

Die Abkehr vom ressourcenextraktiven, außenorientierten Entwicklungsmodell konnte nach Ansicht der Vertreter*innen der nationalkapitalistischen Entwicklungsstrategie nur gelingen, wenn eine systematische, staatlich gesteuerte Strategie der Re-Industrialisierung forciert würde. Dazu bedürfe es einer Rückkehr zur staatlichen Planung. So müssten nicht nur spezifische Industriesektoren ausgewählt werden, die Teil der Entwicklungsstrategie werden sollten. Noch wichtiger seien konkrete staatliche Maßnahmen zur Stärkung dieser Branchen im Rahmen einer Entwicklung des Binnenmarktes sowie der (temporären) Errichtung von Handelszöllen und der Vergabe staatlicher Aufträge an Firmen.

Der Staat bildete den Kristallisationspunkt der nationalkapitalistischen Entwicklungsstrategie. Nur dieser wäre dazu in der Lage, die bestehenden Widersprüche zwischen exportorientiertem Rohstoffkapital und binnenorientierter Industrie aufzuheben, die soziale und ökonomische Entwicklung effektiv zu fördern und die künftige Entwicklungsstrategie durch einen stabilen gesellschaftlichen Konsens abzusichern. So forderte Walerij Fadeew (zit. n. Chebankova 2016: 39), ehemaliger Chefredakteur des einflussreichen Wirtschaftsjournals Ekspert: »Wir müssen zu unserer historischen Idee eines starken Landes zurückkehren, und dies sollte den entstehenden Konsens in Russland bilden«. Eine aktive Rolle des Staates als Initiator gesellschaftlicher Entwicklung erforderte nach Meinung der Nationalkonservativen eine Zentralisierung von Ressourcen im Staat. So argumentierte Aleksandr Prochanow (2014), der Vorsitzende des Izborskij Klub, dass der Staat in der Lage sein sollte, strategisch zu handeln. Er müsse über die Ökonomie und die Industrie verfügen, »die die Durchsetzung aller strategischen Pläne gewährleisten kann«. Dies führte zur Konzeption eines autoritären Staatskapitalismus, der als Alternative zum westlichen liberalen Staat gesehen wurde, wie das folgende Zitat von Wladimir Jakunin (zit. n. Sutela 2012: 38) verdeutlicht:

»Entwickelte Länder sind mit der harten Herausforderung konfrontiert, entweder anzuerkennen, dass Staatskapitalismus einfach besser funktioniert, und sich dementsprechend anzupassen oder zu akzeptieren, dass sie überholt werden und gegenüber der sich entwickelnden Welt den Kürzeren ziehen, nicht nur mit

Blick auf die Wachstumsraten des Bruttoinlandsproduktes, sondern auch auf das Wohlstandsniveau.«

Als bedeutendes Hindernis für eine Abkehr vom ressourcenextraktiven Entwicklungsmodell galt die »einheimische Kompradorenbourgeoisie«[2] (Chasin 2013), da diese ihre untergeordnete Stellung gegenüber dem Westen akzeptiere. Nach Ansicht des konservativen Ökonomen und Mitglied des Izborskij Klub, Michail Hasin, war die russische Kompradorenbourgeoisie das Resultat der Privatisierungsprozesse der 1990er-Jahre und besaß kein Interesse an einer industriepolitischen Entwicklungsstrategie, da ihr Geschäftsmodell vom Rohstoffexport abhing (vgl. ebd.). Während die Oligarchie dem Neoliberalismus und dem Westen verpflichtet sei, fordere die nationalkonservative Bewegung staatliche Schritte zur Förderung einer »nationalen Bourgeoisie«, deren Loyalität dem eigenen Land gelte und deren direktes Interesse in der Entwicklung und dem Schicksal Russlands liege. Russland dürfe nicht mehr als ein Jagdrevier betrachtet werden, sondern sei die finanzielle und historische Heimat der nationalen Unternehmer (vgl. Kurginjan 2009, Chasin 2013). Diese Sichtweise wurde auch in Teilen der gesellschaftlichen Linken, ihr nahestehender Intellektueller und der KPRF geteilt, die sich besonders in den 1990er-Jahren als Vertreterin der »roten Direktoren« zu positionieren versuchte und dies mit der Nominierung Grudinins als »nationalem Unternehmer« auch bei den Präsidentschaftswahlen 2018 unterstrich. Auch Wladislaw Surkow (vgl. 2008), langjähriges Regierungsmitglied und Präsidentenberater, forderte als Reaktion auf die Peripherisierung Russlands ein neues Bündnis zwischen Staat und Großkapital unter der Führung des Staates. Die Förderung der Bourgeoisie müsse dabei mit der Entstehung großer Konzerne einhergehen. Zum einen entspreche dies der sowjetischen Organisation, zum anderen seien nur Industriekonglomerate global konkurrenzfähig. Ein staatlich gesteuerter Korporatismus, der von innovativen und konkurrenzfähigen Großkonzernen geprägt sei, könne eine neue ökonomische Modernisierungsphase einleiten (vgl. ebd.).

Als Wendepunkt im Verhältnis zwischen Staat und Kapital galt die Wirtschafts- und Finanzkrise 2008. In ihrem Verlauf erkannten einige Großunternehmer – ähnlich wie im Zuge des Staatsbankrotts 1998 – die Bedeutung eines aktiven Staates. Insbesondere der beginnende Krieg zwischen der ukrainischen Regierung und den separatistischen Volksrepubliken Donezk und Lugansk sowie die Sanktionen

[2] Der Begriff der Kompradorenbourgeoisie wurde ursprünglich von kritischen entwicklungstheoretischen Zugängen wie der Dependenzschule und der Weltsystemtheorie entwickelt und charakterisiert die herrschende Klasse der Peripherie (siehe S. 23f.). Die Vertreter*innen der nationalkapitalistischen Entwicklungsstrategie betonen vor allem den Aspekt der Unterordnung der russischen Bourgeoisie unter die westlich dominierte Weltordnung. Dabei vernachlässigen sie jedoch den Zusammenhang zwischen kapitalistischer Expansion und ungleicher Entwicklung. Die Ausdehnung der kapitalistischen Produktionsweise geht mit der Internationalisierung der Produktion und einer damit verbundenen spezifischen internationalen Arbeitsteilung einher. Den Nationalkonservativen geht es in erster Linie um eine Modernisierung des peripheren russische Kapitalismus, nicht um dessen Überwindung.

bestärkten relevante Kapitalfraktionen, sogar der erfolgreichen außenorientierten Rohstoffsektoren, in dieser Erkenntnis. Im persönlichen Gespräch mit dem Vorsitzenden eines großen russischen Dienstleistungsunternehmens (Gesprächspartner C) aus dem Öl- und Gassektor kritisierte dieser die Existenz eines »Block[s], das, was westlich europäisch-nordamerikanisch genannt wird, das ist ein ziemlich geschlossener, kompakter Klub. [...] Die Teilnahme an der Arbeit in diesem Klub wird immer, ob du willst oder nicht, aussehen wie die eines Landes der dritten Ebene. In dem Modell, das aktuell existiert, kann Russland nur ein Absatzmarkt sein, aber Russland gefällt diese Rolle natürlich nicht und sucht andere Wege, um in diesen Klub zu kommen.«

Die Kritik der exportorientierten, internationalisierten Fraktionen des herrschenden Blocks an ihrer peripheren Einbindung in die internationale Arbeitsteilung und die sich verschärfenden geopolitischen Auseinandersetzungen schufen die Grundlage für ein breites Bündnis zwischen Staat und Kapital, das Unternehmer aus den Industriebranchen explizit miteinschloss. Vertreter*innen der »nationalen« Bourgeoisie formulierten zunehmend offensiv die Forderung an den Staat, politische Maßnahmen zum Schutz des Binnenmarktes und der Exportförderung zu ergreifen. »In Russland«, kritisierte Konstantin Babkin (2014: 22), Vorsitzender des Landmaschinenherstellers Rosttelmasch, »existiert keine politische Unterstützung für Exporteure«. Stattdessen bekämen ausländische Firmen aufgrund der schwachen Regulierung sehr einfach Zugang zum Binnenmarkt, während russischen Firmen der Zugang zu westlichen Märkten durch vielfältige Maßnahmen und staatliche Subventionen verwehrt bleibe (vgl. ebd.). Auch die wachsende Importabhängigkeit im Hochtechnologiebereich war ein Kritikpunkt der nationalen Bourgeoisie, da sie ein Hindernis für die innere Entwicklung darstelle. So plädierte einer ihrer Vertreter, Sergej Bodrunow (vgl. 2016), für eine Verzahnung von Bildungs- und Forschungseinrichtungen mit russischen Firmen unter der Führung des Staates.

Die nationalkonservativen Konzeptionen eines autoritären Entwicklungsprojektes unter staatlicher Führung waren anschlussfähig an Positionen weiterer Kräfte im Regierungslager, etwa Vertreter*innen der Gewaltapparate, die sogenannten Silowiki, oder der offiziellen Vertreter religiöser Gemeinschaften. Durch die Stärkung der orthodoxen Kirche und »traditioneller« Werte sowie die Kritik an der US-amerikanischen Hegemonie sollte Russland eine politisch-ideologische und ökonomische Alternative zum Westen bilden (vgl. Chebankova 2016: 39, Laruelle 2014).

Die zentrale Rolle des Staates in der nationalkapitalistischen Entwicklungsstrategie beruhte zum einen auf der historischen Erfahrung, dass der russische Staat eine herausragende Stellung in der Umsetzung gesellschaftlicher Entwicklungsprozesse einnahm, beginnend mit den Reformen Peters des Großen über die Stolypinschen Reformen bis zur Sowjetunion. Zum anderen entsprang der Fokus auf den Staat einer strategischen Entscheidung. In Russland war der Staat das zentrale

Terrain zur Aushandlung und Umsetzung politischer Strategien und Konzepte, eine Entwicklung, die unter Putin noch weiter gefördert wurde. Die Eroberung zentraler Staatsapparate wie dem Wirtschafts-, dem Finanz- und dem Sozialministerium sowie anderer bedeutender Institutionen zur Gestaltung der Wirtschaftspolitik wie der Zentralbank oder der Präsidialadministration entschied damit maßgeblich über den Erfolg oder Misserfolg eines politischen Projekts. Dies zeigte die nachhaltige Verankerung neoliberaler Wirtschaftspolitik in den Staatsapparaten, sogar nachdem die erste Generation der neoliberalen Reformer unter Jelzin abgetreten war. Die Ausrichtung der Wirtschaftspolitik an den Interessen der extraktiven Kräfte wird auch von nationalkonservativer Seite betont. »90 Prozent der Publikationen im Bereich Ökonomie und aller Informationen, die im Namen der Wirtschaftswissenschaften publiziert werden, bedienen die Interessen der herrschenden Elite«, kritisierte Glazew (zit. n. Argumenty Nedeli 2018).

Die sich immer weiter verschärfende autoritäre Herrschaft in Russland erschwerte jedoch den nationalkonservativen Marsch durch die Institutionen – und damit eine Verankerung ihrer Forderungen in Staat und Regierung. Die Anhänger*innen des nationalkapitalistischen Entwicklungsprojektes verfügten über keine konkreten Strategien, wie ihre entwicklungspolitischen Forderungen gesellschaftlich mehrheitsfähig werden konnten. Der Fokus auf die Staatsapparate unterstrich zudem den elitären Charakter des Projektes. Klassenübergreifende Bündnisse mit den Transformationsverlierer*innen wurden kaum diskutiert. Damit blieb die Reichweite der nationalkapitalistischen Entwicklungsstrategie auf die Staatsapparate, die institutionalisierte Politik und Denkfabriken begrenzt. Abgesehen von der patriotischen, staatszentrierten Linken standen relevante Teile der übrigen gesellschaftlichen Linken dem Projekt skeptisch gegenüber, da sie aufgrund der politischen Repression und konservativen Politik der Regierung ein deutlich kritischeres Verhältnis zum Staat besaßen.

Die Eurasische Union als Chance zur Re-Industrialisierung des postsowjetischen Raums

Die Notwendigkeit einer ökonomischen Modernisierungsstrategie für Russland wurde jedoch nicht nur aus der verminderten internationalen Konkurrenzfähigkeit einheimischer Kapitalfraktionen begründet. Vielmehr galt sie insbesondere nach Ansicht des nationalkonservativen Lagers als wichtige Voraussetzung für den Fortbestand des russischen Staates. Die sich verschärfenden geopolitischen Konflikte zwischen Russland und den USA sowie der EU traten zwar nicht als offene Konfrontation zutage, nahmen aber Formen eines »hybriden Kriegs« (Glaz'ew 2015) um die Ausgestaltung der neuen Weltordnung an. Dabei forderten sie die russische Hegemonie im postsowjetischen Raum immer deutlicher heraus. Dies zeigten die militärischen Konfrontationen in Georgien und der Ukraine sowie die Farbenrevolutionen in einer Reihe postsowjetischer Staaten. Nach Ansicht des nationalkonservativen Ökonomen und ehemaligen Präsidentenberaters Sergej Glazew war Russland von diesen Entwicklungen existenziell bedroht, da es die Voraussetzungen für eine eigenständige Mitgestaltung der künftigen Weltordnung nur noch eingeschränkt besaß. Der gesellschaftliche Peripherisierungsprozess und die wachsende technologische Abhängigkeit gegenüber dem Westen setzten, so Glazew, der politischen Gestaltungsmacht des Landes enge Grenzen. Die im Zuge des Krieges zwischen der Kiewer Regierung und den separatistischen Volksrepubliken erlassenen Sanktionen könnten eine existenzielle Bedrohung für Russland darstellen, wenn es nicht gelinge, auf ein binnenorientiertes Entwicklungsmodell umzuschwenken. Dies mache auch eine Orientierung auf den postsowjetischen Raum notwendig (vgl. ebd.).

In den Konzeptionen der nationalkapitalistischen Entwicklungsstrategie kommt der im Jahr 2015 gegründeten Eurasischen Union eine zentrale Rolle zu. Seit der Auflösung der Sowjetunion war der postsowjetische Raum von desintegrativen Tendenzen geprägt. Organisationen wie die Gemeinschaft Unabhängiger Staaten (GUS) sowie die Russisch-Belarussische Union konnten – trotz der gemeinsamen Koordinierung von Politikfeldern wie Arbeitsmigration, Reisefreiheit, Transport-, Sozial- und Sicherheitspolitik – diesem Trend nicht entgegenwirken. Im Verlauf der 2000er-Jahre nahm die politische Fragmentierung des postsowjetischen Raumes weiter zu. Die baltischen Republiken traten im Jahr 2004 erst der NATO und dann der EU bei. Die Ukraine, Moldawien und Georgien unterzeichneten Assoziierungsabkommen mit der EU und streben im Falle Georgiens und der Ukraine ebenfalls eine NATO-Mitgliedschaft an. Die zentralasiatischen Länder orientierten sich wirtschaftlich immer stärker nach China. Kasachstan, Kirgisien und Tadschikistan waren neben Russland und China Mitgliedsstaaten der Schanghaier Organisation für Zusammenarbeit (SOZ). Die russische Regierung unternahm keine wirksamen Schritte, um die destabilisierenden Krisenprozesse effektiv zu bearbeiten und sich somit als integrierende Kraft in der Region zu etablieren. Vielmehr nutzte sie die Abhängigkeit vieler postsowjetischer Staaten von russischen Energieträgern und die dadurch angehäuften Schulden oder den Zugang zum russischen Binnenmarkt als Druckmittel, ihren politischen und wirtschaftlichen Einfluss in der Region auszudehnen.

Mit dem Ausbruch der Wirtschafts- und Finanzkrise nahmen auch die Auseinandersetzungen um die Hegemonie im postsowjetischen Raum zu. Der Ausbruch bewaffneter Konflikte in Georgien und der Ukraine und die aktive Rolle Russlands und des Westens verschärfte die Spannungen in der Region zusätzlich. Die EU und die USA ergriffen aktive Schritte, auf die Verschiebungen in der globalen Machtarchitektur zu reagieren, indem sie neue Freihandelsabkommen untereinander (TTIP) sowie mit den pazifischen Staaten Südostasiens (unter Ausschluss Chinas) und Lateinamerikas (TTP) vorantrieben. Die russische Regierung hielt vorerst an der Intensivierung der wirtschaftspolitischen Anbindung Russlands an die EU fest, was unter anderem an Putins Berliner Rede vom 26. November 2010 oder der regelmäßig geäußerten Bereitschaft der russischen

Politik und Wirtschaft zu einer Freihandelszone von Lissabon bis Wladiwostok, die Putin während des EU-Russland-Gipfels am 28. Januar 2014 in Brüssel erneuerte, deutlich wurde. Zwar scheiterten die Abkommen TTIP und TTP, allerdings gab die westliche Absicht, transkontinentale Handelsblöcke unter Ausschluss Russlands voranzutreiben, der Auseinandersetzung innerhalb des herrschenden Blocks um eine einseitige Ausrichtung auf die EU Auftrieb. Dies schlug sich bald in einer Debatte um eine strategische Ausrichtung Russlands nach Asien und eine eigenständige Pazifikstrategie nieder. Premierminister Dmitrij Medwedew bezeichnete die notwendige Intensivierung der russischen Handelsbeziehungen mit den südostasiatischen Staaten nicht als ein Resultat der Sanktionen oder der sich verschärfenden politischen Situation. Vielmehr sei »die Kehrtwende grundsätzlich herangereift« (Usov 2015), da Russland seine Warenströme diversifizieren müsse, um Sibirien und den Fernen Osten zu entwickeln. Die chinesische »Seidenstraßeninitiative«, die mit umfangreichen Investitionsplänen in Asien, Afrika und Europa einherging, wurde in Russland allerdings widersprüchlich beurteilt. Zwar galt sie als Chance, den wirtschaftlich schwachen Osten des Landes durch eine enge Anbindung an China zu entwickeln, doch waren damit Befürchtungen verbunden, ökonomisch gegenüber dem südöstlichen Nachbarn noch weiter ins Hintertreffen zu geraten.

Vor diesem Hintergrund wurde die Gründung der Eurasischen Union zum »Kernstück« der dritten Amtszeit Wladimir Putins (vgl. Sakwa 2016). Das außenpolitische Konzept der Russischen Föderation aus dem Jahr 2013 unterstrich die Notwendigkeit des postsowjetischen Einigungsprozesses als Antwort auf die geopolitischen Umwälzungen und betonte die Funktion der Eurasischen Union als Brücke zwischen Europa und Asien (vgl. Lane 2016: 57f.). Im wirtschaftsliberalen Lager stieß das Projekt jedoch auf Widerstand. Transnationale einheimische Konzerne wie Gazprom, Lukoil oder Rosneft konnten seit den 1990er-Jahren ihre globale Expansion unabhängig von der Eurasischen Union verwirklichen. Ein neuer Integrationsversuch des postsowjetischen Raums löste die Befürchtung aus, er könne die künftige ökonomische Entwicklung dieser Branchen behindern, da er eine Ausrichtung auf weniger profitträchtige Märkte bedeute. Mit der Rückkehr der Wirtschaftskrise und der sich verschärfenden geopolitischen Spannungen zwischen Russland und dem Westen setzte sich jedoch auch innerhalb des ressourcenextraktiven Lagers die Einsicht durch, dass eine verstärkte Integration des postsowjetischen Raums Vorteile ermöglichen könnte. So plädierten liberale Intellektuelle für eine Übernahme der »einheitlichen Spielregeln«, das heißt gemeinsame Handelsregeln etc. im Rahmen der Eurasischen Union, da ein solcher Schritt eine stärkere Einbindung Russlands in die globale Ordnung begünstigen könne (vgl. Vinokurov/Tsukarev 2015). Dagegen formierte sich eine Koalition aus Vertreter*innen führender Abteilungen der staatlichen Außen- und Sicherheitspolitik, Anhänger*innen der nationalkapitalistischen Entwicklungsstrategie und der »neuen Oligarchie«. Letztere entstammte oftmals dem direkten persönlichen

Umfeld Putins und den staatlichen Gewaltapparaten und stand der ersten Generation der Oligarchie in einem komplizierten Verhältnis aus Rivalität und Kompromissen gegenüber. Nicht zuletzt aufgrund staatlichen Drucks investierten diese neuen Oligarchen ihr Kapital in einem weit größeren Ausmaß in Russland als die transatlantisch orientierten russischen Kapitalfraktionen. Unter den neuen Oligarchen stießen die postsowjetischen Integrationsbestrebungen auf größeren Rückhalt, da die westliche Hegemonie den wirtschaftlichen Interessen dieser Fraktionen Grenzen setzte (vgl. Dzarasov 2016: 31f.). Hinzu kam, dass ihnen im Zuge der sich verschärfenden geopolitischen Konflikte ihre Regierungsnähe auf den westlichen Märkten zum Nachteil wurde, was in den Sanktionen gegen vermeintliche oder reale Putin-nahe Unternehmer deutlich wurde.

Im Rahmen der Integrationsbemühungen des postsowjetischen Raums verfolgten die Vertreter der nationalkapitalistischen Entwicklungsstrategie eine klare wirtschaftspolitische Agenda. Ausgangspunkt ihrer Argumentation war die vergleichbare krisenhafte ökonomische Entwicklung aller postsowjetischen Staaten seit den 1990er-Jahren, die sich im Zuge der einsetzenden Wirtschaftskrise 2008 verschärfte. Gemeinsam war ihnen (1) die verstärkte Ausrichtung auf den Rohstoffexport als Folge der Neuausrichtung des Rohstoffsektors vom sowjetischen auf den Weltmarkt, (2) ein Produktionseinbruch und eine verringerte Produktionspalette und (3) eine Konzentration der Investitionsmittel zugunsten der exportorientierten Rohstoffsektoren mit einem geringen Anteil an Veredelung (vgl. ebd.: 2016: 27) Der anhaltende Peripherisierungsprozess der Region veranlasste den Ökonomen Ruslan Dzarasow (ebd.: 29) zu der Schlussfolgerung: »Die GUS-Staaten besetzen Produktionsketten mit geringer Wertschöpfung.«

Nach Ansicht der Ökonomen Sergej Glazew und Sergej Tkatschuk (2015: 61) unterlag der eurasische Integrationsprozess einer spezifischen »ökonomischen Rationalität«, die in dem »pragmatischen Ziel« bestanden hätte, die internationale Konkurrenzfähigkeit der Region insgesamt zu erhöhen. »Staaten, die durch gemeinsame ökonomische Interessen und Ziele vereint sind, sind in der globalen Wirtschaft erfolgreicher.« (Ebd.) Die Besonderheit des Eurasischen Integrationsprozesses bestehe in der Umkehrung des Desintegrationsprozesses der letzten 25 Jahre, um ein »nachhaltiges, hochqualitatives Wachstum zu generieren«. (Ebd.) Der Integrationsprozess ermöglichte aus der Sicht dieser Autoren eine ökonomische Diversifizierung sowie das Entstehen eines gemeinsamen Absatzmarktes für Industrie- und Agrarprodukte, die auf den Weltmärkten (noch) nicht konkurrenzfähig waren. Dazu forderten sie eine Koordination der Wirtschaftspolitik auf der Ebene der Eurasischen Union. Ohne eine gemeinsame Entwicklungsstrategie war den Autoren zufolge ein weiterer ökonomischer Abstieg unausweichlich. Dann drohe der gemeinsame Binnenmarkt zu einem »Jagdrevier für transnationale Konzerne« (ebd.: 72) zu werden. Das Ziel bestand folglich nicht nur in der Steigerung des Wachstums, sondern in der Verbesserung der Position der Mitgliedsstaaten in der internationalen Arbeitsteilung (vgl. ebd.: 73).

Zweifellos sahen die russischen Befürworter des Integrationsprozesses die Eurasische Union als Möglichkeit, die Position als hegemoniale Ordnungskraft in der Region zu festigen (vgl. Shlapentokh 2014: 71; Glazyev 2015: 87f.). Die in diesem Buch vorgelegte Analyse der Eurasischen Union als Reaktion auf die sich verschärfende internationale Konkurrenz geht jedoch über die Sichtweise hinaus, nach der es sich ausschließlich um ein russisches Projekt zur Sicherung der geopolitischen Macht in der Region darstellt (vgl. exemplarisch: Spahn 2014; Strzelecki 2016). Für diese Sichtweise sprach, dass im Rahmen des eurasischen Integrationsprozesses supranationale Institutionen zur Koordination der Wirtschafts- und Finanzpolitik der Mitgliedsstaaten mit zum Teil weitreichenden Kompetenzen eingerichtet wurden, wie etwa der Rat der Industriepolitik. Trotz ihrer hegemonialen Rolle war die russische Regierung partiell zu Zugeständnissen an die Mitgliedsstaaten des Staatenbundes bereit. So wurde der lukrative Markt für Staatsaufträge, die im Rahmen der Re-Industrialisierungsstrategie einen vorgeschriebenen Anteil einheimischer Unternehmen berücksichtigen musste, auch auf die Mitgliedsstaaten der Eurasischen Union geöffnet. Damit reagierte die russische Regierung auf Forderungen aus Belarus und Kasachstan, ihre eigenen Unternehmen den russischen gleichzustellen, obwohl dieser Schritt auf starken Widerstand im militärisch-industriellen Komplex stieß (vgl. Galiewa 2021). Ähnlich dem EU-Integrationsprozess war es durchaus möglich, dass diese ersten Schritte zum Aufbau eines gemeinsamen Binnenmarktes und einer koordinierten Industriepolitik weitere Integrationsschritte nach sich zogen. Der ausschließliche Blick auf den eurasischen Integrationsprozess als russisches Machtprojekt vernachlässigte die komplexen Interessen der einzelnen Mitgliedsstaaten und die daraus resultierenden Konflikte.

Die Interessen der Gründungsstaaten Russland, Belarus und Kasachstan, aber auch die Widersprüche und die umkämpfte Ausrichtung der Eurasischen Union verdeutlichte eine Artikelreihe der Präsidenten der drei Länder (Putin, Lukaschenko und Nazarbajew) in der russischen Zeitung Izwestija, die im Vorfeld der Gründung der Zollunion, aus welcher heraus die Eurasische Union entstand, zum Ende des Jahres 2011 veröffentlicht wurde. Den Auftakt bildete ein Artikel Wladimir Putins, in dem er die Bedeutung der Wirtschafts- und Finanzkrise für den Integrationsprozess betonte. Aufgrund der verschärften internationalen Konkurrenz gerieten, so Putin (2011), die Länder des postsowjetischen Raums zunehmend ins Hintertreffen: »Die Vereinigung der natürlichen Ressourcen, des Kapitals, des starken menschlichen Potenzials erlaubt der Eurasischen Union, im industriellen und technischen Wettlauf, im Wettbewerb um Interessen, in der Schaffung neuer Arbeitsplätze und fortgeschrittener Produktion konkurrenzfähig zu sein.«

Zugleich unterstrich der Artikel, dass die Eurasische Union nicht gegen die EU gerichtet sei oder etwa eine Neugründung der Sowjetunion bedeute. Grundlage des neuen Integrationsprozesses seien ein maximal liberalisiertes Handelsregister, Freiheit, Demokratie und die Regeln des freien Marktes, eine Position, die Putin bereits in seiner Berliner Rede vom 26. November 2010 darlegte. Dies machte deutlich, dass die russische Regierung die Gründung der Eurasischen Union in erster Linie als Möglichkeit begriff, die Wettbewerbsfähigkeit und internationale Position der nationalen Kapitalfraktionen zu stärken. Zugleich verdeutlichten die Aussagen Putins, dass die konkurrierenden Interessen der russischen Bourgeoisie auch auf supranationaler Ebene präsent waren. Trotz der Bemühungen, die produktiven Sektoren der Mitgliedsstaaten der Eurasischen Union zu stärken, blieben die vorherrschenden Akkumulationsstrategien (Ressourcenextraktivismus) in den Staatsapparaten der Russischen Föderation präsent und wirkten somit auch auf die politische Ausrichtung des Integrationsprojekts. Diese Entwicklung wurde durch die Heterogenität der Volkswirtschaften der drei Gründungsstaaten verstärkt. Während in Kasachstan ressourcenextraktive Akkumulationsstrategien dominierten, die eine Allianz zwischen dem russischen und kasachischen Energiekomplex förderten, setzten die binnenorientierten Industriesektoren Russlands auf eine enge Anbindung an Belarus.

Auch der belarussische Präsident Aleksandr Lukaschenko betonte in seiner Antwort auf Putin die Bedeutung der externen Faktoren, die den Integrationsprozess befördert hätten. Er sah die Gründung der Eurasischen Union als Reaktion auf die zunehmenden geopolitischen Konflikte, die eine Gefahr für die Existenz Belarus bedeuteten. Dabei forderte er (vgl. 2011), die Integration nicht nur mit Blick nach Westen zu denken, sondern sich stärker auf den ostasiatischen Raum, insbesondere auf China zu konzentrieren und regte in diesem Zusammenhang weitere Integrationsschritte an. Damit brachte Lukaschenko auch die Interessen der belarussischen Kapitalfraktionen zum Ausdruck, die anders als in Russland noch stärker in den Bereichen der Industrie und Landwirtschaft konzentriert waren. Eine Ausrichtung des Handels nach Asien ermöglichte die Erschließung großer Absatzmärkte für die verarbeitende Industrie und nahm daher auch in der Re-Industrialisierungsstrategie eine wichtige Rolle ein. Der kasachische Präsident Nursultan Nazarbajew dagegen unterstrich die Bedeutung der nationalen Souveränität der Mitgliedsstaaten. Zwar sei die Schaffung eines supranationalen Zentrums zur Koordination der Bereiche Politik, Wirtschaft und Sicherheit im postsowjetischen Raum unabdingbar, nicht zuletzt, weil die GUS sich als ineffektiv erwiesen habe, diese Aufgaben zu bearbeiten. Allerdings bedeute die Gründung der Eurasischen Union keine Rückkehr zur Sowjetunion (vgl. Nasarbajew 2011). Dabei kam eine Position zum Ausdruck, die auch innerhalb des russischen extraktiven Sektors geteilt wurde: Die vertiefte Integration des postsowjetischen Raums wurde als Chance gesehen, die technologische Basis zu modernisieren, protektionistische Maßnahmen wurden jedoch überwiegend abgelehnt.

Alle drei Präsidenten und auch die Anhänger*innen der nationalkapitalistischen Entwicklungsstrategie hoben die gemeinsamen kulturellen Werte der Mitgliedsstaaten der Eurasischen Union hervor, die über einen bloßen ökonomischen Handelsblock hinausgingen. In den Debatten um den Integrationsprozess wurde immer wieder auf die ideologischen Grundlagen der Eurasischen Union verwiesen, die in der gemeinsamen Geschichte, der russischen Sprache als Lingua franca und der kulturellen Ähnlichkeit der Mitgliedsstaaten begründet seien. Insbesondere nationalkonservative Konzeptionen sahen die Eurasische Union als Antwort auf die »barbarische Globalisierung« (Glazyev 2015: 94). Dabei machten sie sich die traumatischen Erfahrungen des kapitalistischen Transformationsprozesses innerhalb breiter Bevölkerungsschichten in allen postsowjetischen Staaten zunutze. Anders als in den 1990er-Jahren wurden die durchaus positiven Bezüge zur Sowjetunion, die kritische Rezeption des (neo)liberalen Entwicklungsversprechens (Wohlstand und repräsentative Demokratie) nicht mehr mehrheitlich durch Kräfte des linken Spektrums aufgegriffen und kanalisiert, sondern zunehmend in eine nationalkonservative reaktionäre Form gegossen. Das eurasische Projekt, betonte Glazew, sollte auf spirituellen Werten, nationalen Traditionen und kulturellen Eigenheiten basieren, gleichzeitig aber eine ökonomische Modernisierung anstreben. Dabei falle Russland eine »historische Rolle« zu, wodurch das Land zu einem Hauptakteur des Integrationsprozesses werden müsse (vgl. ebd.). Ziel dieser elitären Bewegung war es nicht, die Globalisierung als solche herauszufordern. Die postsowjetischen Kapitalfraktionen wollten keine Ausgestoßenen der globalen kapitalistischen Ordnung sein, sondern verlangten unter dem Schlagwort der Multipolarität einen gleichberechtigten Platz neben ihren westlichen Konkurrenten. Durch eine aktive staatliche Regulation, protektionistische Maßnahmen und regionale Wirtschaftsintegration wollten sie den russischen Kapitalismus modernisieren. Aus diesem Grund blieben die Freihandelskritik, das Verständnis des Neoliberalismus oder die Konzeption der Kompradorenbourgeoisie oberflächlich.

Die Eurasische Union und die Ukraine

Eine zentrale Rolle in der Konzeption der Eurasischen Union kam der Ukraine zu. Der Chefredakteur der Zeitschrift Russia in Global Affairs, Fjodor Lukjanow (2015: 294), sah in der Beteiligung Kiews sogar das »wichtigste unerwähnte Ziel der eurasischen Integration«. Nur mit der Ukraine könne die Eurasische Union eine wirkliche globale Bedeutung erlangen (vgl. ebd.). Besonders für Russland besaß eine Anbindung der Ukraine Priorität, da es sich um den größten Handelspartner aller sowjetischen Nachfolgestaaten handelte. Um die Jahrtausendwende intensivierten sich die russisch-ukrainischen Wirtschaftsbeziehungen nach den Wirren des Transformationsprozesses, auch russische Direktinvestitionen in die Ukraine nahmen signifikant zu. Dies festigte die Ausrichtung der ukrainischen Industrie auf den russischen Markt. In den 2000er-Jahren gingen bis zu 90% ihrer Waren mit hoher Wertschöpfung nach Russland. Von 2001 bis 2006 stieg der Export von Maschinen nach Russland um das 2,3-fache und belief sich auf 22,5% der ukrainischen Gesamtexporte. Bis zum Beginn des Aufstandes im Donbass und dem einsetzenden Krieg zwischen der Kiewer Regierung und den Volksrepubliken Donezk und Lugansk im Jahr 2014 gingen zwei Drittel aller exportierten schweren Maschinen und fast die Hälfte der gesamten Maschinenexporte nach Russland (vgl. Molchanov 2016: 5). Besonders eng waren die Wirtschaftsbeziehungen zwischen der Donbass-Region, dem Zentrum der ukrainischen Industrieproduktion im Osten des Landes, und Russland. Der mit Abstand wichtigste Handelspartner der Regionen Donezk und Lugansk bei Dienstleistungen und Waren war Russland. Im Jahr 2013 gingen in Donzek 39,4% der Dienstleistungs- und 19,7% der Warenexporte nach Russland. In Lugansk lag Russland bei Dienstleistungen mit 24% auf Platz zwei nach Zypern (52,7%) und auf Platz eins beim Warenexport (35,4%), wobei ein beträchtlicher Teil des Russlandhandels über Briefkastenfirmen in Zypern abgewickelt werden dürfte (vgl. Mykhnenko 2015: 10f.).

Die Ukraine reagierte seit der Auflösung der UdSSR sehr zurückhaltend auf die russischen Integrationsbemühungen im postsowjetischen Raum (vgl. Glinkina/Kosikova 2006: 6). Aus Sicht der Ökonominnen Swetlana Glinkina und Lydia Kosikowa (ebd.: 10) könne ein russisch-ukrainisch initiierter Wirtschaftsverbund dazu beitragen, »die existierende informelle Teilung zwischen ›pro-russischen‹ und allen anderen regionalen Bündnissen in den Grenzen des postsowjetischen Raums zu beenden und die Spannungen zwischen den Nationen der Region zu lindern, was für die europäische Sicherheit ebenfalls wichtig ist«.

Bei den vier ursprünglich vorgesehenen Gründungsstaaten Belarus, Kasachstan, Russland und der Ukraine handelte es sich um die industriell und finanziell am stärksten entwickelten Länder der Region. Hinter der ursprünglichen Gründungsidee der Eurasischen Union stand folglich keine Wiederbelebung der UdSSR, sondern das Bündnis der ökonomisch stärksten Staaten der Region. Die drei Länder standen für 90% des russischen Außenhandels mit den GUS-Staaten. Auch für den gesamten Außenhandel war ihr Anteil mit 13% bedeutsam. Belarus, Russland und die Ukraine wiesen die höchste Diversifikation in der Industrie aller GUS-Staaten auf. Dies schaffte günstige Voraussetzungen für eine intensivierte Kooperation in den Bereichen Technologie und Produktion im Rahmen eines supranationalen Integrationsprojektes. Ein Großteil der russischen Betriebe des militärisch-industriellen Komplexes und der Elektrotechnik, die im Zentrum der Entwicklungsstrategie standen, waren nach wie vor auf eine enge Kooperation mit Firmen aus dem »nahen Ausland«, vor allem Belarus und der Ukraine, angewiesen. Zwar schwächte sich diese Tendenz mit dem Beginn des Krieges zwischen der Kiewer Regierung und den Volksrepubliken Donbass und Lugansk deutlich ab, doch wies die Verflechtung der russischen Industrie mit dem postsowjetischen Raum trotz des wirtschaftlichen Niedergangs der Region ein hohes Niveau auf. Obwohl sich über 80% der Produktionskapazitäten des militärisch-industriellen Komplexes der ehemaligen Sowjetunion auf russischem Territorium befanden, konnten diese im Jahr 2006 ohne Komponenten aus Firmen dieser Länder nur 17% ihrer Produkte liefern. Mehr als 80% der staatlichen Rüstungsaufträge enthielten in diesem Zeitraum Produkte aus der Herstellung anderer GUS-Staaten (vgl. ebd.: 15). Dementsprechend lobbyierten russische Firmen intensiv für einen gemeinsamen Wirtschaftsraum.

Im Kontext dieser Entwicklung trat eine in der westlichen Diskussion weitgehend vernachlässigte Dimension des Ukraine-Konflikts hervor. Als eine der entwickeltesten Sowjetrepubliken erlebte die Ukraine nach 1991 einen beispiellosen ökonomischen Niedergang. Im Jahr 2008 erreichte das ukrainische Bruttoinlandsprodukt mit knapp 70% ihres Wertes von 1989 den Höchststand in der postsowjetischen Phase (vgl. Molchanov 2016: 3). Im Zuge der Deindustrialisierung des Landes verloren auch die stark industrialisierten Ostregionen des Landes an Bedeutung, eine Tendenz, die durch die Wirtschaftskrise weiter verschärft wurde. Im Jahr 2011 hatte das Donbass einen Anteil von 30% an den ukrainischen Gesamtexporten. Dieser Wert fiel bis 2013 auf 21,4%. Mit diesem Wert blieb der Donbass zwar immer noch die wichtigste Exportregion des Landes (vgl. Mykhnenko 2015: 4). Allerdings nahm in diesem Zeitraum die Bedeutung anderer Sektoren, insbesondere der Landwirtschaft zu. Die Unternehmen dieses Zweigs erhofften sich vor allem einen Zugang zum Absatzmarkt der EU und waren daher stärker an einem Assoziierungsabkommen interessiert als die auf den postsowjetischen Raum orientierte Industrie.

Die bereits existierenden Konfliktlinien wurden durch die schwache Verankerung demokratischer Institutionen und Prozesse verschärft. Nach Ansicht des Politikwissenschaftlers Denys Kirjuchin (vgl. 2016) ging die staatliche Unabhängigkeit in Russland und der Ukraine sowie die Konsolidierung der Herrschenden in beiden Ländern mit einer Stärkung konservativer Werte einher (Kiryukhin 2016). Dies machte er an dem wachsenden Einfluss pro- und anti-demokratischer nationalistischer und patriotischer Bewegungen sowie dem Erstarken des religiösen Fundamentalismus in der Region fest. Die in der Bevölkerung nach wie vor fest verankerten Forderungen nach einem starken Sozialstaat und aktiver staatlicher Wirtschaftspolitik wurden jedoch zunehmend durch nationalistische Forderungen, Fragen nach einer neuen kollektiven Identität und revisionistischen Geschichtsdiskursen überformt (vgl. ebd.: 2f.). Dementsprechend bedeutete das nationalkonservative eurasische Integrationsprojekt keine wirkliche Entwicklungsperspektive für die von inneren Widersprüchen durchzogene Gesellschaft.

Seit dem Sturz der Regierung Janukowitsch 2014 war ein Beitritt des Landes zur Eurasischen Union endgültig vom Tisch, was dem Erfolg des Integrationsprojektes – und damit der nationalkapitalistischen Entwicklungsstrategie – einen empfindlichen Dämpfer versetzte. Es blieb abzuwarten, ob sich die von Russland forcierte Integration südkaukasischer und zentralasiatischer Staaten, die in der Mitgliedschaft Armeniens, Kirgisiens und Tadschikistans mündeten, tatsächlich eher als eine »Belastung denn als ein Vorteil« (Lukjanow 2015: 294) erwies. Denn die ökonomischen Kosten stiegen mit der Aufnahme der krisengebeutelten Staaten, zumal der Rückhalt in der russischen Bevölkerung für das Integrationsprojekt aufgrund der stark verbreiteten Stimmungen gegen Migrant*innen aus dem Kaukasus und Zentralasien schwinden konnte.

Die Modernisierung des russischen Ressourcenextraktivismus

Als Alternative zu der nationalkapitalistischen Entwicklungsstrategie propagierten liberale Kräfte des herrschenden Blocks eine partielle Modernisierung des Ressourcenextraktivismus beziehungsweise dessen Anpassung an globale Tendenzen eines »grünen Kapitalismus« durch staatlich forcierte technologische Innovationen und die Erschließung neuer Rohstoffquellen. In diesem Kontext ist das Narrativ der »Energiesupermacht« bedeutsam. Der Vorsitzende eines großen russischen Dienstleistungsunternehmens aus dem Öl- und Gassektor (Gesprächspartner C) sah in der Kontrolle konventioneller Energieträger sowohl eine Möglichkeit, den globalen Einfluss Russlands zu stärken als auch einen ökonomischen Wettbewerbsvorteil: »Der Konflikt oder die globale Konkurrenz drehen sich schon lange nicht mehr um Atomsprengköpfe, sondern um die Fähigkeit globale Energieflüsse zu kontrollieren. Derjenige, der in der Lage ist, diese Energieflüsse in der Welt zu kontrollieren, der regiert in der Welt und hat die Möglichkeit, Prozesse zu beeinflussen. Russland hat schon lange für sich den Weg der energetischen Konkurrenz gewählt – aus unterschiedlichen Gründen: a) Wir haben sehr viel Energie, und b) Es ist eines der wenigen Dinge, die wir sehr gut machen können.«

Auf internationaler Ebene war die russische Regierung darum bemüht, die beherrschende Stellung konventioneller »brauner« Energieträger (Öl, Gas, Kohle und Nuklearenergie) abzusichern. Ein wichtiger Bestandteil dieser Strategie war der Bau von neuen Pipelines (North Stream, South Stream, Sibirische Kraft, Altaj Pipeline). Im Zuge der zunehmenden geopolitischen Konkurrenz zwischen dem Westen und Russland wurden die Arbeiten an der Gasleitung South Stream eingestellt, und auch die Nord Stream 2 stand nach dem russischen Angriff auf die Ukraine im Februar 2022 vor einer ungewissen Zukunft. Der wachsende Energiebedarf Chinas, Indiens und anderer Schwellenländer stärkte daher die Neuausrichtung der russischen Energieexporte weg von Europa nach Asien. Neben Öl und Gas beabsichtigte die russische Regierung, künftig verstärkt Kohle aus Sibirien in die Region zu liefern und schaffte dazu die notwendige Infrastruktur. Zudem förderte sie den Bau von Atomkraftwerken als emissionsarme Alternative zu fossilen Energieträgern. Einerseits erlaubte ein höherer Anteil von Nuklearenergie am heimischen Energieverbrauch, den Export fossiler Brennstoffe konstant zu halten (oder sogar auszubauen). Andererseits war der Bau von Atomkraftwerken im Ausland ein milliardenschweres Geschäftsmodell. Im Zuge des Green Deal der Europäischen Union und dem damit verbundenen Ziel, bis 2050 Klimaneutralität zu erreichen, ließ sich eine partielle Modifikation des Konzeptes der Energiesupermacht und damit der Modernisierungskonzeption des Ressourcenextraktivismus beobachten. Russisches Kapital investierte zunehmend in die Entwicklung alternativer Energien, insbesondere in die Produktion von Wasserstoff. Als grüner Energielieferant, so die Annahme, könne es gelingen, die bedeutsame Position in der globalen Energielieferkette aufrechtzuerhalten und sogar auszubauen.

Der liberale Krisendiskurs

Auch im liberal orientierten Wirtschaftsflügel war ein Krisendiskurs präsent, der angesichts des ökonomischen Niedergangs Russlands Modernisierungsstrategien diskutierte. Dabei unterschied er sich von der Krisendiagnose des rechten und linken Lagers, indem er zentrale Analysekategorien des nationalkapitalistischen Diskurses wie die periphere Entwicklung Russlands als Folge der Schocktherapie, die damit einhergehende Herausbildung einer Kompradorenbourgeoisie und die kritische Aufarbeitung des Transformationsprozesses zurückwies. Nach wie vor handelte es sich bei den liberalen und neoliberalen Diskursen um die in der russischen Öffentlichkeit dominierende Debatte, die im Gegensatz zur nationalkapitalistischen viel stärker von ausländischen, speziell westlichen Wissenschaftlern rezipiert und beeinflusst wurde.

Ausgangspunkt des liberalen Krisendiskurses waren üblicherweise die Verschiebungen der gesellschaftlichen Macht- und Kräfteverhältnisse seit Beginn der 2000er-Jahre auf Kosten des in den 1990er-Jahren entstandenen Privatkapitals zugunsten des Staates und neuer regierungsnaher Kapitalfraktionen aus den Gewaltapparaten (Geheimdienste, Polizei, Militär). Während in den 1990er-Jahren machtvolle Oligarchen den Staat »eroberten« und dadurch in der Lage waren, die staatliche Politik in ihrem Interesse zu gestalten, habe sich dieses Verhältnis seit den 2000er-Jahren gedreht. Das Vorgehen des Staates gegen einzelne Oligarchen, die Verstaatlichung privater Konzerne und die ausufernde Korruption hätten den Übergang zu einer neuen Epoche staatlicher Willkür und Kontrolle eingeleitet (vgl. Gel'man/Starodubtsev 2016; Yakovlev 2006; Yakovlev/Sobolev/Kazun 2014). Dies habe weitreichende Auswirkungen auf Staat und Gesellschaft, denn es schwäche staatliche Institutionen und verhindere damit eine effektive staatliche Handlungsfähigkeit (vgl. Gel'man/Starodubtsev 2016). Die stagnierende wirtschaftliche Entwicklung sei eine unmittelbare Konsequenz dieser institutionellen Dysfunktionalitäten, da die schwache Kontrolle über die Bürokratie die Entwicklung des freien Unternehmertums und konkurrenzfähiger Märkte behindere. Vielmehr sicherten staatliche Angestellte ihre Macht über die Aneignung privater und staatlicher Renten aus dem Rohstoffsektor ab und setzten den ökonomischen Wettbewerb außer Kraft (vgl. Gans-Morse 2012; Yakovlev 2016).

Tatsächlich wies die Diskussion viele Gemeinsamkeiten mit der Krisendiagnose der liberalen Reformer*innen in den späten 1980er- und frühen 1990er-Jahren auf. Jegor Gajdar, als Finanzminister maßgeblich für die Umsetzung der Schocktherapie verantwortlich, begründete die Politik seiner Regierung ebenfalls mit der unkontrollierten Macht der Nomenklatura, die sich weitgehend auf den Staatsbesitz stützte (vgl. Gajdar 1995). Der sowjetische Staat zentralisiere die ökonomischen Tätigkeiten, schöpfe aus den wirtschaftlichen Aktivitäten Profit und erhalte gleichzeitig Steuern. Dies mache die Entstehung eines freien Unternehmertums unmöglich und sichere die Macht der Staatsbürokratie ab (vgl. ebd.). Die Schocktherapie galt den liberalen Reformer*innen der 1990er-Jahre daher als Voraussetzung zur Trennung von Eigentum und Macht, was die Entstehung eines liberalen Kapitalismus gewährleisten sollte.

Es war kein Zufall, dass der zeitgenössische liberale Krisendiskurs genau aus diesem Grund immer wieder Analogien zur sowjetischen Vergangenheit beschwor. In der Wiederverstaatlichung zuvor privatisierter Unternehmen, in der Stärkung des Staates als Regulator ökonomischer Prozesse und dysfunktionaler Märkte oder in dem Bedeutungsgewinn der Staatsbürokratie sowohl in der Wirtschaftspolitik als auch als ökonomischer Akteur sahen die liberalen Ökonomen eine Rückkehr zum Autoritarismus und die Einschränkung der liberalen Marktwirtschaft. So kam es, dass der auch im Westen bekannte liberale Ökonom Wladislaw Inozemtzew die zentralen Krisenursachen Russlands ausschließlich in der Wirtschaftspolitik der ersten Putin-Administration verortete, ohne die Entwicklung der 1990er-Jahre auch nur zu erwähnen. Die Besteuerung der Öl- und Gasindustrie hätte die Grundlage für das Konzept einer Rentenökonomie geschaffen. Die russische Elite sei damit zu einer »Rohstoffelite« geworden, deren Macht auf der Kontrolle des Rohstoffsektors sowie dem Zugriff auf und die Verteilung der Einkünfte aus dem Staatshaushalt beruhe. Dabei handele es sich jedoch um kein Russland inhärentes Problem, sondern um ein historisches Phänomen, das mit der Amtszeit Putins zusammenfalle (vgl. Inozemtsev 2016: 141f.).

Eine kritische Auseinandersetzung mit der Schocktherapie und der aus den 1990er-Jahren stammenden Oligarchie, deren Akkumulationsbasis überwiegend im Rohstoff- und Finanzsektor lag, blendete die Debatte dagegen aus. Tatsächlich werden immer wieder Versuche unternommen, die Privatisierungswellen nachträglich zu legitimieren. Nach Ansicht des Politikwissenschaftlers Daniel Treisman (2010: 226) nutzt das negative Bild des Kredite-für-Aktien-Programms der Jahre 1995 bis 1997 vor allem jenen Kräften in Russland, »die die Wahrnehmung des derzeitigen Regimes verbessern wollen, indem sie es mit der wahrgenommenen Korruption der Jelzin-Administration kontrastieren«. Das zweite Privatisierungsprogramm sei vor allem ein »Public Relations Desaster« gewesen, dessen Ausmaß und Bedeutung von zeitgenössischen Meinungsmachern stark übertrieben und dadurch populistisch ausgeschlachtet würde (vgl. ebd.: 224f.).

Zaghaftes Rütteln an den Dogmen: Der liberale Staatsinterventionismus

Mit der Rückkehr der Wirtschaftskrise 2014 ließ sich eine Veränderung des liberalen Krisendiskurses feststellen. Trotz aller Kritik an dem wachsenden Einfluss des Staates und der Bürokratie stellte das liberale Lager die anhaltende Wachstumsphase von 1999b bis 2008 als Erfolg ihrer wirtschaftspolitischen Maßnahmen dar (siehe dazu Aslund 2013: 377). Noch im Januar 2008 bezeichnete Finanzminister Aleksej Kudrin Russland als »Insel der Stabilität« in einem Ozean finanzieller Turbulenzen (vgl. o. A. 2008).

Im Verlauf der Krise geriet das wirtschaftsliberale Lager zunehmend unter Legitimierungsdruck, da ihre Vertreter*innen maßgeblich die Verantwortung für die Anti-Krisenpolitik der Regierung trugen. Der Ökonom Wladimir Mau (vgl. 2016: 2) betonte in einem Aufsatz die »Notwendigkeit für Strukturreformen«, weil das politische System und die Strafverfolgungsbehörden das Wirtschaftswachstum strangulierten. Klassischen Argumenten der liberalen Debatte folgend argumentierte er, die staatliche Wirtschaftspolitik richte sich nach den Bedürfnissen einzelner, regierungsnaher Interessengruppen. Neu war jedoch die Betonung einer »strukturellen Krise« der russischen Wirtschaft, die Mau – trotz sich verschärfender geopolitischer Spannungen zwischen Russland und dem Westen, sowie »externen Schocks« (Verfall des Ölpreises und des Rubels) – als Hauptursache für die Rezession ausmachte.

Die Kritik an den wirtschaftspolitischen Vorschlägen der Anhänger*innen der nationalkapitalistischen Entwicklungsstrategie konzentrierte sich vor allem auf die geforderte fiskalpolitische Wende. Andreas Aslund (2013), ein schwedischer Ökonom, der in den 1990er-Jahren als Berater der russischen Regierung die Umsetzung der Schocktherapie aktiv unterstützte und ideologisch begründete, bezeichnete die wirtschaftspolitischen Forderungen Glazews als ein »Revival der sowjetischen Ökonomie«. Glazew verurteile nicht nur die »Strukturreformen der 1990er-Jahre«, sondern verteidige beharrlich drei Ideen: »Protektionismus, Staatseigentum und eine Politik des billigen Geldes« (ebd.: 376). Dem gegenüber garantierten die hohen Devisenreserven aus dem Öl- und Gasexport wirtschaftliche Stabilität, genauso wie das Festhalten an flexiblen Wechselkursen zu einer effektiven Inflationsbekämpfung beitrüge (vgl. Kudrin 2013). Der Direktor der Hochschule für Wirtschaft in Moskau, Jewgenij Jasin (2013), nannte das Konzept Sergej Glazews völlig inakzeptabel.

»Er schlägt eine Erhöhung der Geldmenge über die Nachfrage vor, was die Inflation unausweichlich ansteigen lässt, private Investitionen verdrängt und dazu zwingt, diese durch staatliche zu ersetzen, die spürbar weniger effektiv sind. Und das alles in einer Zeit, in der eine Erhöhung der Effektivität, das Wachstum der Arbeitsproduktivität (unter Berücksichtigung des Mangels an Arbeitskraft) für uns zu einem kategorischen Imperativ wird« (Jasin 2013).

Mau machte dagegen die geringe Konkurrenzfähigkeit und technologische Rückständigkeit russischer Firmen zum Ausgangspunkt seiner Kritik. Genau wie die Vertreter*innen der Re-Industrialisierungsstrategie sah er die duale Struktur der russischen Volkswirtschaft als Ursache für die strukturelle Krise, er drehte das Argument jedoch um: Das Hauptproblem bestehe in der nicht-konkurrenzfähigen industriellen Struktur. Die Wachstumstreiber der russischen Wirtschaft waren nach Mau die transnationalen außenorientierten Sektoren, während das binnenorientierte Kapital ein Hemmnis für die Wirtschaftsentwicklung darstelle (vgl. Mau 2016: 5). Zur Überwindung der Krise bedürfe es daher einer vertieften Integration in den Weltmarkt im Rahmen der WTO und eine Ausrichtung auf den Handel mit der EU und den USA. Diese seien nicht nur die wirtschaftlich wichtigsten, sondern auch die wettbewerbsstärksten Absatzmärkte. Eine vertiefte Integration des postsowjetischen Raums im Rahmen der Eurasischen Union vermindere dagegen die Konkurrenzfähigkeit russischer Firmen (vgl. ders. 2013). Ein Berater der russischen WTO-Verhandlungsdelegation (Gesprächspartner B) formulierte es im persönlichen Gespräch noch zugespitzter: »Diese zwei Dinge sind unmittelbar miteinander verknüpft: Die Mitgliedschaft in der WTO und Modernisierung.«[3]

Im Gegensatz zu den Vertreter*innen der nationalkapitalistischen Entwicklungsstrategie galt im wirtschaftsliberalen Lager die einseitige Ausrichtung auf den Ressourcenexport nicht grundsätzlich als problematisch. Ein Land könne, so Mau (vgl. 2016: 3), technologisch und institutionell hoch entwickelt sein und dennoch einen hohen Anteil der volkswirtschaftlichen Wertschöpfung aus der Rohstoffförderung aufweisen. Länder wie Australien, Kanada und Norwegen würden dies beweisen. »Das Problem liegt nicht in den Waren per se, sondern in der Ineffizienz der Technologien und Institutionen.« (Ebd.) Alternative Wirtschaftspolitik werde nicht durch spezifische industrielle Sektoren vorangetrieben. Die wirkliche Unterscheidung verlaufe vielmehr zwischen technologisch fortschrittlichen und rückständigen Firmen sowohl im Hinblick auf das Niveau der Fertigungstechnik als auch der Managementstrukturen (ebd.). Daraus schlussfolgerte er (ebd.):

»Das Schlüsselproblem ist nicht die begrenzende Rolle der Waren, sondern eine qualitative Veränderung der technologischen Grundlage dieser Industrien, in erster Linie, indem die Entwicklung fortgeschrittener Weiterverarbeitung, ein Übergang von Förderung und Export von Brennstoffen zu petrochemischen und damit verbundenen Produkten (Düngemittel, Kunststoffe, Plastik etc.) gefördert wird. Russland hat die materiellen und intellektuellen Voraussetzungen dafür, aber es fehlt an institutionellen Kapazitäten.«

Die Forderungen nach einer technologischen Modernisierung der extraktiven Sektoren wurde in den Staatsapparaten schon im Zuge der Wirtschafts- und Finanzkrise aufgegriffen. Im Jahr 2009 verabschiedete die Medwedew-Administration die sogenannte Energiestrategie 2030. Vor dem Hintergrund eines erwarteten Anstiegs des nationalen Energieverbrauches behandelte das Strategiepa-

[3] Diese Position fand auch unter Vertreter*innen des russischen Rohstoffkapitals große Zustimmung. Wagit Alekperow, der Vorsitzende des Ölunternehmens Lukoil, sagte in einem Interview mit der Welt: »Auf der Welt besteht Arbeitsteilung. Die Sowjetunion hatte ja alles selbst gemacht. Aber das war dann von niedriger Qualität. Und in der Regel herrschte an allem Mangel. Heute alles selber zu machen. ist nicht zweckmäßig. Es braucht Integration, man muss die Kooperation mit ausländischen Produzenten fortsetzen. Und man muss sich nach dem Besten umsehen, das es in der Welt gibt. Und dann muss man die Verlagerung der Produktion dieser Anlagen auf russisches Gebiet stimulieren« (Steiner 2016).

pier die Entwicklung der einheimischen Energieversorgung bis zum erwähnten Jahr und warf die Frage auf, ob sich das Exportniveau fossiler Energieträger aufrechterhalten ließe (vgl. Ministry of Energy of the Russian Federation 2010). Tatsächlich hatte es den Anschein, als verfolge die Energiestrategie das Ziel, die dominante Position »traditioneller« Energieträger abzusichern. Ein Blick auf die treibenden Kräfte der Strategie erhärtete diesen Eindruck. Die Ministerien für Energie sowie für natürliche Ressourcen und Ökologie waren traditionell eng mit den ressourcenextraktiven Sektoren, insbesondere der Öl- und Gasindustrie, verbunden. Hinzu kamen Vertreter*innen der Energiefirmen. Der Staatskonzern Rosatom repräsentierte das Interesse der russischen Nuklearindustrie. Die genannten Akteure verfügten im Rahmen der Verhandlungen über einen direkten Kanal zur Regierung, da die Präsidialverwaltung ebenfalls an der Ausarbeitung der Strategie beteiligt war. Dies stärkte die Verhandlungsbasis der beteiligten Ministerien, der fossilen Energiekonzerne und Rosatoms, die eigenen Forderungen durchzusetzen.

Die »Energiestrategie 2030« prognostizierte einen leichten Rückgang der Erdölproduktion. Um die Exporte auf einem unvermindert hohen Niveau zu halten, verfolgte sie drei Ziele: erstens die Sicherstellung der Energieversorgung Russlands. Zweitens die Steigerung der ökonomischen Effizienz, der Energieeffizienz und der ökologischen Sicherheit und drittens die Stärkung fossiler Energieträger (Öl, Gas, Kohle) und der Atomenergie auf nationalem und internationalem Niveau (vgl. ebd.). Konkret bedeutete dies die Erschließung neuer Öl- und Gasquellen, zum Beispiel in Ostsibirien oder der Arktis, die internationale Expansion russischer Energieunternehmen, insbesondere im südostasiatischen Raum, sowie die Förderung neuer Energieträger (vor allem Atomenergie und Wasserkraft).

In den darauffolgenden Jahren wurde die Energiestrategie mehrmals aktualisiert und ergänzt. Das Ziel, die globale Bedeutung fossiler Energieträger abzusichern, blieb dabei ein Leitmotiv der russischen Regierungspolitik. Sinnbildlich dafür standen Forderungen von Alexander Kozlow, Minister für natürliche Ressourcen, wonach Russland sein kohlenstoffintensives Exportpotenzial schützen müsse. Denn die zunehmende internationale Klimaregulierung gefährde, so der Minister, große einheimische Kohle-, Metallurgie-, Ölunternehmen (vgl. Teryoshin 2021). Die fossile Orientierung des russischen Staates wurde durch die im April 2020 verabschiedete »Energiestrategie 2035« untermauert. Sie formulierte explizit das Ziel, die Konkurrenzfähigkeit russischer Energiefirmen durch einen gesicherten Zugang zu Ressourcen und die Förderung der technologischen Unabhängigkeit zu gewährleisten. Dabei müsse der Staat den Zugang zu moderner Technologie und Dienstleistungen ermöglichen und den internationalen Rechtsschutz russischer Unternehmen garantieren (vgl. Prochanow 2020). Sie drückte damit »die Interessen der etablierten privaten, staatlichen und halbstaatlichen Energiekonzerne, die mit dem Bestreben der politischen Führung zur Positionierung Russlands als Energiegroßmacht kompatibel sind« (Götz 2020: 8) aus.

Damit wurde die russische Regierung auf globaler Ebene zunehmend zu einer Vertreterin eines »braunen Kapitalismus«, deren Energiebasis vor allem auf Öl, Gas, Kohle und Atomstrom basierte und die aktiven Schritten im Kampf gegen den Klimawandel sowie Modernisierungsversuchen eines »grünen Kapitalismus« kritisch gegenüberstand. Als Reaktion auf den Green Deal der Europäischen Union und dessen proklamiertes Ziel, bis 2050 Klimaneutralität zu erreichen, unternahmen Staat und Kapital jedoch immer aktivere Schritte zur Erweiterung der energetischen Basis des Landes und positionierten sich verstärkt als Produzenten erneuerbarer Energien und Wasserstoff. Das galt umso mehr, seit auch die USA, China und anderer Länder Klimaneutralität als Ziel ausriefen. Damit zeichnete sich eine partielle Modernisierung des ressourcenextraktivistischen Entwicklungsmodells ab.

Die Lokomotive stottert: Die Modernisierung des Öl- und Gassektors

Die Debatte um eine Modernisierung der technologischen Produktionsstrukturen des extraktiven Sektors gewann zu dem Zeitpunkt an Bedeutung, als sich die Krisenanzeichen der russischen Rohstoffkonzerne, insbesondere des Öl- und Gassektors, verdichteten. Im Jahr 2014 brach der Gewinn von Gazprom um 86% im Vergleich zum Vorjahr ein. Noch im Vorjahr hatte der Staatskonzern einen Überschuss von 2,8 Mrd. Euro erwirtschaftet. Zugleich trieb der schwache Wechselkurs die Nettoschulden des Konzerns innerhalb eines Jahres um 48% in die Höhe, wodurch die Zahlungsverpflichtungen auf insgesamt 1,65 Billionen Rubel wuchsen (o. A. 2014). Gewinneinbrüche verzeichneten auch Lukoil (–4,1%) und Rosneft (–5%), wobei der Nettogewinn sogar um 39,4% beziehungsweise 46% zurückging. (Vgl. Lukoil 2014; Rosneft 2014). Der Absturz des Ölpreises führte zu massiven Einbrüchen bei Umsatz und Gewinn in der bis dahin erfolgsverwöhnten Branche. Dmitrij Ponomarenko (2014: 6), Chefredakteur des russischen Fachmagazins »Öl und Gas«, eines zentralen Debattenorgans der Öl- und Gasindustrie, konstatierte für zentrale Felder (Erschließung des arktischen Schelfs und der Ölverarbeitung) »eine Vorherrschaft westlicher Technik und Technologie«. Ausländische Firmen, so Ponomarenko (vgl. ebd.), übernahmen nicht nur zu einem großen Teil die Ausbeutung und Förderung von Öl und Gas, sie lieferten auch fast immer die dazu notwendige Ausrüstung. Gerade in Bereichen der Öl- und Gasextraktion, in denen technologisch hochwertige Maschinen zum Einsatz kamen, liege der Importanteil zwischen 80 bis 100%, sodass fast 90% der in Russland genutzten Fördergeräte aus dem Ausland importiert würden. Auch in den Bereichen Chemie und Petrochemie liege der Importanteil zwischen 33 bis 36%. (Vgl. ebd.) Dadurch drohe den russischen Rohstoffkonzernen der Verlust von Marktanteilen auf ihrem Heimatmarkt. Das gelte auch für die in der UdSSR aufgebaute Zuliefererindustrie. Westliche Dienstleistungsunternehmen hätten im Ölsektor einen Anteil zwischen 60 bis 70%, so Gennadij Grigaschkin (vgl. 2014), Generaldirektor des Ausrüstungs- und Dienstleistungsunternehmens Samarskie Gorizonty.

Ein zweites drängendes Problem der russischen Öl- und Gaskonzerne bestand in den sich erschöpfenden Lagerstätten in Westsibirien, die den geografischen Schwerpunkt der Förderung ausmachten. Dieser Umstand machte die Erschließung neuer Fördergebiete notwendig, die im Gegensatz zu den westsibirischen Ölquellen in äußerst unwirtlichen Regionen vermutet wurden, vor allem in Ostsibirien und im Arktischen Ozean, und nur unter hohem finanziellem und technischem Aufwand auszubeuten waren. Abgesehen von der veralteten Ausrüstung und der technologischen Abhängigkeit von westlichen Firmen fehlte es zusätzlich an geologischer Expertise zur Erschließung der vielversprechendsten Vorräte. Das im Zuge der Sanktionen erlassene Ausfuhrverbot für Maschinen zur Öl- und Gasförderung verschärfte die Krise des Sektors unmittelbar. Maschinen für die Erdölexploration und -förderung in Offshore-Gebieten nördlich des Polarkreises oder in Ton- und Schiefergesteinsformationen (Fracking) konnten seitdem nicht mehr importiert werden, was die Umsetzung neuer Förderprojekte verzögerte. Der Vorsitzende eines großen russischen Dienstleistungsunternehmens aus dem Öl- und Gassektor (Gesprächspartner C) beschrieb diese Situation im persönlichen Gespräch als ein strategisches Problem. »Wir sind gezwungen, die Technologie anderer Hersteller zu nutzen, weil sie in Russland nicht entwickelt sind. Folglich müssen wir sie entwickeln.« Gennadij Schmal (2015: 14), Präsident der Union der Öl- und Gasindustrie Russlands, beschrieb die Situation wie folgt: »Derzeit stehen wir vor folgender Tatsache: Die zusätzlichen Einnahmen sind weg, geblieben sind das Budget belastende soziale Umstände, die Preise für unsere wichtigsten Energieträger sind tief gefallen, genauso wie die Nachfrage zurückgegangen ist. Die Sanktionen sind ein Nackenschlag, vor allem die ausbleibenden Importe von Ausrüstungsgegenständen für den Maschinenbau.«

Die zentralen Herausforderungen sah Schmal im Einsatz neuer Technologien in der Förderung, einem höheren Niveau der Weiterverarbeitung geförderten Rohöls sowie der Exploration und Erschließung neuer Lagerstätten (vgl. ders. 2014: 78). Dies führte ihn (2015: 14) zu der Aussage: »Die Modernisierung hat für uns lebenswichtigen Charakter.« Zur Umsetzung der Modernisierungsstrategie formulierte der Cheflobbyist (ebd.: 15) konkrete Erwartungen an die russische Politik: »Die staatliche Regulierung muss ein grundlegender Bestandteil unserer Mittel sein, die ein Funktionieren des Energiekomplexes und dessen effektive Entwicklung im Interesse des Staates, der Menschen und des privaten Kapitals ermöglicht.«

Die Krise der hegemonialen Kapitalfraktion in Russland verhalf Strategien der Re-Industrialisierung und Importsubstitution, die zuvor außerhalb des Mainstreams diskutiert wurden, plötzlich zu mehr Aufmerksamkeit. Zur Verbesserung ihrer internationalen Wettbewerbsfähigkeit forderten die Konzerne des Öl- und Gassektors eine staatlich koordinierte »protektionistische Politik«, die sich an »nationalen Interessen« orientiere (ebd.: 14). Allerdings war es erst die Kombination bestehend aus der Krise des Öl- und Gassektors und der

Sanktionen wegen der Ukraine-Krise, welche eine Veränderung der staatlichen Politik bewirkte. »Die Sanktionen waren der Weckruf für die Regierung, die zusätzlichen Lieferungen von Dienstleistungen und Technologie aus dem Ausland zu reduzieren«, bestätigte der Vorsitzende des Russlandgeschäfts eines internationalen Ölkonzerns (Gesprächspartner A) im Gespräch. Der wirtschaftspolitische Kurswechsel spiegelte sich auch im liberalen Krisendiskurs wider. So kritisierte Wirtschaftsminister Aleksej Uljukaew die staatliche Importsubstitutionsstrategie zu Anfang heftig und forderte stattdessen einen wirtschaftlichen Kurswechsel und eine Aufgabe des staatlich dominierten Entwicklungskonsenses (vgl. Kušinowa/Papčenkowa 2014). Kritische Stimmen dieser Art waren im Laufe der Zeit deutlich zurückgegangen.

Im Gegensatz zu den Vertreter*innen der nationalkapitalistischen Entwicklungsstrategie wurde im Öl- und Gassektor viel stärker der temporäre Charakter der Importsubstitutionsstrategie hervorgehoben. Eine grundsätzliche Abkehr vom Freihandel oder offenen Märkten gehe damit nicht einher. Dies bestätigte der Vorsitzende des russischen Dienstleistungsunternehmens aus dem Öl- und Gassektor (Gesprächspartner C): »Die Importsubstitution ist ein guter erster Schritt. Doch natürlich glaubt keiner, dass die gegenwärtigen Beziehungen zwischen Russland und dem Ausland, über das wir eine recht harsche Meinung haben, lange anhalten werden. Wir hoffen alle, dass wir uns jetzt ein bisschen aneinander reiben, doch schlussendlich wieder verständigen, denn die Welt heutzutage ist eine völlig andere, sie ist nicht auf Krieg ausgerichtet, sondern auf Kooperation.«

Auch Denis Manturow, Minister für Industrie und Handel, betonte, dass eine »hundertprozentige Isolation« Russlands, das heißt eine Abkehr vom Weltmarkt, nicht zur Debatte stehe. Dies sei im Zeitalter der Globalisierung auch nicht möglich. Das Ziel der Importsubstitution bestehe nicht nur darin, russische Produzenten zu motivieren, in die Produktion und Substitution importierter Ausrüstung zu investieren, »sondern ebenso ausländischen Firmen ein Signal zu geben, damit sie daran interessiert sind, in die russische Wirtschaft zu investieren« (zit. aus: Paramonowa 2015: 27). Dieses Bekenntnis zum Freihandel entsprach vor allem dem Interesse der exportorientierten extraktiven Sektoren. Im Gespräch mit dem Leiter eines weiteren Serviceunternehmens der Öl- und Gasbranche (Gesprächspartner D) verwies dieser darauf, dass es für Russland einer gewissen »Logik« entspreche, die eigenen Rohstoffe zu exportieren. Schließlich sei eine globale Arbeitsteilung notwendig. Der Fokus der Strategie lag – wie von Manturow skizziert – darauf, einen Aufstieg in der Wertschöpfungskette zu erreichen, um die eigene Wettbewerbsposition zu verbessern. In demselben Gespräch führte der Leiter (Gesprächspartner D) aus: »Auf Kongressen reden wir oft darüber, den Produktionsumfang nicht weiter zu erhöhen, denn die Binnennachfrage ist mehr als abgedeckt, und mit dem Rohölexport lässt sich nicht genug verdienen. Das Problem ist, dass wir die Produkte nicht ausreichend weiterverarbeiten können, weshalb sich allgemein wenig ändert.«

Diese Position traf in der Debatte auf breiten Zuspruch. Nach Ansicht eines Unternehmensberaters für russische und internationale Energiefirmen (Gesprächspartner E) reiche es nicht, »einfach nur Öl und Gas zu exportieren, exportiert werden muss die entsprechende Technologie, weiterverarbeitetes Öl, petrochemische Produkte und unterschiedliche Dienstleistungen«. Durch die Verbesserung der technologischen Basis strebten russische Energieunternehmen an, im Bereich Öl und Gas zukünftig alle Stufen der Wertschöpfungskette – von der Förderung über die Weiterverarbeitung bis zur Endproduktion – abzudecken. Im Zuge der technologischen Modernisierung des ressourcenextraktiven Entwicklungsmodells solle der Öl- und Gassektor wieder zur »Lokomotive der wirtschaftlichen Entwicklung« (Časowa 2015) werden.

Russlands Wende nach Asien

Neben der Modernisierung der Produktionsstrukturen galt der ungebremste Zugriff auf Rohstoffvorkommen als eine Bedingung für die zukünftige Konkurrenzfähigkeit der russischen fossilen Energiebranche. Speziell die Öl- und Gasindustrie trieb mit Hochdruck die Erschließung neuer Standorte voran, da abzusehen war, dass sich innerhalb der nächsten 20 bis 30 Jahre die bisherigen Lagerstätten in Westsibirien weitgehend erschöpfen würden. Vor diesem Hintergrund internationalisierten russische Energiekonzerne – allen voran die »großen Drei« (Gazprom, Rosneft, Lukoil) – seit den 2000er-Jahren ihre Produktionsstätten. Schwerpunkte waren Ölförderprojekte in Venezuela, im Irak sowie im postsowjetischen Raum (Aserbaidschan, Usbekistan). Ein Unternehmensberater für russische und internationale Energiefirmen (Gesprächspartner D) beurteilte diese Strategie aufgrund seiner Erfahrung in internationalen Projekten nur als begrenzt erfolgreich: »Das einzige erfolgreiche ausländische Projekt aller russischen Firmen war Lukoil, und zwar in Irak. Gegenwärtig arbeitet Gazpromneft in Barda ebenfalls nicht schlecht, außerdem gibt es noch einige Projekte in Kurdistan […] Und es gibt noch Petrovietnam. Die anderen [Projekte], wo russische Firmen sich auch zu engagieren versuchten, waren zweifellos verschwendete und verlorene Projekte – wenn man genau hinblickt. Das sind eindeutig politische Dinge und erneute Versuche, den Einfluss auszuweiten.«

Gleichzeitig bestätigte er jedoch auf Nachfrage, dass die Internationalisierung im postsowjetischen Raum mehr oder weniger erfolgreich verlief. Obwohl die russischen Energiefirmen die Gründung der Eurasischen Union weder explizit gefordert noch nennenswert vorangetrieben hatten, zeigten sie seit den verhängten Sanktionen ein verstärktes Interesse an Kooperationen mit dem kasachischen Energiekomplex. Russland sah in einer engeren Anbindung der rohstoffreichen Länder Zentralasiens die Möglichkeit, den wachsenden Energiebedarf in Südostasien – insbesondere Chinas – zu decken und durch die Kontrolle von Energieressourcen den eigenen geopolitischen Einfluss in der Region zu stärken.

Zum anderen ließen sich Tendenzen einer abermaligen Verschiebung der Rohstoffgrenze im Inneren beobachten. Folgende Regionen rückten dabei zunehmend in den Fokus: das Schwarze Meer, Ostsibirien und die Arktis. Klare Priorität besaß dabei, nach Ansicht des Chefs der Russlandabteilung eines internationalen Ölkonzerns (Gesprächspartner A), Ostsibirien: »Öl- und Gasunternehmen begannen sich auf Ostsibirien zu konzentrieren, da es eine Nachfrage für Gas aus Asien gibt – China und Indien. [...] Eine Menge Investitionen gehen nach Ostsibirien. Die Arktis ist ebenfalls ein jungfräuliches Land, auch hier gibt es viele Investitionen, aber die meisten sind eher langfristig, während in Ostsibirien eher kurz- bis mittelfristige Investitionen vorgenommen werden. Westsibirien ist, wie ich bereits sagte, nur Wartung.«

Die umfassende Erschließung der ostsibirischen Öl- und Gasvorkommen im Zuge der russischen Asienstrategie ging mit einem kostspieligen Aufbau der dafür notwendigen Infrastruktur einher. Die knapp 4.000 Kilometer lange Pipeline »Kraft Sibiriens« beförderte seit 2019 Gas von der sibirischen Teilrepublik Jakutien nach Wladiwostok und China. Das umgerechnet 14 Mrd. Euro teure Projekt sollte nur den Auftakt eines umfangreichen Pipelinenetzwerkes bilden. Geplant waren der Bau einer Gasleitung von Sachalin nach China (vgl. Ballin 2018) sowie die knapp 2.800 Kilometer lange Altai-Pipeline von Westsibirien nach Westchina. Durch die Fertigstellung eines Flüssiggasterminals in Wladiwostok versuchte die russische Regierung zudem, den steigenden Energiebedarf in ganz Südostasien zu bedienen und sich als führender Gasanbieter in der Region zu positionieren. Allerdings stellten die milliardenschweren Investitionen ein erhebliches Risiko dar, denn sie schrieben die Orientierung der russischen Volkswirtschaft auf den fossilen Rohstoffexport auf Jahrzehnte fest, obwohl eine konstante Nachfrage nach diesen Energieträgern über diesen Zeitraum angesichts der Dekarbonisierungsstrategien in der Region keineswegs gesichert war.

Mittelfristig versprach die Ausbeutung der ostsibirischen Öl- und Gasvorkommen jedoch hohe Profite. Ein Unternehmensberater für russische und internationale Energiefirmen (vgl. Gesprächspartner E), der sich auf Offshore-Förderung in der Arktis spezialisierte, begrüßte den Fokus der russischen Energiebranche auf die Region. Für ihn (ebd.) war der Beginn der Förderung von Rohstoffen in der Arktis nur »eine Frage der Zeit«, allerdings waren die Voraussetzungen dafür noch nicht gegeben: »Die Leute, die mit dem Thema vertraut sind, die sich damit auskennen und wissen, was zu tun ist, ziehen es vor, sich nicht zu beeilen, weil es eine lange und gründliche Vorbereitung braucht. Denn wie ich bereits sagte, falls Gott bewahre ein Unfall passiert, dann wird das alles um 20 Jahre verzögert.«

Durch das Einfuhrverbot der notwendigen Fördertechnik, die zur Erschließung der Rohstoffe in Ostsibirien und in arktischen Gewässern notwendig waren, befürchteten russische Öl- und Gasfirmen, ihren Zugriff auf bedeutende Rohstoffreservoire zu verlieren beziehungsweise diese erst mit großer Verzögerung ausbeuten zu können. Deshalb stand die Branche, so der Vorsitzende eines ausländischen Ölkonzerns (Gesprächspartner A), vor einem »entscheidenden Moment«:

»Es ist das erste Mal in der Geschichte, in der wir zwei neue Grenzen haben. Wenn man dreißig Jahre zurückblickt, gab es nur eine Grenze: Westsibirien. Heute sind es zwei bedeutende Grenzen in der Öl- und Gasindustrie. Das ist entscheidend, denn das bedeutet, dass es deutlich mehr Investitionen gibt, und diese zwei Grenzen unterscheiden sich deutlich in ihrer Natur, in der Art der Investitionen und in der Art der Technologie, die benötigt wird. Ostsibirien ist vor allem Land, die Arktis ist mehr Küste und Offshore. Deshalb gibt es eine größere Vielfalt im Hinblick auf die technologischen Anforderungen und die Unternehmensstrategie.«

Ein weiterer Impuls für die Orientierung der russischen Energieexporte nach Asien lag in der steigenden Nachfrage nach Kohle aus der Region. Auch die EU – speziell Deutschland – war bis zur russischen Invasion in der Ukraine ein lukrativer Exportmarkt. Im Jahr 2019 importierte die Bundesrepublik so viel Steinkohle wie vor 15 Jahren, mehr als die Hälfte davon kam aus Russland (vgl. Eick 2021). Es wird deutlich: Die Putin-Administration setzte auf eine konstante Nachfrage aus der EU in der Transitionsphase der Energiewende und auf einen weiteren Anstieg des Energieverbrauchs in Südostasien, der durch erneuerbare Quellen nicht ausreichend gedeckt werden konnte.

Während der Fokus auf Ostsibirien in erster Linie eine geografische Verschiebung der Förderung fossiler Rohstoffe innerhalb Russlands bedeutete, hatte die anvisierte Erschließung und Ausbeutung der Arktis weitreichendere geopolitische Dimensionen. Durch die Erderwärmung werden immer größere Gebiete der Region über längere Zeiträume eisfrei. Das ermöglicht den Zugriff auf Bodenschätze, die in der Arktis in großer Zahl vermutet wurden. Schätzungen zufolge liegen 13% der globalen Ölvorräte, 30% der Gasvorräte und 20% der Flüssiggasvorräte in der Arktis (vgl. Henderson/Loe 2014: 3–5). Damit wird die Arktis, wie die Wissenschaftler*innen James Henderson und Julie Loe (ebd.: 1) vermuten, zum »weltweit nächsten Hotspot für die Förderung von Kohlenwasserstoffen.«

In den vergangenen zehn Jahren nahm das internationale Interesse an der Arktis spürbar zu. Im Zuge der ersten Ukraine-Krise spekulierten deutsche Medien bereits darüber, die Arktis könne zum »Schauplatz eines neuen kalten Krieges« (Bigalke 2015) werden. Die Eskalationsgefahr erklärte sich in erster Linie aus der schwachen internationalen Regulation. Während der Antarktisvertrag für die südliche Polarregion die Nutzung und den Schutz dieses Gebietes regelte, gab es für die Arktis keine solche Übereinkunft. Zwar waren große Gebiete der Arktis internationales Territorium, doch der ungeklärte rechtliche Status ermöglichte es den Anrainerstaaten, darunter Dänemark (Grönland), Kanada, Norwegen, Russland und die USA, weitreichende Gebietsforderungen zu formulieren, die die eigene Position stärkten und einen möglichst großen Zugriff auf die vermuteten Rohstoffvorkommen sichern sollten. Auch China und die EU bekräftigten wiederholt ihre Absicht, ihren Einfluss in der Arktis auszudehnen. Die chinesische

Regierung untermauerte ihre Ansprüche durch die Inbetriebnahme eines Eisbrechers. Landforderungen durch die Anrainerstaaten und eine damit verbundene Militarisierung der Region drohten in einem »Rennen um die Arktis« (Dadwal 2014) zu münden, das neue Konflikte unterschiedlicher Form nach sich ziehen konnte.

In der im Jahr 2020 verabschiedeten »Nationalen Arktis-Strategie« bekräftigte die russische Regierung ihren Anspruch auf die Rohstoffe in der Region. Mit 58% der geschätzten gesamten Rohstoffvorkommen wurde im arktischen Teil Russlands mit Abstand der größte Anteil vermutet (vgl. Henderson/Loe 2014: 3–5). »Die Arktis«, sagte der britische Unternehmensberater Tim Reilly (2015: 18), »ist für Russland die zentrale materielle Rohstoffbasis des 21. Jahrhunderts«. Tatsächlich unterstrich der russische Präsident Wladimir Putin die strategische Bedeutung der Region für Russland, da sie »eine Konzentration praktisch aller Aspekte nationaler Sicherheit – militärisch, politisch, ökonomisch, technologisch, ökologisch und der Ressourcen« (Bigalke 2015) darstelle. Folglich nimmt die Arktis in der Konzeption eines modernisierten Ressourcenextraktivismus eine zentrale Rolle ein.

Die Arktis: Russlands neues Rohstoffdepot

Die wachsende strategische und sicherheitspolitische Bedeutung der Arktis für den russischen Staat veränderte die Region tiefgreifend. Durch eine Vielzahl legislativer Akte schaffte der russische Staat in den vergangenen Jahren die rechtliche Grundlage zur Ausbeutung der arktischen Rohstoffvorkommen. Im Jahr 2012 wurde die Besteuerung für Tiefseebohrungen nach intensiver Lobbyarbeit von Rosneft und ExxonMobil geändert (vgl. Henderson/Loe 2014: 30f.). Seitdem bemaßen sich die Steuern auf die zu erwartende Rendite und unterlagen nicht mehr dem festen Steuersatz, der für Förderprojekte auf dem Festland und den Export zu zahlen war (vgl. ebd.). Die niedrigeren Steuersätze für Offshore-Projekte sollten Firmen dazu ermuntern, ihre Fördertätigkeit in der arktischen Tiefsee zu intensivieren.

Russische Konzerne waren bereits aktiv in die Ausbeutung der Öl- und Gasvorräte der Arktis involviert. Seit dem Jahr 2007 beutete ein von Gazprom dominiertes Joint-Venture (51% der Anteile) gemeinsam mit Total (25%) und Statoil (24%) das sogenannte Schtokman-Feld aus, eines der weltweit größten Offshore-Felder im russischen Teil der Barentssee. Über die Tochterfirma GazpromNeft war der Staatskonzern auch in der Tiefseebohrung aktiv (Ausbeutung des Felds Prirazlomnoe) (vgl. Henderson/Loe 2014: 28f.). Offenbar verfolgte Gazprom das Ziel, die bisher geringe Expertise durch Gemeinschaftsprojekte mit erfahrenen Unternehmen zu erhöhen, um künftig in Eigenregie oder als Hauptanteilseigner vergleichbare Projekte durchführen zu können. So erwarb der Konzern von der österreichischen OMV im Rahmen eines Anteilstausches Tiefseeförderrechte vor der norwegischen Küste (vgl. o. A. 2018b).

Russlands zweiter Staatskonzern Rosneft war ebenfalls ein bedeutender Akteur in der Ausbeutung der arktischen Öl- und Gasvorkommen. Insgesamt besaß die Firma 46 Lizenzen zur Tiefseebohrung, 25 davon waren in russischen arktischen Gewässern. Ursprünglich lag der Schwerpunkt in der Tiefseebohrung in den südlichen Regionen (Schwarzes, Kaspisches und Asowsches Meer). Mit der Gründung einer strategischen Allianz mit BP im Jahr 2010 erweiterte die Firma ihre Aktivitäten auch auf die Arktis. Nachdem die geplante Kooperation mit BP scheiterte, gelang es Rosneft, mit ExxonMobil einen neuen Partner zur Ausbeutung arktischer Vorkommen in der Tiefsee und an Land zu finden. Im Zuge der US-Sanktionen war ExxonMobil dazu gezwungen, die Geschäftstätigkeiten auf bestehende Projekte in der Karasee zu reduzieren, bis nach einer weiteren Verschärfung US-Firmen bis zum 26. September 2014 Tiefseebohrungen und Schiefergasförderungen in der Region einstellen mussten (vgl. ebd.: 28–33).

Die starke Präsenz staatlicher Firmen war kein Zufall, denn die aktuelle Gesetzeslage erschwerte privaten Firmen bislang den Zugang zu den arktischen Bodenschätzen. Dank intensiver Lobbyarbeit konnten Gazprom und Rosneft eine schwache Regulierung des Abbaus tief liegender Ressourcen durchsetzen, was die Ausbeutung der Arktis wesentlich erleichterte und zugleich Staatskonzerne gegenüber privaten begünstigte (vgl. Filimonova 2013). Auf diese Weise kontrollierten beide ca. 80% des auszubeutenden Territoriums (Schelf). Der Vorsitzende des ausländischen internationalen Ölkonzerns (vgl. Gesprächspartner A) wies im Gespräch darauf hin, dass der russische Staat die Spezialisierung einheimischer Förderunternehmen auf eine der beiden Rohstoffgrenzen (Ostsibirien oder Arktis) nur ungern akzeptiere. Dies wiederum begünstigte die großen etablierten Akteure, da die Exploration und Ausbeutung neuer Vorkommen nur unter hohen finanziellen Anforderungen umzusetzen sei. Dennoch wurden immer wieder Vorstöße unternommen, das staatliche Monopol auf die Ausbeutung der arktischen Vorkommen zu brechen. Ein Beispiel war der Vorschlag des Ministers für Rohstoffe und Ökologie (2012–2018), Sergej Donskoj, dem zufolge die Ausbeutung des arktischen Schelfs durch die Bildung von Konsortien erfolgen konnte. Dabei war die Teilnahme staatlicher Firmen nicht zwingend vorgesehen. Als Voraussetzungen nannte Donskoj – der erst für die private Ölfirma Lukoil und später für die staatliche Zarubezhneft arbeitete, bevor er in die Politik ging – Erfahrungen in der Ausbeutung des russischen oder internationalen Schelfs, ausreichende finanzielle Kapazitäten und technische Fertigkeiten. Auch Versteigerungen (Auktionen) einzelner Gebiete, sogenannter Blöcke, waren möglich, falls kein Konsortium gebildet wurde (vgl. Oil & Gas 2015a, 2015b). Ähnlich argumentierte auch der stellvertretende Premierminister der Putin-Administration 2012 bis 2018, Arkadij Dworkowitsch, der sich dafür aussprach, privaten russischen Ölfirmen »dosierten Zugang« (Mordjušenko 2015) zum arktischen Schelf zu ermöglichen.

Derweil nutzten die beiden Staatskonzerne sowohl ihren exklusiven Zugriff auf die arktischen Rohstoffe als auch den privilegierten Zugang zu den Staatsapparaten, um für massive Steuererleichterungen zu werben. So forderte Rosneft im Sommer 2019 Steuererleichterungen im Umfang von 41 Mrd. US-Dollar als

Ausgleich für Investitionen in die Ausbeutung der arktischen Rohstoffe (vgl. The Moscow Times 2019a).

Die Konzentration der Ausbeutung der arktischen Rohstoffe durch Großkonzerne ließ sich auch im Kohlesektor beobachten. So wurde in der liberalen Wirtschaftszeitung Kommersant (Zainullin 2021) eine Konsolidierung »aller großen Kohlelagerstätten in Nordrussland in den Händen eines einzigen Eigentümers«, der Polaren Bergbaugesellschaft (PGRK) konstatiert. Die sich herausbildenden Monopole oder Oligopole wurden nicht zuletzt durch die personellen Verflechtungen zwischen Staat und Großkapital abgesichert. So war der Inhaber der PGRK, Roman Trozenko, seit 2012 Berater von Igor Setschin, Direktor von Rosneft, und Kurator für Offshore-Projekte des Staatskonzerns.

Gemeinsam mit Rohstofffirmen forcierte der Staat den Ausbau der Infrastruktur. Die geringe Bevölkerungsdichte, die große Entfernung zu den Industriezentren und die Versorgungsabhängigkeit der Industrie und der lokalen Bevölkerung von anderen Regionen stellten erhebliche Hindernisse für die Erschließung der Arktis dar, ganz zu schweigen von den extremen klimatischen Bedingungen. Strategisch setzte die russische Regierung dabei auf die Entwicklung des nördlichen Seewegs als alternative Transportroute zum Suezkanal. Diese Route war Präsident Wladimir Putin zufolge der »Schlüssel zur Entwicklung der russischen Arktis und der Regionen im Fernen Osten« (Schütz 2019). Dazu waren in den kommenden fünf Jahren Investitionen in Höhe von 12 Mrd. Euro vorgesehen, rund ein Drittel der Summe stellt der Staat zur Verfügung. Das Frachtvolumen der Route sollte bis 2024 auf insgesamt 80 Mio. Tonnen pro Jahr erhöht werden (vgl. ebd.).

Aus diesem Grund war der Ausbau von Häfen in einer Vielzahl arktischer Städte vorgesehen, darunter Murmansk und Petropawlowsk-Kamtschatskij. Der Hafen Warandej in der Barentsee war das ganze Jahr über in Betrieb und sollte den Export von Öl erleichtern. Der größte Investor war die Ölfirma Lukoil (vgl. Gorkina 2014). Ein weiteres Beispiel für die infrastrukturelle Erschließung der Region war der Hafen Sabetta auf der sibirischen Jamal-Halbinsel im autonomen Kreis der Jamal-Nenzen. Durch den Bau eines Flüssiggasterminals sollte der Export der bisher weitgehend unerschlossenen Erdgasfelder erleichtert werden. Finanziert wurde das Projekt »Arktik SPG-2« von dem privaten Erdgasförderer Novatek (50,1%), dem französischen Energiekonzern Total, dem chinesischen Ölkonzern CNPC (jeweils 20%) und dem chinesischen Seidenstraßen-Fonds (9,9%). Die Investitionssumme wurde auf 27 Mrd. US-Dollar geschätzt (vgl. Ballin 2016). In den vergangenen Jahren nahm der Warenumsatz des Hafens deutlich zu und stieg allein im Jahr 2017 um 280% im Vergleich zum Vorjahr (vgl. Znak 2018).

Die Befürworter*innen der Ausbeutung der Bodenschätze und der dazu notwendigen infrastrukturellen Erschließung der Arktis und Ostsibiriens begründeten die Notwendigkeit mit bereits in der Sowjetunion üblichen Argumenten: Entwicklung durch Rohstoffextraktion. Ein Unternehmensberater für russische und internationale Energiefirmen (Gesprächspartner E), der auf Offshore-Förderung in der Arktis spezialisiert ist, bezeichnete die Arktis als »kaum erschlossene Region, die Erschließung nötig hat«.

Eine Ausbeutung der Arktis barg erhebliche Risiken. Allerdings wurden diese im russischen Diskurs überwiegend auf technische Herausforderungen und hohe Kosten reduziert. Dies erklärt die Bedeutung der Importsubstitution aus Sicht der russischen Öl- und Gasbranche und die Forderung nach konkurrenzfähigen russischen Dienstleistungsfirmen, die eine Förderung unter solch schwierigen Bedingungen bewerkstelligen konnten. Gesellschaftliche Machtverhältnisse und sozialökologische Fragen blieben jedoch beinahe vollständig ausgeklammert.

Bis heute war das Leben in der Arktis geprägt von der Koexistenz zwischen mannigfaltigen Formen der Subsistenzwirtschaft und industrialisierten Wirtschaftszweigen, insbesondere der Rohstoffausbeutung. Zwar waren Rohstofffirmen ein wichtiger Arbeitgeber in der Arktis. Allerdings beeinträchtigte die Förderung von Rohstoffen die Lebensgrundlage vieler Einwohner*innen, zum Beispiel die Rentierzucht. Die geplanten Programme zum Ausbau der Infrastruktur waren ebenfalls kritisch zu hinterfragen. Die Nutzung von Land zum Rohstoffabbau gefährdete die Lebensgewohnheiten vieler nomadischer Bewohner*innen der Arktis, da Förderstätten oft die Routen der Tiere behinderten oder Weidegründe zerstörten. Es bestand also ein Interessenkonflikt zwischen Teilen der Bevölkerung und dem globalisierten, exportorientierten Rohstoffsektor. Eine verstärkte ökonomische Aktivität und die umfangreiche Ausbeutung von Rohstoffen konnte daher eine Vielzahl sozialökologischer Konflikte zur Folge haben.

Die Internationalisierung des Nuklearkomplexes

Eine zentrale Rolle in den Konzepten zur Modernisierung des ressourcenextraktivistischen Entwicklungsmodells in Russland spielte der Nuklearkomplex. Der Definition von Brunnengräber und Mez (vgl. 2016: 290) folgend wird unter dem Begriff nuklearer Komplex oder Nuklearkomplex die Verzahnung ökonomischer, politischer, wirtschaftlicher und militärisch-industrieller Interessen in Russland verstanden. Seit der Auflösung der Sowjetunion vollzog der Nuklearkomplex auf staatlichen Druck einen umfänglichen Umbau, der sich an den Anforderungen und Bedingungen einer kapitalistischen Marktwirtschaft orientierte und an der wachsenden Ausrichtung an Kriterien wie Kosteneffizienz, Profitabilität und globale Wettbewerbsfähigkeit deutlich wurde. Die intransparente Struktur des Nuklearkomplexes blieb jedoch unverändert, was eine demokratische Kontrolle erschwerte und dessen weitgehend autonomes Vorgehen ermöglichte. An der Struktur des Staatskonzerns Rosatom ließ sich jedoch nicht nur die mangelnde öffentliche Kontrolle staatlicher Unternehmen aufzeigen, sie stand genauso exemplarisch für das sich wandelnde Verhältnis zwischen Staat und Kapital seit den 2000er-Jahren.

Nach der Auflösung der Sowjetunion wurden alle zivilen und militärischen Aktivitäten des Nuklearkomplexes im Ministerium für Atomenergie (Minatom) konzentriert, lediglich die wissenschaftlichen Forschungseinrichtungen blieben unabhängig. Im Jahr 2004 wurde das Ministerium aufgelöst und als Föderale Agentur für Atomenergie Russlands (Rosatom) neugegründet. Das gesamte Eigentum und die damit einhergehenden Befugnisse gingen auf die neue Behörde über. Drei Jahre später wurde der Rechtsstatus erneut geändert und die Agentur für Atomenergie in einen Staatskonzern umgewandelt. Mit der Annahme des Gesetzes »Über das Staatliche Atomenergieunternehmen Rosatom« konsolidierte der Staat die Nuklearindustrie unter dem Dach von Rosatom. In der Holding Atomenergoprom konzentrierte die Firma insgesamt über 70 Unternehmen. Die Tochterfirma Rosenergoatom betrieb die russischen Atomkraftwerke, TVEL war für die Anreicherung von Uran und die Erzeugung von Kernmaterial zuständig. Atomredmetzoloto war ein international tätiger Konzern zur Ausbeutung von Uranvorkommen, während der Maschinenbaukonzern Atomenergomasch Reaktoren, Turbinen und andere Ausrüstungsgegenstände herstellte und NIAEP-ASE die Planung und den Bau von Atomkraftwerken übernahm. Insgesamt beschäftigte Rosatom über 247.000 Beschäftigte. Der Umsatz der Firma belief sich im Jahr 2020 auf umgerechnet circa 13,4 Mrd. Euro, ein Anstieg von 4,8% im Vergleich zum Vorjahr. Ursachen für die Umsatzsteigerung sah die Firma in den steigenden Elektrizitätsverkäufen auf dem russischen Markt, in steigenden Verkäufen von »Front-End Produkten« des Brennstoffkreislaufs im Ausland sowie den steigenden Umsätzen durch den Bau von Atomkraftwerken im Ausland (vgl. Rosatom 2018a).

Besonders auffällig ist die ungewöhnliche Rechtsform von Rosatom. Der Staatskonzern befindet sich komplett im Staatsbesitz und ist laut Gesetz eine gemeinnützige Organisation.[4] Obwohl Rosatom einen Großteil seines Budgets aus öffentlichen Geldern bestritt und diese eigenständig verwaltete, übte er zugleich die Kontrollfunktion über die Verwendung öffentlicher Mittel aus und verfügte dadurch über weitreichende Kompetenzen: Der Staatskonzern war verantwortlich für Forschung und Entwicklung im Bereich Atomtechnologie, die Sanierung radioaktiv verseuchter Gebiete und entschied über Investitionsprogramme. Er konnte Erlasse mit legislativer Wirkung verabschieden sowie Staatsverträge über den An- und Verkauf von Waren, Dienstleistungen und Arbeiten abschließen (vgl. Rosatom/IBRAE RAN/FBI «SEC NRS» 2014: 14).

Es wurde deutlich, dass die spezielle Rechtsform Rosatom außergewöhnliche Macht und Eigenständigkeit garantierte. Das galt auch für die Beziehungen zum russischen Staat: Staatliche Politiken sowie rechtliche und normative Regulierungen im Bereich der Nuklearindustrie wurden von Rosatom mit erarbeitet und umgesetzt. Damit übernahm der Konzern einen beträchtlichen Anteil vor-

[4] Abgesehen von Rosatom gibt es andere bekannte Staatskonzerne mit ähnlichem Rechtsstatus, z.B. der Rüstungskonzern Rostec oder die Bank VEB. Rosatom galt dabei als »föderale Atomorganisation«.

mals staatlicher Aufgaben und Leistungen. Darüber hinaus verwaltete er staatliches Eigentum zur Produktion von Atomstrom und war verantwortlich für die Entwicklung und Wartung von Atomenergie und Kernwaffen. Insbesondere das Ziel, die Entwicklung des militärischen Bereichs der Nuklearindustrie zu forcieren, war kontrovers, da sich die Russische Föderation durch internationale Verträge zur atomaren Abrüstung verpflichtete (START-Verträge). Weder die Regierung noch das Parlament besaßen eine direkte Kontrollfunktion gegenüber Rosatom. Sowohl der Generaldirektor als auch alle Mitglieder des Aufsichtsrates wurden direkt vom Präsidenten der Russischen Föderation bestimmt. Im Falle einer Insolvenz trat das übliche rechtliche Insolvenzverfahren nicht in Kraft, was auf heftige Kritik bei Umweltorganisationen stieß.

»Die Gläubiger des Unternehmens müssen nicht ihr Einverständnis geben, sollten ihre Forderungen im Zuge einer Sanierung auf eine neue Organisation übertragen werden. Rosatom ist auch von Pflichten ausgenommen, die öffentlichen Aktivitäten, Ausgaben oder die Verwendung des eigenen Besitzes zu veröffentlichen. Der Generaldirektor hat auch das Recht, Informationen als Staatsgeheimnisse einstufen zu lassen, wie es das russische föderale Recht erlaubt.« (Ulrich 2014: 12)

In Abwesenheit effektiver externer Kontrollinstanzen war Rosatom dazu angehalten, die Tochterfirmen intern zu überprüfen (vgl. NEA 2014: 15). Nach Artikel 8 des Gesetzes »Über das Staatliche Atomenergieunternehmen Rosatom« erteilte das Unternehmen Lizenzen für Körperschaften, die radioaktives Material für Verteidigungszwecke benutzen. Des Weiteren entwickelte und genehmigte Rosatom Sicherheitsanforderungen für die Nutzung von Nuklearenergie. Allerdings beeinträchtigte diese Kompetenz die Kontrollfunktion der Föderalen Agentur für technische Regulierung und Metrologie (Rostechnadzor). Als staatliche Aufsichtsbehörde für ökologische, technologische und atomare Fragen verfügte Rostechnadzor über eine normative Kontrollfunktion im Bereich der Atomenergie, die aufgrund des rechtlichen Status von Rosatom und der damit einhergehenden Machtfülle aber nur eingeschränkt ausgeübt werden konnte.

Rosatom wurde direkt durch den Staat finanziert. Allerdings waren Informationen über die Herkunft der Eigenmittel und die erwarteten Kosten zur Außerbetriebnahme alter Kernkraftwerke oder der Entsorgung von Nuklearmüll öffentlich schwer zugänglich. Verschiedene Transparenzinitiativen und Rosatoms gesetzliche Verpflichtung, Jahresabschlussberichte zu veröffentlichen, änderten daran wenig. Zwar wurden in den Berichten Nachweise über eine effiziente Verwendung der verwendeten staatlichen Mittel erbracht. Dennoch kritisierte eine Analyse der Umweltorganisation Bellona, dass die Berichte bezüglich der Rentabilität der Nuklearindustrie und der konkreten Verwendung der Mittel äußerst vage blieben (vgl. Andreev 2011: 6f.). Die intransparente Struktur wurde durch Gesetze sogar direkt abgesichert und verstärkt. Das Gesetz »Über das Staatliche Atomenergieunternehmen Rosatom« legte fest, dass die föderale Aufsichtsbehörde zur Einhaltung des öffentlichen Haushaltes, die Rechnungskammer der Russischen Föderation, nur externe Kontrolle über Rosatoms Aktivitäten ausüben durfte (vgl. ebd.: 6). Die Bilanzprüfung der »internationalen finanziellen und ökonomischen Aktivitäten, die Effizienz der Verwendung staatlich zugeteilter Finanzressourcen oder die Verwendung von Mitteln aus Rücklagenfonds« wurden von Rosatoms eigenem Prüfungsausschuss ausgeführt (vgl. ebd.).

Die staatlich forcierte Neuausrichtung des russischen Nuklearkomplexes gewann im Zuge der Wirtschafts- und Finanzkrise 2008 weiter an Dynamik. Im Rahmen der bereits erwähnten Energiestrategie verfolgte die staatliche Politik zwei Ziele: die Ausweitung der einheimischen Energieversorgung mit Atomstrom sowie die Konsolidierung der globalen Position der russischen Nuklearindustrie (vgl. Ministry of Energy of the Russian Federation 2010). Die Förderung des Sektors zielte darauf ab, den Staatskonzern Rosatom als Unternehmen zu etablieren, das in jedem Stadium des Nuklearkreislaufs (Uranabbau und -anreicherung, Bau und Wartung von Atomkraftwerken, nukleare Wiederaufbereitung und Entsorgung) die einheimische und globale Nachfrage bedienen konnte. Noch konkreter wurde dieses Ziel in dem föderalen Programm »New-Generation Nuclear Energy Technologies for the Period 2010–2015 and up to 2020« formuliert. Explizit betont wurden die Entwicklung eines Brutreaktors[5] und der Übergang zu einem geschlossenen Brennstoffkreislauf, um die prognostizierte Energienachfrage zu decken. Zugleich unterstrich das Programm vier Herausforderungen, mit denen sich der russische Nuklearkomplex konfrontiert sah. Diese waren eine ineffektive Verwertung von Uran, ein Verlust wissenschaftlicher Fachkräfte und Wissen, eine verminderte internationale Konkurrenzfähigkeit und die hohe und weiter steigende Menge an Nuklearmüll und Kernbrennstoff (vgl. Kurčatowskij Institut/Rosatom 2009).

Die »Energiestrategie 2030« sah vor, den Anteil von Atomkraft an der Stromerzeugung von 17% auf 25–30% zu steigern (vgl. NEA 2015). Dabei war jedoch zu berücksichtigen, dass Reaktoren sowjetischer Bauart eine Laufzeit von circa 30 Jahren hatten. Damit hätten bis 2020 90% der in Russland in Betrieb befindlichen AKWs abgeschaltet werden müssen (vgl. Slivjak 2008: 331). Inzwischen waren acht Reaktoren vom Netz gegangen, bis zu 15 weitere folgten in den kommenden 10 Jahren (vgl. ders. 2021) Um den Anteil von Nuklearenergie an der Stromproduktion wie gewünscht zu steigern, mussten folglich in den kommenden Jahren neue AKWs gebaut werden. Trotz der geplanten »Renaissance der Atomkraft« (ders. 2008: 329) waren im Hinblick auf den Umfang der staatlichen Entwicklungsprogramme jedoch keine genauen Zahlen bekannt. Seit der Auflösung der Sowjetunion gingen neue Atomreaktoren in den AKWs Balakowo, Belojarsk, Kalinin, No-

[5] Als Brutreaktor wird ein Kernreaktor bezeichnet, der Energie produziert und gleichzeitig spaltbares Material erzeugt, das sich als Kernbrennstoff verwenden lässt. Die Besonderheit eines Brutreaktors liegt darin, dass er mehr Brennstoff herstellt als er in der gleichen Zeit verbraucht. Dies würde den Übergang zu einem Brennstoffkreislauf ermöglichen, indem sich die Frage nach der Entsorgung des Atommülls weitgehend erübrigt.

woworonesch, Sosnowyj Bor (Leningrader Gebiet) und Rostow ans Netz. Aktuell wurden zudem neue Reaktoren in Kursk und Brest gebaut. Dennoch produzierte Russland 2021 mehr Atomstrom als jemals zuvor. Mit 222,4 Mrd. Kilowattstunden übertraf das Land sogar die alte sowjetische Bestmarke von 1988 deutlich (215,7 Mrd. kWh), teilte der staatliche Betreiber der elf Kernkraftwerke Rosenergoatom mit. Bereits 2020 hatte die Atomstrom-Produktion mit 215,74 Mrd. kWh leicht darüber gelegen (vgl. o. A. 2022). Bis zum anvisierten Zeitraum 2030 sollen zudem vier neue Atomkraftwerke in den Gebieten Tscheljabinsk, Tomsk, Kostroma und der Republik Tatarstan gebaut werden, die Bauarbeiten am fünften in Baltijsk (Kaliningrader Gebiet) sind seit acht Jahren eingestellt.

Darüber hinaus wurde im Jahr 2018 das schwimmende Atomkraftwerk »Akademik Lomonossow« fertiggestellt, das im Jahr 2020 in Betrieb genommen wurde und die rohstoffreiche, aber schlecht erschlossene arktische Region des Autonomen Kreises der Tschuktschen mit Strom versorgt. Georgij Tichomirow, Professor des nationalen Atomforschungsinstituts Mifi, zufolge sind die schwimmenden AKWs ein wichtiger Bestandteil zur infrastrukturellen Erschließung der Region. »Sollten in der Arktis Ölvorkommen entdeckt werden, ist es logisch, dass dort dann auch schwimmende Atomkraftwerke zum Einsatz kommen.« (Clasen 2017)

Der Nuklearkomplex nahm somit eine Schlüsselstellung in der Modernisierung des ressourcenextraktivistischen Entwicklungsmodells ein. Atomstrom wurde im russischen Diskurs immer wieder als umweltfreundliche, weil emissionsarme Alternative zu fossilen Energieträgern präsentiert. Sektoren mit einem hohen Emissionsausstoß wie die Aluminiumindustrie oder Metallurgie konnten dadurch ihr Produktionsniveau halten oder sogar erhöhen. Dies reduzierte die Bedeutung fossiler Brennstoffe für die inländische Energieversorgung und erlaubte, das Exportniveau von Öl und Gas stabil zu halten. Da die traditionellen Lagerstätten zunehmend erschöpft waren, konnte das hohe Exportniveau durch die eingesparten Kapazitäten zeitweilig stabilisiert und langfristig – mit der Erschließung neuer Vorkommen – sogar ausgeweitet werden. Darüber hinaus versprach sich die Regierung von einem wachsenden Anteil von Atomstrom an der einheimischen Energieversorgung eine Entlastung des Staatsbudgets, da der Staat Öl und Gas für den Inlandsverbrauch stark subventionierte.

Parallel zur Konsolidierung des Nuklearkomplexes im Inneren forcierte Rosatom eine Internationalisierung des gesamten Sektors. Dies umfasste sowohl den Bau von Atomkraftwerken im Ausland als auch den Handel mit radioaktivem Müll als lukratives Geschäftsmodell. Gegenwärtig baut Rosatom in sieben Ländern neue Atomkraftwerke.[6] Mit Ägypten waren die Verhandlungen über den Bau eines AKWs abgeschlossen, die Bauarbeiten wurden zum Zeitpunkt der hier vorliegenden Arbeit jedoch noch nicht aufgenommen. Nach eigenen

[6] Diese waren: Bangladesch, Belarus, China, Indien, der Iran, die Türkei, Ungarn.

Angaben hielt der Staatskonzern 67% des globalen Marktes an Atomkraftwerken im Bau, was einem Auftragswert von 133 Mrd. US-Dollar entsprach (vgl. Rosatom 2018b). Abgesehen von den lukrativen Einnahmen sah die russische Regierung in dem Bau von AKWs die Möglichkeit, die betreffenden Länder technologisch und energetisch eng an sich zu binden und damit den eigenen Einfluss auszubauen.

Darüber hinaus war Rosatom darum bemüht, die Geschäftstätigkeit in alle Stufen des Nuklearzyklus auszuweiten. In den vergangenen Jahren initiierte das Unternehmen gemeinsame Projekte zum Abbau von Uran in Armenien und Kasachstan. Durch die Übernahme der kanadischen Uran- und Metallbergbaugesellschaft Uranium One weitete der Staatskonzern seine Tätigkeit in der internationalen Uranförderung aus. Er gehörte eigenen Angaben zufolge mit einem Anteil von 14% zu den weltweit größten Uranproduzenten hinter dem kasachischen Konzern Kazatomprom (19%), dem kanadischen Unternehmen Cameco (16%) und gleichauf mit der französischen Firma Orano (14%) (vgl. Rosatom 2018a: 19). Auch die schwimmenden Atomkraftwerke galten als mögliche Exportschlager. Speziell in Afrika und Asien plante Rosatom, diese im Rahmen langfristiger Pachtverträge zur Verfügung zu stellen (vgl. Clasen 2017).

Die Zukunftsfähigkeit der Atomindustrie stand und fiel mit der Entsorgung von radioaktivem Müll. Während die EU-Staaten, die über Atomkraftwerke verfügten, die Endlagerung von Atommüll bevorzugten, setzte Rosatom große Hoffnung auf die Wiederaufbereitung von Brennelementen im Zuge eines geschlossenen Brennstoffkreislaufs. So argumentierte Denis Kozyrew (2009), früherer Vorstandsvorsitzender von RosRAO, einer Tochterfirma von Rosatom für die Entsorgung von Nuklearmüll in Russland: »Die Gründung eines effektiven Systems […] für die Entsorgung von Nuklearmüll ist eine fundamentale Voraussetzung für die Weiterentwicklung der Nuklearenergie und -industrie.«

Insbesondere in den 1990er-Jahren tendierten russische Regierungen dazu, die ungelöste Frage des Nuklearmülls herunterzuspielen oder sogar völlig zu ignorieren. Der vierte nationale Bericht über die Sicherheit der Wiederaufbereitung von Brennelementen und die Sicherheit der Entsorgung von radioaktivem Müll aus dem Jahr 2014, herausgegeben von Rosatom und dem Institut für die sichere Entwicklung von Nuklearenergie der Russischen Akademie der Wissenschaften, benannte erstmals den Umfang des angesammelten Nuklearmülls in Russland. Demnach belief sich die Gesamtmenge von flüssigem radioaktivem Müll auf 489,6 Mio. m^3 ($4.2 \cdot 10^{19}$ Bq). Die Menge von festem radioaktivem Müll wurde mit 90,4 Mio. Tonnen ($4.7 \cdot 10^{19}$ Bq) angegeben (vgl. Rosatom/IBRAE RAN/FBI «SEC NRS» 2014: 29). Zum Vergleich: Laut der World Nuclear Association (vgl. WNA 2022) werden in Deutschland bis 2040 nach vorsichtigen Schätzungen etwa 30.000 m^3 Wärme entwickelnde radioaktive Abfälle anfallen. Obwohl ein gemeinsamer Bericht der Organisation für wirtschaftliche Zusammenarbeit und Entwicklung (OECD) und der Nuclear Energy Agency (NEA) aus demselben Jahr die Gesamtmenge etwas niedriger bemaß,[7] blieben die Dimensionen hochgradig besorgniserregend. Das öffentliche Eingeständnis der »Energiestrategie 2030«, wonach die Menge an Nuklearmüll und Kernbrennstoffen ein relevantes Problem darstelle, war damit zweifellos ein Fortschritt gegenüber der Vergangenheit.

Die Initiative, eine Strategie für die Endlagerung von Nuklearmüll zu erarbeiten, verdeutlichte die Wandlung des Staates innerhalb der vergangenen 25 Jahre. Während der Transformationsphase und des tiefgreifenden gesellschaftlichen Wandels in den 1990er-Jahren erschien dieser nicht dazu in der Lage, Lösungen zur drängenden Endlagerfrage zu entwickeln. Vielmehr schufen die mangelnde Durchsetzungsfähigkeit staatlicher Strukturen und die unklare Rechtslage neue Probleme. Im Nordwesten des Landes, der russischen Halbinsel Kola, lagerten beispielsweise ausrangierte Nuklear-U-Boote, ohne dass die entsprechenden Sicherheitsbestimmungen eingehalten wurden (vgl. Kronfeld-Goharani 1999). Haushaltseinsparungen verschärften die Situation weiter, da Gelder für den Transport von radioaktivem Müll und Brennstäben oder den Bau von Zwischenlagern fehlten (vgl. ebd.: 31). Die Reorganisation des Staates und die partielle Rückgewinnung seiner Autonomie seit den 2000er-Jahren äußerte sich auch in der Frage der Entsorgung von Nuklearmüll. Anders als in der Transformationsphase war der Staat nun der wesentliche Protagonist, der die Endlagerfrage vorantrieb.

Lange Zeit lag die Verantwortung für die Sammlung, Wiederaufbereitung und Lagerung von radioaktivem Müll bei den Atomkraftwerken und Wiederaufbereitungsanlagen. Durch die Einführung eines einheitlichen staatlichen Systems für die Entsorgung von radioaktivem Müll wurden Entsorgungsstrategien und Endlagerung schrittweise an internationale Standards angepasst. Auch dieser Schritt war im Kontext der Internationalisierungsstrategie des Staatskonzerns Rosatoms zu sehen und verfolgte das Ziel, den Nuklearkomplex den sich verandernden wirtschaftlichen Bedingungen anzupassen. Dabei wurden die unternehmerischen Aktivitäten zunehmend nach marktwirtschaftlichen Kriterien wie Profitabilität und Effizienz ausgerichtet. Dieser Ansatz fand auch bei der Entsorgung von Nuklearmüll Anwendung, um, so Rosatom (Rosatom/IBRAE RAN/FBI »SEC NRS« 2014: 18), »eine sichere und kosteneffektive Müllbeseitigung zu gewährleisten«.

Die rechtliche Grundlage für die Entsorgung von radioaktivem Müll in Russland bildete das föderale Gesetz Nr. 170-FZ »Über die Nutzung von Atomenergie« aus dem Jahr 1995. Das Gesetz war jedoch auf den zivilen Sektor der Nuklearindustrie beschränkt und hatte keinen regulativen Einfluss auf den militärischen Sektor.[8] Dies verhinderte eine Entwicklung effektiver Lösungsstrategien

---

[7] Dem Bericht zufolge lag die Gesamtmenge von flüssigem radioaktivem Müll bei 486 Mio. m^3 (4.27·1019 Bq) und von festem radioaktivem Müll bei 87 Mio. Tonnen (3.59·1019 Bq) (vgl. NEA 2014: 2–3).

[8] Der militärische Sektor umfasste u.a. die Bereiche Entwicklung, Produktion, Erprobung, Betrieb und Einsatz von Atomwaffen sowie nukleare Stromversorgungsgeräte in militärischer Nutzung.

zur Endlagerproblematik. Im Zuge dieses Prozesses erfolgte eine umfangreiche Veränderung und Anpassung gültiger Rechtsnormen, vor allem im Hinblick auf die Endlagerproblematik (siehe Jaitner 2018a: 51–72). Einerseits wurden Pflichten und Prioritäten klarer geregelt. So betonte das Gesetz Nr. 190-FZ »Über den Umgang mit radioaktivem Müll und Änderungen einzelner legislativer Verfahren der Russischen Föderation« die Pflicht des Verschmutzers, für alle Entsorgungskosten aufzukommen, und die Verantwortung der radioaktiven Müll produzierenden Institution, eine sichere Entsorgung in allen Stufen bis zur Endlagerung zu gewährleisten. Durch eine Ausweitung der Kontrollfunktionen revidierte das Gesetz schließlich den Sonderstatus des militärischen Sektors.

Eine weitere Neuerung bestand in der Gründung eines Unternehmens, verantwortlich für alle Aktivitäten im Bereich Entsorgung und Endlagerung von Nuklearmüll. Dies umfasste neben dem Betrieb der Endlager und dem Bau der notwendigen Infrastruktur auch regelmäßige Berichte über den erwarteten Umfang radioaktiven Mülls an den Staat und die Bevölkerung (Wachruševa 2016: 1). Die Aktivitäten des »nationalen Betreibers für radioaktiven Abfall« (NO RAO) sollten dabei weitgehend aus Zahlungen der Verursacher von Nuklearmüll finanziert werden. Als Verursacher galten dabei Kernkraftwerke, Wiederaufbereitungsanlagen, Forschungsinstitute und so weiter. Diese waren verpflichtet, für den Transfer von Nuklearmüll zum Endlager einen Preis an den nationalen Betreiber zu entrichten, der sich nach Tarifen richtete, die vom Ministerium für natürliche Ressourcen und Ökologie festgelegt wurden (vgl. ebd.).

Dabei wurde nach sechs verschiedenen Klassen radioaktiven Mülls unterschieden. Die Einstufung bemaß sich nach der Intensität der Strahlung. Müll aus der ersten Kategorie besaß demnach die höchsten Strahlenwerte und die höchsten Entsorgungskosten. Je niedriger die Strahlung und damit die Klasse des radioaktiven Abfalls war, desto geringer waren die anfallenden Kosten. Die Entsorgungstarife wurden auf der Grundlage der Resolution Nr. 1249 »Über das Verfahren zur staatlichen Regulation der Entsorgungstarife radioaktiven Mülls«, verabschiedet im Jahr 2012, berechnet. Das Gesetz regulierte auch das Prinzip der Preisbildung und die Regeln für die staatliche Regulation und Kontrolle. Üblicherweise richtete sich der Preis nach den erwartbaren Aufwendungen des nationalen Betreibers wie Investitionen in den Aufbau einer notwendigen Infrastruktur (Bau von Endlagerstätten), Betriebskosten für Endlager oder Entschädigungszahlungen (vgl. ebd.: 2). Die Einnahmen wurden in einem eigens dafür eingerichteten Rücklagenfonds für die Außerbetriebnahme nuklearer Einrichtungen und der Endlagerung von Nuklearmüll gesammelt. Zukünftig sollten alle Ausgaben, die im Zuge des Aufbaus der notwendigen Infrastruktur anfielen, durch den Rücklagenfonds gedeckt werden. Allerdings verfügte der nationale Betreiber nicht allein über die Kontrolle der finanziellen Mittel des Fonds. Tatsächlich lag die Entscheidungshoheit über Investitionen ausschließlich bei der Muttergesellschaft Rosatom (vgl. ebd.: 2f.). Hinzu kam, dass sowohl der nationale Betreiber als auch die meisten Verursacher radioaktiven Mülls Tochterfirmen von Rosatom waren. Dies konnte einen Interessenkonflikt in sich bergen, da die Entsorgung von Nuklearmüll in erster Linie zusätzliche Kosten für den Staatskonzern bedeuteten. Dass ein möglichst kostensparender Ansatz der Müllentsorgung nicht nur eine viel beschworene Richtlinie, sondern auch Grundlage der unternehmerischen Tätigkeit war, ließ ein Bericht des NGO-Netzwerks Decommission vermuten. Auf der Grundlage des präsidentiellen Erlasses Nr. 1069 vom Oktober 2012 wurde verfügt, radioaktiven Abfall, der das Isotop Cäsium-137 enthielt, von der zweiten in die dritte Klasse zu verschieben. Die Autoren des Berichts vermuteten Kostenersparnisse als das zentrale Motiv dieser Entscheidung (vgl. Talevlin et al. 2017: 7). Obwohl Rosatom immer wieder die Finanzierung der Entsorgung durch die Verschmutzer betonte, trug der Staat letztendlich die Verantwortung. Erstens wurde Rosatom wesentlich durch Steuergelder finanziert. Dadurch bezuschusste der Staat zumindest indirekt den Rücklagenfonds. Zweitens übernahm der Staat per Gesetz die bei der Entsorgung anfallenden Kosten, falls diese die Sicherheiten einer Firma überschritten.

Parallel dazu unternahm Rosatom aktive Schritte zur Internationalisierung des kommerziellen Handels von abgebrannten Brennelementen und deren Lagerung in Russland. Im Unterschied zum Nuklearmüll definierte russisches Recht abgebrannte Brennelemente als nutzbar zur Wiederaufbereitung. Folglich wurden Brennelemente nicht als Nuklearmüll, sondern als wiederverwertbare Ressource im Brennstoffkreislauf betrachtet. Der Grundsatz in der Strategie der Wiederaufbereitung von Brennelementen in Russland bestand darin, »ein ökologisch intaktes Spaltverfahren zu gewährleisten und das wiedergewonnene nukleare Material in den nuklearen Brennstoffkreislauf zurückzuführen« (Rosatom; IBRAE RAN; »FBI SEC NRS« 2014: 16). Damit versprach Rosatom eine ökologische, sichere und universelle Lösung für den Umgang mit abgebrannten Brennstäben und erhöhte zugleich den begrenzten Vorrat an Uran.

Ein äußerst umstrittenes Thema war der Import abgebrannter Brennstäbe aus ausländischen Kernkraftwerken zu Wiederaufbereitungszwecken. Seit dem Jahr 1996 ließ sich in Russland eine schrittweise erfolgende Kommerzialisierung des Handels mit abgereichertem Uran beobachten. Zwar verboten die föderalen Gesetze »Über Umweltschutz« (Art. 48 und Art. 51) und der Artikel 31 des föderalen Gesetzes »Über den Umgang mit radioaktivem Müll« den Import von Nuklearmüll aus dem Ausland zur Lagerung, Behandlung, Neutralisierung oder Endlagerung (vgl. NEA 2014: 14). Dies beinhaltete jedoch nicht den Import abgebrannter Brennelemente für die Zwischenlagerung und/oder Wiederaufbereitung. Bisher importierte Russland abgebrannte Brennelemente aus dem Ausland, wenn diese von Reaktoren sowjetischer beziehungsweise russischer Bauart stammten. Von 1996 bis 2009 wurde abgereichertes Uran westeuropäischer Unternehmen nach Russland verkauft, dort wieder angereichert und reexportiert. Allein bis zum Jahr 2009 wurden auf diese Weise insgesamt 155.000

Tonnen abgereichertes Uranhexalfluorid[9] nach Russland transportiert, davon 20.000 Tonnen aus Deutschland, und dort wieder angereichert. Nach der zweiten Anreicherung zurückgebliebenes Uranhexalfluorid wurde danach für russische Kraftwerke angereichert (vgl. Čuprov 2008: 178f.). Das internationale NGO-Netzwerk Decommission äußerte jedoch den Verdacht, dass der im Prozess der Wiederaufbereitung anfallende Nuklearmüll nicht in die entsprechenden Länder zurückgebracht wurde (vgl. Talevlin et al. 2017: 7). Der Markt für die Wiederaufbereitung und Lagerung von Brennelementen sowie der Entsorgung von Nuklearmüll galt Rosatom zufolge als »das dynamischste Segment« (Rosatom 2018a: 21) des Endmarktes des nuklearen Kreislaufs mit einer jährlichen Wachstumsrate von 6% bis 2030. Dabei schätzte Rosatom das finanzielle Volumen des Marktes im Jahr 2017 auf 4,3 Mrd. US-Dollar und erwartet bis 2030 einen Anstieg auf 9 Mrd. US-Dollar (vgl. ebd.).

Pläne zum Bau einer zweiten Wiederaufbereitungsanlage (RT-2) in Zheleznogorsk und angekündigte Gesetzesinitiativen zur Wiederaufbereitung deuteten auf eine geplante Steigerung der Importe von abgebrannten Brennelementen hin (vgl. Nikitin 2012: 61–65). So wurde inzwischen auch der hoch umstrittene Import abgebrannter Brennstäbe aus Westeuropa wieder aufgenommen. In Verhandlungen über den Bau neuer Atomkraftwerke im Ausland umfasste das Angebot des Staatskonzerns oftmals die zusätzliche Versorgung mit Brennelementen und deren anschließende Repatriierung für die gesamte Lebenszeit des Kraftwerks. Dies führte zur Auftragsvergabe in Belarus (vgl. Schneider/Froggatt 2015: 46f.), Vietnam (vgl. ebd.: 53f.) und Ungarn (vgl. ebd.: 162f.). Tatsächlich warb Rosatom im Jahresbericht 2017 mit einem »Großvertrag« zur Belieferung des chinesischen Atomkraftwerks Tianwan mit Brennelementen im Wert von über 1 Mrd. US-Dollar (vgl. Rosatom 2018a: 20). Bis 2030 plant der Konzern, den eigenen Anteil am Markt für Urananreicherung und Kernbrennstoffverarbeitung auf 22% zu erhöhen (vgl. ebd.: 34).

Die Gründung der Aktiengesellschaft Angarsk International Uranium Enrichment Centre (JSC Angarsk IUEC) im September 2007 untermauerte Russlands Ambitionen, den Handel mit angereichertem Uran zu kommerzialisieren und international zu fördern. Das Geschäftsmodell des JSC Angarsk IUEC sah vor, schwach angereichertes Uran für Staaten mit einem zivilen Atomprogramm bereitzustellen. Zu diesem Zweck wurde es geplant, dass das IUEC sowohl Dienstleistungen rund um die Anreicherung als auch angereichertes Uran verkaufen soll. Um die Versorgung für Staaten zu garantieren, die über keine eigene kerntechnische Industrie verfügten, wurde sogar der Aufbau einer internationalen Brennststoff-Bank mit schwach angereichertem Uran vorgeschlagen. Diese sollte in Angarsk angesiedelt sein und unter Kontrolle der Internationalen Atomener-

[9] Uranhexalfluorid entsteht im Prozess der Urananreicherung. Es ist eine radioaktive, hochtoxische Substanz.

giebehörde (IAEA) stehen. Nach russischen Vorstellungen sollte damit jedem vollberechtigten Mitgliedsstaat der IAEA, der aus politischen Gründen keinen Brennstoff beschaffen konnte, der Zugang zu schwach angereichertem Uran ermöglicht werden. Der Preis des Brennstoffs bemaß sich nach Angebot und Nachfrage und war unmittelbar zu entrichten. Obwohl eine Beteiligung ausländischer Firmen explizit erwünscht war, behielt sich Russland eine Mehrheitsbeteiligung vor.[10] Außerdem wurde ausländischen Anteilseignern kein Zugang zu der Anreicherungstechnologie gewährt.

Herausforderung Green Deal: Die Grünung der Energiebasis

In jüngster Zeit erhielten die Auseinandersetzungen im russischen Machtblock um das ressourcenextraktive Entwicklungsmodell durch eine politische Richtungsentscheidung der Europäischen Union eine neue Dynamik: Kommissionspräsidentin Ursula von der Leyen setzte sich in ihrer Amtszeit das Ziel, einen marktgerechten ökologischen Umbau der EU einzuleiten. Bis zum Jahr 2050 solle der Staatenbund klimaneutral und bereits 2030 der Treibhausgasausstoß um 55% im Vergleich zu 1990 gesenkt worden sein. Dazu legte die EU-Kommission ein milliardenschweres Investitionsprogramm zur Finanzierung eines klimagerechten Umbaus der Infrastruktur auf und ergriff weitreichende Schritte zur Regulierung des Außenhandels.

Der sogenannte Green Deal der EU stellt eine massive Bedrohung für das russische Entwicklungsmodell dar. »Der für Russland besorgniserregendste Teil ist der Entwurf des weltweit ersten CO_2-Grenzausgleichssystems (CBAM)«, war dem Kommersant zu entnehmen (Kostereva 2021). Mit diesem CO_2-Zoll auf umweltschädliche Waren werden Unternehmen, die in die EU importieren, ab 2026 dazu verpflichtet, Zusatzkosten für kohlenstoffintensive Produkte wie Aluminium, Stahl, Düngemittel, Zement und Strom zu entrichten. Die Einfuhrzölle sollen Produzenten in der EU, deren grün hergestellte Produkte oft teurer waren, vor unfairem Wettbewerb schützen und damit eine grüne Transformation dieser Branchen erleichtern. Laut einer Studie der Denkfabriken Sandbag und E3G dürfte die Einführung des CO_2-Grenzausgleichssystems russische Exportverluste in der Höhe von 3 bis 7% zur Folge haben. Am stärksten betroffen wären der Chemiesektor (Rückgänge um 60% in den Jahren 2030–2035), mineralische Erzeugnisse (30–40%) sowie Produzenten von Eisen- und petrochemischen Erzeugnissen (jeweils etwa 20%) (vgl. Sandbag/E3G 2021). Der CO_2-Zoll der EU belastete dabei Aluminium-, Stahl- und Düngemittelproduzenten erheblich

[10] Gegenwärtig sind folgende Firmen Anteilseigner an der JSC Angarsk IUEC: TVEL, eine Tochterfirma von Rosatom, hält 70% der Anteile, Kazatomprom (Kasachstan) 10%, Nuclear Fuel (Ukraine) 10%, Armenien Nuclear Power Plant (Armenien) 10%. Da TVEL den Anteil auf 51% reduzieren möchte, werden gegenwärtig Verhandlungen über den Erwerb von Anteilen mit einer Vielzahl von Ländern geführt, darunter Bulgarien, der Mongolei, Jordanien, Vietnam und Indien.

stärker als den fossilen Sektor, nicht zuletzt deswegen, weil eine Reihe von EU-Staaten, darunter Deutschland, Österreich und viele osteuropäische Länder auf russisches Gas als relativ emissionsarme »Brückentechnologie« setzten. Dieser Orientierung trug der CO_2-Grenzsteuerausgleich mit seiner moderaten Besteuerung des Öl- und Gassektors Rechnung.[11]

Derweil kritisierte Irina Gaida, Direktorin des Zentrums für Energie der Moscow Management School Skolkowo, das CO_2-Grenzausgleichssystem werde hauptsächlich als Problem der exportorientierten Firmen gesehen. Es sei jedoch der Green Deal als solcher, der eine immense Herausforderung für Russland darstelle, da er eine deutliche Erhöhung des Anteils der erneuerbaren Energien am Energiemix und die beschleunigte Dekarbonisierung des Verkehrs anstrebe, wodurch die Nachfrage nach fossilen Energieträgern aus Russland (Öl, Kohle und Gas) sinken werde (vgl. Dawydowa 2021c). Noch dramatischer beurteilte der Vorsitzende der staatlichen Sberbank und ehemalige Wirtschaftsminister German Gref die Folgen des Green Deals der EU. Die sinkenden Exporteinnahmen und der drohende Beschäftigungsrückgang führten zum Verlust von Haushaltseinnahmen. Er prognostizierte mögliche Einkommensverluste der Bevölkerung in Höhe von 14% und Verluste für den Staatshaushalt bis 2035 im Umfang von etwa 5 Bill. Rubel. Dies beraube den Staat der Möglichkeit, die notwendige Transformation von Energieunternehmen zu fördern, was eine Pleitewelle auslösen könnte, zumal die Schwerpunkte der Rohstoffförderung häufig in peripheren Regionen und Monostädten lägen, deren Entwicklungsmöglichkeiten begrenzt seien. Insgesamt drohe Russland der Verlust der Führungsrolle im globalen Energiesektor, was unweigerlich politische Folgen nach sich ziehen werde (vgl. o. A. 2021b).

Auf den sich abzeichnenden Nachfragerückgang nach fossilen Energieträgern reagierte das extraktive Lager mit dem Aufbau erneuerbarer grüner Energieproduktion. Wie aus der aktuellen »Energiestrategie 2035« hervorgeht, erwartete die russische Regierung bereits in der Übergangsphase zur Klimaneutralität eine sinkende Nachfrage nach fossilen Energieträgern, dennoch wollte sie den eigenen Marktanteil ausweiten und setzte dazu auf eine Ausdehnung der Rohstoffgrenze in die Arktis und Ostsibirien. Gleichzeitig unternahmen Staat und Kapital immer aktivere Schritte zur Produktion erneuerbarer Energien und Wasserstoff.

Da Wasserstoff der einzige Brennstoff war, bei dessen Nutzung kein CO_2 entstand, wird die Nachfrage in der EU in den nächsten Jahren voraussichtlich enorm steigen. Da der Bedarf aber nicht aus einheimischer Produktion gedeckt werden konnte, war die EU auf Wasserstoffimporte angewiesen. Als Bezugsregionen galten dabei vor allem Nordafrika, die Ukraine und Russland. So hieß es in

[11] Dies veranlasste Leonid Fedun, Vizepräsident von LUKOIL, nach dem Bekanntwerden der Details zu der Aussage, die Branche habe vor Erleichterung »tief ausgeatmet« (Schapowalow/Dawydowa 2021).

einer Studie des ehemaligen CDU-Politikers und Unternehmensberaters Friedbert Pflüger für die Denkfabrik »Dialog Europe Russia« des österreichischen Altkanzlers Wolfgang Schüssel: »Obwohl sich die russische Wasserstoffindustrie noch in einem frühen Entwicklungsstadium befindet, deuten erste Pläne darauf hin, dass Russland bis 2035 die Wasserstoffexporte auf bis zu sieben Millionen Tonnen steigern könnte.« (Emendörfer 2021)

Die russische Regierung trieb in den vergangenen zwei Jahren systematisch den Aufbau einer einheimischen Wasserstoffindustrie voran. Im Konzept für die Entwicklung der Wasserstoffenergie in Russland vom August 2021 wurde das strategische Ziel formuliert, das Land zu einem der führenden Produzenten und Exporteure dieses Energieträgers zu machen (vgl. Prawitel'stwo Rossijskoj Federacii 2020). Auf internationaler Ebene sollte sich der Staat an der Ausarbeitung eines Regelwerkes für einen globalen Wasserstoffmarkt beteiligen, um sicherzustellen, dass dieses mit den russischen Interessen in Einklang steht. In einer ersten Phase war der Aufbau eines emissionsarmen Energieversorgungssystems in der russischen Arktis vorgesehen. Auf der Grundlage von Öl, Gas und Atomenergie sollte die Region künftig überwiegend mit Wasserstoff versorgt werden. In einer zweiten Phase ab 2025 sollten die exportorientierten, energieintensiven Sektoren (Öl, Gas, Chemie, Elektrizität, Metallurgie und Transport) ihren Energieverbrauch auf Wasserstoff umstellen (vgl. ebd.). Damit ergriff der Staat aktive Schritte, um die Anpassung einheimischer exportorientierter Unternehmen an das CO_2-Grenzausgleichsystem zu beschleunigen. Denn eine kohlenstoffarme Produktionsweise ermöglichte, die Klimazölle der EU zu reduzieren oder sogar gänzlich zu umgehen. Fast alle großen russischen Energiefirmen (Gazprom, Rosneft, Novatek, Rostec und Rosatom) beabsichtigten, in die Wasserstoffproduktion zu investieren. Insbesondere mit deutschen Unternehmen wurden Kooperationen initiiert, die eine Fortsetzung der bisherigen handelspolitischen Beziehungen auf der Grundlage emissionsarmer Energien ermöglichen sollten, angesichts des Krieges in der Ukraine aber vor einer ungewissen Zukunft standen.[12]

Nach Ansicht des russischen Energieministers Alexander Nowak verfüge sein Land über entscheidende Wettbewerbsvorteile bei der Entwicklung der Wasserstoff-Energietechnik: große Rohstoffvorkommen, nicht ausgelastete Erzeugungskapazitäten, die geografische Nähe zu potenziellen Verbraucher*innen und eine vorhandene Transportinfrastruktur. Damit, so Nowak, könne Russland langfristig eine führende Rolle bei der Produktion und Versorgung des Weltmarktes mit Wasserstoff einnehmen (vgl. Minenergo 2020). Darüber hinaus setzte die

[12] So richtete die deutsch-russische Auslandshandelskammer eine Arbeitsgruppe zum Thema Wasserstoff ein, in der eine Reihe großer russischer und deutscher Unternehmen »an allen Gliedern der Kette, von der Produktion über den Transport bis hin zum Verbrauch und der Nutzung von Wasserstoff, zusammenarbeiten, mit dem Ziel, einen Wasserstoffmarkt und neue Bereiche der Zusammenarbeit in der Zukunft zu schaffen«, wie der Vorsitzende des deutschen Energiekonzerns Wintershall DEA, Mario Mehren, erklärte. (o. A: 2021a)

russische Seite die geringe klimapolitische Regulierung im Land immer stärker als Wettbewerbsvorteil ein. So plante Gazprom bis zum Kriegsbeginn nicht nur den Bau einer großen Wasserstoffanlage in der Nähe der Anlandungsstelle von Nord Stream und Nord Stream 2. Die Firma signalisierte darüber hinaus ihre Bereitschaft, das bei der Produktion anfallende Kohlendioxid zur Vergrabung oder Entsorgung nach Russland zurückzutransportieren. Auf diese Weise könne Gazprom billigeren kohlenstoffarmen Wasserstoff für die EU produzieren, ohne dass dafür eigens große Infrastrukturen, etwa für die Elektrolyse und für erneuerbare Energien, gebaut werden müssten (vgl. Specht 2020).

Vor dem Hintergrund des Green Deal der EU und der internationalen umweltpolitischen Regulierung gingen die Bestrebungen zur Modernisierung des extraktiven Entwicklungsmodells über bloße kosmetische Korrekturen hinaus. So kündigte Präsident Wladimir Putin auf dem Internationalen Wirtschaftsforum in St. Petersburg (SPIEF) im Sommer 2021 an, dass Russland seine Treibhausgase bis 2050 stärker reduzieren werde als die Europäische Union. Die Wende der russischen Regierung war ebenso offensichtlich wie bemerkenswert. Denn bis dato traf die Klimapolitik der EU auf heftige Kritik. Putin (zit. n. Zainullin 2020) etwa nannte den CO_2-Grenzsteuerausgleich »eine Manifestation des unlauteren Wettbewerbs«.

Während sowohl russische Energiefirmen als auch die Regierung diese Entwicklung lange Zeit ignorierten, deutete sich seit 2021 – nicht zuletzt nach der beschlossenen Einführung einer Steuer auf CO_2 (CBAM) – ein Umdenken an: So betonte Putin, ein groß angelegtes Emissionshandelssystem könne auch russischen Rohstoffexporteuren zugutekommen. Auf diese Weise ließen sich finanzielle Verluste durch die von der EU geplanten CO_2-Grenzsteuer minimieren. Voraussetzung sei allerdings, dass russische CO_2-Zertifikate in der EU anerkannt werden. Die gegenseitige Anerkennung von CO_2-Zertifikaten könne eine Grundlage für russisch-europäische Projekte im Bereich der CO_2-Abscheidung und -Speicherung bilden und zur Verwendung von »blauem« Wasserstoff – auf der Basis von Erdgas – führen.

Wenige Wochen später erläuterte Wirtschaftsminister Maksim Reschetnikow die neue Strategie zur Reduzierung der Treibhausgasemissionen. Diese basierte auf drei klimapolitisch höchst kontroversen Säulen: Zum einen der Anerkennung von Wasserkraft und Kernenergie als umweltfreundlich, zum anderen die Anerkennung der borealen Nadelwälder der Taiga als globale CO_2-Speicher und drittens dem Handel mit CO_2-Zertifikaten (vgl. Bne IntelliNews 2021). Gemäß dem Kyoto-Protokoll konnten die Vertragsstaaten natürliche Wälder als positiven Faktor gegen die eigenen CO_2-Emissionen berechnen. Russlands boreale Nadelwälder machen über 60% der weltweiten Bestände aus. Es ist der größte kontinuierlich zusammenhängende Wald auf der Welt und hat deshalb eine wichtige Funktion in der Aufnahme von Emissionen (vgl. Wilson Rowe 2013: 71, 76). Die Aufnahmekapazität des russischen Ökosystems wurde auf 2,5 Mrd. Tonnen Kohlendioxidäquivalent geschätzt. Seit dem Ausbruch der Wirtschafts- und Finanzkrise 2008 unternahm die russische Regierung vermehrte Anstrengungen, die Wälder der Taiga als globale Senken auszurichten und setzte sich für eine Harmonisierung der bestehenden Quantifizierungsmethodik ein (vgl. Tysiachniouk/McDermott 2016). Dies traf im extraktiven Lager zunehmend auf Unterstützung. So forderte Leonid Fedun (zit.n. Mordiushenko 2020), Vizepräsident des Mineralölkonzerns LUKOIL die eigenen »natürlichen Vorteile zu nutzen: die weltweit größten Wald-, Land- und Sumpfgebiete, die natürliche CO_2-Speicher sind«. Ihm zufolge ginge es nicht nur um das Pflanzen von Bäumen, »sondern auch um deren Nutzung« (ebd.).

Bei internationalen Organisationen, etwa den Vereinten Nationen, traf diese Strategie auf Unterstützung. So hieß es bereits in einem Bericht des UN-Entwicklungsprogramms (UNDP 2011: 120) aus dem Jahr 2011: »Russland ist ein ökologisches Geberland für den Planeten und muss seine Ökosystem-Dienstleistungen (ecosystem services) kapitalisieren, um daraus Profite zu erzielen.« Ein Entwicklungsbericht der Vereinten Nationen aus dem Jahr 2012 schätzte den Wert der natürlichen Ökosysteme Russlands zur Milderung des Klimawandels auf 50 bis 150 Mrd. US-Dollar jährlich (vgl. Wilson Rowe 2013: 71). Die Forderung der UN, wonach Russland ein nationales Handelssystem mit Emissionsrechten entwickeln sollte, wurde dabei mit der Ausrichtung der Umweltpolitik an Marktstandards verbunden: »Sogar wesentliche Umweltverfahren (die Einrichtung von Landschaftsschutzgebieten, der Erhalt der Biodiversität etc.) sollten Teil eines Marktmechanismus sein, der für alle verständlich ist, und zwar in der Form von Zahlungen für Ökosystem-Dienstleistungen.« (Ebd.: 122)

Die im UN-Bericht geforderte »radikale Verbesserung der Energieeffizienz« und »steigende Investitionen in saubere Technologien« verfolgte die Putin-Administration ebenfalls deutlich ambitionierter als früher. Bis 2030 soll die Energieeffizienz um 30% im Vergleich zum Jahr 2021 gesteigert werden. Das Wirtschaftsministerium bezeichnete Schritte zur Erhöhung der Energieeffizienz als »Priorität in der staatlichen Politik« (zit. n. Dawydowa 2021a). Die aus Sicht des Klimaschutzes zweifellos notwendigen Maßnahmen in diesem Bereich erweisen sich beim genauen Hinsehen jedoch als kompatibel mit den Modernisierungsvorstellungen des extraktiven Sektors. Der subventionierte Inlandsmarkt war für die russischen Energiefirmen nicht lukrativ, wurde aber auf Druck der Regierung zum Erhalt des sozialen Friedens stark reguliert. Angesichts der sinkenden Öl- und Gasproduktion in Westsibirien und der kostspieligen Erschließung neuer Vorkommen ermöglichten die Maßnahmen zur Steigerung der Energieeffizienz eine Aufrechterhaltung des hohen Exportniveaus fossiler Brennstoffe. So konstatierte der UN-Bericht, dass sich auf diese Weise bis zu 240 Mrd. Kubikmeter Gas einsparen lassen – mehr als ein Drittel der gesamten russischen Erdgasproduktion. Dies ermögliche zusätzliche Exportkapazitäten von Energierohstoffen von bis zu 100 Mrd. US-Dollar jährlich (vgl. UNDP 2011: 110–119).

Im Verlaufe des Jahres 2021 präzisierte die russische Regierung ihre Strategie für eine kohlenstoffarme Entwicklung. Im Oktober verkündete Putin die Absicht, bis 2060 Klimaneutralität zu erreichen – zehn Jahre nach den Vereinigten Staaten und der Europäischen Union (EU), aber zur gleichen Zeit wie China.[13] Dazu sollen die Treibhausgasemissionen bis 2050 um 79% verringert werden. Laut Wirtschaftsminister Reschetnikow (zit. n. Dawydowa 2021d) verfolgen die Maßnahmen das Ziel, »die globale Wettbewerbsfähigkeit und das nachhaltige Wirtschaftswachstum Russlands im Kontext der globalen Energiewende« zu gewährleisten. Es wird deutlich, dass die angestrebte umfassenden Modernisierung des extraktiven Entwicklungsmodells sich zunehmend auch in den russischen Staatsapparaten durchsetzt. Auch wenn der Staat in diesem Prozess eine Führungsrolle beansprucht, verläuft dieser in enger Abstimmung mit den extraktiven Kapitalfraktionen. So bekräftigte Andrej Melnitschenko (zit. n. ebd.), Leiter des Ausschusses für Klimapolitik und Kohlenstoffregulierung des russischen Großunternehmerverbandes RSPP: »Wir sind bereit, in den nächsten Monaten aktiv mit der Regierung zusammenzuarbeiten, um ein ›Menü‹ von Dekarbonisierungsmaßnahmen zu entwickeln, das aufgeschlüsselt nach spezifischen Sektoren mit minimalem Aufwand zu maximalen Reduktionseffekten führt.«

Im Jahr 2021 verabschiedete die Duma zudem ein Gesetz zur Kontrolle von Treibhausgasemissionen und führte damit das erste System zur Berichterstattung und Regulierung von Kohlenstoffemissionen in Russland ein. Nach jahrelangen Konsultationen mit der Wirtschaft ließ die endgültige Fassung jedoch nur »weiche« Vorschriften übrig, die keine zusätzliche Belastung für die Unternehmen darstellt, wie der stellvertretende Wirtschaftsminister Ilja Torosow schonungslos einräumte (vgl. dies. 2021b) Wie sehr die Regulierung im Interesse der energieintensiven exportorientierten Wirtschaftssektoren verläuft, verdeutlicht die Aussage von Wladimir Burmatow, Vorsitzender des Duma-Ausschusses für Ökologie. Ihm zufolge war der Gesetzentwurf unter anderem ein Schritt zum Schutz von Unternehmen vor potenziell diskriminierenden Kohlenstoffzöllen insbesondere im Rahmen des CO_2-Grenzausgleichssystems der EU. Das Gesetz ermöglichte einheimischen Unternehmen, freiwillige Klimaschutzprojekte durchzuführen und auf diese Weise den Kohlenstoff-Fußabdruck ihrer Produkte zu reduzieren (vgl. ebd.). Folgerichtig bezeichnete Alexej Kokorin, Leiter des Klima- und Energieprogramms des WWF Russland, den Gesetzesentwurf als das »absolute Minimum« (zit. n. ebd.), das angesichts des erklärten Ziels, Kohlenstoffneutralität zu erreichen, hätte getan werden müssen.

[13] Einzelne Regionen verfolgten noch ehrgeizigere Klimaziele, darunter die an fossilen Brennstoffen reiche Pazifikinsel Sachalin. Die Regionalregierung hat das Ziel ausgegeben, bis 2025 Klimaneutralität zu erreichen.

Die Modifikation des ressourcenextraktiven Entwicklungsmodells

Der im Februar 2022 erfolgte Angriff auf die Ukraine und die Verschärfung der westlichen Sanktionen als Reaktion darauf hatten weitreichende Auswirkungen auf die politökonomische Entwicklung Russlands. Zwei Prozesse, die sich in den vergangenen Jahren bereits abzeichneten, gewinnen dabei weiter an Bedeutung: Die staatliche Importsubstitutionspolitik und die Ausrichtung auf den südostasiatischen Raum. Bei der Bewertung der Erfolge der Importsubstitutionsstrategie ergeben sich zwei Probleme.

Üblicherweise verläuft der Aufbau komplexer Produktionsketten in den Bereichen Elektroindustrie oder Maschinenbau in Zeiträumen von bis zu 30 Jahren. Es bedarf daher eines gewissen zeitlichen Abstands, bis sich die konkreten politischen Maßnahmen in ersten sichtbaren Erfolgen niederschlagen. Ein weiteres Problem zur Bewertung der Erfolge der Importsubstitutionspolitik besteht in der schlechten öffentlichen Datenlage. Die russische Statistikbehörde Rosstat veröffentlicht in regelmäßigen Abständen »Eckdaten« zur Importsubstitution. Auffällig ist, dass diese sich ausschließlich auf zwei Bereiche konzentrieren: Die Landwirtschaft und den Handel, wobei die Angaben zur Handelsentwicklung vor allem landwirtschaftliche Güter berücksichtigen. Trotz der weit reichenden ökonomischen Krise als Folge der Corona-Pandemie und der Sanktionen rückt die Regierung nur partiell von ihren neoliberalen Dogmen ab und verfolgt keine systematische Industriepolitik. Im Angesicht der sich verschärfenden geopolitischen Krise und der Auseinandersetzungen im Machtblock ist eine Modifikation des extraktiven Entwicklungsmodells zu erwarten, es bleibt jedoch ein stark umkämpfter Prozess. Im Folgenden werden daher ökonomische Sektoren analysiert, die zu Schwerpunkten der Importsubstitution erklärt wurden.

Die Expansion des agroindustriellen Komplexes

Die russische Regierung reagierte auf die ersten westlichen Sanktionen 2014 mit Gegenmaßnahmen, die sich beinahe ausschließlich auf den Agrarsektor konzentrierten. Das erste konstituierende Treffen der Kommission für Importsubstitution diskutierte nicht zufällig das Thema Landwirtschaft (vgl. Butrin 2015). Zwar wich Russland zur Deckung der einheimischen Versorgung vorübergehend auf andere Märkte aus (z.B. Serbien, Brasilien), allerdings wurden die Sanktionen mit der Erstellung konkreter Produktionsziele für die einheimischen Produzenten verbunden, um den hohen Importanteil schrittweise zu reduzieren.

Tatsächlich erfolgten erste Maßnahmen zur Importsubstitution in der Landwirtschaft bereits in den 2000er-Jahren. Diese waren zum einen ein beliebtes Mittel zur Disziplinierung anderer postsowjetischer Staaten. So verhängte die russische Regierung in Zeiten sich verschärfender Konflikte temporäre Importstopps für landwirtschaftliche Güter gegen Georgien oder Moldawien. Andererseits stellten die Importbeschränkungen den Versuch dar, im Zuge der Reorganisation der russischen Landwirtschaft die staatliche Kontrolle über den Sektor wiederherzustellen und gleichzeitig die Produktion zu fördern (vgl. Elvestad/Nilssen 2010).

Genau wie die produktiven Sektoren erlebte die russische Landwirtschaft während des Transformationsprozesses einen beispiellosen Absturz. Im Zeitraum von 1990 bis 1998 brach die Weizenproduktion von knapp 50 Mio. Tonnen auf 27 Mio. Tonnen ein (vgl. Visser/Spoor/Mamonova 2014: 1592). Auch wenn die Jelzin-Administration darum bemüht war, durch Landreformen die Entstehung einer kleinbäuerlichen Klasse zu fördern und somit den gesellschaftlichen Rückhalt der kapitalistischen Transformation auf dem Land abzusichern, unterstützte die krisengeplagte Landbevölkerung in den 1990er-Jahren überwiegend die KPRF (vgl. Wegren/Durgin 1997: 10f.).

Eine Studie des US-amerikanischen Landwirtschaftsministeriums aus dem Jahr 2013 bestätigte, dass der Abwärtstrend jedoch bereits vor den westlichen Sanktionen gestoppt und umgekehrt werden konnte. Die Autoren schätzten, dass allein die russische Weizenproduktion bis zum Jahr 2021 um 25% steigen wird, bei Getreide insgesamt sogar um 27,5% (vgl. Liefert/Liefert/Luebehusen 2013: 19). Russland könne damit als »globale Kornkammer« (Visser/Spoor/Mamonova 2014) auf den Weltmarkt zurückkehren. Diese Prognose bestätigte sich weitgehend. Im Jahr 2020 machte der Agrarsektor ein Zehntel der Gesamtausfuhren aus. Bis ins Jahr 2030 sollen die Exporte um weitere 50% steigen und 45 Mrd. Dollar erreichen. »Das wohl wichtigste Zugpferd des landwirtschaftlichen Wachstums wird auch in Zukunft die Getreidewirtschaft« [sein] (Kireev 2021).

Eine wichtige Ursache für die Umkehrung des Abwärtstrends waren die gezielten Maßnahmen der russischen Regierung. Im Jahr 2005 erklärte die Putin-Administration die Förderung der Landwirtschaft – gemeinsam mit den Bereichen Bildung, Gesundheit und Wohnen – zur staatlichen Priorität. In den folgenden fünf Jahren erhöhte sich die finanzielle Förderung des Agrarsektors durch den Staat inflationsbereinigt um 135% (vgl. Liefert/Liefert/Luebehusen 2013: 14). Ähnlich wie in der Industrie konnten die raschen Produktionszuwächse primär durch die Nutzung vormals aufgegebener Flächen und die Schaffung neuer Anbauflächen realisiert werden. Ein weiterer Grund ist der massive Einsatz von Düngemitteln. Bis zum Jahr 2010 stieg deren Verbrauch pro Hektar in Getreideanbauflächen um mehr als das Doppelte im Vergleich zu den späten 1990er-Jahren (vgl. ebd.: 8).

Die Erfolgsmeldungen in der russischen Landwirtschaft fielen sektoral jedoch sehr unterschiedlich aus. Nach wie vor konnte die Nachfrage nach Lebensmitteln nicht in allen Bereichen ausreichend durch die einheimische Produktion gedeckt werden. Natalja Schagajda (zit. n. Bashkatova 2019), Direktorin des Zentrums für landwirtschaftliche Politik beim Präsidenten (RANCHiGS), zog daher ein kritisches Fazit: »Die Importsubstitution ist in den meisten Bereichen erfolgt. Allerdings wäre es gut, über eine normale Importsubstitution zu sprechen, wenn von dem eigenen viel da und billiger als Importe ist.« Während die Fleischproduktion weitgehend durch einheimische Hersteller substituiert worden sei, so Schagajda (zit.n. ebd.), bleibe ein Defizit in der Produktion von Milchprodukten. Die zunehmende Kluft zwischen einzelnen landwirtschaftlichen Sektoren bestätigte auch eine Analyse der russischen Ratingagentur NRA aus dem Jahr 2020. Demnach sei es nur beim Fleisch gelungen, die Importe stark zu verringern (um 65%). Beim Gemüse blieb der angestrebte Einfuhrrückgang mit 27% weit hinter den anvisierten 70%. Das galt auch für Obst (11%) und Milchprodukte (20%) (vgl. Aminow 2020). Ein genauer Blick auf den inländischen Konsum verrät zudem, dass die Importrückgänge bei Fleisch und Geflügel weniger auf die erfolgreiche Förderung der einheimischen Produktion als vielmehr auf die sich verschärfende soziale Lage im Land zurückzuführen waren. Nach Angaben der Nationalen Fleischassoziation (NMA) ging der Import von Schweinefleisch von 1,2 Mio. Tonnen im Jahr 2013 auf 400.000 Tonnen zwei Jahre später zurück. Zudem schätzte die NMA, dass die Importe 2016 um weitere 20% gesunken waren, womit sich der Anteil des im Land produzierten Schweinefleischs auf etwa 90% des gesamten Schweinefleischkonsums belaufen würde (vgl. Hahlbrock/Belaya 2016: 6). Allerdings lässt sich in vielen Bereichen ein krisenbedingter Rückgang des Konsums feststellen, sodass die Frage zu stellen ist, inwiefern der Importrückgang nicht auf ein Sinken des Verbrauchs durch die Verteuerung der Lebensmittelpreise zurückzuführen ist. So fiel nach Angaben der Regierung der Milch- und Fleischkonsum bis 2016. Als wichtigste Gründe für diesen Trend werden sinkende Kaufkraft und steigende Preise genannt (vgl. ebd.: 7). Vor diesem Hintergrund konstatierten die Agrarwissenschaftlerinnen Maryna Hahlbrock und Wera Belaja (ebd.: 9): »Wie aus den Daten von Rosstat hervorgeht, können wir von einem chronischen Mangel an Milchprodukten sowie an Obst und Gemüse in der Ernährung der Bevölkerung sprechen.« Ähnlich wie in den 1990er-Jahren wich ein wachsender Teil der Bevölkerung angesichts der anhaltenden Wirtschaftskrise auf Formen der Subsistenzwirtschaft und Selbstversorgung aus, um die Lebensmittelversorgung sicherzustellen. Dementsprechend stieg die Zahl der Datscha-Vereinigungen im Jahr 2016 auf 6.100 im Vergleich zu 1.000 im Jahr 2006 an (vgl. ebd.).

Insbesondere in der Getreideproduktion ist die russische Landwirtschaft hochgradig exportorientiert. Wichtige Märkte sind Asien, der Nahe Osten und Nordafrika. Der russische Staat unterstützte diese Entwicklung seit den 2000er-Jahren zum Beispiel durch die Vergabe günstiger Kredite für den Aufbau der dazu notwendigen Infrastruktur oder finanzierte diese über staatseigene Banken. Gegenwärtig baut die Entwicklungsbank VTB einen der größten Hafenterminals für den Getreideexport im südlichen Noworossijsk (vgl. Nimtschenko 2019). Die Mai-Dekrete von Präsident Putin aus dem Jahr 2018 bekräftigten die Ausrichtung auf den Export noch einmal. Allein für landwirtschaftliche Produkte ist bis zum Jahr 2024 ein Anstieg auf 45 Mrd. US-Dollar vorgesehen, was eine Verdopplung des Wertes aus dem Jahr 2017 bedeuten würde. Allerdings enthalten die Dekrete keine konkreten Forderungen zur Versorgung des einheimischen Marktes (vgl. Bashkatova 2019). Trotz regelmäßiger Rekordernten stiegen die Lebensmittelpreise in Russland kontinuierlich. Die Regierung reagierte darauf mit der Einführung von Steuern und Exportquoten auf Weizen und geriet damit zunehmend in Konflikt mit den exportorientierten Agrarkonzernen (vgl. Durisin/Fedorinova 2021).

Hinzu kam, dass die dynamische Entwicklung des landwirtschaftlichen Sektors zunehmend spekulatives Kapital anzog. »Von einem Tag auf den anderen wurde der russische Landwirtschaftssektor höllisch profitabel«, beurteilte Andrej Gurjow (zit. n. Twigg 2019), Vorsitzender des Düngemittelherstellers PhosAgro, die westlichen Sanktionen und die daraufhin eingeleiteten russischen Gegenmaßnahmen. In Russland gibt es ungefähr zwischen 20 und 40 Mio. Hektar landwirtschaftlich nutzbares Land, dabei handelt es sich um die weltweit größten ungenutzten Flächen. Hinzu kam, dass die Preise für Land relativ günstig waren (vgl. Visser/Spoor 2011: 307). Dies hatte eine verstärkte Landkonzentration durch private Agrarkonzerne, sogenannte Agroholdings, zur Folge. Dabei handelt es sich um Unternehmen, die alle Bereiche des landwirtschaftlichen Produktionszyklus (Produktion, Verarbeitung, Verkauf) oder zumindest einen Großteil von ihnen abdecken und für gewöhnlich von einer oder wenigen Personen kontrolliert werden (vgl. Uzun 2012: 127).

Nach Angaben des russischen Landwirtschaftsministeriums gab es im Jahr 2003 90 Agroholdings, die in 25 verschiedenen Regionen des Landes aktiv waren und 1,4% bis 4% der landwirtschaftlichen Nutzfläche kontrollierten. Bis 2006 war deren Anzahl bereits auf 319 angestiegen, die kontrollierte Nutzfläche lag bei 8,1% (vgl. Visser/Spoor 2011: 310). In den besonders fruchtbaren Schwarzerdegebieten und im Süden lag der Anteil von Agroholdings sogar bei 45% bzw. 21% (vgl. Visser/Spoor/Mamonova 2014: 1595f.). Speziell in diesen Regionen wie zum Beispiel in Belgorod und Lipezk unterstützten lokale Administrationen diesen Prozess seit den frühen 2000er-Jahren durch Steuernachlässe und günstige Kredite (vgl. ebd.: 310f.). Auch im agro-industriellen Sektor dominierte eine extrem kurzfristige Gewinnorientierung, was an dem starken Einsatz von Chemikalien und Düngemitteln sowie der Übernutzung der Böden deutlich wurde. Die Landkonzentration ging zudem oft mit der gewaltsamen Vertreibung der lokalen Bevölkerung und der Enteignung von Kleinbauern einher. (Vgl. ebd.)

Die Importsubstitutionsstrategie setzte nicht nur auf die Steigerung der landwirtschaftlichen Produktion, sondern umfasste die Förderung des gesamten agro-industriellen Komplexes, das heißt der dazugehörigen Maschinenbau- und Chemieindustrieunternehmen. Tatsächlich waren landwirtschaftliche Maschinenhersteller – trotz des Niedergangs in den 1990er-Jahren – traditionell exportorientiert. So waren nach Angaben des Konzerns Rostselmasch bereits im Jahr 2006 40% der Produktion für den Export bestimmt und 25% im Jahr darauf (vgl. Babkin 2014: 21). Nach Angaben von Rosspecmasch, der Interessenorganisation russischer Maschinenbauunternehmen, stieg der Export von landwirtschaftlichen Maschinen im Jahr 2020 um 30%, was das dritte Rekordjahr in Folge bedeutete. Die Ausfuhren gingen in 38 Länder, darunter auch in die EU. Als Grund nannte Rosspecmasch die staatlichen Exportunterstützungen und den schwachen Rubel (vgl. Nikitina 2021).

Die Konkurrenzfähigkeit landwirtschaftlicher Maschinenhersteller auf globalen Märkten und die damit einhergehende starke Exportorientierung der Branche waren wichtige Gründe dafür, dass Protagonist*innen der nationalkapitalistischen Entwicklungsstrategie oftmals Vertreter*innen des Agrarsektors, wie der Präsidentschaftskandidat Pawel Grudinin oder Konstatin Babkin, Vorsitzender des Herstellers für landwirtschaftliche Maschinen Rostselmasch, waren. So urteilte Babkin (ebd.: 19): »Wenn eine Produktion trotz Abwesenheit von Industriepolitik lebt, dann muss man sie unterstützen, dann hat sie eine große Lebensfähigkeit und potenzielle Konkurrenzfähigkeit bewiesen.«

Aber auch auf dem Binnenmarkt stieg der Anteil einheimischer landwirtschaftlicher Maschinen (Traktoren, Mähdrescher, Pflüge, Sämaschinen usw.) von 2013 bis 2018 von 24% auf 60% an. 2018 beschäftigten über 100 Firmen mehr als 38.000 Beschäftigte, ein Anstieg von 7.700 Arbeitsplätzen im Vergleich zu 2015 (vgl. o. A. 2019). Der Export landwirtschaftlicher Maschinen erreichte einen Wert von knapp 16 Mrd. Rubel (vgl. Nikitina 2021).

Die Förderung des agroindustriellen Sektors wurde auch in der Wirtschaftskrise nicht aufgegeben. Im Zuge der westlichen Sanktionen gewann die Entwicklung der Landwirtschaft weiter an Bedeutung. Insgesamt konnte von einer weitgehend erfolgreichen, aber nicht abgeschlossenen Importsubstitution in diesem Sektor gesprochen werden, ihre Erfolge beruhten jedoch weniger auf den seit 2014 ergriffenen Maßnahmen, sondern waren das Resultat langfristiger sektoraler Industriepolitik.

Wachsende Entwicklungsunterschiede im produktiven Sektor

Im Vergleich zum agro-industriellen Komplex war die Effektivität der Importsubstitutionspolitik in den produzierenden Sektoren weniger eindeutig zu beurteilen. In den ersten Jahren der Importsubstitution entwickelte sich die Industrieproduktion schwächer als in der kurzen Aufschwungsphase von 2010 bis 2012. Nach einem krisenbedingten Einbruch im Jahr 2015 um 3,4% setzte in den folgenden Jahren eine leichte Erholung ein. Im Jahr 2018 stieg die Industrieproduktion insgesamt um 2,9%, obwohl sich das Wachstum zum Ende des Jahres abschwächte (vgl. Holjavko 2019). Allerdings blieb das Wachstum 2019 auf einem zu niedrigen Niveau, als dass von einem industriegetriebenen Wirtschaftsaufschwung die Rede sein könnte. Zwar war der Einbruch während der Corona-Pandemie (–2,6%) geringer als in vielen EU-Staaten, aber bereits vor dem russischen Einmarsch in die Ukraine im Februar 2022 erwartete das Wirtschaftsministerium für die kommenden Jahre kein dynamisches Wachstum der einheimischen Industrie.

Ein genauer Blick auf die jeweiligen Branchen verdeutlicht wachsende Entwicklungsunterschiede, die seit den 1990er-Jahren für Russland insgesamt typisch waren. In der verarbeitenden Industrie war nicht nur der Einbruch im Krisenjahr

Abb. 24: Industrieproduktion in Russland (Veränderung zum Vorjahr in %)

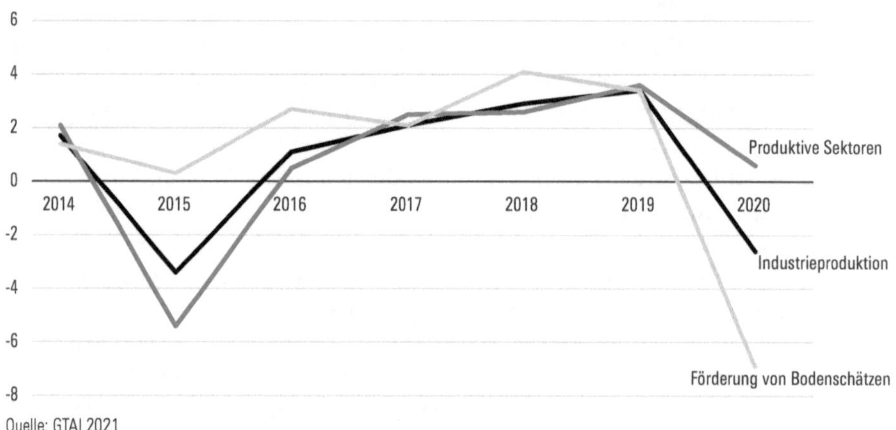

Quelle: GTAI 2021

2015 stärker, auch das Wachstum blieb mit Ausnahme des Jahres 2017 hinter den ressourcenextraktiven Branchen zurück. Die Gewinnung fossiler Energieträger, Mineralien und Metalle blieb der Treiber der russischen Industrie, erst der coronabedingte Einbruch der globalen Nachfrage nach Energieressourcen führte im Jahr 2020 zu einem Produktionsrückgang *(siehe Abb. 24)*.

Eine Analyse der einzelnen Branchen des verarbeitenden Gewerbes zeigt, dass sich auch hier die ungleiche Entwicklung beschleunigte. Der Maschinenbau, die Elektronikbranche und die Metallurgie waren von dem krisenbedingten Einbruch besonders stark betroffen und entwickeln sich seitdem sehr unterschiedlich.

Tabelle 16: Industrieproduktion nach Branchen (Veränderung in % zum Vorjahr)

	2014	2015	2016	2017	2018	2019	2020
Nahrungsmittel	2,5	3,5	3,6	4,6	3,6	4,1	3,6
Metallurgie,	0,6	–6,5	2,3	5,2	0,6	3,8	-2,5
Metallwaren				4,3	5,9	7,3	2,3
Maschinen, Ausrüstungen	–7,8	–2,0	–2,1	8,3	2,4	13,5	6,4
Transportmittel	8,5	–23,0	–2,1	20,1	11,5	–3,7	–12,6
Kautschuk, Kunststoffwaren	7,5	–10,1	12,6	0,6	1,3	–1,3	3,3
Chemische Industrie	0,1	4,7	6,5	7,6	3,9	3,4	7,2

Quelle: Bofit o. D., GTAI 2021.

Vor dem Hintergrund der coronabedingten Störung globaler Lieferketten ergriff der Staat zunehmend Schritte zur Konsolidierung der einheimischen Elektroindustrie. Tatsächlich ließ die Regierung verlauten, der Erfolg der protektionistischen Maßnahmen in diesem Sektor habe entscheidende Auswirkungen auf die Ausweitung der Importsubstitution insgesamt (vgl. Galieva/Petrova 2021). Mit dem russischen Überfall auf die Ukraine und den westlichen Gegensanktionen beschleunigte sich die Abkopplung Russlands vom westlichen Hochtechnologiegüterbereich. Die Folge ist zum einen eine immer engere Ausrichtung auf China. Zum anderen intensiviert die russische Führung die Importsubstitutionspolitik. Unter der Führung des Industrieministeriums steht dabei die Produktion von Komponenten für Automobil- und Flugzeugbau (z.B. Halbleiter, Mikrochips), Telekommunikation und Medizintechnik im Vordergrund. Aus der Industrie gab es große Unterstützung für den Kurs. Vertreter der Autoindustrie nannten die Pläne des Industrieministeriums »sehr ehrgeizig, aber notwendig, um die russischen Elektronikhersteller global zu integrieren« (Isakowa/Lwowa 2021). Die Ausweitung der Importsubstitutionspolitik war zugleich ein Eingeständnis, dass die bis 2012 verfolgte auf ausländische Direktinvestitionen basierende Industrialisierungsstrategie gescheitert war. So kritisierten Vertreter*innen des russischen Fahrzeugherstellers Kamaz, das Problem der Verfügbarkeit einheimischer Elektronik für die Automobilindustrie bestehe schon seit Langem, habe sich aber durch die verstärkte Ausrichtung auf einheimische Zulieferer im Zuge der Corona-Pandemie verschärft (vgl. ebd.).

Angesichts der staatlichen Maßnahmen und der wachsenden Nachfrage nach Produkten wie Halbleitern war eine positive Entwicklung der einheimischen Elektroindustrie durchaus realistisch. Das Potenzial der jeweiligen Sektoren war jedoch sehr unterschiedlich. Im Flugzeugbau und der Rüstungsindustrie entfällt bereits jetzt ein hoher Anteil elektronischer Komponenten auf einheimische Hersteller. Deutlich skeptischer beurteilten Experten die Erfolgsaussichten in der Automobilindustrie (vgl. ebd.).

Darüber hinaus ergriff die Regierung konkrete Maßnahmen zur Stärkung der einheimischen IT-Industrie. Russische Staatsunternehmen und die Verwaltung mussten zunehmend auf einheimische Software umsteigen. Dadurch soll ihr Anteil bis 2024 auf 70% steigen (von 45% im Jahr 2019). So bezeichnete der Softwarehersteller Kaspersky Labs die steuerlichen Bedingungen für IT-Unternehmen in Russland als »paradiesisch«, nachdem die russische Regierung die Gewinnsteuer von 20% auf 3% senkte. Mit diesem Schritt sollen, laut Putin, Bedingungen geschaffen werden, die »nicht nur vergleichbar, sondern sogar besser sind als in den heutigen attraktiven IT-Geschäftsstandorten wie Indien und Irland« (Poljakowa 2020).

Dennoch stieg die Förderung von Öl und Gas kontinuierlich. Von 2009 bis 2018 betrug die jährliche durchschnittliche Wachstumsrate der russischen Ölproduktion 1,4%. Im Jahr 2019 erreichte sie einen neuen Rekordwert von 11.540 Barrel pro Tag, was einem Anteil von 12,1% der globalen Ölproduktion entsprach (vgl. BP Statistical Review of World Energy 2020). Die Raffinierungskapazitäten konnten in dem Zeitraum 2009 bis 2019 um 22% ausgebaut wer-

Abb. 25: Entwicklung der Anlageinvestitionen (in %)

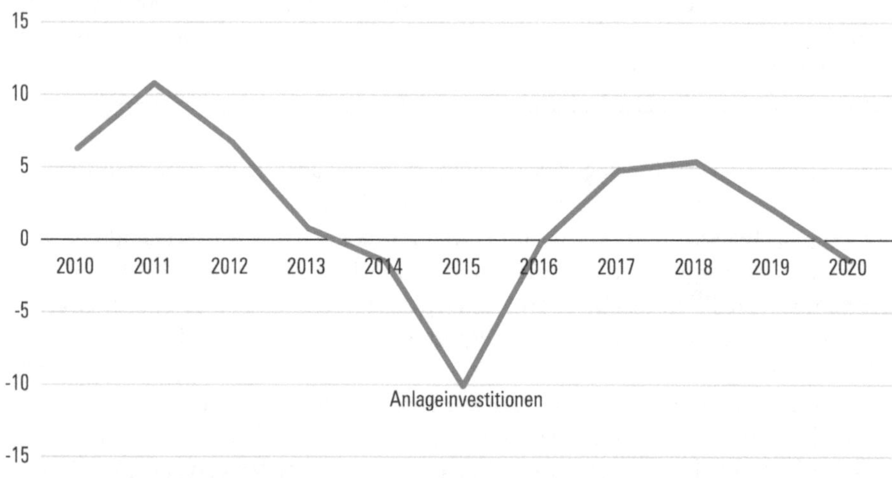

Quelle: Bofit o. D., GTAI 2021.

den, ein Hinweis darauf, dass den Bestrebungen, Rohstoffe verstärkt im Land zu veredeln, konkrete Maßnahmen folgten. Die Gasproduktion war aufgrund der Wirtschafts- und Finanzkrise zeitweise rückläufig, erreichte jedoch im Jahr 2019 mit 679 Mrd. Kubikmetern ebenfalls einen neuen Höchststand. Mit 17% war Russland nach den USA damit der weltweit größte Gasproduzent (vgl. ebd.). Die anvisierte technologische Modernisierung der Öl- und Gasindustrie zeigte damit bereits kurzfristige Erfolge. Während sie gestärkt aus der Krise hervorgingen, blieb die Entwicklung der produktiven Sektoren mehrheitlich hinter den Erwartungen zurück.

Es gibt weitere Hinweise darauf, dass die strukturellen Entwicklungsprobleme der russischen Industrie nur selektiv bearbeitet wurden. Die Anlageinvestitionen blieben auf einem äußerst geringen Niveau. Erst im Jahr 2017 stiegen sie mit 4,8% stärker als die Industrieproduktion, ein Trend, der sich 2018 fortsetzte (Anstieg um 5,4%) (vgl. Rosstat). Dabei ist jedoch zu bedenken, dass Großprojekte in der Rohstoffbranche wie der Bau der Pipeline Nord Stream 2 Einmaleffekte hervorrufen können, die die Statistik verzerren *(siehe Abb. 25)*.

Während der Investitionsanteil an fixem Kapital für Reparatur und Modernisierung von 2005 bis 2008 durchschnittlich bei 21% lag, fiel dieser Wert auf 17,4% im Jahr 2014 und weiter auf 16,1% drei Jahre später (vgl. GTAI 2021). Dementsprechend stieg das durchschnittliche Alter von Maschinen und Ausrüstungsgegenständen im selben Zeitraum leicht von 11,2 auf 11,4 Jahre an (vgl. ebd.). Dabei ist eine Modernisierung und Erneuerung der Produktionsanlagen eine zentrale Voraussetzung für den Erfolg der Importsubstitutionsstrategie, da es die Herstellung technisch hochwertiger Güter ermöglicht. Auch die staatlichen Ausgaben für Forschung und Entwicklung gemessen am Wert des Bruttoinlandsproduktes blieben auf einem extrem niedrigen Niveau und stiegen von 1,07 im Jahr 2014 auf 1,11 (2017) (vgl. ebd.). Die Höhe der Ausgaben war damit fünfmal niedriger als in entwickelten Staaten (vgl. Ustyuzhanina 2016: 37). Die geringe Innovationsfähigkeit russischer Unternehmen spiegelt sich auch in dem Rückgang russischer Patente wider. 2021 fiel Russland bei der Zahl der weltweit veröffentlichten Patente aus den Top-10-Ländern (vgl. Stepanowa 2022). Auch dies deutet darauf hin, dass trotz der rhetorischen Bekenntnisse zur Importsubstitution keine ausreichenden Schritte unternommen wurden, um die strukturellen Probleme der russischen Industrie (technologischer Rückstand, geringe Produktqualität) systematisch zu beheben.

Die geringen Anlageinvestitionen und das niedrige Niveau von Forschung und Entwicklung waren ein wichtiger Grund für die im internationalen Vergleich schwache Arbeitsproduktivität, da sie eine Umstellung der Produktion auf automatisierte Prozesse und den Einsatz moderner Maschinen erschwerten. Die Arbeitsproduktivität in Russland erreichte nach Angaben der OECD im Jahr 2017 26,5 US-Dollar pro Stunde. Zwar konnte damit wieder das Niveau des Jahres 2014 erreicht werden, allerdings war es der niedrigste Wert aller OECD-Mitglieder mit Ausnahme Mexikos, womit Russland deutlich unter dem Durchschnitt von 54,8 US-Dollar lag (vgl. Iljina/Starostina 2019).

Die gescheiterte Neuausrichtung des Außenhandels

Auch in der Entwicklung des Außenhandels lassen sich keine signifikanten Veränderungen feststellen. Auffällig war der krisenbedingte Rückgang des Handelsvolumens von 841,3 Mrd. Euro (2013) auf 500,7 (2020) (vgl. GTAI 2021). Nach wie vor erwirtschaftet die Russische Föderation zwar einen konstanten Außenhandelsüberschuss, allerdings lässt sich dies beinahe ausschließlich auf den Öl- und Gasexport zurückführen. Damit blieb die seit den 1990er-Jahren typische Handelsstruktur trotz der industriepolitischen Maßnahmen unverändert. Der Anteil von Öl und Gas an den Exporten lag konstant bei 60%, der von Metallen bei 10%. Der hohe Weltmarktpreis für Energieträger trieb den Absatz 2018 wertmäßig um fast ein Drittel nach oben, während die Menge nur zwischen 3 und 4% zulegte. Deutlich steigern konnte Russland seine Weizenexporte in Gewicht und Wert sowie die Exporte bei den Chemieprodukten Ammoniak und Methanol. Insgesamt zeigt der Vergleich der russischen Warenstruktur über 20 Jahre einen konstant hohen Anteil von Rohstoffen am Export, während der Anteil von Maschinen und Ausrüstungsgegenständen auf relativ niedrigem Niveau verharrte *(siehe Abb. 26 nächste Seite)*.

Obwohl die Importsubstitutions- und Re-Industrialisierungsstrategie darauf abzielte, diesen Trend umzukehren, blieb die konkrete staatliche Politik zur Förderung dieser Sektoren widersprüchlich. Das Industrieministerium und das Russische Exportzentrum reduzierten die Exportsubventionen, die Firmen als Zu-

Abb. 26: Warenstruktur der russischen Exporte

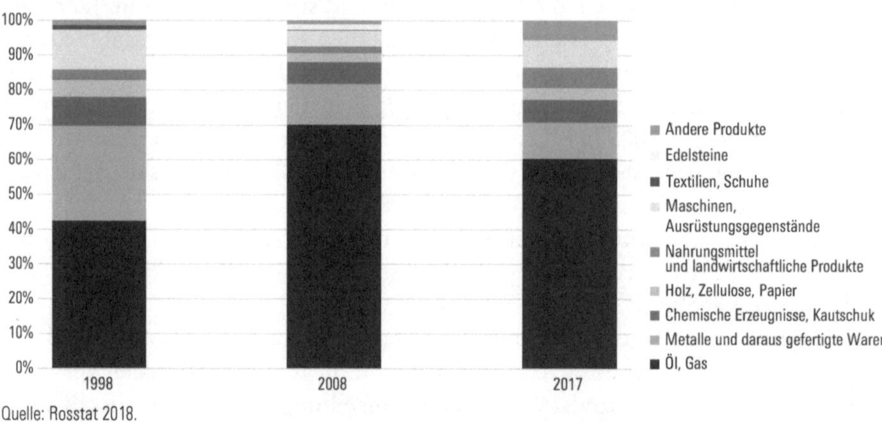

Quelle: Rosstat 2018.

schuss für Transportkosten beantragen konnten, zum 1. Januar 2019 von 25% auf höchstens 7% der Vertragssumme. Dabei erwiesen sich diese staatlichen Unterstützungsleistungen als äußerst wirksam und wurden stark nachgefragt: Im Jahr 2017 beliefen sich die Transportzuschüsse auf 6,6 Mrd. Rubel (89 Mio. Euro), im Folgejahr stiegen sie bereits auf 14,6 Mrd. Rubel (200 Mio. Euro) an. Daher stieß die Entscheidung, die Transportzuschüsse zu kürzen, auf heftige Kritik bei den produktiven Branchen, vor allem im Maschinenbau, auf den bisher ca. 70% der Subventionen entfielen (vgl. Skorlygina/Nikitina/Mordiushenko 2019). Auch die Zementproduktion, die Automobilbranche und die Holzindustrie waren von dieser Entscheidung betroffen. Der stellvertretende Vorsitzende der Lobbyorganisation der russischen Maschinenbauhersteller, Rosspecmasch, Denis Maksimkin, kritisierte, dass die verringerten Subventionen Firmenschließungen und perspektivisch einen Rückgang der Exporte zur Folge haben werden (vgl. ebd.). Stattdessen weitete die Regierung im Zuge der sich verschärfenden US-Sanktionen die staatliche Unterstützung für Öl- und Gasförderprojekte aus. So sicherte Finanzminister Anton Siluanow dem privaten Erdgasunternehmen Novatek umfangreiche Finanzmittel aus dem staatlichen Wohlstandsfonds für das Projekt »Arktik SPG-2« zum Bau eines Flüssiggasterminals in der arktischen Hafenstadt Sabetta zu (vgl. Jaschunski/Tscherwonnaja 2019).

Der Anteil von Hochtechnologiegütern am russischen Export konnte zwar im Zeitraum 2014 bis 2017 vom 10% auf 13,7% gesteigert werden (vgl. Rosstat 2018). Allerdings blieb er insgesamt auf einem niedrigen Niveau. Hinzu kam, dass die Entwicklung über einen langfristigen Zeitraum seit den späten 1990er-Jahren eine negative Tendenz aufwies. Zwar erreichten die russischen Hochtechnologieexporte im Jahr 2003 etwa 20% des Gesamtexports, allerdings fiel der Wert seit der Krise konstant (vgl. Lane 2016: 60). Im internationalen Ver-

Abb. 27: Warenstruktur der russischen Importe

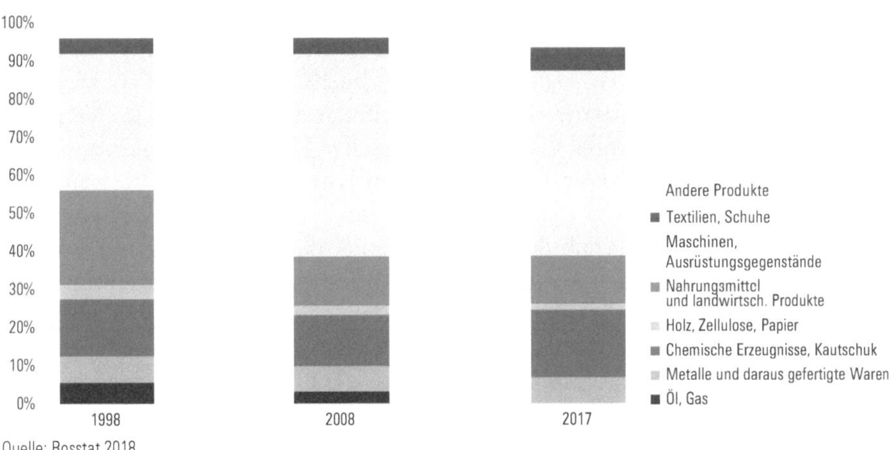

Quelle: Rosstat 2018.

gleich betrug der Anteil Russlands am Hochtechnologiegüterexport nicht mehr als 0,6% und beschränkte sich beinahe ausschließlich auf die Sektoren Rüstung, Weltraum- und Nukleartechnik. Bei den letzten beiden handelt es sich um Bereiche, in denen die weltweite Nachfrage sank, sodass mittelfristig ein weiterer Rückgang von Produkten hoher Wertschöpfung drohte (vgl. Tschebakowa/Tkachev/Skobelev 2021).

Auch die Importstruktur blieb weitgehend unverändert. Am stärksten nachgefragt wurden nach wie vor Maschinen und Ausrüstungsgegenstände. Tatsächlich stieg der Anteil von Hochtechnologiegütern sogar von 61,8% (2014) auf 68,4% (2017). Dies entsprach durchaus der Substitutionsstrategie, denn russische Firmen mussten kurzfristig ausländische Maschinen importieren, um langfristig die einheimische Nachfrage nach hochwertigen Waren bedienen zu können. Allerdings lässt sich, wie oben gezeigt wurde, keine signifikante Modernisierung der Ausrüstungsgegenstände erkennen. Denn weder gelang es russischen Firmen, den Maschinenpark zu verjüngen, noch konnte der Investitionsanteil am fixen Kapital der Wachstumsjahre 2005 bis 2008 aufrechterhalten werden. Zudem bleibt fraglich, ob die strukturelle Abhängigkeit von ausländischer Hochtechnologie überwunden werden konnte, wenn die Ausgaben für Forschung und Entwicklung weiterhin auf einem derart niedrigen Niveau verharrten. Im Verlauf der vergangenen 20 Jahre war es lediglich gelungen, den Importanteil von landwirtschaftlichen Produkten deutlich zu senken. Dies ist ein weiterer Indikator für die positive Entwicklung des agro-industriellen Komplexes, allerdings setzte diese bereits vor dem Beginn der Importsubstitutionsstrategie ein *(siehe Abb. 27)*.

Obwohl die Außenhandelsstruktur – abgesehen von der wachsenden Bedeutung der Agrarexporte – weitgehend unverändert blieb, veränderte sich die regionale Ausrichtung deutlich. Infolge des Krieges in der Ukraine 2014 und der

Wirtschaftskrise nahm die Bedeutung der OECD-Länder und der EU für den russischen Außenhandel sowohl beim Import als auch beim Export deutlich ab. Die russischen Warenströme verlagerten sich zunehmend nach Asien und hier insbesondere nach China, das im Pandemiejahr 2020 seine Rolle als wichtigster bilateraler Handelspartner Russlands weiter festigen konnte. Im Vergleich zum Vorjahr stieg der Anteil Chinas am russischen Handelsvolumen von 15,7% (2019) auf 18,2% (2020). Deutschland blieb im Jahr 2020 Russlands zweitwichtigster Handelspartner, trotz eines Einbruchs um 22,7% beim Handelsvolumen. Der Anteil der Bundesrepublik am russischen Außenhandel ging um 1,4 Prozentpunkte auf 7,3% zurück. Zwar blieb die Bundesrepublik ein wichtiger Lieferant für Maschinen und Anlagen und Abnehmer russischer Rohstoffe (Öl und Gas), allerdings ersetzte China in vielen Bereichen deutsche Hersteller. Durch den Bau der Pipeline Kraft Sibiriens und weitere geplante Projekte gewann China zudem für russische Öl- und Gasexporte an Bedeutung. Mit dem Beginn des Krieges in der Ukraine beschleunigte sich die Neuordnung des russischen Außenhandels nach Asien und Afrika. Während die USA auf eine technologische Entkopplung des Westens (und damit der EU) von China drängte, vertieften Russland und China ihre technologische Kooperation über den Rüstungssektor hinaus. So konstatierte das Carnegie-Institut bereits vor dem russischen Einmarsch eine stille Einbindung Russlands in eine technologische »Pax Sinica« (vgl. Muravyeva/Lemutov 2021).

Derweil verlor der postsowjetische Raum insgesamt für den russischen Handel an Bedeutung. Dies wurde vor allem in der langfristigen Entwicklung deutlich. Im Jahr 2004 exportierte Russland noch 16% der Waren in die GUS-Staaten und importierte 23,5%. Dieser Anteil verringerte sich deutlich. Währenddessen blieb der Anteil der Eurasischen Union weitgehend konstant, die russischen Exporte in den Staatenbund nahmen in den vergangenen Jahren sogar leicht zu. Es war zu erwarten, dass die Bedeutung der Union für Russland weiter steigen wird. Im ersten Halbjahr 2021 wuchs der Handel mit 34,7% noch stärker als mit China. Im Rahmen der Eurasischen Union war die russische Regierung darum bemüht, die wirtschaftliche Ausrichtung auf Schwellenländer und vor allem Asien voranzutreiben. Ende Mai 2015 unterzeichnete der Staatenbund ein Freihandelsabkommen mit Vietnam und im Juni 2019 mit Serbien, vor dem Abschluss standen Verhandlungen mit China und dem Iran. Im Rahmen der Zollunion und der Stärkung eines gemeinsamen Wirtschaftsraums wurde von Russland und Kasachstan die Eurasische Entwicklungsbank gegründet (2006), der Armenien (2009), Tadschikistan (2009), Belarus (2010) und Kirgisien (2011) beitraten. Damit verschärfte sich die politische und ökonomische Polarisierung des postsowjetischen Raums, die mit dem russischen Angriff auf die Ukraine ihren vorläufigen Höhepunkt erreichte *(siehe Tab. 17)*.

Trotz der umfangreichen staatlichen Maßnahmen zur Importsubstitution blieb die russische Außenhandelsstruktur vorerst weitgehend unverändert. Einzelne

Tabelle 17: Außenhandelsorientierung Russlands (Anteile in %)

Regionale Blöcke	2008		2015		2017	
	Export	Import	Export	Import	Export	Import
GUS	14,9	13,7	13,1	11,5	13,4	10,9
Davon Staaten der Eurasischen Wirtschaftsgemeinschaft	8,8	7,1	8,1	7,6	9,4	7,8
OECD	66,8	62,6	61,7	54,9	57	53,1
EU	56,7	43,7	48,2	38,4	44,6	38,2
APEC	12,9	33,4	22,8	37,9	24,1	40,3
OPEC	1,7	0,6	2,5	1,0	3,4	2,0

Quelle: Tamožennaja Služba Rossii 2018.

sektorale Erfolge wie die Stärkung des agro-industriellen Komplexes bedeuteten keine systematische Abkehr vom extraktiven Entwicklungsmodell. Die ökonomische Orientierung auf Asien und die Ablösung Deutschlands als wichtigstem Handelspartner durch China führte weder zu einer Überwindung der klassischen Außenhandelsstruktur (Rohstoffe für Maschinen) noch leitete sie eine Re-Industrialisierung im postsowjetischen Raum ein. Damit drohte Russlands bestehende Handelsungleichgewichte zu reproduzieren, was die semi-periphere Position des Landes in der globalen Arbeitsteilung festigte.

Die Beharrlichkeit des Neoliberalismus

Die Importsubstitutionsstrategie bedeutete zweifellos einen Kurswechsel in der russischen Wirtschaftspolitik, sie war jedoch keine Absage an den Neoliberalismus. Parallel zu den protektionistischen Maßnahmen im Außenhandel und Ansätzen einer staatlichen Industriepolitik bleiben neoliberale Ansätze in der Wirtschafts- und Finanzpolitik nach wie vor dominant. Ein Ausdruck dessen ist nicht zuletzt die personelle Kontinuität des liberalen Lagers in zentralen Bereichen staatlicher Politik – den Ministerien für Wirtschaft, Finanzen und der Zentralbank. Laut eines Vertreters der nationalkonservativen Kräfte (Gesprächspartner F) verhinderte die ungebrochene Dominanz der neoliberalen Kräfte in Regierung und Staatsapparaten ein systematisches wirtschaftspolitisches Umsteuern. Dies äußert sich auch in der unzureichenden staatlichen Finanzierung industriepolitischer Maßnahmen. Bereits zu Beginn der Importsubstitutionsstrategie im Sommer 2015 sahen die Pläne der Regierung vor, nur 16% der erforderlichen finanziellen Mittel durch staatliche Gelder bereitzustellen. Den Rest sollten private Investoren erbringen (vgl. o. A. 2015).

Vor diesem Hintergrund mündet die Auseinandersetzung um das extraktive Entwicklungsmodell vorläufig in staatlichen Strategien zur Stärkung der Exportorientierung russischer Kapitalfraktionen. Diese Politik schloss die produzierenden Sektoren zwar mit ein, sie begünstigte aber die stark internationalisierten Branchen. Eine Entwicklung des Binnenmarktes zur Förderung der russischen Industrie besaß dagegen weiterhin keine Priorität. Vielmehr sicherte der russische Föderalstaat durch eine Zentralisierung der Wirtschaftspolitik in der Exekutive eine Fortführung der Austeritätspolitik im Inneren ab. Das zeigte sich besonders im Verhältnis zu den Regionen. Die Disziplinierung der regionalen Administrationen durch die Föderalregierung erfolgte in erster Linie durch die zentralisierte Vergabe staatlicher Finanzmittel und den Fokus auf die Haushaltskonsolidierung.

Wie das Finanzministerium mitteilte, konnte im Jahr 2018 erstmals seit sieben Jahren wieder ein Haushaltsüberschuss von rund 37 Mrd. Euro erzielt werden (vgl. Kommersant 2019). Im Gegensatz zu den meisten EU-Staaten hielt die Putin-Regierung auch in der Corona-Pandemie am Ziel eines ausgeglichenen Staatshaushaltes fest. Nachdem ein Defizit von 50 Mrd. Euro im Coronajahr 2020 verzeichnet wurde, erzielte Russland 2021 wieder Überschüsse. Auch die Auslandsverschuldung wurde nach Angaben der Zentralbank bis Ende 2020 um 118 Mrd. Euro verringert, wobei in erster Linie Unternehmen und Banken ihre hohe Schuldenlast reduzierten. Insgesamt belief sich die Gesamtsumme der Außenstände von Staat und Unternehmen gegenüber dem Ausland auf circa 27% des Bruttoinlandsproduktes von 2018.

Die Orientierung auf die staatliche Haushaltskonsolidierung begrenzte den Spielraum der Regionen, unabhängig vom föderalen Zentrum eine regional, an den Bedürfnissen der lokal produzierenden Sektoren orientierte Industriepolitik zu verfolgen, und festigte insbesondere die Macht des neoliberal geführten Finanzministeriums als zentrale Schaltstelle innenpolitischer Verteilungskämpfe. Dabei verfügte der Staat über einen beträchtlichen finanziellen Spielraum. Nach dem krisenbedingten Rückgang der Jahre 2012 bis 2014 stiegen die russischen Währungsreserven wieder auf 500 Mrd. Euro an. Zudem kalkuliert der russische Staat seit 2019 mit einem Ölpreis von 58 US-Dollar/Barrel. Liegt dieser höher, fließen die zusätzlichen Einnahmen in einen separaten Staatsfonds als Sicherheit für Krisenzeiten. Dieser Schritt dient, so der Leiter der Rechnungskommission der Duma, Aleksej Kudrin, der »Abkopplung« des Staatshaushaltes vom Ölpreis (vgl. Tkatschow/Starostina 2019). Die Gelder des sogenannten Wohlstandsfonds können für Investitionen genutzt werden, sobald dessen liquide Mittel einen Wert von 7% des BIP übersteigen. Doch umfangreiche Investitionen blieben aus. Vielmehr erreichten die Mittel mit 158 Mrd. Euro – oder 12% der russischen Wirtschaftsleistung – einen neuen Höchstwert.

Trotz der erfolgreichen Budgetkonsolidierung setzt die russische Regierung den seit 2015 verfolgten Konsolidierungskurs fort. Damit wurde die Austeritätspolitik von einer vermeintlich temporären Maßnahme zur Überwindung der Krise zur dauerhaften Regierungspolitik. Besonders zu erwähnen ist die im August 2018 gesellschaftlich hoch umstrittene Erhöhung des Renteneintrittsalters. Diese wurde nach heftigen gesellschaftlichen Protesten etwas abgeschwächt, allerdings hielt die Regierung an ihrem Kurs fest.[14] Damit kündigte die Regierung den seit den Massenprotesten gegen Sozialabbau der Jahre 2004 bis 2005 informellen Pakt mit der Bevölkerung (Verzicht auf umfangreichen Sozialabbau für politische Ruhe) endgültig auf. Allerdings verfehlten die Maßnahmen ihren Zweck der staatlichen Haushaltskonsolidierung. In der liberalen Zeitung Kommersant (Butrin 2018) wurde kritisiert, dass die Erhöhung des Renteneintrittsalters »im Budget 2019–2021 bereits berücksichtigt war, aber irgendwelche finanziellen Vorteile für das Budget nicht damit verbunden sind«. Vielmehr vertiefte diese Politik die sozialen Unterschiede und behinderte die Entwicklung des Binnenmarktes. Die real verfügbaren Einkommen gingen im Zeitraum 2014 bis einschließlich 2017 konstant zurück. Nachdem sie in den folgenden zwei Jahren leicht gewachsen waren, brachen sie infolge der Corona-Pandemie wieder ein. Das durchschnittliche Einkommen in Russland im Jahr 2020 lag nach Angaben der Statistikbehörde Rosstat bei 621 Euro, die Renten bei 181 Euro. Angesichts des schwachen Rubelkurses im Vergleich zum Euro liegen die Nominallöhne weiterhin unter dem Niveau von 2014. Dem stand eine wachsende Kapitalkonzentration gegenüber. Insgesamt 98 russische Milliardäre besaßen ein größeres Vermögen als die gesamten Ersparnisse der Bevölkerung. Die Bank Credit Suisse schätzte, dass 89% des Reichtums bei den reichsten 10% lag (vgl. The Moscow Times 2019b).

Am 1. Januar 2019 trat zudem der Anstieg der Mehrwertsteuer von 18% auf 20% in Kraft, ein Schritt, der überproportional einkommensschwache Schichten belastete. Nach Angaben des Gewerkschaftsbunds FNPR stiegen die Preise insbesondere für Kleidung, Haushaltstechnik, Immobilien und medizinische Dienstleistungen (vgl. Feinberg/Kopalkina 2018). Mit den zusätzlichen jährlichen Einnahmen im Umfang von rund 620 Mrd. Rubel (8,1 Mrd. Euro) sollten die Mai-Dekrete, welche die wirtschaftspolitische Agenda von Putins vierter Amtszeit (2018 bis 2024) bestimmten, finanziert werden. Für das Jahr 2019 plante das Finanzministerium Einnahmen im Umfang von rund 6,9 Bill. Rubel (90 Mrd. Euro) – laut der russischen Wirtschaftszeitung RBK waren das rund 34,6% des Gesamtbudgets (vgl. ebd.). Es wird deutlich, dass die Kosten für die staatliche Politik der Haushaltskonsolidierung weitgehend auf die Mittel- und einkommensschwachen Schichten abgewälzt wurden. Im Zuge des coronabedingten Wirtschaftseinbruchs verschärfte sich diese Entwicklung weiter. Die angebotsorientierte und äußerst zögerliche Politik der russischen Regierung in der Krise stieß auf Kritik. So bezeichnete die Weltbank den Fiskalkonservatismus als »Wachstumsbremse« (vgl. Harper 2021). Während die Regierungen in den kapitalistischen Zentren zur Bekämpfung der Krise ihre neoliberale Orientierung partiell aufgaben, wurde sie in Russland

[14] Der ursprüngliche Gesetzesentwurf sah vor, das Renteneintrittsalter bei Frauen von 55 auf 63 Jahre und bei Männern von 60 auf 65 Jahre anzuheben. Als Reaktion auf die Proteste beließ es die Regierung bei einer Anhebung des Renteneintrittsalters für Frauen auf 60 Jahre, für Männer gab es jedoch keine Zugeständnisse, obwohl ihre Lebenserwartung im Landesdurchschnitt nur knapp über dem neuen Rentenalter lag. In vielen Regionen fiel sie sogar noch geringer aus.

teilweise radikalisiert. Eine Abkehr von dieser Politik scheint nicht absehbar. Beinahe prognostisch schwor der russische Premierminister Dmitrij Medwedew die russische Bevölkerung bereits 2018 auf »sechs schwierige Jahre« ein (o. A. 2018a).

Vor dem Hintergrund der sich verschärfenden geopolitischen Konfrontation mit dem Westen unternahm die russische Regierung verstärkte Bemühungen, einheimisches Kapital aus ausländischen Steueroasen zurückzuholen. Da die Sanktionen unter anderem darauf abzielten, im Ausland gelagertes russisches Vermögen einzufrieren, sah die Putin-Administration offenbar eine günstige Gelegenheit, den anhaltenden Kapitalabfluss einzudämmen. Zu diesem Zweck wurden die bestehenden Doppelbesteuerungsabkommen mit Luxemburg, Malta, den Niederlanden und Zypern modifiziert, Verhandlungen mit der Schweiz laufen. Seit Januar 2022 müssen Unternehmen auf Lizenzgebühren, die sie in diese Staaten abführen, 20% Steuern in Russland zahlen. Bislang werden bei solchen Vorgängen keine Steuern erhoben. Ebenfalls mit 20% werden Kredite besteuert. Der Quellensteuersatz für Zinsen und Dividenden ausländischer Unternehmen beträgt 15%. Ein ermäßigter Satz von 5% gilt für börsennotierte Unternehmen, die mindestens 15% ihrer Anteile an die Börse bringen. Der stellvertretende Finanzminister Aleksej Sazanow schätzte, dass durch die Vereinbarungen etwa 70% aller Zahlungen auf Dividenden und Zinsen abgedeckt werden (vgl. Grischina 2021).

Die partielle Regulierung der Kapitalströme geht mit einer weitreichenden finanzpolitischen Deregulierung im Inneren einher. Im August 2018 schuf die Regierung offizielle Offshore-Zentren in den Regionen Kaliningrad und Primorje mit der Begründung, dem repatriierten Kapital möglichst günstige Investitionsbedingungen zu schaffen. In den beiden Regionen konnten Finanztransaktionen und Abrechnungen uneingeschränkt durchgeführt werden, es galten Steuervorteile, etwa verringerte Gewinnsteuern auf Dividenden oder Aktienverkäufe.

Finanzpolitische Deregulierungsschritte waren bislang vor allem ein Mittel zur Exportförderung. Seit dem Jahr 2013 wurden in Russland insgesamt über 20 Sonderwirtschaftszonen gegründet. In diesen Gebieten genossen Investoren Steuervergünstigungen, Zollpräferenzen und einen privilegierten Zugang zu Infrastruktur. Allerdings erwiesen sich die Sonderwirtschaftszonen nach Angaben des russischen Rechnungshofs als ein ineffektives Instrument zur Entwicklung des Außenhandels. Zwischen 2013 und 2017 führten alle Gebiete Waren im Zollwert von 94,3 Mrd. Rubel (1,27 Mrd. Euro) ein, der Export dagegen betrug nur 44,6 Mrd. Rubel (600 Mio. Euro). Ein Großteil der Waren sei in die Mitgliedsländer der Eurasischen Wirtschaftsunion (EAWU) geliefert worden, so Rechnungshof-Chef Alexej Kudrin. Stattdessen nutzten in Sonderwirtschaftszonen ansässige Firmen die Steuervorteile zum Re-Import von Waren (vgl. Kryuchkova 2019).

Der Staat übernimmt die Führung

Angesichts der sich verschärfenden geopolitischen Konflikte und der damit einhergehenden Sanktionen forderte die russische Bourgeoisie eine aktive staatliche Rolle zur Sicherung ihrer Interessen im In- und Ausland. Der Vorsitzende eines großen russischen Dienstleistungsunternehmens aus dem Öl- und Gassektor (Gesprächspartner C) schilderte im Gespräch diesen Standpunkt: »Alle wichtigen modernen Technologien befinden sich in den Händen von internationalen Firmen. Und dann hat Russland verstanden: Halt, auch wir haben Waffen, ein Instrument zur Einflussnahme, aber dieses Instrument zur Einflussnahme machen fremde Hände. Das ist strategisch falsch.«

Die sich verschärfende geopolitische Konkurrenz stellte sich aus Sicht dominanter russischen Kapitalfraktionen primär als Konflikte um Macht und Einfluss in einer sich verändernden Welt dar. Ein Schlüsselmoment in diesem Machtkampf waren die westlichen Sanktionen, die als Versuch galten, die eigene internationale Konsolidierung und Expansion einzudämmen. »Die ganze Welt,« kritisierte derselbe Vorsitzende des russischen Öl- und Gasdienstleistungsunternehmens (ebd.), »lebt im anglosächsischen Modell«. Diese Tatsache gerate jedoch zunehmend in Widerspruch zu russischen Interessen. »Und deshalb war Russland gezwungen sich rigider zu verhalten, bis zu dem Punkt: Leute, um mich kommt ihr nicht herum. Ich werde mit euch gemeinsam die Regeln schreiben.« (Ebd.)

Bei den skizzierten Strategien – nationalkapitalistische Entwicklung vs. modernisierter Ressourcenextraktivismus – handelte es sich um konkurrierende Idealtypen. Nicht zuletzt aufgrund der geopolitischen Konkurrenz lassen sich jedoch an vielen Stellen gemeinsame Forderungen und sich überschneidende Interessen ausmachen. Die Forderung nach aktiver staatlicher Unterstützung wurde, wie das obige Zitat verdeutlicht, immer offener auch von den dominanten, hochgradig internationalisierten Fraktionen der russischen Rohstoffindustrie erhoben, was den Übergang zu protektionistischen und industriepolitischen Maßnahmen des Staates ermöglichte. Der russische Überfall auf die Ukraine und die daraufhin erfolgte Verschärfung des westlichen Sanktionsregimes beschleunigen diesen Prozess weiter. Eine Modifikation des ressourcenextraktiven Entwicklungsmodells war damit nicht nur wahrscheinlich, es zeichneten sich weitere Entwicklungstendenzen des russischen Kapitalismus ab: Eine Verschmelzung von staatlichem und privatem Kapital und eine verschärfte Monopolbildung im Inneren, die eine aggressive Expansion nach Außen auch in Zukunft sehr wahrscheinlich werden lassen.

Grundsätzlich begrüßten die Anhänger*innen der nationalkapitalistischen Entwicklungsstrategie das Bestreben der Rohstofffirmen, die eigene technologische Basis zu modernisieren, wovon auch angrenzende Sektoren (Maschinenbau, Stahlindustrie) profitieren würden. Ein solcher Schritt gilt zudem als Voraussetzung zur infrastrukturellen Erschließung des Fernen Ostens und der Arktis, die in beiden konkurrierenden Akkumulationsregimen eine zentrale Rolle spielen: In der nationalkapitalistischen Entwicklungsstrategie ist der Zugriff auf die arktischen

Ressourcen ein entscheidender Faktor für den Erfolg der Re-Industrialisierungsstrategie, während er für Rohstoffkonzerne die Aufrechterhaltung der globalen Konkurrenzfähigkeit bedeutete.

Auch die Internationalisierungsbestrebungen des Nuklearkomplexes trafen in beiden Lagern auf Unterstützung. Abgesehen von seiner militärischen Bedeutung nahm der Sektor eine zentrale Rolle in der angestrebten technologischen Modernisierung des Landes ein – etwa in der einheimischen Energieversorgung – und galt als Exportschlager russischer Hochtechnologiegüter (Reaktoren, Kraftwerke etc.). Das traf auch für den militärisch-industriellen Komplex zu.

Die Überschneidung der konkurrierenden Akkumulationsregime zeigt sich auch in den Bestrebungen, den agro-industriellen Komplex zu fördern. Während dieser aus Sicht der nationalkapitalistischen Entwicklungsstrategie eine wichtige Voraussetzung für die Entwicklung des Binnenmarktes war, fügte er sich zugleich in das Vorhaben eines modernisierten Ressourcenextraktivismus ein, ohne die dominante Stellung des Energiesektors zu gefährden. Der agro-industrielle Komplex ließ sich nicht auf die Ressourcenextraktion reduzieren, da mit der Landwirtschaft weitere Sektoren (Landmaschinenhersteller, Chemieindustrie) verbundenen waren. Eine Erweiterung der Exportgüterpalette wurde in beiden Lagern als Chance gesehen, die Abhängigkeit von globalen Konjunkturabschwüngen zu reduzieren.

Vor dem Hintergrund der sich verschärfenden geopolitischen Konkurrenz verschob sich das Kräfteverhältnis zwischen Staat und Kapital. Trotz der Versuche des Westens, Russland politisch und ökonomisch zu isolieren, blieb der russische Staat bislang handlungsfähig. Dies stärkte seine Autonomie gegenüber (privaten) Kapitalfraktionen, die vorläufig geschwächt aus dem Konflikt hervorgingen. In naher Zukunft dürfte sich das Kräfteverhältnis sogar noch weiter zugunsten des Staates und der Exekutive verschieben, denn durch dirigistische Markteingriffe oder die selektive Vergabe von Subventionen werden die negativen ökonomischen Auswirkungen des Krieges für Unternehmen abgeschwächt. Der kriegsbedingte Rückzug westlicher Firmen aus Russland stärkt zudem die regulatorische Rolle des Staates. Anders als in den 1990er-Jahren ist zu erwarten, dass der Zugang ausländischen Kapitals zu Markt und Kredit, Eigentumsrechten und Arbeitskraft sich stärker an den Bedürfnissen der nationalen Kapitalfraktionen orientieren wird. Die Kontrolle über den Zugang zu ökonomischen Ressourcen dürfte daher zum entscheidenden Vehikel der Wettbewerbspolitik werden.

Der Staat übernimmt stärker als zuvor die Rolle, Unternehmen durch Beteiligungen zu schützen und ihre globale Konkurrenzfähigkeit durch die Bereitstellung von Kapital und Know-how zu fördern. Dabei kam es vermehrt zu einer Verschmelzung von Privat- und staatlichem Kapital, wobei letzteres immer dominanter wurde, indem staatliche Vertreter*innen in Aufsichtsräte berufen oder Firmen durch Staatsfirmen wie Rostec übernommen wurden. Staatliche Holdings drängten dabei zunehmend in strategisch relevante und lukrative Hochtechnologiebereiche (Halbleiter, Software, Maschinenbau). Damit drohte die Exekutive ihre ausgleichende Rolle, die sie lange Zeit ausgeübt hatte, zu verlieren, wodurch das unter Putin entstandene prekäre Machtverhältnis innerhalb des russischen Machtblocks erodieren konnte.

Die Verschmelzung von Staats- und Privatkapital verhinderte zwar eine weitere Deindustrialisierung des Landes, gleichzeitig konzentrierte sie die begrenzten Finanzmittel in wenigen Firmen. Eine Folge des verstärkten staatlichen Dirigismus war daher die Herausbildung monopol- oder oligopolartiger Komplexe in strategischen Bereichen. Der Begriff »Komplex« suggeriert bereits, dass es sich um stark monopolisierte Strukturen handelte, dominiert von wenigen Konzernen. Typisch für diese Konglomerate waren ihre direkten Beziehungen zu den Staatsapparaten, auch wenn der Staat nicht zwangsläufig Unternehmensanteile halten musste, sowie die Fähigkeit, verschiedene Stufen der Produktionskette bedienen zu können. Gleichzeitig resultierte die verstärkte Monopol- oder Oligopolbildung aus der intensivierten Konkurrenz zwischen den Kapitalfraktionen im Zuge der krisenhaften Wirtschaftsentwicklung. Das galt besonders für den militärisch-industriellen sowie den agro-industriellen Komplex und den Energiesektor. Die Maßnahmen der Regierung zielten darauf ab, diese Sektoren technologisch zu modernisieren und ihre marktbeherrschende Position auf dem Binnenmarkt und im postsowjetischen Raum zu stärken, um dadurch mittelfristig ihre transnationale Ausrichtung zu fördern. Dementsprechend blieb der Anteil kleiner und mittelständischer Unternehmen mit einem Anteil von knapp 22% am Bruttoinlandsprodukt im Jahr 2017 äußerst gering, während er in Deutschland bei 53% und in Holland sogar bei 63% lag (vgl. Feinberg 2019). Vorhaben der russischen Regierung, diesen Anteil im Rahmen der nationalen Projekte bis zum Jahr 2024 auf 32,5% zu erhöhen, erscheinen äußerst unrealistisch. Dies bestätigten sogar Vertreter aus der Politik wie der einflussreiche Moskauer Bürgermeister Sergej Sobjanin (vgl. ebd.).

Wie der Ökonom Ruslan Dzarasow aufzeigte, reproduzierten sich auch in Staatsfirmen die klassischen Profitstrategien der privaten »Insider«, was an der Orientierung auf kurzfristige Profitmaximierung deutlich wurde und einer langfristigen binnenorientierten Entwicklungsstrategie widersprach. Obwohl Staatsfirmen den Großteil der Finanzmittel föderaler Innovationsprogramme erhielten, stieg von 2008 bis 2012 die zivile Industrieproduktion nur um 4,7%, während die Rüstungsproduktion im selben Zeitraum um 78% zulegte (vgl. Ustyuzhanina/Evsukov/Komarova 2017: 210f.). Damit setzte sich der gesellschaftliche Niedergang fort, der nach Ansicht eines Professors für Ökonomie seit der Auflösung der UdSSR für Russland kennzeichnend ist. Während ihm zufolge die sowjetische Gesellschaft von dem Widerspruch einer modernen Sozialstruktur und hohem Bildungsniveau einerseits und einem autoritären politischen System andererseits geprägt war, überwand die Einführung des Kapitalismus diese Polarisierung bis zu einem gewissen Grad. Im persönlichen Gespräch sagte er (Gesprächspartner G):

»In den 1990er-Jahren wurde dieser Widerspruch aufgehoben, aber nicht im Hegelschen Sinne, sondern im Sinne einer zerstörerischen Negation. Die

Sozialstruktur der Gesellschaft wurde im Zuge der Deindustrialisierung der Wirtschaft, der Zerstörung hochtechnologischer anspruchsvoller Produktion und dem Niedergang in den Sphären der Wissenschaft und Bildung deutlich vereinfacht.«

Die globale Wirtschaftskrise sowie die Verschärfung der geopolitischen Konkurrenz im Nahen Osten und im postsowjetischen Raum verschoben die innerrussischen Kräfteverhältnisse zugunsten einer aggressiveren Außenpolitik. Zur Sicherung des eigenen Akkumulationsregimes und der geopolitischen Position schien Russland eine eigenständige Rolle im Aufbau einer neuen Weltordnung anzustreben (vgl. Jaitner 2015). Dies zeichnete sich bereits in der Folge des Georgien-Kriegs (2008) ab und fand in den Interventionen in Syrien und der Ukraine seinen bisherigen Höhepunkt. Ein weiterer Hinweis für eine veränderte außenpolitische Orientierung war die intensivierte Kooperation mit China und dem Iran. Dies entsprach den Interessen der russischen Bourgeoisie, da dieser – trotz ihrer Bemühungen seit den 1990er-Jahren – der Zutritt zu den westlichen Märkten weiterhin erschwert oder durch politische Maßnahmen systematisch verhindert wurde.

Vor dem Hintergrund der sich global verschiebenden Kräfteverhältnisse gewann die Eurasische Union an Bedeutung für den russischen Machtblock. Seit der Auflösung der UdSSR war es erstmalig gelungen, ein ernst zu nehmendes Integrationsprojekt zu initiieren. Dabei reproduzierten sich die konkurrierenden Akkumulationsregime zunehmend auch auf Unionsebene. Vertreter des binnenorientierten Kapitals hegten die Hoffnung, in einem engen Bündnis mit Belarus (und der Ukraine) einen Re-Industrialisierungsprozess in Gang zu setzen. Obwohl Vertreter*innen des extraktiven Kapitals die Gründung der Eurasischen Union weder explizit gefordert noch nennenswert vorangetrieben hatten, zeigten sie seit den verhängten Sanktionen ein verstärktes Interesse an vertieften geschäftlichen Kooperationen mit dem kasachischen Energiekomplex. Sowohl die russische Nuklearindustrie als auch fossile Energiekonzerne sahen in einer engeren Anbindung der rohstoffreichen Länder Zentralasiens die Möglichkeit, den wachsenden Energiebedarf in Südostasien – insbesondere Chinas – zu decken. Damit bildete sich im Rahmen des eurasischen Integrationsprojektes zunehmend ein Bündnis russisch-kasachischer Energieunternehmen heraus, die den Re-Industrialisierungsbestrebungen der produktiven Sektoren aus Russland und Belarus eher skeptisch gegenüberstanden.

Nach Angaben der Eurasischen Entwicklungsbank entfielen von den gegenseitigen Direktinvestitionen der postsowjetischen Länder im Jahr 2020 78,7% (37 Mrd. US-Dollar) auf Russland. Dabei war Russland nicht nur der einzige Netto-Kapitalexporteur – und damit die wirtschaftlich treibende Kraft – in der Region. Der Hauptteil der Investitionen entfiel auf den extraktiven Sektor: In der GUS gingen 22,8% in die Ausbeutung von Öl und Gas, in der Eurasischen Union flossen 19,8% in den Bergbau (vgl. Degotkova 2021). Besonders fortgeschritten war die kasachisch-russische Zusammenarbeit im Nuklearkomplex, die von Uranabbau und -anreicherung bis zu gemeinsamer Forschung reichte. Auch zwischen Armenien und Russland existierte eine enge Kooperation in diesem Bereich. So baute Russland ein Kernkraftwerk in Armenien und förderte in einem Gemeinschaftsunternehmen Uran. Aus diesem Grund galt die Förderung des Nuklearkomplexes als »das vielversprechendste Projekt« ökonomischer Zusammenarbeit des eurasischen Integrationsprozesses (vgl. Ustyuzhanina 2016: 44). In den Bereichen Weltraumtechnologie, Maschinenbau für die Rüstungsindustrie und mit Abstrichen der Automobilindustrie waren ebenfalls vertiefte regionale Kooperationen zu erwarten (vgl. ebd.). Bislang dominierten jedoch mineralische Produkte mit einem Anteil von 30% den Handel unter den Mitgliedsstaaten, die zu 80% aus Russland an die Mitgliedsstaaten geliefert wurden. Maschinen und Ausrüstungsgegenstände machten den zweitgrößten Posten mit 21,5% aus, wobei dieser fast ausschließlich auf Russland (62,4%) und Belarus (35,3%) entfiel. Mit der Rückkehr der Krise im Jahr 2015 ging auch der Handel unter den eurasischen Mitgliedsstaaten deutlich zurück, am stärksten im Segment Maschinen und Ausrüstungsgegenstände (–39,7%), Metalle (–30,9%) und Mineralölprodukte (–23,2%) (vgl. Ustyuzhanina 2016: 39). Die russische Dominanz des eurasischen Integrationsprojektes und die schwache Handelsverflechtung der restlichen Mitgliedsstaaten erschwerten eine Re-Industrialisierungsstrategie im postsowjetischen Raum, zumal mit der Ukraine eines der industrialisiertesten Zentren fehlte. Gegenwärtig sieht es danach aus, dass Russland die Mitgliedsstaaten als Zulieferer für ausgewählte Leuchtturmprojekte (Rüstungstechnologie, Nuklearkomplex, Landwirtschaft, Maschinenbau) in die Lieferketten integriert, ohne eine größere Breitenwirkung zu erzielen. Dies dürfte die Attraktivität des eurasischen Integrationsprojektes für andere Staaten verringern.

Die gegenwärtigen Entwicklungsbestrebungen der russischen Regierung wiesen in vielerlei Hinsicht Gemeinsamkeiten mit dem klassischen imperialen Modernisierungsmodell des zaristischen Russlands auf. Die aktive Rolle des Staates im Zuge der Importsubstitutions- und Lokalisierungsstrategie trug nicht dazu bei, die Entkopplung des Rohstoffsektors vom Binnenmarkt zu überwinden und eine Konvergenz mit dem produktiven Sektor herzustellen, sondern bearbeitete die Probleme der dualen ökonomischen Struktur Russlands nur selektiv. Die ressourcenextraktiven Sektoren profitierten deutlich stärker von den Maßnahmen der Importsubstitutionsstrategie. Mithilfe der staatlichen Unterstützung modernisierten sie nicht nur Produktionsprozesse und Ausrüstungen, sondern bauten zunehmend rohstoffverarbeitende Zweige auf. Durch diese Schritte zur Veredelung der im Land geförderten Ressourcen konnten russische Rohstoffunternehmen stärker als zuvor unterschiedliche Stufen der Wertschöpfungskette besetzen, ihre Position auf dem Heimatmarkt stärken und die Internationalisierung ihres Geschäfts vorantreiben. Die Importsubstitutions- und Lokalisierungsstrategie der russischen Regierung trug dazu bei, das ressourcenextraktivistische Entwicklungsmodell zu modifizieren.

Die gesellschaftliche Entwicklung Russlands war geprägt von der Wiederkehr des russischen Paradoxes. Die Entwicklungsanstrengungen zielten darauf ab, die Abhängigkeit des Landes vom Weltmarkt zu verringern und den Kapitalismus im Innern zu modernisieren. Tatsächlich aber verschärften sich die sozialen, ökologischen und politischen Widersprüche im Land. Ein Ökonomieprofessor (Gesprächspartner G) beschrieb die gegenwärtigen Machtverhältnisse als »antimodernistischen Autoritarismus«, da sie im Gegensatz zu den autoritären südostasiatischen Staaten der 1960er- und 1970er-Jahre keine ökonomische Entwicklungsstrategie verfolgten. Obwohl Russland um die Wende zum 20. Jahrhundert ebenfalls stark von Rohstoffexporten abhängig war und zur Semi-Peripherie gehörte, gab es dennoch ein stetiges industrielles Wachstum.

»Heutzutage entwickelt sich der Kapitalismus in erster Linie im Bereich der Rohstoffe, und die Entwicklung der verarbeitenden Industrie erweist sich überhaupt nicht als Hauptrichtung des Kapitalismus.« (Ebd.)

In Russland muss der Übergang zum autoritären Kapitalismus und die Auseinandersetzung um das ressourcenextraktivistische Entwicklungsmodell auch im Kontext sich verändernder globaler Entwicklungen gesehen werden: Die anhaltende wirtschaftliche Stagnation und die sich verschärfenden geopolitischen Spannungen zwischen Russland und dem Westen wirken unmittelbar auf die innere Entwicklung zurück. Dies äußert sich nicht nur in einer zunehmend aggressiveren Außenpolitik, sondern auch in neuen Strategien der nationalen Kapitalfraktionen auf internationalem Terrain. Die Importsubstitutions- und Lokalisierungsstrategien waren nicht zuletzt eine Reaktion auf die verschärfte kapitalistische Konkurrenz und verfolgten das Ziel, die internationale Konkurrenzfähigkeit russischer Unternehmen zu erhöhen. Wie in den USA oder in Deutschland fiel auch in Russland dem Staat eine zentrale Rolle in der Ausarbeitung ökonomischer Entwicklungsstrategien zu. Die selektiven Maßnahmen der russischen Regierung dürften die gesellschaftlichen Widersprüche jedoch bestenfalls abschwächen, da sie nicht ausreichend von Maßnahmen zur Entwicklung des Binnenmarktes flankiert wurden. Dadurch ließ sich das internationale Vorgehen Russlands noch einmal aus einer neuen Perspektive analysieren. Binnenorientierte Kapitalfraktionen und mit ihnen verbundene Kräfte in der Regierung und den Staatsapparaten könnten durchaus ein Interesse an der Aufrechterhaltung der westlichen Sanktionen haben, da auf diese Weise die Importsubstitutionsstrategie weitergeführt werden kann. Der Vorsitzende des Russlandgeschäfts eines internationalen Ölkonzerns (Gesprächspartner A) betonte, dass ein Ende der Sanktionen »die Dringlichkeit aufheben könnte«. So paradox es klingen mag: Durch eine konfrontative außenpolitische Strategie könnten periphere Kapitalfraktionen ihre Wettbewerbsfähigkeit langfristig verbessern.

8. Für immer Krieg? Szenarien zur Zukunft Russlands

Der russische Angriff auf die Ukraine und die sich verschärfende innenpolitische Repression stehen in einem krassen Gegensatz zu der durch die Perestroika ausgelöste Aufbruchstimmung in den späten 1980er-Jahren. Damals schien nicht nur eine dauerhafte Aussöhnung mit dem Westen möglich, sondern auch eine stabile demokratische und friedliche Entwicklung des postsowjetischen Raums. Dies wirft die Frage auf, wie das Umschlagen der demokratischen Aufbruchstimmung in autoritäre Herrschaft und Krieg erklärt werden kann. Gab es in den vergangenen 30 Jahren Alternativen zu dieser Entwicklung und lässt sich der skizzierte Gegensatz zwischen Aufbruch und Restauration aufrechterhalten? Die vorliegende Analyse der Entwicklungskonflikte im russischen Machtblock gibt Antworten auf diese Fragen. Zwei wichtige Aspekte sind dabei hervorzuheben: 1) Russlands verspätete kapitalistische Entwicklung und 2) die mangelnde Hegemoniefähigkeit der russischen Bourgeoisie.

Der historische Zugang mit einem Untersuchungszeitraum von über 30 Jahren stellt langfristige politökonomische Entwicklungen und Konflikte im Machtblock ins Zentrum. Eine solche Perspektive verdeutlicht, dass der aktuelle Konflikt um das ressourcenextraktive Entwicklungsmodell kein neues Phänomen ist, sondern die russische Geschichte des 20. und beginnenden 21. Jahrhunderts durchzieht. Mit der Erschließung der sibirischen Ölvorkommen und deren Export nach Westeuropa wurde die sowjetische Ökonomie partiell in den kapitalistischen Weltmarkt eingegliedert, ein marktwirtschaftlicher Übergang blieb jedoch aus. Damit entkoppelte sich der fossile schrittweise von den produktiven Sektoren.

Im Angesicht der ökonomischen Stagnation und anschließenden multiplen Krise stärkte dies Kräfte innerhalb der russischen Eliten, die rohstoffliche und materielle Subventionierung der kaukasischen und zentralasiatischen Sowjetrepubliken einzuschränken und stattdessen auf eine rasche Weltmarktintegration Russlands zu setzen. Die kapitalistische Transformation der 1990er brachte jedoch nicht den von der Jelzin-Administration versprochenen Modernisierungsschub. Innerhalb weniger Jahre wurden der Außenhandel dereguliert, Preiskontrollen weitgehend aufgegeben und staatliches Eigentum privatisiert – eine Politik, die besonders jenen Branchen zugutekam, die in der sowjetischen Planwirtschaft eine zentrale Versorgungsfunktion durch die Lieferung billiger Ressourcen in hoher Stückzahl einnahmen (Brennstoff-, Buntmetall, Chemie-, Eisen- und Stahlindustrie). Anders als die binnenorientierten Sektoren konnten sie ihre Produktion an der globalen Nachfrage ausrichten. In der internationalen Arbeitsteilung nahm Russland seitdem die Rolle eines globalen Rohstofflieferanten ein.

Ein weiteres spezifisches Merkmal des russischen Kapitalismus war die mangelnde Hegemoniefähigkeit der russischen Bourgeoisie. Die Privatisierungspolitik der Jelzin-Administration ermöglichte die Entstehung einer Bourgeoisie, deren ökonomische Basis hauptsächlich im exportorientierten extraktiven Sektor lag. Damit erfolgte eine Verschiebung der Aneignung der Rohstoffeinnahmen vom Staat hin zu überwiegend privaten Unternehmen. Ende der 1990er-Jahre existierten in Russland elf große Ölkonzerne. Davon waren drei unter Kontrolle der Föderalregierung (Rosneft, Slavneft und Onako), die Regionalverwaltungen von Tatarstan (Tatneft) und Baschkirien (Bashneft) kontrollierten zwei weitere Unternehmen, Lukoil und Surgutneftegaz wurden vom eigenen Management kontrolliert, und vier Firmen (Yukos, Sidanko, Sibneft und TNK) waren Teil großer Holdings. Ende der 1990er-Jahre kontrollierten die sechs privaten Ölfirmen mehr als die Hälfte der russischen Ölproduktion. Da die Firmen Yukos, Sidanko, Sibneft und TNK im Zuge der zweiten Privatisierungswelle weit unter Wert veräußert wurden, fand in diesem Zeitraum eine beispiellose Vermögensumverteilung zugunsten privater Kapitalfraktionen statt. Das galt auch für andere hochprofitable Sektoren wie die Aluminium-, Buntmetall-, Stahl- und petrochemische Industrie. Im Gassektor wahrte der Staat dagegen seine Monopolstellung.

Der anhaltende wirtschaftliche Niedergang, die Verarmung breiter Schichten und die Herausbildung einer neuen herrschenden Klasse verhinderten die Herausbildung eines stabilen, hegemonialen gesellschaftlichen Projektes, das die neuen postsowjetischen Herrschafts- und Eigentumsverhältnisse abgesichert hätte. Die Einführung des Kapitalismus in Russland war damit – anders als in vielen osteuropäischen Staaten – deutlich umkämpfter und musste gegen das Interesse relevanter Bevölkerungsschichten durchgesetzt werden. Davon zeugen die Wahlerfolge der KPRF oder das Erstarken separatistischer Bewegungen (z.B. in Tschetschenien). Aus diesem Grunde blieb die Machtbasis der jungen russischen Bourgeoisie äußerst fragil. Dies und die umkämpften Eigentumsverhältnisse als Folge der zwielichtigen Privatisierungsprozesse begründeten ein strukturelles asymmetrisches Verhältnis zwischen Staat und Kapital.

Der Verlauf des Transformationsprozesses verdeutlicht den strukturellen Widerspruch zwischen Demokratie und Kapitalismus, denn der politischen Gleichheit eines jeden Bürgers und einer jeden Bürgerin stehen die soziale Ungleichheit und die damit einhergehenden ungleichen Machtverhältnisse entgegen. Kritik an der neoliberalen Schocktherapie wurde aufgrund des Mantras der Regierung, die Reformen unumkehrbar zu machen, nicht als Teil demokratischer Auseinandersetzungen begriffen, sondern als vermeintlicher Ausdruck sowjetischer Beharrungskräfte diskreditiert. Angesichts ihrer politischen Schwäche setzte die Jelzin-Administration in sich gesellschaftlich zuspitzenden Konflikten auf autoritäre Lösungen, was zur bonapartistischen Wende 1993 und der Etablierung eines autoritären präsidentiellen Regimes führte. Dies verdeutlichten die staatliche Gewalt (Niederschlagung des parlamentarischen Protests 1993, Tschetschenien 1994–1996, Streikbewegungen 1996–1998) und die Durchsetzung der zweiten Privatisierungswelle gegen den parlamentarischen Willen auf Grundlage präsidentieller Dekrete.

Putins gescheiterte Modernisierung

Der Zeitraum ab den späten 1980er-Jahren bis zum Ende der 1990er-Jahre war in Russland eine Phase tiefgreifender Umbrüche, gesellschaftlicher Konflikte und Instabilitäten. Die Auflösung der Sowjetunion, der anhaltende ökonomische Niedergang und der zunehmend autoritäre Kurs der Jelzin-Regierung konstituierten »multiple Krisenphänomene« (vgl. Jaitner/Olteanu/Spöri 2018), die im Jahr 1998 im zeitweiligen Staatsbankrott mündeten. Im Gegensatz zu den Staaten Westeuropas – allen voran Deutschland – oder den USA konnte Russland viel weniger von dem Ende des Ost-West-Konfliktes profitieren. Denn die Überwindung der Blockkonfrontation bedeutete den Verlust des Weltmachtstatus und die periphere Integration Russlands in die globale Arbeitsteilung.

Die periphere Entwicklung Russlands wurde damit für den aus dem Transformationsprozess heraus entstandenen Machtblock zu einem Entwicklungshindernis. Zum einen gefährdeten die sozialen Gegensätze stabile innenpolitische Verhältnisse und damit die politische und ökonomische Konsolidierung des Blocks an der Macht. Zum anderen erschwerte die periphere Position Russlands in der internationalen Arbeitsteilung die Internationalisierung einheimischer Konzerne. Der Machtblock reagierte darauf mit einem staatlich geführten Übergang zu einer modifizierten bonapartistischen Ordnung, deren konkrete Ausprägung jedoch bis in die Mitte der 2000er-Jahre gesellschaftlich umkämpft blieb. Während der in den 1990er-Jahren dominante Einfluss privater Kapitalfraktionen (Oligarchie) partiell zurückgedrängt wurde, nahm der Staat – speziell die Gewaltapparate (Silowiki) – eine konstitutive Rolle bei der Reorganisation der gesellschaftlichen Verhältnisse ein und wurde somit zu einem Garanten des neuen Herrschaftsmodells. Wladimir Putin, der diese neue oligarchisch-etatistische Ordnung politisch repräsentierte, verkörperte dabei einen Kompromiss zwischen den unterschiedlichen Fraktionen des herrschenden Blocks.

Der Begriff oligarchisch-etatistische Ordnung beschreibt die Modifikation des bonapartistischen Herrschaftsmodells in Russland und das Bündnis der gesellschaftlichen Akteure, die die neuen Herrschafts- und Machtverhältnisse absichern: Die privaten Kapitalfraktionen der 1990er-Jahre (Oligarchen) und die Staatsapparate. Im Gegensatz zu den 1990er-Jahren war die Putin-Administration darum bemüht, unterschiedliche Fraktionen des herrschenden Blocks in die neue Ordnung zu integrieren. Zwar blieb die Bedeutung der liberalen Technokraten in der Wirtschaftspolitik bestehen. Doch durch den Eintritt konservativer staatszentrierter Kräfte und Vertreter*innen der Gewaltapparate in die Regierung wurde der Konflikt zwischen dem ressourcenextraktiven und den produzierenden Sektoren in die Staatsapparate getragen, was sich in der selektiven Unterstützung produzierender Branchen, der begrenzten Privatisierung staatlicher Monopole und der Abschwächung der neoliberal orientierten Sozialpolitik äußerte. Dies stärkte die Rolle der Exekutive als Vermittlerin zwischen den konkurrierenden Fraktionen des herrschenden Blocks.

Der durch Putin repräsentierte Elitenkonsens ermöglichte zwar eine Stabilisierung der gesellschaftlichen Verhältnisse – zur Not auch durch den Einsatz staatlicher Gewalt wie die Wiederaufnahme der Kampfhandlungen in Tschetschenien zeigte. Die bestehenden Widersprüche (soziale Polarisierung, wachsende Entwicklungsunterschiede) wurden jedoch konserviert. Der Staat antwortete darauf mit der Etablierung eines autoritären Korporatismus (Machtvertikale). Die Inkorporierung zivilgesellschaftlicher Akteure stärkte die Rolle des Staates als zentrales Terrain für politische und wirtschaftliche Auseinandersetzungen, schwächte aber zugleich dessen Handlungsfähigkeit, da verschiedene gesellschaftliche Interessengruppen unvermindert Einfluss auf den Staat auszuüben versuchten und der Staat gleichzeitig seine Kontrolle in alle gesellschaftlichen Teilbereiche immer weiter ausweitete, ohne diese effektiv steuern zu können. Durch die klientelistische Einbindung gesellschaftlicher Schichten (Staatsbedienstete, Angestellte des Bildungs- und Gesundheitssektors, Pensionär*innen) konnte die Regierung die gesellschaftliche Verankerung des bonapartistischen Regimes erweitern, ohne einen Demokratisierungsprozess anzustoßen. Im russischen Kontext war es daher präziser, von *hegemonialen Elementen* des Putinismus, anstatt gesellschaftlicher Hegemonie zu sprechen, die sich primär in dem staatlichen Stabilitätsversprechen (Massenkonsum für politische Ruhe) äußerte.

In wirtschaftspolitischer Hinsicht rückte die Putin-Administration partiell von der neoliberalen Orientierung unter Jelzin ab. Dies wurde unter anderem in der Konsolidierung ausgewählter produktiver Sektoren (Rüstungsindustrie, Maschinenbau) und strategisch relevanter Branchen (Öl und Gas, Finanzen und Nuklearenergie) unter staatlicher Führung deutlich. Weitere wichtige Schritte bestanden in der Durchsetzung institutioneller Regeln und Maßnahmen zur Stärkung der Autonomie des Staates gegenüber der Oligarchie. Die wachsende Bedeutung staatlicher Konzerne im Rohstoffsektor und die erhöhte Besteuerung privater Ölunternehmen sorgten überdies für konstante und (aufgrund des steigenden Ölpreises) hohe Einnahmen, die zur Rückzahlung der Auslandsschulden, der Stabilisierung ausgewählter Sektoren oder einzelner Firmen sowie zur partiellen Umverteilung genutzt werden konnten. Im Gegenzug für politische Loyalität legalisierte die Regierung den aus dem Privatisierungsprozess hervorgegangenen Besitz der Oligarchie.

Die ersten beiden Putin-Administrationen standen für ein autoritäres Modernisierungsprojekt des russischen Machtblocks: Der verstärkte wirtschaftliche Dirigismus und die autoritäre Stabilisierung unter staatlicher Führung waren eine Reaktion auf die Dysfunktionalitäten des unregulierten neoliberalen Kapitalismus der 1990er-Jahre in Russland. Während im Transformationsprozess die ökonomische Funktion des Staates vornehmlich darin bestanden hatte, die Rahmenbedingungen für die Entstehung einer kapitalistischen Marktwirtschaft zu schaffen, forderten russische Kapitalfraktionen ab der Jahrtausendwende staatliche Unterstützung bei der Konsolidierung ihres Besitzes und ihren internationalen Expansionsbestrebungen. Damit einhergingen auch verstärkte regulative Eingriffe des Staates zur Stabilisierung der wirtschaftlichen Entwicklung. Dadurch wurde – ähnlich wie in den BRICS-Staaten und anderen Schwellenländern – ein enges Verhältnis zwischen Staat und Kapital begründet, das als staatlich durchdrungener Kapitalismus bezeichnet werden kann (vgl. May/Nölke/ten Brink 2014). Allerdings handelt es sich im Gegenteil zu China nicht um ein industrielles, sondern extraktives, rohstoffgetriebenes Entwicklungsmodell.

Die Auseinandersetzung um das extraktive Entwicklungsmodell

Die unter Putin forcierte vertiefte Ausrichtung auf den Ressourcenextraktivismus begründete ein Paradox der russischen Entwicklung: Die hohen Einnahmen aus dem Rohstoffexport ermöglichten der Regierung eine Stabilisierung der gesellschaftlichen Entwicklung und einen ökonomischen Aufschwung. Überdies gelang es, als zeitweilig größter IWF-Schuldner bis Januar 2005 und damit dreieinhalb Jahre früher als geplant, die Schulden zu begleichen und in den folgenden Jahren sogar beachtliche Devisenreserven aufzubauen, was die staatliche Autonomie auf internationalem Terrain erhöhte. Andererseits konservierte das extraktive Entwicklungsmodell die Krisenphänomene der Transformationsphase (soziale Polarisierung, strukturelle Heterogenität, Dualität der Wirtschaft) und festigte die starke Außenorientierung und damit die Anfälligkeit für externe Krisen.

Mit dem Beginn der Wirtschafts- und Finanzkrise 2008 traten diese Widersprüche wieder offen zutage. Im Vergleich zu den westlichen Staaten oder China und Indien war der Wirtschaftseinbruch heftiger. Darüber hinaus blieb die Krise nicht auf den Bereich der Ökonomie beschränkt, sondern erfasste mit zeitlicher Verzögerung auch die Politik. Die anhaltenden Proteste von 2011 bis 2013 waren Ausdruck einer doppelten Krise der oligarchisch-etatistischen Ordnung und ihrer Repräsentant*innen (Legitimations- und Repräsentationskrise). Die Protestierenden wandten sich gegen die in den 2000er-Jahren etablierten Hierarchien und autoritären Strukturen und setzten dagegen demokratische Forderungen und eigenständige Formen der Repräsentation. Vor dem Hintergrund der ungelösten Krisenkonstellation im Innern (ökonomisch, sozial, politisch) und der wachsenden geopolitischen Konfrontation mit dem Westen verschärften sich innerhalb des herrschenden Blocks die Konflikte um die wirtschaftspolitische Ausrichtung des Landes. Dabei ließen sich zwei konkurrierende Strategien ausmachen: Zum einen die technische Modernisierung und sektorale Erweiterung des Ressourcenextraktivismus, zum anderen der Übergang zu einer nationalkapitalistischen Entwicklungsstrategie mit einem Fokus auf den postsowjetischen Raum und Asien.

Pläne zur technologischen Modernisierung des Ressourcenextraktivismus waren eine Antwort auf die Anfälligkeit des russischen Entwicklungsmodells für externe Krisen. Zudem zwangen Konzepte eines »grünen Kapitalismus« zu Anpassungen und partiellen ökologischen Modernisierungsschritten. Die duale Struktur der russischen Volkswirtschaft setzte nach Ansicht des extraktiven Lagers den profitablen, global konkurrenzfähigen außenorientierten Sektoren enge Grenzen. Durch »eine qualitative Veränderung der technologischen Grundlage« (Mau 2016: 5) der Rohstoffindustrie könne in Russland jedoch die Voraussetzung für global konkurrenzfähige, hoch entwickelte einheimische Unternehmen geschaffen werden. Dazu bedürfe es der Ausbeutung neuer Rohstoffvorkommen in infrastrukturell schwach erschlossenen und ökologisch hochsensiblen Gebieten (Arktis, Ostsibirien), der systematischen Förderung der einheimischen Zulieferindustrie und der Erweiterung der Exportbasis, etwa durch die Förderung des agroindustriellen Komplexes. Die Forderungen der russischen Energiebranche hatten unmittelbaren Einfluss auf die politischen Strategien des Staates. Dieser unternahm seit Jahren aktive Schritte, die auf internationaler Ebene die beherrschende Stellung konventioneller »brauner« Energieträger (Öl, Gas, Kohle und Nuklearenergie) gegenüber erneuerbaren Energien abzusichern. Ein wichtiger Bestandteil dieser Strategie war der Bau neuer Pipelines (North Stream, South Stream, Sibirische Kraft, Altaj Pipeline) oder von Atomkraftwerken im Ausland und die Belieferung ausländischer Kunden mit Brennstäben.

Die Modernisierungsbestrebungen des Ressourcenextraktvismus beschränkten sich keinesfalls auf »braune« Energieträger, sondern zielten gleichfalls darauf ab, Russland als Produzenten erneuerbarer Energien zu positionieren. Die extraktive Fraktion im russischen Machtblock sah im Klimawandel und der damit einhergehenden Nachfrage nach grüner Energie, dem Emissionshandel und Ökosystemdienstleistungen ein äußerst lukratives Geschäftsmodell. Dies erklärt die immer aktivere Rolle Russlands in Klimaverhandlungen, um auf die klimapolitische Regulation einzuwirken. Entwicklungstendenzen hin zu einem grünen Kapitalismus im Westen waren dabei durchaus kompatibel mit dem modernisierten extraktiven Entwicklungsmodell. Der hohe Energiebedarf der EU oder der aufstrebenden asiatischen Ökonomien (China, Indien), der nur durch Importe gedeckt werden konnte, erlaubte das bestehende Geschäftsmodell auf modifizierter Grundlage (emissionsarme Energie aus Russland gegen Hochtechnologie) fortzuführen. Der russische Überfall auf die Ukraine und das daraufhin ausgeweitete westliche Sanktionsregime beschleunigte diese Entwicklung und führte dazu, dass sich die russischen Handelsströme von Westen nach Osten verschoben.

Die Modernisierungsbestrebungen stießen auch aus geopolitischen Erwägungen im russischen Machtblock auf Zustimmung, denn angesichts des globalen Bedeutungsverlusts seit den frühen 1990er-Jahren galten die Produktion und der Export von Energie als Voraussetzung, weiter international Einfluss ausüben zu können. Dabei wurde das Narrativ der Energiesupermacht modifiziert, da die künftige Produktion von grüner Energie eine partiell technologische Entwicklung der Branche notwendig machte. Das bedeutete nicht, dass sozialökologische Widersprüche in ressourcenextraktiven Gesellschaften wie Russland nicht problematisiert wurden. In den vergangenen Jahren entstand als Reaktion auf die sich verschärfenden ökologischen Probleme im Land eine aktive Umweltszene, die besonders in den Regionen fernab der Zentren große Proteste organisieren konnte.[1] Der Naturaneignung wohnte trotz ihrer destruktiven Tendenzen auch ein stabilisierendes Moment inne. Die Einnahmen aus dem Rohstoffexport erlaubten die Durchsetzung von Klassenkompromissen oder zumindest eine Stabilisierung von Herrschaftsverhältnissen, indem sie durch klientelistische Maßnahmen zum Teil umverteilt wurden. Auch die »imperiale Lebensweise« (Brand/Wissen 2017) der russischen Mittelschicht, das heißt eine extrem ressourcenintensive Lebensweise, trug zur Stabilisierung von Machtverhältnissen bei.

Die nationalkapitalistische Entwicklungsstrategie wurde von einer Koalition aus nationalkonservativen Kräften, Teilen der Staatsbürokratie, der staatszentrierten »patriotischen« Linken und binnenorientierten Kapitalfraktionen getragen. Die Heterogenität ihrer Anhänger*innen verhinderte zwar ein konkretes politisches Programm, ein übergreifendes Ziel bestand allerdings in der Reduzierung der wirtschaftlichen Außenorientierung und einseitigen Ausrichtung auf den Rohstoffexport durch eine forcierte binnenorientierte Entwicklung. Mittels regulativer Eingriffe des Staates sollten die produktive Struktur des Landes und regionale, das heißt postsowjetische Integrationsprozesse gestärkt werden. Es handelte sich um ein Programm zur Modernisierung des russischen Kapitalismus mit dem Ziel, die internationale Konkurrenzfähigkeit einheimischer Kapitalfraktionen zu verbessern.

Der Kristallisationspunkt der nationalkapitalistischen Entwicklungsstrategie war der Staat. Dies entsprach zum einen dem autoritär-elitären Charakter des Projektes, da die Bedeutung von Parteien oder sozialen Bewegungen für die Umsetzung von politischen Programmen als gering erachtet wurde. In diesem Sinne knüpfte die nationalkapitalistische Entwicklungsstrategie an die »imperiale Modernisierungsstrategie« (Krasilshchikov 2014: 15ff.) zu Beginn des 20. Jahrhunderts an. Zum anderen galt der Staat als Bündnispartner gegen das mächtige Rohstoffkapital. Die Neuausrichtung der staatlichen Politik mit Fokus auf

[1] Ein Überblick über die Entwicklung der russischen Umweltszene und ihre Protestorientierung bis zum russischen Einmarsch in der Ukraine findet sich bei Zakharkina-Berezner/Gladkova (2021).

den Binnenmarkt sollte auch die Herausbildung einer »nationalen Bourgeoisie« fördern, deren Geschäftstätigkeit sich vor allem auf den produzierenden Sektor konzentrierte. Forderungen von Anhänger*innen der nationalkapitalistischen Entwicklungsstrategie nach Protektionismus und staatlichem Dirigismus waren in diesem Sinne eine Reaktion auf die kapitalistische Transformation und deren negativen Entwicklungen, die dem Ökonomen Karl Polanyi (vgl. 2015) folgend als gesellschaftliche Abwehrprozesse beschrieben werden können. Diese Abwehrprozesse kamen unmittelbar aus dem Machtblock: Aufgrund der Schwäche der russischen Bourgeoisie und der semi-peripheren Lage des Landes im kapitalistischen Weltsystem wurde der Staat zum zentralen Akteur gesellschaftlicher Entwicklungsprojekte.

Als Reaktion auf die westlichen Sanktionen 2015 wurde die Importsubstitution zum offiziellen Ziel staatlicher Politik. Damit konnten wichtige inhaltliche Forderungen der nationalkapitalistischen Entwicklungsstrategie im Staat verankert werden. Schritte zur Förderung des produzierenden Sektors (Subventionen, protektionistische Handelspolitik, Exportunterstützung) stellten eine partielle Abkehr von der neoliberalen Orientierung dar, die bis dahin die staatliche Wirtschafts- und Finanzpolitik dominiert hatte. Dies ging einher mit dem Aufbau neuer beziehungsweise der Aufwertung bestehender staatlicher Institutionen zu deren Umsetzung.

Neue Entwicklungstendenzen des russischen Kapitalismus

Die Verankerung wichtiger inhaltlicher Forderungen der nationalkapitalistischen Entwicklungsstrategie im Bereich der Wirtschafts- und Handelspolitik und die partielle Abkehr von der neoliberalen Orientierung veränderten das russische Entwicklungsmodell. Drei Tendenzen sind in diesem Zusammenhang hervorzuheben: 1) Eine Modifikation des extraktiven Modells, in dem fossile Energieträger an Bedeutung verloren und stattdessen die Produktion grüner Energieträger, der agroindustrielle und der militärisch-industrielle Komplex sowie daran angegliederte produzierende Branchen an Bedeutung gewannen. 2) Der Übergang zu einer stärker protektionistischen Wirtschaftspolitik stärkte den Einfluss des Staates als zentraler Organisator ökonomischer Prozesse und Stabilisator gesellschaftlicher Kräfteverhältnisse. Dies dürfte die Kräfteverhältnisse innerhalb des Machtblocks weiter in Richtung der nationalkonservativen Kräfte verschieben, die in einem deutlich konfrontativeren Verhältnis zum Westen standen. 3) Eine geopolitische Orientierung auf den eurasischen Raum, die sich in einer wirtschaftlichen Entkopplung vom Westen und dem Entstehen eines russisch-chinesischen Blocks manifestierte. Zum Schwerpunkt der russischen Außenpolitik wurden der postsowjetische Raum und Südostasien.

Die Modifikation des Extraktivismus

Obwohl die Auseinandersetzung um Lösungswege aus der Wirtschaftskrise und das ressourcenextraktivistische Entwicklungsmodell mit dem Eintritt der nationalkonservativen Kräfte in die Regierung stärker in die Staatsapparate getragen wurde, war die Krise des bedeutendsten Sektors – der Öl- und Gasindustrie – der Wendepunkt zugunsten einer stärker protektionistisch orientierten Wirtschaftspolitik. Das zeigte sich an der Ausrichtung der Importsubstitutionsstrategie auf die Interessen des Öl- und Gaskomplexes und daran angrenzende Sektoren (Chemieindustrie und Maschinenbau). Eine systematische staatliche Industriepolitik, die sich auf den Aufbau von Produktionskapazitäten in produktiven Schlüsselsektoren konzentrierte, ließ sich bis auf wenige Ausnahmen nicht beobachten. Die russische Wirtschaftspolitik prägte vielmehr eine Kombination aus einem radikalisierten neoliberalen Austeritätsprogramm und einem neuen staatlichen Dirigismus (Abkehr von der Freihandelsorientierung, Lokalisierungsstrategie).

Die durch die fortgesetzte Austeritätspolitik forcierte innere Abwertung war Teil einer seit den frühen 2000er-Jahren verfolgten neo-merkantilistischen Wirtschaftsstrategie der russischen Regierung, die die Binnennachfrage begrenzte und gleichzeitig hohe Exportüberschüsse generierte. Sie äußerte sich in verschärftem Druck auf die Lohnentwicklung, einem forcierten Abbau des Sozialstaats und der Gründung von Sonderwirtschaftszonen zur Repatriierung von Offshore-Kapital. Parallel dazu ließen sich eine begrenzte staatlich koordinierte Nachfragepolitik für Schlüsselindustrien, Strategien der Exportförderung, handelspolitische Schutzmaßnahmen und eine gesetzliche Einschränkung von ausländischen Direktinvestitionen in strategischen Sektoren beobachten. Dabei kam es zu einer partiellen Integration anderer Sektoren, etwa des agroindustriellen und des militärisch-industriellen Komplexes, und damit zu einer teilweisen Konvergenz zwischen rohstoff- und produzierenden Sektoren. Das galt umso mehr seit dem russischen Einmarsch in der Ukraine und der sich abzeichnenden langwährenden Konfrontation mit dem Westen.

Mittelfristig war durchaus zu erwarten, dass die globale Position russischer Kapitalfraktionen des Rohstoffsektors, des agroindustriellen Komplexes und des militärisch-industriellen Komplexes und der jeweils dazugehörigen Zulieferer gestärkt wurde, zumal die Nachfrage nach diesen Gütern in Zukunft weiter steigen dürfte. Das galt vor allem für den postsowjetischen Raum und Asien. In der EU, Japan und den USA wird russisches Kapital jedoch auch in Zukunft eine untergeordnete Rolle spielen, nicht zuletzt aufgrund der Sanktionen. Das gilt auch für China. Seit dem russischen Angriff auf die Ukraine konnte China seine ökonomische Position auf dem russischen Markt sogar noch ausbauen. Das trifft besonders für den Hochtechnologiebereich wie Halbleiter, Mikroprozessoren und Autos zu (vgl. Kaufmann 2023). Zugleich exportierte auch Russland mehr Öl und Gas nach China. Damit reproduzierten die wirtschaftlichen Beziehungen beider Länder jenes zu den Staaten Westeuropas, in dem Rohstoffe für Hochtechnologie gehandelt wurden.

Zudem bedeutete eine partielle Konvergenz zwischen Rohstoff- und produzierenden Sektoren nicht automatisch eine Überwindung des ressourcenextraktiven Entwicklungsmodells, denn selbst bei einer erhöhten Weiterverarbeitung und Veredelung der Rohstoffe in Russland würde die grundsätzliche Orientierung auf den Rohstoffsektor beibehalten. Darüber hinaus war ein umfassender Re-Industrialisierungsprozess des postsowjetischen Raums kaum zu erwarten. Ein wichtiger Grund war die Westorientierung der Ukraine und die relativ schwache Bedeutung der Industrie in den anderen Mitgliedsstaaten (mit Ausnahme von Belarus und zum Teil von Kasachstan). Die ökonomische Bedeutung Chinas stellte ein weiteres Hindernis für eine systematische Re-Industrialisierungsstrategie dar, denn sie festigte Russlands Stellung als Rohstofflieferant. Aufgrund der westlichen Sanktionen waren die Einnahmen aus dem Öl- und Gasexport jedoch so bedeutsam, dass in naher Zukunft eher deren Ausweitung zu erwarten ist.

Langfristig dürfte der Aufbau von Produktionskapazitäten von grüner Energie dazu führen, die starke Ausrichtung auf den Export fossiler Energieträger abzuschwächen. Das gilt besonders für den Fall, wenn es zu einem Friedensschluss im Ukraine-Krieg kommen sollte. Der Export von grüner Energie aus Russland in die EU dürfte im Mittelpunkt von ersten Annäherungsversuchen zwischen den beiden Lagern stehen, würde aber – genauso wie im China-Handel – keine Abkehr von der extraktiven Orientierung bedeuten.

Die veränderte Rolle des Staates

Der wirtschaftliche Dirigismus aber auch der sich verschärfende Autoritarismus stellten den Versuch dar, die multiplen Krisenphänomene der oligarchisch-etatistischen Ordnung im Sinne des herrschenden Blocks zu bearbeiten. Im Angesicht der stagnierenden volkswirtschaftlichen Entwicklung waren russische Unternehmen auf staatliche Unterstützung in Form von Anti-Krisen-Programmen und politischen Maßnahmen zur Stärkung der internationalen Konkurrenzfähigkeit (Importsubstitutions- und Lokalisierungsstrategie) angewiesen. Der staatliche Einflussgewinn äußerte sich unter anderem in der Gründung oder Aufwertung von Institutionen zur wirtschaftspolitischen Steuerung und Regulierung. Dadurch nahm der Staat viel unmittelbarer Einfluss auf wirtschaftliche Planungsprozesse als dies noch in den 2000er-Jahren der Fall war. Zudem sicherte er durch Kapitalbeteiligungen in strategisch relevanten Sektoren einen Verbleib technologischer, industrieller und intellektueller Kapazitäten im Land und bremste somit den Peripherisierungsprozess. Die zunehmenden wirtschaftlichen Konzentrationsprozesse im Inneren (Entstehung von Oligopolen und Monopolen oft unter staatlicher Beteiligung in strategisch relevanten Sektoren) sind ebenso ein Beispiel für den wachsenden staatlichen Einfluss in der Wirtschaft, wie die immer häufiger zu beobachtenden Joint Ventures zwischen staatlichen und privaten Firmen. Dadurch wurde ein institutionelles Arrangement geschaffen, in dem das Verhältnis zwischen Kapital und Staat, den Kapitalfraktionen untereinander sowie zwischen Arbeit und Kapital immer stärker durch den Staat reguliert und beeinflusst wurde.

Dies wurde eingebettet in eine immer autoritärere politische Ordnung. Infolge der Wirtschafts- und Finanzkrise 2008 und des Protestzyklus 2011 bis 2013 nahm die Verlagerung von Entscheidungsprozessen in die Exekutive und die autoritäre Kooptierung zivilgesellschaftlicher Organisationen immer weiter zu und erreichte seit Beginn des Krieges in der Ukraine einen neuen Höhepunkt. Damit wurde der Staat zum zentralen gesellschaftlichen Akteur, in dem sich Aushandlungs- und Entscheidungsprozesse der Eliten konzentrierten. Weder oppositionelle Bewegungen noch institutionalisierte Oppositionsparteien oder einzelne Oligarchen können gegenwärtig eine eigenständige Politik gegen den Staat betreiben, da es ihnen an Ressourcen (Personal, finanzielle Mittel) und Organisationsstrukturen fehlt. Die Zerschlagung der Bewegung des rechten Anti-Korruptionsaktivisten Aleksej Nawalnyj macht dies sehr deutlich. Vorläufig ist der Staat gestärkt aus den multiplen Krisen der oligarchisch-etatistischen Ordnung hervorgegangen, während die russische Bourgeoisie sowohl an politischem Einfluss als auch an wirtschaftlicher Eigenständigkeit verloren hat. Gleichzeitig fehlte es an klaren Kriterien zur Leistungsbeurteilung von Staatsangestellten und Unternehmer*innen, wie dies etwa in vielen südostasiatischen Staaten üblich war. In Russland dominierte dagegen die politische Loyalität gegenüber der Staatsmacht. Damit wurde das Verhältnis zwischen Staat und Kapital zunehmend feudalisiert, indem Fraktionen aus dem Machtblock wie traditionelle Lehnsherren den ihnen zugewiesenen Besitz verwalteten, ohne dass dies an konkrete Entwicklungsforderungen geknüpft wurde. Die unternehmerische Strategie war in erster Linie auf gute Beziehungen zu Staat und Regierung ausgerichtet und nicht auf die Verbesserung von Produktqualität oder die Innovation eines Unternehmens. Da der Besitz infolge von Einflussverlust oder Illoyalität wieder entzogen werden konnte, war das Verhältnis der Fraktionen innerhalb des Machtblocks geprägt von permanenten Machtkämpfen, was die Orientierung auf eine extrem kurzfristige Profitmaximierung weiter erhöhte.

Die Konzentration von Entscheidungsprozessen im Staat stärkte die Staatsbürokratie und – vor dem Hintergrund der wachsenden geopolitischen Konfrontation und der Repression im Innern – vor allem die staatlichen Gewaltapparate. Zu den Profiteuren zählten auch die nationalkonservativen Kräfte, die diese Entwicklung ideologisch unterstützten. Dies dürfte die Kräfteverhältnisse innerhalb des russischen Machtblocks langfristig verschieben.

Umbrüche in der Außenpolitik

Die zunehmende Ausrichtung der russischen Außenpolitik an imperialen und sicherheitspolitischen Interessen steht in einem direkten Zusammenhang mit den Auseinandersetzungen um das extraktive Entwicklungsmodell. Denn erst im Zuge der Konfrontation mit dem Westen und den Sanktionen wurden die Forderungen nach Importsubstitution und Re-Industrialisierung endgültig zum Ziel staatlicher Politik erklärt. Der expansivere außenpolitische Kurs war darüber hinaus eine Reaktion auf den Peripherisierungsprozess seit den 1990er-Jahren, der sich in einem ökonomischen und (geo)politischen Abstieg niederschlug und auf die inneren Krisen der oligarchisch-etatistischen Ordnung, diesen Niedergang effektiv zu bearbeiten.

Der außenpolitische Kurswechsel ging einher mit einer Abkehr von der seit den 1990er-Jahren dominierenden Westorientierung und einem Schwenk nach Osten, konkret den postsowjetischen Raum und Südostasien. Relevante Kräfte im russischen Machtblock interpretierten den Aufstieg Chinas und Indiens als Anzeichen für ein Ende der westlichen Hegemonie und das Entstehen einer multipolaren Weltordnung. Diese globalen Umbrüche wurden als Chance begriffen, die eigene Position zu stärken, was eine Neuausrichtung der russischen Politik erfordere. Das bedeutete eine Konzentration auf den postsowjetischen Raum, in dem Russland seine dominante Stellung wahren müsse, um weiterhin die globalen Umbruchsprozesse aktiv gestalten zu können und damit ein globaler Akteur zu bleiben. Anders als die Sowjetunion verzichtete der russische Machtblock darauf, die eigenen imperialen Ambitionen mit einer alternativen politischen Ideologie zu untermauern. Stattdessen akzeptierte er die vom Westen etablierten Spielregeln, forderte aber einen gleichberechtigten Platz in der globalen Ordnung ein.

Das Ende der Westorientierung entsprach auch den wirtschaftspolitischen Interessen einflussreicher Kräfte im Machtblock, der sogenannten neuen Oligarchie. Diese entstammte oftmals dem direkten persönlichen Umfeld Putins und den staatlichen Gewaltapparaten. Ihr Kapital investierte sie in einem weit größeren Ausmaß in Russland und im postsowjetischen Raum als die transatlantisch orientierte Oligarchie. Dies war zum einen auf staatlichen Druck zurückzuführen, zum anderen setzte die ökonomische und politische Dominanz des Westens ihren eigenen Expansionsbestrebungen enge Grenzen (vgl. Dzarasov 2016 31f.). Die staatliche Importsubstitutionspolitik dürfte ihre Wirkung umso effektiver entfalten, je länger die Sanktionen in Kraft bleiben. Daher erscheint es nicht unwahrscheinlich, dass Vertreter*innen der neuen Oligarchie – insbesondere aus den produzierenden Sektoren – und mit ihnen verbundene Kräfte in der Regierung und den Staatsapparaten ein Interesse an der Aufrechterhaltung der westlichen Sanktionen besitzen. Dies würde eine Rückkehr zu Freihandel und eine Rücknahme der protektionistischen Maßnahmen erschweren, wodurch sie ihre internationale Konkurrenzfähigkeit verbessern könnten. Eine Verbesserung der

Beziehungen zwischen Russland und dem Westen ist daher in naher Zukunft genauso unwahrscheinlich wie eine Friedenslösung im Krieg in der Ukraine.

Der Schwenk hin zum postsowjetischen Raum und Südostasien traf aufgrund der Abhängigkeit von den westlichen Exportmärkten auch in den extraktiven Branchen auf Unterstützung. Obwohl russische Energiefirmen die Gründung der Eurasischen Union weder explizit gefordert noch nennenswert vorangetrieben hatten, zeigten sie seit den ersten westlichen Sanktionen 2014 ein verstärktes Interesse an Kooperationen mit dem kasachischen Energiekomplex. Sowohl die russische Nuklearindustrie als auch fossile Energiekonzerne (Öl, Gas, Kohle) sahen in einer engeren Anbindung der rohstoffreichen Länder Zentralasiens die Möglichkeit, den wachsenden Energiebedarf in Südostasien – insbesondere Chinas – zu decken. Damit bildete sich im Rahmen des eurasischen Integrationsprojektes zunehmend ein Bündnis russisch-kasachischer Energieunternehmen heraus, die den Re-Industrialisierungsbestrebungen der produktiven Sektoren aus Russland und Belarus eher skeptisch gegenüberstand.

Für immer in der Rohstofffalle?

Trotz der Importsubstitution bleibt auch in Zukunft die Ausrichtung des russischen Entwicklungsmodells auf den Rohstoffexport bestehen. Eine Überwindung der (semi)peripheren Lage Russlands erscheint daher bis auf Weiteres unwahrscheinlich. Die Auseinandersetzung um den Ressourcenextraktivismus in Russland zeigt eindrücklich, wie schwierig es ist, die Orientierung auf dieses Entwicklungsmodell zu überwinden. Dabei scheinen nicht zuletzt aufgrund des sowjetischen Erbes die Voraussetzungen dazu deutlich besser als in anderen Staaten der Peripherie. Denn in Russland existiert nach wie vor eine industrielle Struktur, die in einigen Sektoren exportorientiert ist, und eine vergleichsweise große Hochschul- und Forschungslandschaft. Ein weiterer Unterschied zwischen Russland und vielen anderen rohstoffexportierenden Staaten besteht in der Einstellung der Herrschenden zum Extraktivismus. Während etwa in Lateinamerika Alternativen in Form von widerständigen Praxen formuliert werden, ist es in Russland ein Teil des herrschenden Blocks, der im Rahmen der Re-Industrialisierungsstrategie die Abhängigkeit vom Rohstoffsektor reduzieren will.

Der partiell konstatierte Bruch mit der neoliberalen Ausrichtung des russischen Staates und der wirtschaftliche Dirigismus gingen jedoch nicht mit einem gesellschaftlichen Demokratisierungsprozess einher. Bislang bleibt die Auseinandersetzung um die Lösungswege aus der russischen Krise auf die künftige Ausrichtung beziehungsweise eine Modifikation des Ressourcenextraktivismus und damit einen Konflikt innerhalb des Machtblocks beschränkt. Weite gesellschaftliche Schichten wurden entweder nicht erfasst oder bewusst ausgeschlossen. Daher wäre es analytisch ungenau, von miteinander konkurrierenden hegemonialen Projekten zu sprechen, wie dies etwa im Kontext der Europäischen Union geschieht (vgl. Kannankulam/Georgi 2012). Denn im Rahmen eines hegemonialen Projektes bemühten sich einzelne Klassenfraktionen, ihre Partikularinteressen durch breite öffentliche Unterstützung sicherzustellen. Die Auseinandersetzung zwischen den extraktiven und nationalkapitalistischen Fraktionen erforderte zwar partielle Zugeständnisse gegenüber einzelnen gesellschaftlichen Schichten, wies jedoch nicht über klientelistische Praktiken hinaus. Dies verhinderte eine dauerhaftere Verankerung eine der beiden Strategien durch die Erweiterung der gesellschaftlichen Basis. Dies war ein wichtiger Grund für die sich verschärfende autoritäre Entwicklung seit den gesellschaftlichen Massenprotesten, die – zumindest temporär – die dominante Stellung des herrschenden Blocks und dessen ökonomische Führungsrolle absicherte.

Zwar herrschte unter Vertreter*innen des nationalkapitalistischen Modernisierungsprojekts eine größere Sensibilität gegenüber der sozialen Frage, im Kern handelte es sich jedoch um ein autoritär-elitäres Projekt. Eine klassenübergreifende Ausweitung des nationalkapitalistischen Bündnisses mit einem Akzent auf der Entwicklung des Binnenmarktes würde jedoch rasch die politische Machtfrage stellen. Die KPRF verzichtete zugunsten ihrer politischen Teilhabe an der oligarchisch-etatistischen Ordnung auf eine systematische Mobilisierung der Transformationsverlierer*innen, obwohl sie deren politische Repräsentation beanspruchte. Darüber hinaus stand die fortgesetzte Austeritätspolitik einer Ausweitung der Binnennachfrage im Weg. Eine dauerhaftere Verankerung der nationalkapitalistischen Entwicklungsstrategie in der Unter- und Mittelschicht blieb damit aus, obwohl der gesellschaftliche Rückhalt für solche Forderungen in diesen Milieus sehr groß wäre.

Darüber hinaus ließen die autoritären Verhältnisse zunehmend weniger Artikulationsmöglichkeiten für eine breite Diskussion drängender gesellschaftlicher Probleme (soziale Ungleichheit, regionale Entwicklungsunterschiede, separatistische Bestrebungen) geschweige denn alternativer Praktiken und Projekte auf zivilgesellschaftlicher Ebene, die über den Extraktivismus hinausweisen könnten. Einer stärkeren Binnenorientierung der russischen Ökonomie standen zudem die großen Entwicklungsunterschiede zwischen den Regionen entgegen, die durch die föderative Struktur des Landes sogar weiter vertieft wurden. Moskau und Sankt Petersburg genossen als sogenannte föderale Städte den Status eines Subjekts der Russischen Föderation und verfügten dadurch über deutlich höhere Einnahmen als andere Regionen. Den meisten Regionen mangelte es dagegen an finanziellem Spielraum und verfassungsrechtlichen Kompetenzen, eigenständige wirtschaftspolitische Programme umzusetzen. Die ungleiche Entwicklung innerhalb des Landes blieb damit aufrechterhalten und dürfte sich aufgrund der selektiven Modernisierung sogar noch vertiefen. Dies zeigten Leuchtturmprojekte wie der Technologiepark Skolkowo vor den Toren Moskaus. Bei den fünf Forschungsschwerpunkten (Weltraum- und Telekommunikationstechnologie,

Nukleartechnologie, Informationstechnologie, Energieeffektivität und Energieeinsparung, Biomedizin) handelte es sich um Bereiche, die bereits jetzt positive Entwicklungen vorweisen konnten. Ziel des Technologieparks war jedoch nicht die Stärkung der eingeschränkten wissenschaftlichen Kapazitäten und eine enge Verzahnung von Firmen und Forschungsclustern. »Hier geht es ums Business«, sagte ein leitender Manager von Skolkowo (ebd.) im persönlichen Gespräch. »Wir haben das Ziel, die Kommerzialisierung nicht nur in Russland, sondern auch im Ausland zu unterstützen.«

Neue Krisen statt Entwicklung: Die Wiederkehr des russischen Paradoxons

Welche Zukunft hat Russland? Und wie realistisch ist ein demokratischer Neuanfang? Fest steht: Vor dem Hintergrund der anhaltenden Krisenkonstellation im Inneren und dem vermutlich über Jahre andauernden Krieg in der Ukraine erweist sich das ressourcenextraktive Entwicklungsmodell immer mehr als Entwicklungshindernis: Die extreme Außenorientierung (Extraversion) verhindert eine Ausrichtung auf den Binnenmarkt sowie eine Diversifizierung der Volkswirtschaft. Zwar stößt die einseitige Ausrichtung auf den Rohstoffexport innerhalb des Machtblocks zunehmend auf Kritik. Einem gesellschaftlichen Demokratisierungsprozess steht man jedoch aus Furcht vor dem Verlust politischer und ökonomischer Macht bestenfalls skeptisch gegenüber.

Die gesellschaftliche Entwicklung Russlands ist geprägt von der Wiederkehr ein und desselben Paradoxons. Die Modernisierungsstrategie des Machtblocks zielt darauf ab, die Abhängigkeit des Landes vom Weltmarkt zu verringern, technologische Innovation zu fördern und durch die Stärkung der produzierenden Sektoren dauerhaft hohes Wachstum im Inneren zu gewährleisten. Gleichzeitig schränkt die wachsende Repression die Räume für eine kritische öffentliche Debatte über die bestehenden sozialen, ökologischen und politischen Widersprüche im Land ein. Sowohl bei dem modernisierten Extraktivismus als auch bei der nationalkapitalistischen Entwicklungsstrategie handelt es sich um konkurrierende Strategien zur Absicherung der ökonomischen und politischen Vormachtstellung des herrschenden Blocks, breiten gesellschaftlichen Rückhalt streben beide bewusst nicht an. Die Regierung verzichtet zunehmend darauf, in breiteren Bevölkerungsschichten um Unterstützung für ihre Politik zu werben. Vielmehr vollzieht sich der Übergang zu einer autoritären staatlichen Ordnung, die sich zunehmend auf einen aggressiven großrussischen Nationalismus stützt.[2] Die ungelöste Krisenkonstellation und die unveränderte semi-periphere

[2] »Als alle noch verrückt von der Globalisierung waren und sich an einer Welt ohne Grenzen berauschten, erinnerte Moskau deutlich daran, dass Souveränität und nationale Interessen eine Bedeutung haben², antwortete Wladislaw Surkow (2019), langjähriges Regierungsmitglied

Lage Russlands machen eine Verschärfung der bestehenden Konfliktlinien im Innern und im Äußeren wahrscheinlich. Eine Demokratisierung gesellschaftlicher Verhältnisse im Inneren sowie eine dauerhafte Friedenslösung für die vielfältigen Konflikte im postsowjetischen Raum sind unter diesen Voraussetzungen kaum vorstellbar.

Das zeigt die Entwicklung seit dem Angriff auf die Ukraine. Der russischen Regierung bleibt nichts weiter übrig als auf die westlichen Sanktionen mit einer Ausweitung der Importsubstitutionsstrategie zu reagieren. Allerdings lassen die ausufernden Kosten für den Krieg nur wenig Spielraum für Industriepolitik. Stattdessen setzt die Putin-Administration auf den Export von Öl und Gas in neutrale Staaten. Damit wird die bereits im Gang befindliche Grenzziehung zwischen den miteinander konkurrierenden westlichen und russisch-chinesischen Blöcken vorangetrieben, ohne dass dies etwas an der peripheren Lage Russlands ändern würde.

Der Krieg greift immer weiter in das Alltagsleben der russischen Bevölkerung ein. Neben der Wirtschaftskrise äußert sich dies unter anderem in der Mobilisierung der Zivilbevölkerung für den Krieg und der Erhöhung der Rüstungsproduktion. Dennoch ist in naher Zukunft eine anhaltende Protestbewegung wie in den Jahren 2011 bis 2013 kaum zu erwarten. Dagegen spricht die systematische Zerschlagung oppositioneller Strukturen und die Flucht von über einer Million Menschen seit Kriegsbeginn, darunter vieler politisch Aktiver. Auch die in westlichen Medien beliebte Spekulation über eine Spaltung des Machtblocks, die in einem Sturz Putins münden könnte, ist unwahrscheinlich. Zwar wird den Oligarchen seit den sich verschärfenden geopolitischen Konflikten ihre Regierungsnähe auf den westlichen Märkten zum Nachteil, was unter anderem in den Sanktionen gegen vermeintliche oder reale Putin-nahe Unternehmer deutlich wird. Allerdings verlieren sie stetig an politischem und wirtschaftlichem Einfluss und sind daher stark von staatlichem Schutz abhängig. Vorerst bleibt ihnen daher nur die Option, den Schwenk auf neue Exportmärkte (postsowjetischer Raum, Südostasien) mitzutragen.

Vor diesem Hintergrund erscheint ein baldiges Ende des Krieges weder wahrscheinlich noch im Interesse des Machtblocks. Mit dieser Haltung macht die Regierung ihre eigene Zukunft immer mehr vom Ausgang des Krieges abhängig. Ein russischer Sieg über die Ukraine hätte fatale Folgen, denn er würde das expansive und rechtsautoritäre Regime vorerst stabilisieren. Eine Niederlage hätte jedoch nicht automatisch die von westlichen Expert*innen prognostizierte Demokratisierung des Landes zur Folge. Eine Regierungsbildung durch ext-

---

und ein wichtiger ideologischer Berater Putins, auf die Frage, wie sich Russland global positioniere. Das 21. Jahrhundert dagegen entwickle sich den eigenen Interessen entsprechend. »Der englische Brexit, das amerikanische ›#greatagain‹, Einwanderungsschutz in Europa sind nur die ersten Punkte einer weitverbreiteten Liste allgemeiner Äußerungen der Deregulierung, der Resouveränisierung und des Nationalismus«.

rem rechte Kräfte oder ein drohender Staatszerfall mit bürgerkriegsähnlichen Zuständen sind durchaus wahrscheinliche Szenarien. In beiden Fällen würden die bestehenden Konflikte im postsowjetischen Raum verschärft und die Region – einschließlich Russlands und der Ukraine – weiter langfristig destabilisiert.

Literatur

Aasland, Aadne/Berg-Nordlie, Mikkel/Bogdanova, Elena (2016): Encouraged but controlled: governance networks in Russian regions, in: East European Politics, Vol. 32, No. 2, S. 148–169.

Acosta, Alberto (2013): Extractivism and Neoextractivism. Two sides of the same curse, in: Lang, Miriam/Mokrani, Dunia (Hrsg.), Beyond Development. Alternative Visions from Latin America. Amsterdam/Quito, S. 61–86.

Aglietta, Michel (1979): A Theory of Capitalist Regulation. The US Experience. London.

Alekseev, Alexey (2014): The New Industrialization, in: Problems of Economic Transition, Vol. 56, No. 12, S. 43–62.

Alexandrova, Olga (1996): Auf der Suche nach außenpolitischen Alternativen. Die »Dritte Welt« in den russischen Vorstellungen, in: Berichte des Bundesinstituts für Ostwissenschaftliche und Internationale Studien, Nr. 31.

Aminow, Halil (2020): Rossija ne smogla dostič' celej importozameščenija produktow. In: Kommersant vom 7.12.2020; www.kommersant.ru/doc/4603211 (8.12.2020).

Altvater, Elmar (1987): Sachzwang Weltmarkt. Verschuldungskrise, blockierte Industrialisierung, ökologische Gefährdung – der Fall Brasilien. Hamburg.

Altvater, Elmar (1993): Der Preis des Wohlstands. Münster.

Altvater, Elmar (1997): Die Zukunft des Marktes. Ein Essay über die Regulation von Geld und Natur nach dem Scheitern des »real existierenden Sozialismus«. Münster.

Altvater, Elmar (2005): Das Ende des Kapitalismus, wie wir ihn kennen. Eine radikale Kapitalismuskritik. Münster.

Andreev, Leonid (2011): The Economics of the Russian Nuclear Power Industry. Bellona Report. Oslo/St. Petersburg.

Anokhin, Anatoly/Kuznetsov, Sergey/Lachininskii, Stanislav (2014): A Spatial Study of Geo-Economic Risk Exposure of Russia's Arctic Mono-Towns with Commodity Export-Based Economy, in: Journal of Geography and Geology, Vol. 6, No. 1, S. 38–45.

Applebaum, Anne (2003): Der Gulag. Berlin.

Apryshchenko, Victor (2018): Creating the history of the future: Russian historical memory in the era of the Ukrainian crisis, in: Jaitner, Felix/Olteanu, Tina/Spöri, Tobias (Hrsg.), Crises in the post-Soviet space. From the Dissolution of the Soviet Union to the Conflict in Ukraine. Abingdon, S. 83–102.

Argumenty Nedeli (2018): Sergej Glaz'ew o beneficiarah prowodimoj ekonomičeskoj politiki. In: argumenti vom 5.9.2018; argumenti.ru/society/2018/09/584664 (18.3.2019).

Aslund, Anders (1995): How Russia Became a Market Economy, Washington D.C.

Aslund, Anders (2013): Sergey Glazyev and the revival of Soviet economics, in: Post-Soviet Affairs, Vol. 29, No. 5, S. 375–386.

Ataç, Ilker/Lenner, Katharina/Schaffar, Wolfram (2008): Kritische Staatsanalysen des globalen Südens, in: Journal für Entwicklungspolitik, 14. Jg., H. 2, S. 4–9.

Awen, Petr/Koh, Al'fred (2015): Rewolucija Gajdara. Istorija reform 90-h iz perwyh ruk. Moskwa.

Babkin, Konstantin (2014): Razumnaja promyšlennaja politika neobchodima i wozmožna, in: Grinberg, Ruslan S./Babkin, Konstantin A./Buzgalin, Aleksandr W. (Hrsg.), Ekonomika dlja čeloweka: Social'no-orientirowannoe razwitie na osnowe progressa real'nogo sectora, Materialy moskowskogo ekonomičeskogo foruma. Moskwa, S. 18–31.

Bacia, Horst (2007): Garant für Kontinuitä. In: Frankfurter Allgemeine Zeitung vom 11.12.2007; www.faz.net/aktuell/politik/ausland/kommentar-garant-fuer-kontinuitaet-1494348.html (21.8.2018).

Baglione, Lisa A./Clark, Carol L. (1998): The Challenge of Transforming Russian Unions: The Mining and Metallurgy Trade Union, in: Problems of Post-Communism, Vol. 45, No. 1, S. 43–53.

Ballin, André (2016): Russlands kältester Busen als Wärmequelle. In: Der Standard vom 11.5.2016; derstandard.at/2000036663533/Russlands-kaeltester-Busen-als-Waermequelle?ref=rec (11.1.2023).

Ballin, André (2018): Gazprom überlegt Bau neuer Pipeline nach China. In: Der Standard vom 24.8.2018; derstandard.at/2000085919086/Gazprom-ueberlegt-neue-Pipeline-nach-China-zu-bauen (11.1.2023).

Baškatowa, Anastasija (2019): Uspechi rossijskogo importozameščenija ocenjat inostrannye pokupateli. In: Nezawisimaja Gazeta vom 6.2.2019; www.ng.ru/economics/2019-02-06/4_7501_importzam.html (11.1.2023).

Bardt, Hubertus (2005): Rohstoffreichtum – Fluch oder Segen?, in: IW-Trends – Vierteljahresschrift zur empirischen Wirtschaftsforschung aus dem Institut der deutschen Wirtschaft, 32. Jg., H. 1, S. 33–43.

Basedau, Matthias/Lacher, Wolfram (2006): A Paradox of Plenty? Rent Distribution and Political Stability in Oil States, GIGA Working Paper No. 21. Hamburg.

Bebbington, Anthony (2011): Extractive Industries in the Andean Region: Issues, actors, challenges (Unpublished background paper, Procasur, July 2011).

Becker, Joachim (2008): Der kapitalistische Staat in der Peripherie: polit-ökonomische Perspektiven, in: Journal für Entwicklungspolitik, 14. Jg., H. 2, S. 10–32.

Becker, Joachim (2013): Regulationstheorie: Ursprünge und Entwicklungstendenzen, in: Atzenmüller, Roland/Becker, Joachim/Brand, Ulrich/Oberndorfer, Lukas/Redak, Vanessa/Sablowski, Thomas (Hrsg.), Fit für die Krise? Perspektiven der Regulationstheorie. Münster, S. 24–56.

Becker, Joachim (2015): Oligarchie – eine Form bürgerlicher Herrschaft. Das Beispiel osteuropäischer semi-peripherer Kapitalismus, in: Prokla 180, 45. Jg., H. 3, S. 409–432.

Berend, Ivan T. (1996): Central and Eastern Europe 1944–1993. Detour from the Periphery to the Periphery. Cambridge.

Bigalke, Silke (2015): Wie die Arktis zum Schauplatz eines neuen Kalten Kriegs wird. In: Süddeutsche Zeitung vom 1.6.2015; www.sueddeutsche.de/politik/norwegen-bruechiges-eis-1.2502653 (11.3.2023).

Bischoff, Joachim (1993): Staatssozialismus, Marktsozialismus: China als Alternative zum sowjetischen Weg? Hamburg.

Bluhm, Katharina (2017): Zur Genese des neuen russischen Konservatismus. In: Bundeszentrale für politische Bildung vom 17.2.2017; www.bpb.de/themen/europa/russland-analysen/nr-330/242788/analyse-zur-genese-des-neuen-russischen-konservatismus/ (7.2.2019).

Bne IntelliNews (2021): bneGREEN: Wishful thinking in Russia's EconMin CO_2-strategy. In: intellinews vom 25.8.2021; www.intellinews.com/bne-green-wishful-thinking-in-russia-s-econmin-co2-strategy-219020 (1.6.2022).

Bockman, Johanna/Eyal, Gil (2002): Eastern Europe as a Laboratory for Economic Knowledge: The Transnational Roots of Neoliberalism, in: American Journal for Sociology, Vol. 108, No. 2, S. 310–352.

Bodrunov, Sergey (2016): Reindustrialisation Based on High-tech Industries, in: Traub-Merz, Rudolf (Hrsg.), Economic Crisis and Industrial Policies – Policy Options for a Return to Growth in Russia. Moscow, S. 27–36.

Bodrunow, Sergej D. (2011): Očerednaja reinkarnacija idei modernizacii Rossii: Wybor modeli, in: Ekonomist, No. 3, S. 24–31.

Bofit [The Bank of Finland Institute for Economies in Transition] (o. D.): Russia Statistics, in: dies.; app.powerbi.com/view?r=eyJrIjoiOWQwM2VjNTUtZTdmZC00N2IyLTkyNTMtY2MwYjMxYjdhYzc0IiwidCI6ImVkODlkNDlhLTJiOTQtNGFkZi05MzY0LWMyN2ZlMWFiZWY4YyIsImMiOjh9&pageName=ReportSection0670cd3fe87e80037c8d (8.8.2019).

Bogetic, Zelkjo (2011): Sustaining Reforms under the Oil Windfall, The World Bank in Russia, Russian Economic Report, No. 24, April 2011.

Bonneuil, Christophe (2015): Die Erde im Kapitalozän, in: Le Monde diplomatique, November 2015, S. 20–21.

Boyer, Christoph (2009): Entstehung und Erbe des staatssozialistischen Wohlfahrtsstaates in Ost- und Mitteleuropa, in: Zeitgeschichte, 36. Jg., H. 6, S. 381–392.

Boyer, Robert (2005): How and Why Capitalisms Differ, MPIfG Discussion Paper 4. Cologne.

BP (2016): BP Statistical Review of World Energy. In: dies.; www.bp.com/en/global/corporate/energy-economics/statistical-review-of-world-energy.html (11.1.2023).

BP (2020): Statistical Review of World Energy. In: dies.; www.bp.com/content/dam/bp/business-sites/en/global/corporate/pdfs/energy-economics/statistical-review/bp-stats-review-2020-full-report.pdf (11.1.2023).

Bradshaw, Michael (2008): Kein Rauch ohne Feuer. Der Konflikt um das Ölprojekt Sachalin, in: Osteuropa, 58. Jg., H. 4–5, S. 131–149.

Brand, Ulrich (2011): Post-Neoliberalismus? Aktuelle Konflikte und Gegen-hegemoniale Strategien. Hamburg.

Brand, Ulrich (2015): Degrowth und Post-Extraktivismus: Zwei Seiten einer Medaille?, Working Paper 5.

Brand, Ulrich/Wissen, Markus (2017): Imperiale Lebensweise. Zur Ausbeutung von Mensch und Natur in Zeiten des globalen Kapitalismus. München.

Bräutigam, Thiemo (2014): Skolkovo. Deutsche Unternehmen im russischen Silicon Valley. In: Der Deutsche Innovationspreis vom 24.4.2014; der-deutsche-innovationspreis.de/skolkowo-deutsche-unternehmen-im-russischen-silicon-valley/ (16.6.2023).

Breininger, Lilli/Reckordt, Michael (2012): The Frenzy for Raw Materials – The Effects of Mining in the Phillipines. Essen.

Brie, Michael (1992): Rußland auf dem chinesischen Weg? Ein mögliches Best-case-Szenario, in: Freitag, Nr. 48, 20. November 1992.

Brie, Michael (1996): Staatssozialistische Länder Europas im Vergleich. Alternative Herrschaftsstrategien und divergente Typen, in: Wiesenthal, Helmut (Hrsg.), Vergleichbare Perspektiven auf die Transformation Ostdeutschlands. Frankfurt a. M./New York.

Brie, Michael/Böhlke, Ewald (1992): Russland wieder im Dunkeln: Ein Jahrhundertstück wird besichtigt. Berlin.

Brügemann, Axel (Hrsg.) (2000): Währungskrisen in Mittel- und Osteuropa. Baden-Baden.

Brunkhorst, Hauke (2016): Kommentar, in: Marx, Karl: Der achtzehnte Brumaire des Louis Bonaparte. Frankfurt a. M.

Brunnengräber, Achim/Mez, Lutz (2016): Der staatlich-industrielle Atomkomplex im Zerfall. Zur politischen Ökonomie der Endlagerung in der Bundesrepublik Deutschland, in: Brunnengräber, Achim (Hrsg.), Problemfalle Endlager. Gesellschaftliche Herausforderungen im Umgang mit Atommüll. Baden-Baden, S. 289–312.

Bulawka, Ljudmila (2004): Nonkonformizm. Sociokul'turnyj portret rabočego protesta w sowremennoj Rossii. Moskwa.

Burawoy, Michael/Krotov, Pavel (1992): The Soviet Transition from Socialism to Capitalism: Worker Control and Economic Bargaining in the Wood Industry, in: American Sociological Review, Vol. 57, No. 1, S. 16–38.

Burawoy, Michael (2001): Transition without Transformation. Russia's Involutionary Road to Capitalism, in: East European Politics and Societies, Vol. 15, No. 2, S. 269–290.

Butrin, Dmitrij (2015): Kak predki zameščali, No. 144, 12. August 2015.
Butrin, Dmitrij (2018): Wse oplačeno na tri goda wpered. In: Kommersant vom 6.9.2018; www.kommersant.ru/doc/3732806 (20.3.2019).
Buzgalin, Aleksandr/Kolganov, Andrej (1996): Rußland – die neue Gefahr aus dem Osten? Berlin.
Buzgalin, Aleksandr W./Kolganow, Andrej I. (2015): Global'nyj Kapital. Moskwa.
Časowa, Tamara N. (2015): Neftegazochimija. Upuščennye wozmožnosti ili rywok w budušče, in: Neftegaz, No. 4, S. 30–35.
Cerami, Alfio (2009): Welfare State Developments in the Russian Federation: Oil-led Social Policy and ›The Russian Miracle‹, in: Social Policy & Administration, Vol. 43, No. 2, S. 105–120.
Cerami, Alfio (2010): Happiness and socio-economic transformation in the Russian Federation, in: Greve, Bent (Hrsg.), Happiness and Social Policy in Europe. Cheltenham, S. 101–119.
Chaisty, Paul (2005): Majority Control and Executive Dominance: Parliament–President Relations in Putin's Russia, in: Pravda, Alex (Hrsg.), Leading Russia: Putin in Perspective: Essays in Honour of Archie Brown. Oxford, S. 119–138.
Chasin, Michail (2013): O kompradorskoj buržuazii na sowremennom etape. In: Russia Post vom 29.9.2013; www.russiapost.su/archives/5858 (6.2.2019).
Chebankova, Elena (2016): Contemporary Russian conservatism, in: Post-Soviet Affairs, Vol. 32, No. 1, S. 28–54.
Chehonadskih, Maria (2014): The Class Composition of Russia's Anti-Putin Movement, in: The South Atlantic Quarterly, Vol. 113, No. 1, S. 196–209.
Chernyshova, Natalya (2013): Soviet Consumer Culture in the Brezhnev Era. London.
Clarke, Simon (1998): Trade unions and the nonpayment of wages in Russia, in: International Journal of Manpower, Vol. 19, No. 1/2, S. 68–94.
Clarke, Simon (2001): Russian Trade Unions in the 1999 Duma Election, in: Journal of Communist Studies and Transition Politics, Vol. 17, No. 2, S. 43–69.
Clarke, Simon (2004): A very Soviet form of capitalism? The management of holding companies in Russia, in: Post-Communist Economies, Vol. 16, No. 4, S. 405–422.
Clarke, Simon (2007): The Development of Capitalism in Russia. Abingdon.
Clasen, Bernhard (2017): Strahlende Hoffnung am Ende der Welt, in: TAZ vom 8.5.2017.
Clover, Charles (2013): Russia slowdown challenges liberal wisdom. In: Financial Times vom 17.4.2013; www.ft.com/content/33f125f4-a68b-11e2-95b1-00144feabdc0 (6.2.2019).
Cohen, Stephen F. (2004): Was the Soviet System Reformable?, in: Slavic Review, Vol. 63, No. 3, S. 459–488.
Cooke, Linda (2007): Post-Communist Welfare States: Reform Politics in Russia and Eastern Europe. Ithaca.

Cooper, William H. (2009): Russia's Economic Performance and Policies and Their Implications for the United States, CRS Report for Congress.
Crowley, Stephen (2015): Russia: The Reemergence of Class in the Wake of the First »Classless« Society, in: East European Politics and Societies and Cultures, Vol. 29, No. 3, S. 698–710.
Cukrowski, Jacek (2004): Russian oil: the role of the sector in Russia's economy, in: Post-Communist Economies, Vol. 16, No. 3, S. 285–296.
Čuprov, Vladimir (2008): Problemanreicherung. Russlands Uranhexalfluorid-Importe, in: Osteuropa, 58. Jg., H. 4–5, S. 177–187.
Dadwal, Shebonti R. (2014): Arctic: The Next Great Game in Energy Geopolitics?, in: Strategic Analysis, Vol. 38, No. 6, S. 812–824.
Dale, Gareth (2004): Between State Capitalism and Globalisation: The Collapse of the Eastern German Economy. Bern.
Dawydowa, Angelina (2021a): Energoeffektiwnosti obnowili prioritety. In: Kommersant vom 18.1.2021; www.kommersant.ru/doc/4652437 (2.6.2022).
Dawydowa, Angelina (2021b): Parnikowim gazam pridajut zakonnuju formu. In: Kommersant vom 21.4.2021; www.kommersant.ru/doc/4782134 (2.6.2022).
Dawydowa, Angelina (2021c): Uglerod rastet w cene. In: Kommersant vom 16.9.2021; www.kommersant.ru/doc/4987437 (31.5.2022).
Dawydowa, Angelina (2021d): Rossii naznačili datu uglerodnoj nejtralnosti. In: Kommersant vom 6.10.2021; www.kommersant.ru/doc/5018693 (2.6.2022).
Degotkowa, Inna (2021): Inwesticii Rossii w bywšie strany SSSR ocenili wtoroe wyše oficial'nyh. In: RosBusinessConsulting vom 18.11.2021; www.rbc.ru/economics/18/11/2021/6194f9809a79475080bec69f (30.11.2021).
Del'jagin, Michail G. (2014): Osnownye problemy sowremennogo čelowečestwo, in: Grinberg, Ruslan S./Babkin, Konstantin A,/Buzgalin, Aleksandr W. (Hrsg.), Ekonomika dlja Čeloweka, Materialy Moskowskogo Ekonomičeskogo Foruma. Moskwa.
Demirović, Alex/Sablowski, Thomas (2011): Finanzdominierte Akkumulation und die Krise in Europa, in: Prokla 166, 42. Jg., H. 1, S. 77–106.
Denisentsev, Sergey/Makienko, Konstantin (o. D.): The Arms Trade Treaty and Russian Arms Exports: Expectations and Possible Consequences, Geneva: UN Institute for Disarmament Research.
Deppe, Frank (2013): Autoritärer Kapitalismus. Demokratie auf dem Prüfstand. Hamburg.
Deuber, Gunter (2012): Kurz- und mittelfristige Wirtschaftsperspektiven in Russland, in: Russland-Analysen, Nr. 234, S. 2–5.
Di John, Jonathan (2011): Is There Really a Resource Curse? A Critical Survey of Theory and Evidence, in: Global Governance, Vol. 17, No. 2, S. 167–184.
Dobb, Maurice (1970): Socialist Planning. Some Problems. London.
Dörre, Klaus (2009): Die neue Landnahme. Dynamiken und Grenzen des Finanzkapitalismus, in: ders./Lessenich, Stephan/Rosa, Hartmut, Soziologie-

Kapitalismus-Kritik. Eine Debatte. Frankfurt a. M., S. 21–86.
Dörre, Klaus (2018a): Imperiale Lebensweise – eine hoffentlich konstruktive Kritik. Teil 1: These und Gegenthese, in: Sozialismus, 45. Jg., H. 6, S. 10–13.
Dörre, Klaus (2018b): Imperiale Lebensweise – eine hoffentlich konstruktive Kritik. Teil 2: Uneingelöste Ansprüche und theoretische Schwierigkeiten, in: Sozialismus.de, H. 7/8, S. 65–71.
Durisin, Megan/Fedorinowa, Julia (2021): Putin Thrusts Global Food Markets Into Russian Politics. In: Bloomberg vom 25.1.2021; www.bloomberg.com/news/articles/2021-01-25/putin-thrusts-global-food-markets-into-russian-politics?leadSource=uverify%20wall (16.5.2023).
Dzarasov, Ruslan S. (2011): Werewolves of Stalinism: Russia's Capitalists and their System, in: Journal of Contemporary Central and Eastern Europe, Vol. 19, No. 1–2, S. 471–497.
Dzarasov, Ruslan (2014): The Conundrum of Russian Capitalism. London.
Dzarasov, Ruslan (2016): The global crisis and its impact on the Eurasian Economic Union, in: European Politics and Society, Vol. 17, Suppl., S. 23–34.
Eick, Felix (2021): Globale Energiewende? Putin wettet mit vollem Einsatz dagegen. In: Welt vom 22.1.2021; www.welt.de/wirtschaft/article224774299/Globale-Energiewende-Putin-wettet-mit-vollem-Einsatz-dagegen.html (1.2.2021).
Eder, Julia Theresa (2016): Trade and Productive Integration in ALBA-TCP – A Systematic Comparison with the Corresponding Agendas of COMECON and NAM, in: Journal für Entwicklungspolitik, Vol. 32, Nr. 3, S. 91–112.
Ekspert (2005): Sochranit effektiwnoe gosudarstwo v sušestwujuščich granicah, in: Ekspert, No. 13 (460).
El'cin, Boris (1994): Zapiski prezidenta. Moskwa.
Elvestad, Christel/Nilssen, Frode (2010): Restricting imports to the Russian food market: simply an act of protectionism?, in: Post-Communist Economies, Vol. 22, No. 3, S. 267–282.
Emendörfer, Jan (2021): Green-Deal-Studie empfiehlt Einbindung Russlands in die EU-Klimastrategie. In: Redaktionsnetzwerk Deutschland vom 21.5.2021; www.rnd.de/politik/russland-in-eu-klimaziele-einbinden-green-deal-studie-lotet-chancen-fuer-gemeinsame-politik-aus-KYFMW6W2TBC3VI-6HANQCL4JG3I.html (31.5.2022).
Epštejn, D. B. (2013): Ekonomika Rossii w rezultate ee »liberal'nogo reformirowanija«, in: Kolganow, Andrej I. (Hrsg.), Politekonomija prowala: priroda i posledstwija rynočnyh »reform« w Rossii. Moskwa, S. 101–127.
Federal'naja Tamožennaja Služba Rossii (2004): Tamožennaja Statistika Wnešnej Torgowli Rossii. Moskwa.
Federal'naja Tamožennaja Služba Rossii (2008): Tamožennaja Statistika Wnešnej Torgowli Rossii. Moskwa.
Federal´naja Tamožennaja Služba Rossii (2018): Tamožennaja Statistika Wnešnej Torgowli Rossii, Moskwa.

Feinberg, Anton/Kopalkina, Ekaterina (2018): Ceny iz-za rosta NDS powysjat 80 % krupnyh rossijskich kompanij. In: RosBusinessConsulting vom 31.7.2018; www.rbc.ru/economics/31/07/2018/5b60445c9a7947278c28a2d8 (20.3.2019).
Feinberg, Anton (2019): Rosstat wperwye raskryl dolju malogo i srednogo biznesa w ekonomike. In: RosBusinessConsulting vom 5.2.2019; www.rbc.ru/economics/05/02/2019/5c5948c59a794758389cfdf7 (8.3.2019).
Fernández, Rafael (2009): Some Scenarios for Russian Oil Exports up to 2020, in: Europe-Asia Studies, Vol. 61, No. 8, S. 1441–1459.
Filimonova, Nadezhda (2013): Scramble for the Arctic Offshore Oil & Gas Resources in Russia. In: Arctic Yearbook; arcticyearbook.com/images/yearbook/2013/Scholarly_Papers/15.FILIMONOVA.pdf (16.12.2014).
Fisun, Oleksandr (2012): Rethinking Post-Soviet Politics from a Neopatrimonial Perspective, in: Demokratizatsiya, Vol. 20, No. 2, S. 87–96.
Fortescue, Stephen (2006): The Russian Aluminum Industry in Transition, in: Eurasian Geography and Economics, Vol. 47, No. 1, S. 79–94.
Fortescue, Stephen (2009): The Russian Steel Industry, 1990–2009, in: Eurasian Geography and Economics, Vol. 50, No. 3, S. 252–274.
Fortescue, Stephen/Rautio, Vesa (2011): Noril'sk Nickel: A Global Company?, in: Eurasian Geography and Economics, Vol. 52, No. 6, S. 835–856.
Fortescue, Stephen/Hanson, Philip (2015): What drives Russian outward foreign direct investment? Some observations on the steel industry, in: Post-Communist Economies, Vol. 27, No. 3, S. 283–305.
Fraser, Alastair/Larmer, Miles (Hrsg.) (2010): Zambia, mining and neoliberalism: boom and bust on the globalized Copperbelt. London/New York.
Fruchtmann, Jakob (2012): Sozialpolitik in der Krise, in: Russland-Analysen, Nr. 234, S. 15–18.
Fücks, Ralf (2021): Die fossile Großmacht und der Klimawandel, in: Internationale Politik, 76. Jg., H. 2, S. 71–76.
Gabowitsch, Mischa (2013): Putin kaputt!? Russlands neue Protestkultur. Berlin.
Gaddy, Clifford/Ickes, Barry W. (2007): Addiction and Withdrawal: Resource Rents and the Collapse of the Soviet Economy.
Gaddy, Clifford/Ickes, Barry W. (2010): Russia after the Global Financial Crisis, in: Eurasian Geography and Economics, Vol. 51, No. 3, S. 281–311.
GTAI [Germany Trade and Invest] (2021): Russland in Zahlen. Aktuelle Wirtschaftsdaten für die Russischen Föderation, September, unter: https://russland-ahk.sharepoint.com (zuletzt 04.08.2023).
Gajdar, Jegor (1995): Entscheidungen in Russland. Die Privatisierung der Macht und der Kampf um eine zivile Gesellschaft. Wien.
Gajdar, Egor/Kogalovskij, Konstantin (1990): Tendenzen der Wirtschaftskrise in der UdSSR, in: Segbers, Klaus (Hrsg.), Perestrojka: Zwischenbilanz. Frankfurt a. M./Moskau, S. 230–265.

Galeano, Eduardo (2009): Die offenen Adern Lateinamerikas. Die Geschichte eines Kontinents. Wuppertal.

Galiewa, Diana (2021): Sojuznoe vsjo bliže k rossijskomu. In: Kommersant vom 18.1.2021; www.kommersant.ru/doc/4651649?from=author_economic (15.6.2023).

Galiewa, Diana/Petrowa, Wenera (2021): Importozameščeniju razogrewajut spros. In: Kommersant vom 14.9.2021; www.kommersant.ru/doc/4985835?from=four_economic (7.7.2022).

Gans-Morse, Jordan (2012): Threats to Property Rights in Russia: From Private Coercion to State Aggression, in: Post-Soviet Affairs, Vol. 28, No. 3, S. 263–295.

Gel'man, Vladimir/Starodubtsev, Andrey (2016): Opportunities and Constraints of Authoritarian Modernisation: Russian Policy Reforms in the 2000s, in: Europe-Asia Studies, Vol. 68, No. 1, S. 97–117.

Gel'man, Vladimir (2017): Political foundations of bad governance in post-Soviet Eurasia: towards a research agenda, in: East European Politics, Vol. 33, No. 4, S. 496–516.

Glaz'ew, Sergej (2010): Kakaja modernizacija nužna Rossii?, in: Ekonomist, No. 8, S. 3–17.

Glaz'ew, Sergej/Bajzakow, Sajlau/Eršow, Michail/Mitjaew, Dmitrij/Fetisow, Gleib (2012): K ustojčuwomu rostu – Čerez sprawedliwyj mirowoj ekonomičeskij porjadok, in: Rossijskij ekonomičeskij žurnal, No. 2, S. 57–75.

Glaz'ew, Sergej (2015): Reč' o neotložnyh merah po otraženiju ugroz suščestvovaniju Rossii. In: Business Gazeta vom 15.9.2015; www.business-gazeta.ru/article/140998 (11.1.2023).

Glazyev, Sergei (2015): Russia and the Eurasian Union, in: Dutkiewicz, Piotr/Sakwa, Richard (Hrsg.), Eurasian Integration – The View from Within. London, S. 84–96.

Glazyev, Sergei/Tkachuk, Sergei (2015): Eurasian Economic Union. Achievements and prospects, in: Dutkiewicz, Piotr/Sakwa, Richard (Hrsg.), Eurasian Integration – The View from Within. London, S. 61–83.

Glinkina, Svetlana/Kosikova, Lydia (2006): Development of Common Economic Space of Russia, Ukraine, Belarus and Kazakhstan in the Context of EU Enlargement, Indeunis Papers 6.

Gorkina, Tat'jana I. (2014): Rossijskij i zarubežnyj opyt oswoenija arktiki, in: Rossijskaja Akademija Nauk Institut Geografii (Hrsg.), Raznobrazie kak faktor i uslowie territorial'nogo razwitija, Tom 1. Moskwa, S. 165–178.

Goskomstat Rossii (1998): Rossija w cifrach, Goskomstat. Moskwa.

Goskomstat Rossii (2000): Statističeskij Ežegodnik, Goskomstat. Moskwa.

Goskomstat Rossii (2002): Promyšlennost' Rossii, Goskomstat. Moskwa.

Götz, Roland (1999): Von der Abwertung des Rubels zum Macht-, Programm- und Politikwechsel in Russland, in: Osteuropa, 49. Jg., H. 1, S. 3–15.

Götz, Roland (2000): Die Privatisierung der russischen Industrie in Theorie und

Praxis, in: Osteuropa, 50. Jg., H. 10, S. 1097–1114.
Götz, Roland (2006): Russlands Ressourcen. Auswirkungen auf die inneren Verhältnisse und Außenbeziehungen, Diskussionspapier, FG 5, Nr. 2. In: Stiftung Wissenschaft und Politik; www.swp-berlin.org/publications/products/arbeitspapiere/Ressourcenstaat_Ru_land_ks.pdf (11.1.2023).
Götz, Roland (2020): Russlands Energiestrategie bis zum Jahr 2035. Business as usual, in: Russland-Analysen, Nr. 386, S. 8–12.
Götz, Roland/Halbach, Uwe (1996): Politisches Lexikon GUS. München.
Government.ru (o. D.): Prawitel'stwennaja komissija po importozameščeniju. In: dass., o. D.; government.ru/department/314/about/ (11.1.2023).
Grigaškin, Gennadij (2014): Moment istiny! Kto ne s nami, tot protiw nas, in: Neftegaz, S. 70–71.
Grigor'ew, Leonid M./Plaskin, Sergej/Salihow, M. (2008): Postkrizisnaja struktura ekonomiki i formirowanie koalicij dlja innowacij, in: Woprosy ekonomiki, No. 4, S. 25–43.
Grinberg, Ruslan/Havlik, Peter/Havrylyshyn, Oleh (2006): Industrial restructuring and economic reforms in Russia, INDEUNIS Papers, Russian Academy of Science.
Grinberg, Ruslan S. (2011): Modernizacija: Protiworečija sowetskogo prošlogo i dilemmy budušcego, in: Buzgalin, Aleksandr W. (Hrsg.), Strategija operežajuščego razwitija – III. Tom 1: Rossijskie modernizacii: Diagnozy i prognozy. Moskwa, S. 46-79.
Grišina, Tatjana (2021): Zakrytie Gollandii odobreno gosdumoj. In: Kommersant vom 11.5.2021; www.kommersant.ru/doc/4803492?from=main_6 (12.5.2021).
Gudynas, Eduardo (2010): The New Extractivism of the 21st Cenury. Ten Urgent Theses about Extractivism in Relation to Current South American Progressivism, Americas Program Report. Washington D. C.
Gudynas, Eduardo (2011): Neo-Extraktivismus und Ausgleichsmechanismen der progressiven südamerikanischen Regierungen, in: Kurswechsel, H. 3, S. 69–80.
Gudynas, Eduardo (2012): Der neue progressive Extraktivismus in Südamerika, in: FDCL/RLS (Hrsg.), Der neue Extraktivismus – Eine Debatte über die Grenzen des Rohstoffmodells in Lateinamerika. Berlin, S. 46–61.
Gullette, David (2014): Kumtor: Ein Lackmustest für den Bergbau in Kirgistan, in: Zentralasien-Analysen, Nr. 86, S. 2–5.
Gumpel, Werner (1997): Ein Land am Abgrund. Zur wirtschaftlichen Lage in Russland, in: Osteuropa, 47. Jg., H. 8, S. 762–771.
Gumpel, Werner (2006): Umweltprobleme im heutigen Russland, KAS-Auslandsinformationen, Nr. 9, S. 61–74.
Guriev, Sergei/Rachinsky, Andrei (2005): The Role of the Oligarchs in Russian Capitalism, in: Journal of Economic Perspectives, Vol. 19, No. 1, S. 131–150.
Gustafson, Thane (1981/1982): Energy and the Soviet Bloc, in: International Security, Vol. 6, No. 3, S. 65–89.

Gustafson, Thane (2012): Wheel of Fortune. The Battle for Oil and Power in Russia. Cambridge.

Hahlbrock, Maryna/Belaya, Vera (2016): Konsumverhalten der russischen Bevölkerung angesichts der Folgen des Lebensmittelembargos und der Importsubstitution, in: Russland-Analysen, Nr. 326, S. 6–9.

Hale, Henry E. (1999): The Strange Death of the Soviet Union. Nationalism, Democratization and Leadership. Cambridge.

Harper, Jo (2021): High corporate debt dampens Russia's growth prospects. In: Deutsche Welle vom 22.1.2021; www.dw.com/en/high-corporate-debt-dampens-russias-growth-prospects/a-56312161 (15.6.2023).

Harvey, David (2005): Der neue Imperialismus. Hamburg.

Hashim, Mohsin S. (2005): Putin's Etatization project and limits to democratic reforms in Russia, in: Communist and Post-Communist Studies, Vol. 38, No. 1, S. 25–48.

Heinemann-Grüder, Andreas (2017): Die Resilienz des Putinismus. In: Zeitschrift für Politik, 64. Jg., H. 2, S. 214–234.

Heinrich, Andreas/Pleines, Heiko (2012): Resource challenges. Die politische Dimension von Ölbooms, in: Neue Politische Literatur, 57. Jg., H. 3, S. 443–477.

Hellman, Joel S./Jones, Geraint/Kaufman, Daniel (2000): »Seize the state, Seize the Day«. State Capture and Corruption in Transition Economies. In: open knowledge; openknowledge.worldbank.org/bitstream/handle/10986/19784/multi_page.pdf?sequence=1 (11.1.2023).

Hemment, Julie (2009): Soviet-Style Neoliberalism?, in: Problems of Post-Communism, Vol. 56, No. 6, S. 36–50.

Henderson, James/Loe, Julia (2014): The Prospects and Challenges for Arctic Oil Development, WPM 54.

Henry, Laura A./Douhovnikoff, Vladimir (2008): Environmental Issues in Russia, in: Annual Review of Environment and Resources, Vol. 33, S. 437–460.

Herr, Hansjörg (2016): The Role of Monetary Policies to Support Industrial Policy – the Case of Russia, in: Traub-Merz, Rudolf (Hrsg.), Economic Crisis and Industrial Policies – Policy Options for a Return to Growth in Russia. Moscow, S. 38–58.

Heyden, Ulrich/Weinmann, Ute (2009): Opposition gegen das System Putin. Herrschaft und Widerstand im modernen Russland. Zürich.

Hill, Fiona/Gaddy, Clifford (2003): The Siberian Curse: How communist planners left Russia out in the cold. Washington D. C.

Hinner, Michaela (2004): Bankensystem und Bankenaufsicht in Russland. Stand und Perspektiven fünf Jahre nach der Finanzkrise, in: Russlandanalysen, Nr. 26, S. 2–4.

Hirsch, Joachim: Postfordismus (2001): Dimensionen einer neuen kapitalistischen Formation, in: ders./Jessop, Bob/Poulantzas, Nicos (Hrsg.), Die Zukunft des Staates. Hamburg, S. 171–209.

Hirsch, Joachim/Jessop, Bob (2001): Die Zukunft des Staates. Vorwort, in: dies./Poulantzas, Nicos (Hrsg.), Die Zukunft des Staates. Denationalisierung, Internationalisierung, Renationalisierung. Hamburg, S. 6–18.
Hobsbawm, Eric (1997): Das Zeitalter der Extreme. Weltgeschichte des 20. Jahrhunderts. München/Wien.
Hofmann, David E. (2002): The Oligarchs: Wealth and Power in the New Russia. New York.
Holjawko, Anna (2019): Sdelka OPEK+ podkosila rossijskuju promyšlennost'. In: Wedomosti vom 17.2.2019; www.vedomosti.ru/economics/articles/2019/02/17/794346-sdelka-opek-podkosila-rossiiskuyu-promishlennost (9.3.2019).
Huntington, Samuel (2006): Political Order in Changing Societies. New Haven.
IBRAE RAN [Institut problem bezopasnogo razwitija atomnoj energetiki Rossijskoj Akademii Nauk] (2006): Rekomendacii dlja gosudarstwennych organow i učereždenij po rabote s graždanami, postradawšimi w rezul'tate awarij na PO »Majak«. Moskwa.
IGSO [Institut Globalizacii i social'nyh dwiženij] (2008): Krizis global'noj ekonomiki i Rossija, in: Lewaja Politika, No. 5, S. 9–31.
Iljina, Natalia/Starostina, Yulia (2019): Rossija otstala w 3,8 raza ot Irlandii po proizwoditel'nosti Truda. In: RosBusinessConsulting vom 5.2.2019; www.rbc.ru/economics/05/02/2019/5c5872889a794725eb8d815e (8.3.2019).
IMF [International Monetary Fund] (2008): IMF Country Report No. 08/309.
Informations- und Analysezentrum »SOVA«: Jahresberichte. In: Sova Center; www.sova-center.ru/ (11.1.2023).
Inozemtsev, Vladislav (2016): Would a New Industrialisation in Russia Be in Line with Interests of the Russian Elite, in: Traub-Merz, Rudolf (Hrsg.), Economic Crisis and Industrial Policies – Policy Options for a Return to Growth in Russia. Moscow, S. 135–146.
International Crisis Group (2015): Chechnya: The Inner Abroad, Europe Report No. 236. Brussels.
Isakowa, Tatjana/Lwowa, Anastasia (2021): Elektronika w awtomobiljah stanet napolowinu rossijskoj. In: Wedomosti vom 24.2.2021; www.vedomosti.ru/technology/articles/2021/02/24/859167-elektronika-avtomobilyah (17.3.2020).
Ishkanian, Armine (2013): Civil Society, Development and Environmental Activism in Armenia. Yerevan.
Jäger, Johannes/Leubolt, Bernhard/Schmidt, Lukas (2014): Alles Extraktivismus in Südamerika? Rohstoffrenten und Politik in Brasilien, Chile und Venezuela, in: Journal für Entwicklungspolitik, 30, 3, S. 9–26.
Jaitner, Felix (2014a): Hoffnungstäger Chodorkowskki? Der gefallene Oligarch und seine historische Rolle, in: Blätter für deutsche und internationale Politik, 59. Jg., H. 5, S. 83–92.
Jaitner, Felix (2014b): Die Einführung des Kapitalismus in Russland. Hamburg.

Jaitner, Felix (2015): Ukraine als Exempel. Der Zerfall der postsowjetischen Gesellschaft, in: Blätter für Deutsche und Internationale Politik, 60. Jg., H. 10, S. 77–84.

Jaitner, Felix (2018a): A Profitable Business Strategy? Spent Nuclear Fuel and Radioactive Waste Management in Russia, in: Brunnengräber, Achim/di Nucci, Maria Rosaria/Isidoro Losada, Ana Marís/Mez, Lutz/Schreurs, Miranda A., Challenges of Nuclear Waste Governance. An International Comparison. Volume II. Wiesbaden, S. 51–72.

Jaitner, Felix (2018b): Die Entstehung des Kapitalismus und das »Regime der Ruhe«. Bonapartismus in Russland von Jelzin bis Putin, in: Beck, Martin/Stützle, Ingo (Hrsg.), Die neuen Bonapartisten. Mit Marx den Aufstieg von Trump & Co. Verstehen. Berlin, S. 205–223.

Jaitner, Felix/Olteanu, Tina/Spöri, Tobias (Hrsg.) (2018): Crises in the post-Soviet space. From the Dissolution of the Soviet Union to the Conflict in Ukraine. Abingdon.

Jakowlew, Alexej (1988): Ökologische Ignoranz und ökologisches Abenteurertum. Sperren auf dem Weg der Umgestaltung, in: Afanassjew, Juri (Hrsg.), Es gibt keine Alternative zur Perestrojka. Glasnost, Demokratie, Sozialismus. Nördlingen, S. 307–326.

Jaremenko, Jurij W. (1997): Teorija i metodologija issledownija mnogourownevoi ekonomiki. Moskwa.

Jašunskij, Georg/Čerwonnaja, Anna (2019): »Novatek« možet polučit' gospodderžku w slučae nowych sankcii SŠČA. In: Wedomosti vom 14.2.2019; www.vedomosti.ru/business/articles/2019/02/14/794172-arktik-spg (8.3.2019).

Jasin, Ewgenij (2013): Dwe politiki i dwa scenarija. In: Echo vom 4.3.2013; echo.msk.ru/blog/yasin/1023462-echo/ (13.2.2019).

Jasow, Dmitrij et al. (2016): Der Augustputsch 1991. Das Staatskomitee zur Rettung der Sowjetunion. Acht Akteure erinnern sich. Berlin.

Jastrebowa, Swetlana (2019): Eksport softa i it-uslug rastet bystree wnutrennich prodaž. In: Wedomosti vom 7.2.2019; www.vedomosti.ru/technology/articles/2019/02/07/793496-eksport-softa (20.3.2019).

Jessop, Bob (1990): State Theory. Putting the Capitalist State in its Place. Cambridge.

Jessop, Bob (2001): Globalisierung und Nationalstaat. Imperialismus und Staat bei Nicos Poulantzas – 25 Jahre später, in: Hirsch, Joachim/Jessop, Bob/Poulantzas, Nicos, Die Zukunft des Staates. Hamburg, S. 71–100.

Jorgenson, Andrew K. (2012): The sociology of ecologically unequal exchange and carbon dioxide emissions, 1960–2005, in: Social Science Research, Vol. 41, No. 2, S. 242–252.

Kagarlitzki, Boris (1991): Der gespaltene Monolith. Die russische Gesellschaft an der Schwelle zu den neunziger Jahren. Berlin.

Kagarlitsky, Boris (2009): Disaster Management in Eastern Europe, in: Segert,

Dieter (Hrsg.), Postsozialismus. Hinterlassenschaften des Staatssozialismus und neue Kapitalismen in Europa. Wien, S. 159–164.
Kagarlickij, Boris (2009): Periferijnaja Imperija: Cikly russkoj istorii. Moskwa.
Kagarlickij, Boris (2010): Ot imperij – k imperializmu. Gosudarstwo i wozniknowenie buržuaznoj civilizacii. Moskwa.
Kagarlickij, Boris Yu./Sergeew, Wsewolod H. (2014): Istorija Rossij: Mirosistemnyj analiz. Moskwa
Kannankulam, John (2008): Autoritärer Etatismus im Neoliberalismus, in: Wissel, Jens/Wöhl, Stefanie (Hrsg.), Staatstheorie vor neuen Herausforderungen. Analyse und Kritik. Münster, S. 145–165.
Kannankulam, John/Georgi, Fabian (2012): Die Europäische Integration als materielle Verdichtung von Kräfteverhältnissen. Hegemonieprojekte im Kampf um das ›Staatsprojekt Europa‹. Marburg.
Karabchuk, Tatiana (2012): Arbeitslosigkeit in Russland: Entwicklungen nach der Krise von 2008, in: Russland-Analysen, Nr. 239, S. 2–3.
Kaufmann, Stephan (2023): Russlands Wirtschaft – von China immer abhängiger. In: Frankfurter Rundschau vom 22.2.2023; www.fr.de/wirtschaft/von-china-abhaengig-92096772.html (11.4.2023).
Kireev, Maxim (2021): Russland 2046. Marktmacht bei Fleisch und Getreide. In: agrarzeitung; whitepaper.agrarzeitung.de/jubilaeumsausgabe/russland2046/ (29.6.2022).
Kislitsyn, Dmitrii (2014): The Politics of State-Supported Businesses During the 2008–2009 Crisis, in: Problems of Economic Transition, Vol. 57, No. 6, S. 3–20.
Kolesnikow, Wadim/Sidorow, Sergej (1994): Reformen in Russland. Auf dem Weg zum korrumpierten Markt?, in: Osteuropa, 44. Jg., H. 1, S. 353–366.
Koltašow, Wasilij (2008): Na pul'se krizisa, in: Lewaja Politika, No. 7–8, S. 92–119.
Kommersant (2011): Parlament – ne mesto dlja diskussij. In: dies. vom 14.12.2011; www.kommersant.ru/doc/1838005 (11.8.2019).
Kommersant (2019): Minfin: Proficit bjudžeta za 2018 god sostawil 2,7 % wwp. In: dies. vom 22.1.2019; www.kommersant.ru/doc/3860503 (8.3.2019).
Kondakow, Igor A. (2011): Modernizacija rossijskoj ekonomiki kak imperatiw innowacionnogo razwitija w buduščem, in: Ekonomičeskie i social'nye peremeny: Fakty, tendencii, prognoz, No. 4, 43-57.
Kostereva, Milena (2021): Vybros rebrom. In: Kommersant vom 14.7.2021; www.kommersant.ru/doc/4900332 (31.5.2022).
Kotz, David (2001): Is Russia Becoming Capitalist?, in: Science and Society, Vol. 65, No. 2, S. 157–181.
Kowalski, Gerhard (2014): Folge der Sanktionen: Bauteile für Russlands Raumschiffe werden knapp. In: Der Spiegel vom 29.9.2014; www.spiegel.de/wissenschaft/weltall/raumfahrt-in-russland-bauteile-wegen-sanktionen-knapp-a-994347.html (8.8.2019).
Kozyrew, Denis B. (2009): Plany Rossijskoj Federacii po sozdaniju ob"ektow

pripowerchnostnogo zachoronenija RAO. In: International Atomic Energy Agency, S. 1–15; inis.iaea.org/collection/NCLCollectionStore/_Public/51/118/51118212.pdf_(10.9.2016).

Krasilshchikov, Victor (2014): The Malaise from Success: The East Asian »Miracle« Revisited. Saarbrücken.

Krastev, Ivan/Zhurzhenko, Tatiana (2012): Die Politik der Alternativlosigkeit oder: Wie Macht in Russland funktioniert. Ein Gespräch mit Gleb Pawlowski. In: Eurozine vom 1.3.2012; www.eurozine.com/die-politik-der-alternativlosigkeit-oder-wie-macht-in-russland-funktioniert (11.1.2023).

Krawčenko, Kateryna (2009): Rossija ne tratitsja na ekologiju. In: Wedomosti vom 30.9.2009; www.vedomosti.ru/library/articles/2009/09/30/rossiya-ne-tratitsya-na-jekologiyu (3.2.2022).

Kroll, Luisa (2008): »Billionaires 2008«. In: Forbes vom 6.3.2008; www.forbes.com/forbes/2008/0324/080.html (15.6.2023).

Kronfeld-Goharani, Ulrike (1999): Ein Erbe des maritimen Wettrüstens: Der Atommüll der Nordmeerflotte, SCHIFF-Texte 53. Kiel.

Krumm, Reinhard (2010): Der Medwedew-Faktor. Russlands gewünschte Modernisierung, Friedrich-Ebert-Stiftung, Internationale Politikanalyse. Berlin.

Krjučkowa, Ewgenija (2019): OEZ ne sprawilis' s eksportom. In: Kommersant vom 4.3.2019; www.kommersant.ru/doc/3902510 (8.3.2019).

Ksenofontow, Michail Ju. (2010): K woprosu o celewych ustanowkach, ograničenijach i riskach strukturno-technologičeskoj modernizacii rossijskoj ekonomiki, in: Problemy pronozirowanija, No. 3, S: 3–18.

Kudrin, Aleksej (2009): Rossija i mirowoj finansowyj krizis, in: Woprosy Ekonomiki, No. 1, S. 9–27.

Kudrin, Aleksej (2013): Wlijanie dochodow ot eksporta neftegazowych resursow na denežno-kreditnuju politiku Rossii, in: Woprosy Ekonomiki, No. 3, S. 4–19.

Kurčatowskij Institut/Rosatom (2009): Jadernye energotechnologii nowogo pokolenija na period 2010–2015 godow i na perspektiwu do 2020 goda. Rasporjaženie Pravitel'stwa Rossijskoj Federacii, No. 1026-p, 23.7.2009.

Kurginjan, Sergej (2009): Isaw i Iakow: Sud'ba razwitija w Rossii i mire. Moskwa.

Kušinowa, Ol'ga/Papčenkowa, Margarita (2014): Interwju – Aleksej Uljukaew, Ministr ekonomičeskogo razwitija Rossii. In: Wedomosti vom 18.12.2014; www.vedomosti.ru/library/news/37496601/etot-shtorm-my-sami-i-gotovili-aleksej-ulyukaev-ministr (11.1.2023).

Kust, Tatiana S./Solovenko, Igor S./Rumyantsev, Petr P. (2016): Political causes and factors influencing protests of miners in Russia (1992–1999). In: SHS Web of Conferences, Vol. 28; www.shs-conferences.org/articles/shsconf/pdf/2016/06/shsconf_rptss2016_01062.pdf (11.5.2023).

Lane, David: Post-socialist regions in the world system (2016), in: European Politics and Society, Vol. 17, Suppl., S. 46–66.

Langhammer, Rolf J./Lücke, Matthias (1995): Die Handelsbeziehungen der Nachfolgestaaten der Sowjetunion. Von der regionalen Desintegration zur weltwirtschaftlichen Integration?, Kieler Diskussionsbeiträge, Institut für Weltwirtschaft Kiel, Nr. 244.

Laruelle, Marlene (2014): Beyond Anti-Westernism. The Kremlin's Narrative about Russia's European Identity and Mission, Ponars Eurasia Policy Memo, No. 326.

Lawrow, Sergej (2012): BRIKS – global'nyj forum nowogo pokolenija. In: The International Affairs; interaffairs.ru/jauthor/material/625 (15.6.2023).

Lemeschew, Michail (1988): Wirtschaftsinteressen und soziale Naturnutzung, in: Afanassjew, Juri (Hrsg.), Es gibt keine Alternative zur Perestrojka. Glasnost, Demokratie, Sozialismus. Nördlingen, S. 327–345.

Leontief, Wassily (1960): The Decline and Rise of Soviet Economic Science, in: Foreign Affairs, Vol. 38, No. 2, S. 261–272.

Liefert, Olga/Liefert, William/Luebehusen, Eric (2013): Rising Grain Exports by the Former Soviet Union Region. Causes and Outlook.

Lindell, Dada/Sawina, Sofia/Antonowa, Elizaweta (2018): W Dume smenilsja samyj bogatij deputat. In: RosBusinessConsulting vom 13.4.2018; www.rbc.ru/politics/13/04/2018/5ad0e71a9a794705075fa03a (9.7.2018).

Lipietz, Alain (1985): Akkumulation, Krisen und Auswege aus der Krise: Einige methodische Überlegungen zum Begriff »Regulation«, in: Prokla 58, 15. Jg., S. 109–137.

Lipietz, Alain (1998): Nach dem Ende des »Goldenen Zeitalters«. Regulation und Transformation kapitalistischer Gesellschaften. Berlin/Hamburg.

Liszkowski, Uwe (1994): Nationalitäten und Nationalitätenpolitik in Rußland, in: Nietsche, Peter (Hrsg.), Die Nachfolgestaaten der Sowjetunion. Beiträge zu Geschichte, Wirtschaft und Politik, Kieler Werkstücke: Reihe F, Beiträge zur osteuropäischen Geschichte. Frankfurt a. M., S. 9–33.

Liuhto, Kari (2007): A future role of foreign firms in Russia's strategic Industries, Electronic Publications of Pan-European Institute, 4.

Liuhto, Kari/Jumpponen, Jari (2003): The Russian Eagle has landed Abroad. Evidence concerning the foreign Operations of Russia's 100 biggest Exporters and Banks, Energy Charter Secretariat, Occasional Papers, 2. Brussels.

Liuhto, Kari/Vahtra, Peeter (2007): Foreign operations of Russia's largest industrial corporations – building a typology, in: Transnational Corporations, Vol. 16, No. 1, S. 116–144.

Liuhto, Kari/Vahtra, Peeter (2009): Who governs the Russian economy? A cross-section of Russia's largest corporations, Electronic Publications of Pan-European Institute, 12.

Lokshin, Pavel (2018): Pawel Grudinin – der rote Oligarch, in: Welt, 17.3.2018, unter: www.welt.de/politik/ausland/plus174612306/Russland-Pawel-Grudinin-der-rote-Oligarch.html (zuletzt 6.2.2019).

Lukaschenko, Alexander (2011): O sud'bach našej integracii. In: Izwestija vom 17.10.2011; iz.ru/news/504081 (11.2.2019).

Lukoil (2014): Annual Report 2014. In: dass.; lukoil.com/FileSystem/9/115800.pdf (11.1.2023).
Lukyanov, Fyodor (2015): Eurasia: The burden of responsibility, in: Dutkiewicz, Piotr/Sakwa, Richard (Hrsg.), Eurasian Integration – The View from Within. London, S. 290–303.
Mackenbach, Werner (1995): Bonapartismus, in: Historisch-kritisches Wörterbuch des Marxismus, Bd. 2. Hamburg, S. 283–290.
Maier, Lutz (2000): Rußlands Wirtschaft auf kapitalistischem Weg, in: Zeitschrift Marxistische Erneuerung, 11. Jg., H. 42, S. 22–38.
Makarychev, Andrey/Medvedev, Sergei (2015): Biopolitics and Power in Putin's Russia, in: Problems of Post-Communism, Vol. 62, No. 1, S. 45–54.
Manuilowa, Anastasia/Krjučkowa, Ewgenija (2019): Nacproekty wpisywajut w gosprogrammy. In: Kommersant vom 9.1.2019; www.kommersant.ru/doc/3849680 (6.3.2019).
Markwick, Roger D. (1999): What kind of state is the Russian state if there is one?, in: Journal of Communist Studies and Transition Politics, Vol. 15, No. 4, S. 111–130.
Marx, Karl (1973): Das Kapital, Band 1: Der Produktionsprozeß des Kapitals. Berlin.
Marx, Karl (2016): Der achtzehnte Brumaire des Louis Bonaparte. Frankfurt a. M.
Matveev, Ilya (2009): Stability's end, The Political Economy of Russia's Intersecting Crises Since 2009, in: Jaitner, Felix/Olteanu, Tina/Spöri Tobias (Hrsg.), Post-Soviet Crises, Milton Park. Abingdon, S. 139–158.
Matveev, Ilya (2014): The »Two Russias« Culture War: Constructions of the »People« during the 2011–2013 Protests, in: The South Atlantic Quarterly, Vol. 113, No. 1, S. 186–195.
Mau, Wladimir (2013): Meždu modernizaciej i zastoem: Ekonomičeskaja politika 2012 goda, in: Woprosy Ekonomiki, No. 2, S. 4–23.
Mau, Vladimir (2016): Russia's economic policy in 2015–2016: the imperative of structural reform, in: Post-Soviet Affairs, Vol. 33, No. 1, S. 63–83.
May, Christian (2013): Die Dissoziation der BRICs im finanzialisierten Kapitalismus, in: Peripherie, 33. Jg., H. 130/131, S. 264–286.
May, Christian/Nölke, Andreas/ten Brink, Tobias (2014): Institutionelle Determinanten des Aufstiegs großer Schwellenländer: Eine global-politökonomische Erweiterung der vergleichenden Kapitalismusforschung, in: Politische Vierteljahresschrift, Sonderheft, Nr. 48, S. 67–94.
Medwedew, Dmitrij (2009): Poslanie federal'nomu sobraniju Rossijskoj Federacii. In: Kremlin vom 12.11.2009; www.kremlin.ru/transcripts/5979 (8.8.2019).
Meier, Esther (2016): Breschnews Boomtown. Alltag und Mobilisierung in der Stadt der LKWs. Paderborn.
Meister, Stefan/Jilge, Wilfried (2022): Nach der Ostpolitik. Lehren aus der Vergangenheit als Grundlage für eine neue Russland- und Osteuropapolitik, DGAP-Analyse, Nr. 6.

Menshikov, Stanislav M. (2007): The Anatomy of Russian Capitalism, Washington D. C.

Micklin, Philipp P./Williams, William D. (1996): The Aral Sea Basin. Berlin/Heidelberg.

Miklóssy, Katalin (2016): Competition as a Means of Systemic Modernisation in State Socialism, in: Europe Asia Studies, Vol. 68, No. 1, S. 64–78.

Ministry of Energy of the Russian Federation (2010): Energy Strategy of Russia for the period up to 2030. Moscow.

Minenergo (2020): Prawitel'stwo Rossijskoj Federacii utwerdilo plan meroprijatij po razwitiju wodorodnoj energetiki, in: dass.; minenergo.gov.ru/node/19194 (25.10.2021).

Molchanov, Mikhail A. (2016): Choosing Europe over Russia: what has Ukraine gained?, in: European Politics and Society, Vol. 17, No. 4, S. 522–537.

Mommsen, Margareta (2001): Russlands politisches System des »Superpräsidentialismus«, in: Höhmann, Hans-Hermann/Schröder, Hans-Henning (Hrsg.), Russland unter neuer Führung. Politik, Wirtschaft und Gesellschaft am Beginn des 21. Jahrhunderts. Münster, S. 44–54.

Moore, Jason (2015): Nature in the limits to capital (and vice versa), in: Radical Philosophy, Nr. 193, S. 9–19.

Mordjušenko, Olga (2015): Lukoil wstal w »medwežij ugol«, No. 144.

Mordjušenko, Olga (Interview) (2020): »Rossija možet torgowat' wozduhom, očiščennym ot CO_2«. In: Kommersant vom 24.11.2020; www.kommersant.ru/doc/4584070 (1.6.2022).

Moser, Nat (2016): Ownership and enterprise performance in the Russian oil industry, 1992–2012, in: Post-Communist Economies, Vol. 28, H. 1, S. 72–86.

Moses, Jonathon (1994): The Eighteenth Brumaire of Boris Yeltsin, in: Security Dialogue, Vol. 25, No. 3, S. 335–347.

Muchačëw, Wadim (2013): Priwatizacija Rossii ili igra bez prawil. K diskussii o prošlom w preddweri k buduščego. Moskwa.

Murawjewa, Anastasia /Lemutow, Wasilij (2021): How Chinese Tech Companies Are Conquering Russia. In: Carnegie Institute vom 11.1.2021; carnegie-moscow.org/commentary/83589 (26.8.2022).

Mykhnenko, Vlad (2015): Die ökonomische Bedeutung des ukrainischen Donbass, in: Russland-Analysen, Nr. 147, S. 2–12.

Nasarbajew, Nursultan (2011): Ewrazijskij Sojuz. Ot idei k istorii buduščego. In: Izwestija vom 25.10.2011; iz.ru/news/504908 (11.2.2019).

Neshitoi, A. (2014): Some Measures to Promote Neoindustrial Development, in: Problems of Economic Transition, Vol. 56, No.11, S. 67–80.

Neumann, Rod (2005): Making Political Ecology. New York.

Nikitin, Aleksandr (Hrsg.) (2012): Jadernye deljaščiesja materialy (praktika obraščenija, obzor technologij, problemy i perspektiwy). Sankt-Peterburg/Murmansk/Oslo.

Nikitina, Olga (2021): Eksport sel'hozmaschin b'et rekordy. In: Kommersant vom 1.2.2021; www.kommersant.ru/doc/4671377 (2.2.2021).
Nimtschenko, Andrej (2019): WTB nabiraetsja perewaločnoj moščnosti. In: Kommersant vom 14.2.2019; www.kommersant.ru/doc/3883348 (6.3.2019).
Novy, Andreas (2018): Imperiale Lebensweise, Freiheit und Grenzen, in: Sozialismus.de, 45. Jg., H. 10, S. 53–57.
NEA [Nuclear Energy Agency] (2014): Radioactive Waste Management Programmes In OECD/NEA Member Countries. Country Profile. In: dies.; www.oecd-nea.org/rwm/profiles/Russian_Federation_profile_web.pdf (8.8.2019).
NEA [Nuclear Energy Agency] (2015): Technology Roadmap. Nuclear Energy.
Oil & Gas (2015a): No. 5.
Oil & Gas (2015b): No. 6.
Offe, Claus (1991): Das Dilemma der Gleichzeitigkeit. Demokratisierung und Marktwirtschaft in Osteuropa, in: Merkur, 45. Jg., H. 505, S. 279–292.
Oldfield, Jonathan D. (2005): Russian Nature: Exploring the Environmental Consequences of Societal Change. Hampshire.
Očkina, Anna (2014): Social'naja Politika Neoliberalizma w kontekste «žestkoj ekonomiki", in: Lewaja Politika, No. 22, S. 14–18.
O. A. (2004): Akademie: Kyoto-Protokoll schadet Russland. In: aktuell; www.aktuell.ru/rupol0010/morenews.php?iditem=2217 (28.6.2018).
O. A. (2006): Außenministerium behindert CO2-Quotenhandel. In: aktuell; www.aktuell.ru/russland/wirtschaft/aussenministerium_behindert_co2_quotenhandel_1434.html (28.6.2018).
O. A. (2007a): Ewropa opasaetsja pereboew w postawkah raza. In: BBC Russian; news.bbc.co.uk/hi/russian/international/newsid_6928000/6928135.stm (21.8.2018).
O. A. (2007b): Berlin freut sich über Putins Kandidaten. In: Welt vom 11.12.2007; www.welt.de/politik/article1449729/Berlin-freut-sich-ueber-Putins-Kandidaten.html (21.8.2018).
O. A. (2008a): Russia is an ›island of stability‹: Finance Minister. In: Russia Today vom 24.1.2008; www.rt.com/business/russia-is-an-island-of-stability-finance-minister/ (13.2.2019).
O. A. (2008b): Predwaritel'nye itogi, in: Lewaja Politika, No. 5, S. 5–8.
O. A. (2009): Rettungsplan für Opel steht. In: Neue Zürcher Zeitung vom 30.5.2009; www.nzz.ch/rettungsplan_fuer_opel_steht-1.2646399 (11.1.2023).
O. A. (2013): Chodorkowskij: Ja gotow woewat' za sewernyj kawkaz. In: Grani vom 22.12.2013; grani.ru/War/Chechnya/m.222684.html (11.1.2023).
O. A. (2014): Gazprom-Gewinn bricht 2014 stark ein. In: Welt vom 29.4.2014; www.welt.de/newsticker/dpa_nt/infoline_nt/wirtschaft_nt/article140272169/Gazprom-Gewinn-bricht-2014-stark-ein.html (13.2.2019).
O. A. (2015): Russlands neue Maschinenbau-Revolution. In: Frankfurter Allgemeine Zeitung vom 2.6.2015, S. 19.

O. A. (2016): Liste der NGO's die Russland als »ausländische Agenten« bezeichnet, in: Osteuropa: 66. Jg., H. 6–7, S. 111–142.
O. A. (2018a): Medwedew rasskazal o neprostoj šestiletke dlja rossijskoj ekonomiki. In: RIA-Nowosti vom 20.9.2018; ria.ru/20180920/1528976691.html (11.1.2023).
O. A. (2018b): Norwegens Ölminister nicht zufrieden mit Gazprom-Deal. In: Handelsblatt; www.handelsblatt.com/unternehmen/energie/anteilstausch-mit-omv-norwegens-oelminister-nicht-zufrieden-mit-gazprom-deal/22570660.html (14.2.2019).
O. A. (2019): Mewedew w Kransodare prowedet soweščanie po razwitiju proizwodstwa sel'choztechniki. In: TASS vom 17.1.2019; tass.ru/ekonomika/6013001? (13.1.2023).
O. A. (2021a): Rossija i Germanija načali sotrudničestwo w ramkah razwitija wodorodnoj energetiki. In: TASS vom 24.2.2021; tass.ru/ekonomika/10774349 (13.1.2023).
O. A. (2021b): Gref rasskazal, kakoj cenoj miru i Rossii dastsja energoperehod k 2050 godu. In: TASS vom 3.9.2021; tass.ru/ekonomika/12290455 (13.1.2023).
O. A. (2022): Rossijskie AES ustanowili v 2021 godu rekord po wyrabotke električestwa. In: Kommersant vom 1.1.2022; www.kommersant.ru/doc/5155307 (17.1.2022).
Overland, Indra/Kutschera, Hilde (2011): Pricing Pain: Social Discontent and Political Willpower in Russia's Gas Sector, in: Europe-Asia Studies, Vol. 63, No. 2, S. 311–331.
Paramonowa, Ol'ga (2015): Neftegaz Rossii – Kurs na innowacii, in: Kazachstan. Partnër.kz. Neft'. Gaz. Energetika EAES, S. 26–27.
Pirani, Simon (2010): Change in Putin's Russia. Power, money and people. London.
Pirani, Simon (2011): What Makes Russian Capitalism: A Response to Ruslan Dzarasov, in: Journal of Contemporary Central and Eastern Europe, Vol. 19, No. 1–2, S. 499–506.
Pirani, Simon (2012): Central Asian and Caspian Gas Production and the Constraints on Export, Oxford Institute for Energy Studies. Oxford.
Pis'mennaja, Ewgenija (2013): Sergej Glaz'ew i Učenye RAN dali sowety otnositel'no priwatizacii. In: Wedomosti vom 28.2.2013; www.vedomosti.ru/politics/articles/2013/02/28/net_privatizacii (16.6.2023).
Pleines, Heiko (2002): Der politische Einfluß von Wirtschaftseliten in Rußland. Die Öl- und Gasindustrie in der Ära Jelzin, Arbeitspapiere und Materialien – Forschungsstelle Osteuropa, Nr. 41. Bremen.
Pleines, Heiko (2003): Wirtschaftseliten und Politik im Russland der Jelzin-Ära (1994–1999). Münster/Hamburg/London.
Pleines, Heiko (2008): Reformblockaden in der Wirtschaftspolitik. Die Rolle von Wirtschaftsakteuren in Polen, Russland und der Ukraine. Wiesbaden.
Polanyi, Karl (2015): The Great Transformation. Politische und ökonomische Ur-

sprünge von Gesellschaften und Wirtschaftssystemen. Sinzheim.
Ponomarenko, Dmitrij Wladimirovič (2014): Ot redaktora, in: Neftegaz, No. 5.
Popov, Vladimir (2007): Russia Redux? In: New Left Review, Vol. 44, March–April, S. 37–52.
Poulantzas, Nicos (1973): Faschismus und Diktatur. Die Kommunistische Internationale und der Faschismus. München.
Poulantzas, Nicos (1977): Die Krise der Diktaturen. Portugal, Griechenland, Spanien. Frankfurt a. M.
Poulantzas, Nicos (2001): Die Internationalisierung der kapitalistischen Verhältnisse und der Nationalstaat. In: Hirsch, Joachim/Jesop, Bob/Poulantzas, Nicos, Die Zukunft des Staates. Denationalisierung, Internationalisierung, Renationalisierung. Hamburg, S. 19–70.
Poulantzas, Nicos (2002): Staatstheorie. Politische Überbau, Ideologie, Autoritärer Etatismus. Hamburg.
Poljakowa, Wiktoria (2020): Kasperskij ob'jasnil neželanie pereežat' iz Rossii »rajskimi« nalogami. In: RosBusinessConsulting vom 6.12.2020; www.rbc.ru/business/06/12/2020/5fcbf0a99a79475ff79443c7 (7.7.2022).
Prawitel'stwo Rossijskoj Federacii (2020): Razwitie wodorodnoj energetiki w Rossijskoj Federacii do 2024 goda. Moskwa.
Prebisch, Raúl (1950): The Economic Development of Latin America and its principal Problems. New York.
Prochanow, Aleksandr (2014): Putinu – Orden Nachimowa. In: Izwestija vom 10.3.2014; iz.ru/news/567223 (11.1.2023).
Prochanow Alexander (2020): Proekt energostrategii Rossijskoj Federazii na period do 2035 goda. In: Minenergo vom 9.6.2020; minenergo.gov.ru/node/1920 (20.2.2022).
Pučkow, Wladimir A., Bol'škow, Leonid A. (Hrsg.) (2016): Rossijskij nacional'nyj doklad: 30 let Černobyl'skoj awarii. Itogi i perspektiwy preodolenija ee posledstwij w Rossii 1986–2016. Moskwa.
Putin, Wladimir (2001): Wortprotokoll der Rede im Deutschen Bundestag am 25.9.2001. In: Deutscher Bundestag; www.bundestag.de/parlament/geschichte/gastredner/putin/putin_wort/244966 (11.1.2023).
Putin, Wladimir (2007): Wystuplenie i diskussija na Mjunhenskoj konferencii po woprosam politiki bezopasnosti. In: Kremlin vom 10.2.2007; www.kremlin.ru/events/president/transcripts/24034 (20.3.2019).
Putin, Wladimir (2011): Nowyj integracionnyj proekt dlja Ewrazii. Buduščee, kotoroe roždaetsja segodnja. In: Izwestija vom 3.10.2011; iz.ru/news/502761 (11.2.2019).
Putin, Wladimir (2012): Nam nužna nowaja ekonomika. In: Wedomosti vom 30.1.2012; www.vedomosti.ru/politics/articles/2012/01/30/o_nashih_ekonomicheskih_zadachah (11.1.2023).
Putin, Wladimir/Mironjuk, Swetlana/Fillon, Francois/Dutkiewicz, Piotr/Ken-

dall, Bridget/Rühe, Volker/Zlobin, Nikolai/Grant, Charles/Prodi, Romano/Simes, Dimitri/Ryžkow, Wladimir/Sobčak, Ksenija/Kudrin, Alexej/Prochanow, Alexander/Mangott, Gerhard: Zasedanie meždunarodnogo diskussionnogo kluba »Waldaj«. In: Kremlin vom 19.9.2013; kremlin.ru/events/president/news/19243 (24.8.2018).

Rahr, Alexander (2006): Die neue OPEC. Wie Rußland zur globalen Energie-Supermacht werden will, in: Internationale Politik, 61. Jg., H. 2, S. 15–23.

Rasell, Michael (2009): Neoliberalism in the North: the transformation of social policy in Russia's northern periphery, in: Polar Geography, Vol. 32, No. 3–4, S. 91–109.

Reilly, Tim (2015): Sankcii, Arktika i posledstwija, in: Oil & Gas Journal Russia, Vol. 91, No. 3, S. 18–22.

Riabova, Larissa/Didyk, Vladimir (2014): Social License to Operate for Mining Companies in the Russian Arctic: Two Cases in the Murmansk Region. In: Arctic Yearbook; arcticyearbook.com/images/yearbook/2014/Briefing_Notes/5.Riabova.pdf (22.11.2016).

Rice, James (2007): Ecological Unequal Exchange: Consumption, Equity, and Unsustainable Structural Relationships within the Global Economy, in: International Journal of Comparative Sociology, Vol. 48, No.1, S. 43–72.

Richter, Regine/Smid, Karsten (2008): Raubbau an der Natur. Ölförderung in Westsibirien und auf Sachalin, in: Osteuropa, 58. Jg., H. 4–5, S. 117–129.

Robinson, Neil (2007): So what Changed? The 1998 Financial Crisis and Russia's Economic and Political Development, in: Demokratizatsiya, Vol. 15, No. 2, S. 245–259.

Robinson, Neil (2011): Russian Patrimonial Capitalism and the International Financial Crisis, in: Journal of Communist Studies and Transition Politics, Vol. 27, No. 3–4, S. 434–455.

Robinson, Neil (2017): Russian Neo-patrimonialism and Putin's ›Cultural Turn‹, in: Europe-Asia Studies, Vol. 69, No. 2, S. 348–366.

Rodkiewicz, Witold/Rogoża, Jadwiga (2015): Potjomkinscher Konservatismus. Ein ideologisches Instrument des Kreml, in: Russland-Analysen, Nr. 298, S. 2–5.

Rosatom (2018a): Public Annual Report. In: ASE EC; ase-ec.ru/sustainability/public-reporting/reports/en/Annual%20Report%202018.pdf (17.2.2019).

Rosatom (2018b): ROSATOM plans to expand nuclear construction abroad. In: dass. vom 3.7.2018; rosatom.ru/en/press-centre/news/rosatom-plans-to-expand-nuclear-construction-abroad-/ (15.2.2019).

Rosatom/IBRAE RAN/FBI »SEC NRS« (2014): The Fourth National Report of the Russian Federation on Compliance with the Obligations of the Joint Convention on the Safety of Spent Fuel Management and the Safety of Radioactive Waste Management. Moscow.

Rosenberg, William/Siegelbaum, Lewis (Hrsg.) (2013): Social Dimensions of Soviet Industrialisation. Bloomington

Rösler, Jörg (2010): Nationalism and Economic Disparities. Lessons from the Dissolution of Yugoslavia and Czechoslovakia and the Secession of the Baltic States, in: Journal of Contemporary Central and Eastern Europe, Vol. 18, No. 3, S. 341–354.
Rosneft (2014): Annual Report 2014. In: dass.; www.rosneft.com/upload/site2/document_shareholdersmeeting/17062015/a_report_2014_eng.pdf (11.1.2023).
Rosser, Andrew (2006): The Political Economy of the Resource Curse: A Literature Survey, IDS Working Paper, No. 268.
Rosstat (2009): Rossija w cifrach, Rosstat. Moskwa.
Rosstat (2018): www.gks.ru/wps/wcm/connect/rosstat_main/rosstat/ru/statistics/importexchange/ (19.3.2019).
Rudyk, Emil' N./Keremeckij, Jakow N./Bulawka, Ljudmila A. (2000): Rabočyj Protest w Rossij: Opyt i Problemy, Rabočja Demokratija. Moskwa.
Rupprecht, Tobias (2016): Formula Pinochet. Chilean Lessons for Russian Liberal Reformers during the Soviet Collapse, 1970–2000, in: Journal of Contemporary History, Vol. 51, No. 1, S. 165–186.
Russland-Analysen (2005), Nr. 63.
Rutland, Peter (2008): Russia as an Energy Superpower, in: New Political Economy, Vol. 13, No. 2, S. 203–210.
Rutland, Peter (2013): Neoliberalism and the Russian transition, in: Review of International Political Economy, Vol. 20, No. 2, S. 332–362.
Sablowski, Thomas (2008): Towards the Americanization of European Finance? The Case of Finance-Led Accumulation in Germany, in: Panitch, Leo/Konings, Martijn (Hrsg.), The American Empire and the Political Economy of Global Finance. New York, S. 135–158.
Sachs, Jeffrey (1994): Towards Glasnost in the IMF, in: Challenge, Vol. 47, No. 3, S. 4–11.
Sachs, Jeffrey D./Warner, Andrew M. (2001): The curse of natural resources, in: European Economic Review, Vol. 45, No. 4–6, S. 827–838.
Safonov, Georgy/Chuprov, Vladimir (2021): Der Einfluss der fossilen Brennstoffindustrie auf das Klima, die Umwelt und die Gesundheit, Klimawandel und ökonomische Modernisierung Russlands – Factsheet No. 3.
Saivetz, Carol R. (2007): Russia: An Energy Superpower?, MIT Center for International Studies, December, S. 7–22.
Sakwa, Richard (2004): Putin. Russia's Choice. London/New York.
Sakwa, Richard (2008): Two Camps? The Struggle to Understand Contemporary Russia, in: Comparative Politics, Vol. 40, No. 4, S. 481–499.
Sakwa, Richard (2016): How the Eurasian elites envisage the role of the EEU in global perspective, in: European Politics and Society, Vol. 17, Suppl., S. 4–22.
Sandbag/E3G (2021): A Storm in a Teacup. Impacts and geopolitical Risks of the European Carbon Border Adjustment Mechanism, Report.
Sawina, Ekaterina (2007): Na WAZe složilas' srywoopasnaja situacija. In: Kom-

mersant vom 31.7.2007; www.kommersant.ru/doc/791241 (15.6.2023).
Schaffar, Wolfram (2008): Birma: gescheiterter Staat oder (neue) Form peripherer Staatlichkeit, in: Journal für Entwicklungspolitik, 24. Jg., H. 2, S. 33–62.
Schapowalow, Alexej/Dawydowa, Angelina (2021): Ne tak strašen TUR, kak ego proekt. In: Kommersant vom 20.7.2021; www.kommersant.ru/doc/4908907 (31.5.2022).
Schilling-Vacaflor, Almut (2012): Democratizing Resource Governance through Prior Consultations? Lessons from Bolivia's Hydrocarbon Sector, GIGA Working Paper No. 184. Hamburg.
Schmalz, Stefan (2013): Neo-Extraktivismus in Lateinamerika? In: Burchardt, Hans-Jürgen/Dietz, Kristina/Öhlschläger, Rainer (Hrsg.), Umwelt und Entwicklung in Lateinamerika: Widerspruch oder Perspektive? Baden-Baden, S. 47–60.
Schmemann, Serge (1994): The World: Russian Reform Lingers Near Life. In: New York Times vom 30.1.1994; www.nytimes.com/1994/01/30/weekinreview/the-world-russian-reform-lingers-near-life.html (11.1.2023).
Schmidt-Peter, Sabine (2012): Der Mehrwert des russischen Beitritts zur Welthandelsorganisation, SWP-Arbeitspapier FG 5, Nr.02. Berlin.
Schneider, Mycle/Froggatt, Antony (Hrsg.) (2015): The World Nuclear Industry Status Report 2015. Paris/London.
Schröder, Hans-Henning (1998): Jelzin und die »Oligarchen«. Über die Rolle von Kapitalgruppen in der russischen Politik (1993–Juli 1998), in: Berichte des Bundesinstituts für Ostwissenschaftliche und Internationale Studien, Nr. 40.
Schütz, Birger (2019): Eisige Konkurrenz für den Suezkanal. In: Moskauer Deutsche Zeitung vom 21.2.2019; mdz-moskau.eu/eisige-konkurrenz-fur-den-suezkanal/ (8.8.2019).
Segert, Dieter (2002): Die Grenzen Europas. 1918, 1945, 1989 – drei Versuche im Westen anzukommen. Frankfurt a. M.
Segert, Dieter (2010): Osteuropa nach 1989 – ein Labor für die soziale Belastbarkeit unserer Demokratie?, in: WISO, 33. Jg., H. 3, S. 29–42.
Segert, Dieter (2013): Transformationen in Osteuropa im 20. Jahrhundert. Wien.
Semenov, Andrey (2017): From Economic to Political Crisis? Dynamics of Contention in Russian Regions (2008–2012), in: ÖZP – Austrian Journal of Political Science, Vol. 45, No. 4, S. 7–17.
Shevtsova, Lilia (2006): Imitation Russia. In: The American Interest, Vol. 2, No. 2, 1.11.2006; www.the-american-interest.com/2006/11/01/imitation-russia/ (9.7.2018).
Shevtsova, Lilia (2007): Russia – Lost in Transition: The Yeltsin and Putin Legacies, Washington D. C.
Shlapentokh, Dmitry (2014): The Great Friendship: Geopolitical Fantasies About the Russia/Europe Alliance in the Early Putin Era (2000–2008) – The Case of Alexander Dugin, in: Journal of Contemporary Central and Eastern Europe, 22:1, S. 49-79.

Simachev, Yuri V./Yakovlev, Andrei A./Kuznetsov, Boris V./Gorst, Michael Y./Daniltsev, Aleksandr V./Kuzyk, Michael N./Smirnov, Sergey N. (2009): An Assessment of Policy Measures to Support Russia's Real Economy, Working Papers of the Research Centre for East European Studies, No. 102. Bremen.

Simojanow, Aleksej: Diktatura Minfina – Social'nye posledst'wiya politikoj »žestkoj ekonomiki«, in: Lewaja Politika, No. 22, 2014, S. 22–41.

Singer, Hans W. (1950): Gains and Losses from Trade and Investment in Under-Developed Countries, in: American Economic Review, Vol. 40, No. 2, S. 473–485.

SIPRI (o. D.): Arms Transfers Database. In: dass., o. D.; www.sipri.org/databases/armstransfers (8.8.2019).

Skorlygina, Natalja/Nikitina, Olga/Mordjušenko, Olga (2019): Neeksportiwnoe powedenie. Prawitel'stwo sokraščaet subsidii na wywoz produkcii. In: Kommersant vom 20.2.2019; www.kommersant.ru/doc/3889520 (8.3.2019).

Slivjak, Vladimir (2008): Zeit zum Abschalten. Russlands Atomindustrie hat unrealistische Ausbaupläne, in: Osteuropa, 58. Jg., H. 4–5, S. 329–336.

Slivyak, Vladimir (2021): Russische Atomkraft für die ganze Welt – außer für Russland? In: Heinrich Böll Stiftung vom 2.3.2021; www.boell.de/de/2021/03/02/russische-atomkraft-fuer-die-ganze-welt-ausser-fuer-russland (30.4.2021).

Šmal', Gennadij (2014): Ot dolgosročnych strategij – k segodnjašnim aktual'nym zadačam, in: Neftegaz, S. 78–79.

Šmal', Gennadij (2015): Nado dumat' o buduščem, in: Kazachstan. Partnër.kz. Neft'.Gaz. Energetika EAES, S. 14–16.

Smith, Adrian/Swain, Adam (2010): The Global Economic Crisis, Eastern Europe, and the Former Soviet Union: Models of Development and the Contradictions of Internationalization, in: Eurasian Geography and Economics, Vol. 51, No. 1, S. 1–34.

Solschenizyn, Alexander (1963): Ein Tag im Leben des Iwan Denissowitsch. München/Zürich.

Spahn, Susanne (2014): Die Hilfe des großen Bruders. Wie Russland die Krise in der Ukraine sieht, in: Russland-Analysen, Nr. 273, S. 2–4.

Specht, Tatiana (2020): »Sewernyj potok« porabotatet na wodorod. In: Kommersant vom 1.12.2020; www.kommersant.ru/doc/4594579 (31.5.2022).

Steiner, Eduard (2016): Was passiert wirklich auf dem Ölmarkt? In: Welt vom 29.4.2016; www.welt.de/wirtschaft/energie/article154852771/Was-passiert-wirklich-auf-dem-Oelmarkt.html (8.7.2019).

Stepanowa, Julia (2022): Patentowannoe sniženie. In: Kommersant vom 12.1.2022; www.kommersant.ru/doc/5157625 (18.1.2022).

Stewart, Susan/Klein, Margarete/Schröder, Hans-Henning (2012): Presidents, Oligarchs and Bureaucrats. Forms of Rule in the Post-Soviet Space. Farnham/Burlington.

Stiglitz, Joseph (1999): Whither Reform? Ten Years of Transition, World Bank

Conference on Development Economics. Washington D. C., S. 28–30.
Stiglitz, Joseph (2002): Der Schatten der Globalisierung. Berlin.
Strzelecki, Jan (2016): The Eurasian Economic Union: a time of crisis, OSW Commentary, No. 19.
Stulberg, Adam N. (2007): Well Oiled Diplomacy. Strategic Manipulation and Russia's Energy Statecraft in Eurasia. New York.
Stykow, Petra (2006): Wirtschaftsinteressen in der »gelenkten Demokratie« (2000–2005), in: Dies.: Staat und Wirtschaft in Russland. Interessenvermittlung zwischen Korruption und Konzentrierung. Wiesbaden, S. 139–158.
Surkow, Wladislaw (2008): Tektsy 1997–2008. Moskwa.
Surkow, Wladislaw (2019): Dolgoe gosurdarstwo putina. O tom, čto zdes' woobšče proischodit. In: Nezawisimaja Gazeta; www.ng.ru/ideas/2019-02-11/5_7503_surkov.html (15.6.2023).
Sušová-Salminen, Veronika (2018): After Neoliberal Transformation. Authoritarian Tendencies in Central and Eastern Europe, ePaper, transform! Europe. Brussels.
Sutela, Pekka (1991): Economic Thought and Economic Reform in the Soviet Union. New York.
Sutela, Pekka (1999): The financial crisis in Russia, Bank of Finland Institute for Economies in Transition (BOFIT), No. 11.
Sutela, Pekka (2012): The Political Economy of Putin's Russia. Abingdon.
Suutarinen, Tuomas (2014): Resource-Based Development & the Challenge of Economic Diversification in the Mining Communities of the Murmansk Region In: Arctic Yearbook; www.arcticyearbook.com/images/Arcticles_2014/Suutarinen_AY2014_FINAL.pdf (27.2.2015).
Svampa, Maristella (2012): Bergbau und Neoextraktivismus in Lateinamerika, in: FDCL/RLS (Hrsg.), Der neue Extraktivismus – Eine Debatte über die Grenzen des Rohstoffmodells in Lateinamerika. Berlin, S. 14–21.
Svampa, Maristella (2013): Neo-desarrollistischer Extraktivismus und soziale Bewegungen: Eine öko-territoriale Wende in Richtung neuer Alternativen?, in: Burchardt, Hans-Jürgen/Dietz, Kristina/Öhlschläger, Rainer (Hrsg.), Umwelt und Entwicklung in Lateinamerika: Widerspruch oder Perspektive? Baden-Baden, S. 79–92.
Talevlin, Andrey A./Bodrov, Oleg V./Servetnik, Vitaly V./Lorentzen, Yngvild/Album, Kjersti/Matveenkova, Daria (2017): Radioactive Waste and Spent Nuclear Fuel Management in Russia: view of non-governmental organizations. Sosnovy Bor/Murmansk/Chelyabinsk.
Taylor, Brian D. (2007): Putin's »Historic Mission« State-Building and the Power Ministries in the North Caucasus, in: Problems of Post-Communism, Vol. 54, No. 6, S. 3–16.
Terjošin, Aleksej (2021): Ušerb dlja rossijskogo biznesa ot uglerodnogo naloga ES ocenili v 3 mlrd. v god. In: Secret Mag vom 21.4.2021; secretmag.ru/news/usherb-dlya-rossiiskogo-biznesa-ot-uglerodnogo-naloga-es-ocenili-v-eur3-ml-

rd-v-god.htm (23.4.2021).

The Moscow Times (2019a): 98 Russian Billionaires Hold More Wealth Than Russians' Combined Savings. In: dies., 6.3.2019: www.themoscowtimes.com/2019/03/06/98-russian-billionaires-hold-more-wealth-than-russians-combined-savings-a64720 (zuletzt 11.1.2023).

The Moscow Times (2019b): Rosneft Wants Massive Tax Break for Arctic Investment, Media Reports. In: dies., 15.7.2019; www.themoscowtimes.com/2019/07/15/rosneft-wants-massive-tax-break-arctic-investment-media-reports-a66410 (zuletzt 11.1.2023).

Tichonova, Nataliyja (2011): Armut in Russland, in: Russland-Analysen, Nr. 222, S. 2–5.

Tomberg, Remual'd G./Tomberg, Igor R. (2006): WTO Accession Effects for Economic Restructuring in Russia, Russian Academy of Sciences, Institute of Economics (IE RAS), INDEUNIS Papers.

Traub-Merz, Rudolf (2015): Neft' ili awtomobili. O wozroždenii promiyšlennosti w Rossii. Moskwa.

Tkatschow, Iwan/Starostina, Julia (2019): Zapasy deneg w rossijskm bjudžete dostigli rekorda. In: RosBusinessConsulting vom 19.2.2019; www.rbc.ru/economics/19/02/2019/5c6bf35e9a79476d6af5637d (8.3.2019).

Treisman, Daniel (2010): »Loans for Shares« Revisited, in: Post-Soviet Affairs, 26:3, S. 207-227.

Tschebakowa, Daria/Tkachew, Ivan/Skobelew, Wladislaw (2021): Eksperty predupredili o riske dlja Rossii «nawsegda ostat' w tehnologijah. In: RosBusinessConsulting vom 13.4.2021; www.rbc.ru/technology_and_media/13/04/2021/607478fc9a794731d03611ab?utm_source (16.6.2021).

Twigg, Judy (2019): Russia Is Winning the Sanctions Game. In: The National Interest vom 14.3.2019; nationalinterest.org/blog/skeptics/russia-winning-sanctions-game-47517 (11.1.2023).

Tysiachniouk, Maria/McDermott, Constance L. (2016): Certification with Russian characteristics: Implications for social and environmental equity, in: Forest Policy and Economics, Vol. 62, S. 43–53.

Ulrich, Kendra (2014): Rosatom Risks. Exposing the troubled history of Russia's state nuclear corporation. Amsterdam.

UNDP [United Nations Development Program] (2011): National Human Development Report for the Russian Federation. Modernization and Human Development, LLC Samolet Design Project. Moscow.

Usow, Ilja (2015): Perwyj dogowor EAES o zone swobodnoj torgowle možet byt' podpisan s Chanoem. In: Wedomosti vom 6.4.2015; www.vedomosti.ru/economics/articles/2015/04/06/pervii-dogovor-eaes-o-zone-svobodnoi-torgovli-mozhet-bit-podpisan-s-hanoem (8.2.2019).

Ustyuzhanina, Elena (2016): The Eurasian Union and global value chains, in: European Politics and Society, Vol. 17, Suppl., S. 35–45.

Ustyuzhanina, Elena/Evsukov, Sergey/Komarova, Irina (2017): Integration processes in knowledge-intensive industries of the Russian economy (using the aircraft industry as an example), in: Journal of Contemporary Central and Eastern Europe, Vol. 25, No. 2, S. 199–217.
Uzun, Wasilij (2012): Agroholdingi Rossii: Identifikacija, klassifikacija, rol', koncentracija zemlepol'zovanija, in: Nikulina, A. M. (Hrsg.), Zemel'naja akkumuljacija w načale XXI weka: Global'nye inwestory i lokal'nye soobščestwa. Ljubljana, S. 126–42.
Vahtra, Peeter (2007): Expansion or Exodus? – The new leaders among the Russian TNCs, Pan-European Institute, No. 13.
Verkhovskii, Aleksandr/Pain, Emil (2012): Civilizational Nationalism, in: Russian Politics & Law, Vol. 50, No. 5, S. 52–86.
Veser, Reinhard (2009): Georgien hat den Krieg begonnen. In: Frankfurter Allgemeine Zeitung vom 30.9.2009; www.faz.net/aktuell/politik/ausland/untersuchungskommission-georgien-hat-den-krieg-begonnen-1854145.html (6.8.2019).
Viktorov, Ilja/Abramov, Alexander (2016): The state capture of Russian non-bank financial institutions and markets after the 2008 crisis, in: Competition & Change, Vol. 201, No. 1, S. 3–20.
Vinokurov, Evgeny/Tsukarov, Taras (2015): Agenda for the EEU economy, Valdai Papers, No. 25. Moscow.
Visser, Oane/Spoor, Max (2011): Land grabbing in post-Soviet Eurasia: the world's largest agricultural land reserves at stake, in: The Journal of Peasant Studies, Vol. 38, No. 2, S. 299–323.
Visser, Oane/Spoor, Max/Mamonova, Natalia (2014): Is Russia the Emerging Global ›Breadbasket‹? Re-cultivation, Agroholdings and Grain Production, in: Europe-Asia Studies, Vol. 66, No. 10, S. 1589–1610.
Volkov, Vadim (2004): Hostile Enterprise Takeovers: Russia's Economy in 1998–2002, in: Review of Central and East European Law, 4, S. 527–548.
Vorobyev, Dmitry (2005): Die russische Umweltbewegung. Zwischen Opposition und Kooperation, in: Russland-Analysen, Nr. 63, S. 10–11.
Wachrušewa, Ksenija (2016): Srawnenie stoimosti i metodiki rasčeta platy za zachoronenie radioaktiwnych otchodow w Rossii i drugich stranach, Bellona. Sankt-Peterburg.
Wallerstein, Immanuel (2004): Die große Expansion. Das moderne Weltsystem III. Die Konsolidierung der Weltwirtschaft im langen 18. Jahrhundert. Wien.
Wegren, Stephan K./Durgin, Frank A. (1997): The Political Economy of Private Farming in Russia, in: Comparative Economic Studies, Vol. 39, No. 3–4, S. 1–24.
Weinmann, Ute (2018): Völlig ausgeliefert. In: Neues Deutschland vom 2.5.2018; www.neues-deutschland.de/artikel/1087028.folter-in-russischer-haft-voellig-ausgeliefert.html (1.6.2018).
Weißenburger, Ulrich (1996a): Sicherheitsmängel und Störfallrisiken als Problem der russischen Wirtschafts- und Umweltpolitik. Teil I: Umweltgefährdung

durch Sicherheitsdefizite im nichtnuklearen Bereich, Berichte des Bundesinstituts für Ostwissenschaftliche und Internationale Studien, Nr. 14.
Weißenburger, Ulrich (1996b): Sicherheitsmängel und Störfällrisiken als Problem der russischen Wirtschafts- und Umweltpolitik. Teil II: Umweltgefährdung durch Nuklearanlagen und radioaktive Abfälle, Nr. 15.
Welfens, Maria J. (1993): Umweltprobleme und die Umweltpolitik in Mittel- und Osteuropa. Ökonomie, Ökologie und Systemwandel. Heidelberg.
Lokshin, Pavel (2018): Pawel Grudinin – der rote Oligarch. In: Welt vom 17.3.2018; www.welt.de/politik/ausland/plus174612306/Russland-Pawel-Grudinin-der-rote-Oligarch.html (6.2.2019).
Eick, Felix (2021): Globale Energiewende? Putin wettet mit vollem Einsatz dagegen. In: Welt vom 22.1.2021; www.welt.de/wirtschaft/article224774299/Globale-Energiewende-Putin-wettet-mit-vollem-Einsatz-dagegen.html (1.2.2021).
Westphal, Kirsten (2010): Russia. Climate Policy on the Sidelines, in: Dröge, Susanne (Hrsg.), International Climate Policy. Priorities of Key Negotiating Parties, SWP Research Paper, S. 74–87.
White, David (2013): Russian Liberalism in Crisis? Khodorkovsky Revisited, in: Studies of Transition States and Societies, Vol. 5, No. 1, S. 69–84.
Wilson Rowe, Elana (2013): Russian Climate Politics. When Science meets Policy. Houndsmills/Basingstoke.
Wissen, Markus (2010): Klimawandel, Geopolitik und die »imperiale Lebensweise«. Das Scheitern von »Kopenhagen« und die strukturelle Überforderung internationaler Politik, in: Kurswechsel, Nr. 2, S. 30–38.
WNA [World Nuclear Association] (2022): Radioavtive Waste Management. In: dies.; www.world-nuclear.org/information-library/nuclear-fuel-cycle/nuclear-wastes/radioactive-waste-management.aspx (22.3.2019).
World Bank (o. D.): Open Data. In: dies., o. D.; data.worldbank.org/ (5.8.2019).
World Bank (2009): Refocusing Policy on Households, The World Bank in Russia, Russian Economic Report, No. 18, March.
World Bank (2013): Russian Federation. Export Diversification through Competition and Innovation: A Policy Agenda.
Yakovlev, Andrei (2006): The evolution of business – state interaction in Russia: From state capture to business capture?, in: Europe-Asia Studies, Vol. 58, No. 7, S. 1033–1056.
Yakovlev, Andrei (2016): What is Russia trying to defend?, BOFIT Policy Brief, 2. Helsinki.
Yakovlev, Andrei/Sobolev, Anton/Kazun, Anton (2014): Means of production versus means of coercion: can Russian business limit the violence of a predatory state?, in: Post-Soviet Affairs, Vol. 30, No. 2–3, S. 171–194.
Yanitsky, Oleg Nikolaevich (2012): From nature protection to politics: the Russian environmental movement 1960-2010, in: Environmental Politics, Vol. 21, No. 6, S. 922–940.

Zakharkina-Berezner, Nina/Gladkova, Nataliia (2021): Eco-activism in Russia in a time of foreign agents, dubious elections and bans on activism, Collectif EuropaNova and Association D'EST.

Ždanowskaja, Aleksandra A. (2014): Kuda wedut Rossiju MWF, Wsemirnyj Bank i WTO? Moskwa.

Zainullin, Ewgenij (2020): Nalog po-černomu. In: Kommersant vom 30.12.2020; www.kommersant.ru/doc/4615793?from=doc_vrez (31.5.2022).

Zainullin, Ewgenij (2021): Uglewoj moment. In: Kommersant vom 13.12.2021; www.kommersant.ru/doc/5128494 (14.12.2021).

Žemkova, Elena/Roginskij, Arsenij (2016): Meždu sočuwstwiem i rawnodušiem – reabilitacija žertw sowetskich repressij. In: Memo; www.memo.ru/media/uploads/2017/08/22/mezhdu-sochuvstviem-i-ravnodushuem_reabilitacia-zhertv-sovetskikh-repressiy.pdf (26.3.2018).

Zhurzhenko, Tatiana (2016): Capitalism, autocracy and political masculinities in Russia. In: Eurozine vom 18.5.2016; www.eurozine.com/capitalism-autocracy-and-political-masculinities-in-russia/ (4.6.2019).

Znak (2018): Port Sabetta stal absoljutnym liderom po rostu gruzooborota sredi morskich portow RF. In: dass.; www.znak.com/2018-01-12/port_sabetta_stal_absolyutnym_liderom_po_rostu_gruzooborota_sredi_morskih_portov_rf (14.2.2019).

Zubarevič, Natalija W. (2010): Regiony Rossii. Nerawenstwo, Krizis, Modernizacija. Moskwa.